La Cité de Dieu

Du même auteur

Confessions
(traduit par Louis Montandon
présenté par André Mandouze)
Seuil, « Points Sagesses », n° 31, 1982

La Cité de Dieu
Volume 1, livres I à X
(traduit par Louis Moreau
revue par Jean-Claude Eslin)
Seuil, « Points sagesses », n° 75, 1994

La Cité de Dieu
Volume 2, livres XI à XVII
(traduit par Louis Moreau
revue par Jean-Claude Eslin)
Seuil, « Points Sagesses », n° 76, 1994

La Cité de Dieu
Volume 3, livres XVIII à XXII
(traduit par Louis Moreau
revue par Jean-Claude Eslin)
Seuil, « Points Sagesses », n° 77, 1994

Saint Augustin

La Cité de Dieu

Livres XVIII à XXII

Traduction du latin
de Louis Moreau (1846)
revue par Jean-Claude Eslin

Introduction, présentation et notes
par Jean-Claude Eslin

Éditions du Seuil

COLLECTION DIRIGÉE PAR
VINCENT BARDET ET JEAN-LOUIS SCHLEGEL

EN COUVERTURE :
De la Cité de Dieu, manuscrit du XVe siècle
Photo : Hubert Josse

ISBN général : 978-2-02-019664-2
ISBN du volume : 978-2-02-022066-8

ABRÉVIATIONS DES LIVRES DE LA BIBLE, PAR ORDRE ALPHABÉTIQUE

(Le premier chiffre après l'abréviation indique le chapitre, le second le verset)

Ab	Abdias
Ac	Actes des apôtres
Ag	Aggée
Am	Amos
Ap	Apocalypse
Ba	Baruch
1 Ch	1er livre des Chroniques
2 Ch	2e livre des Chroniques
1 Co	1er Épître aux Corinthiens
2 Co	2e Épître aux Corinthiens
Col	Épître aux Colossiens
Ct	Cantique des Cantiques
Dn	Daniel
Dt	Deutéronome
Ep	Épître aux Ephésiens
Esd	Esdras
Est	Esther
Ex	Exode
Ez	Ezéchiel
Ga	Épître aux Galates
Gn	Genèse
Ha	Habaquq
He	Épître aux Hébreux
Is	Isaïe
Jb	Job
Jc	Épître de Jacques
Jdt	Judith
Jg	Juges
Jl	Joël
Jn	Évangile de Jean
1 Jn	1er Épître de Jean
2 Jn	2e Épître de Jean
3 Jn	3e Épître de Jean
Jon	Jonas
Jos	Josué
Jr	Jérémie
Jude	Épître de Jude
Lc	Évangile de Luc
Lm	Lamentations
Lv	Lévitique
1 M	1er livre des Maccabées
2 M	2e livre des Maccabées
Mc	Évangile de Marc
Mi	Michée
Ml	Malachie
Mt	Évangile de Matthieu
Na	Nahoum
Nb	Nombres
Ne	Néhémie
Os	Osée

1 P	1ère Épître de Pierre
2 P	2e Épître de Pierre
Ph	Épître aux Philippiens
Phm	Épître à Philémon
Pr	Proverbes
Ps	Psaumes
Qo	Qohéleth (Ecclésiaste)
1 R	1er Livre des Rois
2 R	2e Livre des Rois
Rm	Épître aux Romains
Rt	Ruth
1 S	1er Livre de Samuel
2 S	2e Livre de Samuel
Sg	Sagesse
Si	Siracide (Ecclésiastique)
So	Sophonie
Tb	Tobit
1 Th	1ère Épître aux Thessaloniciens
2 Th	2e Épître aux Thessaloniciens
1 Tm	1ère Épître à Timothée
2 Tm	2e Épître à Timothée
Tt	Épître à Tite
Za	Zacharie

La Cité de Dieu

Livre XVIII

Survol de l'histoire séculière

Parvenu à l'histoire des rois d'Israël, Augustin, au début du Livre XVIII, avoue ne pas avoir maintenu ensemble, dans une unique considération, l'histoire des deux cités. Au long des Livres XVI et XVII il a privilégié la cité de Dieu, bien que dans la réalité de l'histoire cité terrestre et cité de Dieu soient constamment mêlées. « J'ai fait cela pour qu'à partir du moment où les promesses de Dieu devenues plus explicites jusqu'à la naissance virginale où elles furent accomplies, la cité de Dieu, dans son développement, apparaisse d'abord plus clairement, sans être interrompue par l'opposition de l'autre cité. »

Il a voulu, dit-il, mettre en une plus distinctive évidence la cité de Dieu, au risque (ajouterons-nous) de n'en garder qu'une épure prophétique et de ne pas rendre justice à l'histoire terrestre des juifs. En temps réel, les deux histoires sont mêlées.

Aussi se sent-il maintenant obligé de reprendre l'histoire terrestre dans ses correspondances avec l'histoire sainte, de même qu'avant d'aborder l'histoire d'Abraham il traitait ensemble des deux cités, en son Livre comme il en est en temps réel. Dans le Livre XVIII, Augustin raccorde donc à l'histoire séculière l'appel d'Abraham et les promesses qui lui sont faites.

C'est une difficulté à laquelle se heurte toute réflexion sur l'histoire religieuse : aujourd'hui aussi histoire séculière et histoire sainte sont le plus souvent traitées séparé-

ment, ce qui ne saurait être évident si nous devions entrer dans le dessein du Créateur. Personne à ce jour n'est encore parvenu à tirer ensemble ces deux fils, il est probable que cela nous est impossible.

Augustin est représentatif de cette manière « éclairée », « lumineuse », de lire l'histoire chrétienne, au risque de la simplifier. Il procède par abstraction à l'égard de son dessein premier et de son leitmotiv : le mélange des deux cités durant tout le temps de l'histoire. « Perplexae sunt istae duae civitates in hoc saeculo invicemque permixtae donec ultimo judicio dirimantur. *» (Cf. I, 35 ; X, 32 ; XI, 1.)*[1]

Conscient de la difficulté, il se contente ici, s'appuyant sur des modèles déjà fournis par Eusèbe ou par Jérôme, d'une mise en parallèle, d'un tableau comparatif, en lui-même suggestif, reliant la chronologie de l'histoire sainte (juive et chrétienne) à celle de l'histoire séculière. Au lecteur païen qu'il cherche à convaincre, il fournit ainsi des repères en même temps qu'il inscrit tous ces événements religieux dans l'historicité, et en éprouve l'historicité. On voit ainsi l'histoire en laquelle Dieu se fait connaître jaillir du sein de l'histoire séculière.

Cependant le Livre XVIII nous réserve de nombreuses surprises. Au ch. 27 Augustin revient brusquement à la prophétie et semble abandonner l'histoire parallèle. De nouveau l'histoire est envisagée en son sens prophétique. Les prophètes, cités à la suite et selon la version grecque des Septante, selon un dossier de prophéties messianiques classique dès avant le deuxième siècle, produisent un vigoureux « effet d'accomplissement » ; un trend, *un mouvement accéléré est introduit. L'histoire juive n'intéresse plus guère Augustin que dans la mesure où elle* annonce *les mystères du Christ et de l'Église. Il ne reprendra qu'ensuite l'histoire de Rome.*

Toutefois, tandis que l'histoire d'Israël est comme téles-

1. Voir J.-C. Guy, *Unité et Structure logique de* La Cité de Dieu, Études augustiniennes, Paris, 1961, p. 113

copée, voire calcinée par l'impatience prophétique – les juifs n'ont plus, dirait-on, d'histoire religieuse, on les presse seulement de se convertir – Augustin fait alors une place aux philosophes grecs : les sept sages de la tradition grecque sont ainsi mis en parallèle avec les prophètes. S'amorce alors un débat, une comparaison ; débat d'antiquité, mais surtout débat d'autorité. L'enjeu importe en effet : qui a autorité à enseigner les hommes ? Les prophètes ou les philosophes ?

Augustin conclut le débat en faveur des prophètes, d'autant plus que les prophètes d'Israël furent traduits en langue grecque à l'initiative du roi Ptolémée (la Septante) pour le profit de la sagesse grecque qui, grâce à cette traduction, a pu comprendre leurs appels forts et directs. L'interprétation des Septante est à honorer et à considérer elle aussi comme inspirée. Sans mettre en cause l'historicité première du texte hébraïque, Augustin considère que l'interprétation des Septante éveille ou réveille le lecteur attaché au pur sens littéral de l'histoire.

Dans les derniers chapitres, Augustin évoque l'histoire récente de l'Église chrétienne dans un contexte très polémique et en même temps plein d'espoir ; il voit ainsi déboucher toutes les promesses dont il nous entretient depuis trois Livres ; sa vision propre arrive à expression : l'accomplissement des promesses de Dieu vient à terme par le moyen des Églises qui partout s'étendent sur la terre. L'humiliation du peuple juif qui demeure dispersé, mais continue à être porteur des Écritures, prépare le terrain à l'Église et « sert de témoignage en notre faveur ». « Tandis qu'ils refusent de croire à nos Écritures, les leurs, qu'ils lisent en aveugles, s'accomplissent en eux. » Ainsi et les juifs, et les persécutions passées, mais encore récentes, subies de la part du paganisme, et jusqu'aux hérétiques servent à affermir la fidélité des justes et à approfondir la doctrine. Le Livre se clôt sur cette vue où le mal même est réemployé au service du bien, cependant la vision religieuse profonde demeure plus large : « Sur la mer du monde, tous nagent pêle-mêle », pour survivre.

LIVRE DIX-HUITIÈME

I. L'origine, le progrès et la fin nécessaire des deux cités, l'une cité de Dieu, l'autre cité du siècle, dans laquelle la première voyage aujourd'hui en tant qu'elle appartient à l'humanité ; tel est le sujet que j'ai promis de traiter, après avoir réfuté, avec l'assistance de la grâce divine, les ennemis de la cité sainte qui préfèrent leurs dieux au Christ son fondateur et, par ce sentiment d'envie si funeste à eux-mêmes, ont juré aux chrétiens une implacable haine : c'est ce que j'ai fait dans les dix premiers Livres. Quant à cette triple promesse que je viens de rappeler, j'ai donc exposé l'origine des deux cités dans les quatre Livres qui suivent le dixième : leur progrès, depuis le premier homme jusqu'au déluge, en un seul Livre qui est le quinzième de cet ouvrage ; et depuis cette époque, ces deux cités ont marché dans mon ouvrage comme elles ont marché dans le temps. Mais depuis le patriarche Abraham jusqu'au temps des rois d'Israël, époque où nous avons terminé le seizième Livre, et de là jusqu'à l'avènement charnel du Sauveur, où nous conduit le dix-septième Livre, la cité de Dieu semble avoir paru seule dans notre récit, quoiqu'elle n'ait pas paru seule dans le siècle et, qu'au contraire, toutes deux aient dans l'humanité, comme dès le commencement, différencié le temps par leur progrès simultané. Et j'ai suivi ce plan afin que, du moment où les anciennes promesses de Dieu commencèrent à se dévoiler jusqu'à la naissance miraculeuse qui en fut l'accomplissement, la marche de la cité de Dieu apparût plus distincte, dégagée de la cité rivale, bien que jusqu'à la révélation du Testament nouveau, elle n'ait avancé qu'à travers les ombres. Il faut donc maintenant reprendre le cours interrompu de la cité temporelle depuis l'époque d'Abraham, afin que le lecteur puisse comparer l'une et l'autre cité.

II. La société des mortels répandue par toute la terre, dans les lieux et les climats les plus divers, retenue toutefois par les liens d'une seule et même nature, tandis que chaque individu, préoccupé de ses intérêts ou de ses passions, ne poursuit qu'un objet, incapable de suffire à tous et à lui-même, parce que cet objet n'est pas le vrai but de l'homme, la société, dis-je, se divise d'ordinaire, et la partie la plus forte opprime l'autre. Car le vaincu succombe sous le vainqueur et paie de l'empire ou de la liberté même la paix et son salut quel qu'il soit : ainsi, une vive admiration s'est-elle attachée à ceux qui ont préféré la mort à l'esclavage. C'est en effet comme la voix de la nature qui, chez presque tous les peuples, proclame qu'il vaut mieux se soumettre au vainqueur que de s'exposer aux dernières vengeances de la guerre. De là vient, non pas sans un décret de la providence de Dieu, arbitre des victoires et des revers, qu'aux uns l'empire, aux autres l'obéissance, est échu en partage. Mais entre les nombreux États qui, selon les intérêts ou les passions terrestres, ont divisé la société ou la cité du monde, il en est deux dont la gloire éclipse tous les autres : l'Empire d'Assyrie et l'Empire romain, distincts l'un de l'autre, dans l'ordre des lieux comme dans l'ordre des temps. Si, en effet, l'un a paru le premier, l'autre le second, celui-là s'élève en Orient, celui-ci en Occident ; et puis la fin de l'un est le commencement de l'autre. Je dirai presque que les autres États ou royaumes furent comme des dépendances de ces deux grands empires.

Ninos, qui succéda à son père Bélos, premier roi des Assyriens, régnait donc déjà quand Abraham naquit au pays des Chaldéens. Alors s'élevait le petit royaume des Sicyoniens, et de ce temps, comme d'une époque reculée, le savant Varron commence son histoire du peuple romain. Des rois de Sicyone, il passe aux Athéniens ; de ceux-ci, aux Latins, puis aux Romains ; mais tous ces empires antérieurs à la fondation de Rome sont infiniment petits, en comparaison de celui des Assyriens. Et Salluste, l'historien romain, tout en reconnaissant la célébrité des Athéniens dans la Grèce, pense néanmoins que leur renommée a exagéré leur puissance. « Les exploits des Athéniens, dit-il, ont été, j'en conviens, assez glorieux et assez éclatants ; mais toutefois un peu au-dessous de ce que la renommée en publie. C'est parce qu'Athènes a produit de grands génies pour les écrire que l'univers les admire comme des prodiges, et la vertu de ses héros a toute la grandeur qu'a pu lui donner l'éloquence de tant d'esprits supérieurs[1]. » Et ce n'est pas non plus une des moindres gloires d'Athènes d'avoir été comme l'école des lettres et de la philosophie. Sous le rapport de la force, nul empire, en ces temps primitifs, ne fut aussi puissant que celui des Assyriens, et ne recula si loin ses limites. Car le roi Ninos, fils de Bélos, subjugua, dit-on, jusqu'aux confins de la Libye, l'Asie tout entière, la troisième partie du monde quant à la division numérique ; la seconde quant à l'étendue. Seuls de tous les peuples d'Orient, les Indiens avaient échappé à sa domination ; aussi, après sa mort, Sémiramis, sa veuve, entreprit-elle de les dompter. Peuples et rois de ces contrées fléchirent donc sous le joug des Assyriens et en reçurent la loi. C'est alors, au temps de Ninos, qu'Abraham naquit dans cet empire en Chaldée. Mais comme les faits de l'histoire grecque nous sont beaucoup plus connus que ceux de l'histoire d'Assyrie, et que le fil des temps conduit, des Grecs aux Latins, et des Latins aux Romains leurs descendants, tous ceux qui ont sondé les antiques ténèbres du berceau de Rome, n'est-il pas convenable de rappeler ici les rois assyriens, afin de montrer comment Babylone, cette première Rome, s'avance dans le cours des siècles, avec la cité de Dieu étrangère en ce monde ? Quant aux faits qui devront servir en cet ouvrage au parallèle des deux cités, il faut plutôt les emprunter aux Grecs et aux Latins entre lesquels Rome, la seconde Babylone, s'élève. Or, à la naissance

1. Salluste, *Catilina*, 8, 2-4.

d'Abraham, Ninos était le second roi des Assyriens ; Europs, des Sicyoniens. L'un succédait à Bélos, l'autre, à Ægialeos. Et quand Dieu promit à Abraham une nombreuse postérité et la bénédiction de tous les peuples en sa race, les Assyriens en étaient à leur quatrième roi, les Sicyoniens à leur cinquième. Car chez les Assyriens, le fils de Ninos régnait après sa mère Sémiramis qu'il tua, dit-on, pour repousser les criminelles amours d'une mère incestueuse. Quelques-uns attribuent à cette femme la fondation de Babylone, peut-être pour l'avoir rebâtie. Quand et comment elle fut fondée, c'est ce que nous avons dit au seizième Livre. Pour ce fils de Ninos et de Sémiramis, qui succède à sa mère sur le trône, les uns l'appellent aussi Ninos, les autres d'un nom dérivé de celui de son père, Ninyas. Telxion tenait alors le sceptre des Sicyoniens. Son règne s'écoula dans une paix si heureuse qu'après sa mort ses sujets l'honorent comme un dieu par des sacrifices et par des jeux institués, dit-on, pour la première fois en son honneur.

III. Ce fut de son temps que le fils de la promesse de Dieu, Isaac, est donné à Abraham centenaire et à Sarah, sa femme, à qui la stérilité et la vieillesse avaient ôté toute espérance de postérité. Aralios était alors le cinquième roi des Assyriens. Isaac âgé de soixante ans, a de sa femme Rébecca deux fils jumeaux, Ésaü et Jacob. Ils naissent du vivant de leur aïeul Abraham, alors âgé de cent soixante ans. Il meurt à cent soixante-quinze ans accomplis, à l'époque où régnaient, chez les Assyriens, l'ancien Xerxès surnommé Baleus, et, chez les Sicyoniens, Thuriacos, ou, comme plusieurs écrivent, Thurimachos, tous deux septièmes rois de leurs peuples. Quant au royaume des Argiens, où Inachos régna le premier, il naquit avec les petits-fils d'Abraham. N'oublions pas qu'au rapport de Varron, les Sicyoniens avaient coutume de sacrifier sur le tombeau de leur septième roi Thurimachos. C'est sous le règne d'Armamitre et de Leucippe, huitièmes rois, l'un des Assyriens, l'autre des Sicyoniens, et d'Inachos, premier roi des Argiens, que Dieu parle à Isaac et lui renouvelle la double promesse faite à son père : c'est-à-dire la terre de Canaan donnée à sa postérité, et toutes les nations bénies en sa race. Promesses annoncées encore à son fils, petit-fils d'Abraham, appelé d'abord Jacob, puis Israël, sous le règne de Belocos, neuvième roi des Assyriens, de Phoroneus fils d'Inachos, second roi des Argiens : Leucippe régnait encore sur les Sicyoniens. Ce fut alors, sous le roi Phoroneus, que la Grèce commença à devenir célèbre par certaines institutions politiques et civiles. Phegoüs toutefois, son frère puîné, obtint après sa mort les honneurs divins : sur son tombeau, un temple fut bâti où des bœufs lui étaient immolés. Et ce qui, je crois, lui valut de tels honneurs, c'est que, dans la partie du royaume que son père lui avait laissée en partageant ses États entre ses deux fils pour y régner ensemble de son vivant, il avait bâti des sanctuaires aux dieux, et enseigné par la division des mois et des années la mesure et le calcul des temps. Admirant en lui l'auteur de tant de nouveautés, les hommes encore grossiers crurent ou décidèrent qu'après sa mort il était devenu dieu. En effet, Io, fille d'Inachos, appelée depuis Isis, fut, dit-on, honorée en Égypte comme une grande déesse, bien que d'autres prétendent qu'elle vint d'Éthiopie régner en Égypte où la gloire et la justice de son règne lui firent décerner après sa mort les honneurs divins, avec une religion telle que c'était se rendre coupable d'un crime capital que de prétendre qu'elle eût été simple mortelle.

IV. Le sceptre était chez les Assyriens entre les mains de Baleus, leur dixième roi ; chez les Sicyoniens, de Messapos, leur neuvième roi, que quelques-uns appellent encore Cephise (si toutefois ces deux noms ne représentent qu'un seul homme, et si plutôt ceux qui citent l'autre nom dans leurs écrits ne prennent pas un homme pour un autre) ; sous le règne d'Apis, troisième roi des Argiens, Isaac mourut à l'âge de cent quatre-vingts ans, laissant ses deux fils âgés de cent vingt ans. Le plus jeune, enfant de la cité de Dieu qui repousse l'aîné, Jacob est père de douze fils ; l'un d'eux, Joseph, est vendu par ses frères à des marchands se rendant en Égypte : Isaac, leur aïeul, vivait encore. Joseph grandit auprès de Pharaon ; du plus profond abaissement, il est élevé au faîte des honneurs, à l'âge de trente ans. C'est parce qu'il a surnaturellement interprété les songes du roi et prédit les sept années heureuses, dont sept années stériles viendraient épuiser la fertilité, que Pharaon lui confie le gouvernement de l'Égypte, et le tire de la prison où l'a plongé son amour de la chasteté : chasteté si généreusement défendue contre la honteuse passion de sa maîtresse qui, pour se venger et de sa fuite et de ses mépris, va produire devant son maître crédule le vêtement laissé en ses mains adultères. En la seconde des sept années stériles, Jacob avec tous les siens vient trouver son fils en Égypte à l'âge de cent trente ans, suivant sa réponse même à la question du roi. Joseph alors était âgé de trente-neuf ans ; car aux trente ans qu'il avait quand le roi le combla d'honneurs, il faut ajouter les sept années de fertilité et deux de famine.

V. À cette époque, le roi des Argiens, Apis, étant venu par mer en Égypte, y mourut et devint Sérapis, le plus grand de tous les dieux égyptiens. Pourquoi après sa mort laisse-t-il ce nom d'Apis pour être appelé Sérapis ? Varron en rend une raison très simple. En effet, cercueil, ou plus généralement « sarcophage » se disant en grec σορός, et les hommages rendus au cercueil d'Apis ayant devancé l'érection d'un temple en son honneur, le nom lui fut donné de Sorapis (Soros-Apis) ; puis, comme il arrive d'ordinaire, par le changement d'une lettre : Sérapis. Et la peine capitale fut décernée contre quiconque le dirait un homme. Dans presque tous les temples d'Isis et de Sérapis, leur statue, un doigt sur les lèvres, semblait inviter au silence ; il fallait taire, suivant l'interprétation de Varron, que ces dieux eussent été des hommes. Quant au bœuf, que l'étonnante crédulité de l'Égypte nourrissait si délicatement en son honneur, comme il était adoré vivant et non dans le cercueil, on l'appelait Apis et non Sérapis. Ce bœuf mourant, on lui cherchait, on lui trouvait un successeur, marqué comme lui de certaines taches blanches : rare merveille dont les Égyptiens se croyaient redevables à la divinité. Était-il donc si difficile aux démons, ardents à tromper ces peuples, de représenter à une génisse féconde l'image d'un taureau semblable, à elle seule visible ; image à laquelle le désir de la mère emprunte les traits que son fruit devra corporellement reproduire ? Jacob avec des verges bigarrées obtint des chèvres et des brebis de couleurs différentes. Car, ainsi que les hommes avec des couleurs véritables, les démons avec des figures fantastiques, peuvent facilement exercer leur influence sur les générations animales.

VI. Apis, roi des Argiens, et non des Égyptiens, meurt en Égypte. Son fils Argos lui succède, et c'est de lui qu'Argos et les Argiens tirent leur nom ; car sous les rois précédents, ni le pays ni le peuple ne s'appelaient ainsi. Il était donc roi des Argiens, Ératos, des Sicyoniens, et Baleus régnait encore sur les Assyriens, quand Jacob mourut en Égypte, à l'âge de cent quarante-sept ans ; bénissant sur son lit de mort ses fils et petit-fils issus de Joseph et annonçant le Christ dans ces paroles si claires de la bénédiction de Juda : « Il ne manquera ni prince de la race de Juda, ni chef de son sang, jusqu'au jour où s'accomplira tout ce qui lui a été promis ; et il sera l'attente des nations[2]. » Sous le règne d'Argos, la Grèce commença à recueillir les produits de son sol, à répandre dans ses sillons les semences venues des autres contrées. Argos, après sa mort, passa bientôt pour un dieu ; on lui décerna un temple et des sacrifices : honneurs déjà rendus, sous son règne et avant lui, à un simple particulier nommé Homogyros, mort foudroyé, qui le premier attela les bœufs à la charrue.

VII. Sous le règne de Mamitos, douzième roi des Assyriens, et de Plemnæus, onzième roi des Sicyoniens, Argos régnant encore chez les Argiens, Joseph meurt en Égypte, à l'âge de cent dix ans. Après sa mort, le peuple de Dieu, prenant un merveilleux accroissement, demeure en Égypte l'espace de cent quarante-cinq ans, tranquille d'abord, tant que vécurent les hommes qui avaient connu Joseph. Mais

2. Gn 49, 10.

plus tard l'accroissement de ce peuple devient suspect, et fait prévoir sa délivrance. Les Égyptiens le persécutent cruellement : et Dieu accroît toujours la fécondité de ce peuple. Ses oppresseurs l'écrasent sous le faix d'une intolérable servitude. Cependant l'Assyrie et la Grèce n'offrent pas de changement de règne.

VIII. Au temps où régnaient Saphros, quatorzième roi des Assyriens, Orthopolis, douzième roi des Sicyoniens, et Criasos, cinquième roi des Argiens, naquit en Égypte Moïse, le libérateur du peuple de Dieu. Par lui fut brisé le joug de la servitude sous lequel le peuple élu devait gémir pour désirer l'assistance de son Créateur. Suivant l'opinion de quelques-uns, sous le règne des rois que je viens de nommer, vivait Prométhée ; et comme il faisait une haute profession de sagesse, on lui attribue d'avoir formé des hommes d'argile : on ne sait pas néanmoins quels furent les sages de son temps. Son frère, Atlas, fut, dit-on, un grand astrologue ; d'où la fable a pris occasion de placer le ciel sur ses épaules, bien qu'il y ait une montagne de ce nom dont la hauteur semble plutôt avoir accrédité cette fiction d'un point d'appui donné au ciel. C'est à cette époque que beaucoup d'autres fables commencèrent à se répandre en Grèce. Mais jusqu'au temps de Cécrops, roi des Athéniens, temps où la ville d'Athènes reçut ce nom et où, par le ministère de Moïse, Dieu tira son peuple d'Égypte, dans le délire d'une coutume impie, la superstition des Grecs mit plusieurs morts au rang des dieux ; et dans ce nombre la femme du roi Criasos, Mélantomice ; Phorbas, leur fils, sixième roi des Argiens, après son père ; Jasus, fils de leur septième roi, Triopas, et leur neuvième roi, Sthenelas, Stheneleus ou Sthenelos, car son nom varie suivant les auteurs. En ce même temps vécut, dit-on, Mercure, petit-fils d'Atlas, par Maïa, sa fille, suivant les témoignages les plus célèbres. Il signala son habileté dans plusieurs arts qu'il transmit aux hommes ; bienfait qui lui valut après sa mort d'être fait et cru dieu. Hercule lui est, dit-on, postérieur ; cependant il appartient à cette époque des Argiens, quoique plusieurs le fassent plus ancien que Mercure ; erreur, selon moi. Mais quelle que soit l'époque de leur naissance, les plus graves historiens de ces temps reculés tombent d'accord que tous deux furent des hommes, et qu'en retour des bienfaits qu'ils ont apportés aux mortels pour le soulagement de cette vie, ils ont reçu d'eux les honneurs divins. Quant à Minerve, elle est beaucoup plus ancienne qu'eux. Car, dit-on, c'est au temps d'Ogygès qu'elle apparut, à l'âge d'une jeune fille, sur les bords du lac Triton, d'où lui vint aussi le nom de Tritonia. On lui doit sans doute l'invention de beaucoup d'arts utiles ; et l'on hésita d'autant moins à la croire déesse, que son origine est plus obscure. Quant à sa merveilleuse sortie de la tête de Jupiter, elle est du domaine de la poésie et de la fable, et non de l'histoire et des faits. Cependant, les historiens ne s'accordent pas sur l'époque où vécut Ogygès lui-même, époque d'un vaste déluge ; non pas ce déluge immense qui engloutit tout, excepté quelques hommes enfermés dans les flancs de l'arche : événement inconnu à l'histoire païenne, grecque ou latine ; mais toutefois déluge plus grand que celui de Deucalion arrivé dans la suite. Car Varron commence à cette époque l'ouvrage dont j'ai parlé plus haut, et pour arriver aux fastes de Rome, il ne voit aucun fait d'une plus grande antiquité que le déluge d'Ogygès[3]. Mais nos chronologistes, Eusèbe, et Jérôme après lui, qui sans doute, ici, s'attachent au témoignage d'historiens précédents, reculent le déluge d'Ogygès de plus de trois cents ans, jusqu'au règne de Phoroneus, second roi des Argiens[4]. Mais, quelle qu'en soit l'époque, déjà Minerve était honorée comme une déesse, alors que Cécrops régnait sur les Athéniens ; c'est, dit-on, sous le règne de ce prince qu'Athènes est rebâtie ou fondée.

IX. Mais d'où est venu à cette ville le nom d'Athènes, nom qu'évidemment elle emprunte à Minerve, appelée en grec Ἀθηνά ? Voici l'origine que Varron signale. Un olivier était soudain sorti de terre ; ailleurs, une source d'eau vive venait de jaillir. Frappé de ce prodige, le roi envoie consul-

3. Varron, *Antiquitatum rerum.*
4. Eusèbe, *Chronicon.*

ter l'oracle de Delphes, pour savoir ce qu'il faut penser, ce qu'il faut faire. L'oracle répond que l'olivier est l'emblème de Minerve, l'eau celui de Neptune, et qu'il était au pouvoir des citoyens de choisir, pour nommer leur ville, entre les noms de ces deux divinités. À cette réponse de l'oracle, Cécrops appelle aux suffrages les citoyens de l'un et de l'autre sexe : car selon l'ancien usage de ce pays, les femmes mêmes avaient voix dans les délibérations publiques. La multitude est consultée. Les hommes se prononcent en faveur de Neptune, les femmes en faveur de Minerve ; et comme il se trouve une femme de plus, Minerve l'emporte. Alors Neptune irrité précipite sur la terre des Athéniens les flots de la mer. Est-il donc si difficile aux démons de répandre au loin quelque masse d'eau que ce soit ? Pour apaiser la colère de ce dieu, les Athéniens, suivant le même auteur, frappèrent les femmes d'une triple déchéance : elles ne durent plus à l'avenir être admises aux suffrages ; nul enfant en naissant ne dut recevoir désormais le nom de sa mère ; enfin il ne fut plus permis de les appeler « Athéniennes ». Ainsi c'est à la raillerie des démons qui se jouent dans le débat de ces deux divinités, mâle et femelle, c'est à la victoire procurée par les femmes à la femme, que cette cité nourrice des arts libéraux, mère de tant d'illustres philosophes, cette cité, la gloire de la Grèce, doit le nom d'Athènes. Et cependant, frappée par le dieu vaincu, elle est forcée de punir la victoire même de la déesse, redoutant plus les eaux de Neptune que les armes de Minerve. Et dans les femmes ainsi châtiées, Minerve victorieuse est vaincue. Et elle ne vient pas en aide à celles qui l'ont assistée de leurs suffrages, afin qu'en dédommagement du droit dont elles sont déchues, et de cette rigueur qui rend les fils étrangers au nom de leurs mères, il leur soit du moins permis de s'appeler Athéniennes et de porter le nom de la déesse qui doit sa victoire à leurs suffrages ! Que ne resterait-il pas à dire ici si d'autres sujets ne réclamaient impatiemment la suite de ce discours ?

X. Cependant Varron refuse d'ajouter foi à ces fictions défavorables aux dieux ; il craint de professer quelque sentiment indigne de leur majesté. Aussi ne veut-il pas que l'Aréopage, où l'apôtre Paul discuta avec les Athéniens et dont les juges sont appelés Aréopagites, doive son nom à la circonstance d'une accusation d'homicide portée contre Mars (en grec Ἄρης), qui, cité dans le bourg devant douze dieux, est renvoyé absous par le partage égal des voix : ce partage emportait toujours alors l'absolution de l'accusé. Varron rejette donc cette opinion la plus communément répandue, et va chercher dans les débris de traditions obscures de quoi bâtir une nouvelle étymologie. Il répudie la composition de ce mot Aréopage (*Arès*, Mars ; *pagus*, bourg), comme un outrage aux dieux dont il éloigne et les contestations et les arrêts de la justice. Il assure que ce procès de Mars n'est pas moins faux que le débat élevé, dit-on, entre les trois déesses Junon, Minerve et Vénus, disputant au tribunal de Pâris la pomme d'or qui doit être le prix de la beauté ; et il le relègue parmi ces mensonges impies qui prêtent aux dieux une honteuse joie dans les représentations de leurs crimes réels ou supposés, au milieu des chants, des danses et des applaudissements du théâtre. Voilà ce que Varron repousse comme contraire à la nature et aux mœurs des dieux ; et cependant lorsqu'il demande, non pas à la fable, mais à l'histoire, l'origine du nom d'Athènes, il accueille dans son ouvrage le récit de ce grave différend survenu entre Neptune et Minerve luttant de prodiges à qui lui donnerait son nom ; différend où Apollon consulté n'ose décider entre eux et, à l'exemple de Jupiter dans le débat des trois déesses, renvoie ces deux divinités au jugement des hommes : victorieuse par le nombre des suffrages, Minerve est vaincue dans le châtiment de celles qui lui ont donné la victoire : elle emporte contre les hommes, ses adversaires, le nom d'Athènes, et elle ne peut assurer aux femmes, ses amies, le nom d'Athéniennes. À cette époque et sous le règne de Cranaüs successeur de Cécrops, selon Varron, sous celui de Cécrops même, selon nos auteurs Eusèbe et Jérôme, arriva le déluge de Deucalion, ainsi appelé parce que le pays où régnait ce prince eut le plus à souffrir de la violence des eaux. Mais ce déluge ne s'étendit pas à l'Égypte ni aux contrées voisines.

XI. Moïse affranchit donc de la servitude d'Égypte le peuple de Dieu, à la fin du règne de Cécrops chez les Athéniens, quand régnaient sur les Assyriens Ascatade, sur les Sicyoniens Marathos, sur les Argiens Triopas. Il donne au peuple délivré la loi reçue de Dieu sur le mont Sinaï, dite vieux Testament, parce qu'il n'a que des promesses terrestres, et que Jésus-Christ devait révéler le Nouveau qui promet le royaume des cieux. Et il fallait ici garder cet ordre, ainsi qu'il arrive, suivant la remarque de l'apôtre, en chaque homme qui s'avance vers Dieu. En cet homme, « ce n'est pas l'élément spirituel qui précède, mais l'élément animal ; vient plus tard l'élément spirituel[5] » : car, ajoute l'apôtre avec vérité, « le premier homme, formé de la terre, est l'homme terrestre ; le second, venu du ciel, est l'homme céleste ». Moïse gouverna le peuple pendant quarante ans dans le désert ; et il mourut à l'âge de cent vingt ans, ayant aussi lui-même prophétisé le Christ par les figures des observations légales, par le tabernacle, le sacerdoce, les sacrifices et autres prescriptions mystérieuses. À Moïse succède Josué qui établit le peuple dans la terre de promesse après avoir exterminé, en vertu de l'autorité divine, les premiers habitants de cette contrée. Il gouverne le peuple après la mort de Moïse pendant vingt-sept ans et meurt à son tour sous les règnes d'Amyntas, le dix-huitième roi des Assyriens ; de Corax, le seizième des Sicyoniens ; de Danaos, le dixième des Argiens ; et d'Érichthon, le quatrième des Athéniens.

XII. Pendant ce temps, c'est-à-dire depuis la sortie d'Égypte jusqu'à la mort de Josué, qui mit le peuple en possession de la terre promise, les rois de la Grèce instituèrent, en l'honneur des faux dieux, certaines solennités religieuses qui perpétuaient, dans la mémoire des hommes délivrés du déluge, le souvenir de cette catastrophe et de ces temps où

5. 1 Co 15, 46.

leur misérable vie errait sur les montagnes pour redescendre dans les plaines. Car c'est ainsi qu'on explique ces courses des prêtres Luperques qui, montant et descendant sur la voie sacrée figurent les hommes que l'inondation chasse vers les hauteurs, et que l'abaissement des eaux ramène dans les plaines. À cette époque, Dionysos, que l'on appelle encore Liber, mis après sa mort au rang des dieux, enseigne, dit-on, dans l'Attique, à son hôte, la culture de la vigne. Alors aussi des jeux de musique sont institués en l'honneur d'Apollon de Delphes pour fléchir son courroux : on croyait que le sol de la Grèce était frappé de stérilité par ce dieu, qui vengeait ainsi l'incendie de son temple que l'on n'avait pas su défendre contre l'invasion de Danaos ; c'est à la voix d'un oracle que ces jeux s'établirent. Le roi Érichthon, le premier, les institua dans l'Attique en son honneur et en l'honneur de Minerve. L'olivier était le prix des vainqueurs ; car on attribue à Minerve la culture de cet arbuste, comme celle de la vigne à Liber. En ce temps, Xanthos, roi des Crétois, que d'autres nomment autrement, enleva, dit-on, Europe, dont il eut Rhadamanthe, Sarpédon et Minos, plus généralement connus comme fils de Jupiter et de la même mère. Mais les adorateurs de ces vaines divinités attribuent à la vérité historique ce que je viens de dire du roi de Crète ; et tout ce que l'on publie de Jupiter, les poètes par leurs chants, les théâtres par leur pompe bruyante, les peuples par leurs cérémonies ; tout cela est la part du mensonge et de la fiction, matière de ces jeux où la représentation des crimes que l'on prête aux dieux apaise leur courroux. Alors Hercule était illustre à Tyrinthia ; un autre Hercule que celui dont je viens de parler, car en soulevant les voiles de l'histoire, on trouve plusieurs Liber et plusieurs Hercule : celui-ci, dont les douze travaux sont célèbres, n'est pas le vainqueur de l'Africain Antée, mais celui qui se brûle lui-même sur le mont Œta ; ce courage qui domptait des monstres s'abat sous la douleur. Alors le roi ou plutôt le tyran Busiris immolait ses hôtes à ses dieux. Il passait pour être fils de Neptune et de Lybia fille d'Épaphus. Cependant que l'on épargne ce crime à Neptune et cette accusation aux dieux, j'y consens; qu'on l'impute aux poètes et aux théâtres qui conjurent ainsi les colères célestes. Érichthon, roi des Athéniens, qui touchait au terme de sa vie quand Josué mourut, était, dit-on, fils de Vulcain et de Minerve; mais comme l'on veut que Minerve soit vierge, on prétend que dans le débat des deux divinités, Vulcain troublé répandit sa semence sur la terre : telle est l'origine d'Érichthon, de sa naissance et de son nom (en grec ἔρις, débat; et χθών, terre). Les savants, il est vrai, rejettent ce récit, et l'écartant de leurs dieux comme une fable, ils en trouvent la source dans le fait suivant. Il n'y avait à Athènes, pour Vulcain et Minerve, qu'un seul temple où un jour fut trouvé un enfant, enveloppé d'un serpent, emblème de sa grandeur future; et les père et mère demeurant inconnus, la commune consécration du temple fit attribuer cet enfant à Vulcain et à Minerve. Cependant l'origine de ce nom s'explique mieux par la fable que par l'histoire; mais que nous importe? le récit historique n'est-il pas pour l'instruction des hommes religieux, la fable menteuse pour le plaisir des démons impurs que ces hommes religieux adorent néanmoins comme des dieux? Et s'ils nient de ces dieux ce que la tradition raconte, ils ne sauraient les laver des souillures du théâtre, puisque c'est à leur demande que l'on célèbre les jeux, honteuse mise en scène de ces actes que l'on trouve sage de nier : mensonges et infamies qui apaisent les dieux! En vain la fable déclare leurs crimes une fiction; se plaire à des crimes supposés, n'est-ce pas un crime véritable?

XIII. Après la mort de Josué, le peuple de Dieu eut des juges; toute cette période est une constante alternative d'afflictions humiliantes et de consolantes prospérités, en raison des péchés d'Israël ou de la miséricorde divine; de ce temps date l'invention de plusieurs fables. C'est Triptolème qui, par ordre de Cérès, porté sur des serpents ailés, distribue, dans son vol, le blé aux pays affamés; c'est le Minotaure, monstre renfermé dans un labyrinthe aux inextricables détours, d'où les hommes ne peuvent plus sortir une fois qu'ils y sont entrés; ce sont les Centaures, dont la nature réunit le cheval et l'homme; c'est Cerbère, le chien des enfers, à la triple tête; c'est Phryxos et Hellé, sa sœur, qui volent sur un bélier; c'est Gorgone, à la chevelure de serpents, et qui change en pierres ceux qui la regardent; c'est Bellérophon, qui monte un cheval ailé qu'on appelle Pégase; c'est Amphion, qui enchante et attire les rochers par la douceur des sons de sa lyre; c'est l'habile Dédale et son fils Icare, qui s'envolent sur des ailes artificielles; c'est Œdipe, qui résout l'insoluble énigme proposée par le monstre à face humaine et à quatre pieds, victoire qui précipite le sphinx dans son propre abîme; c'est Antée, fils de la Terre, qu'Hercule étouffe, parce qu'en tombant sur sa mère il se relevait toujours plus fort; et d'autres fables qui m'échappent peut-être; toutes fictions inventées jusqu'à la guerre de Troie, où Varron termine son second livre *Des antiquités romaines*, fictions que l'imagination humaine emprunte à des récits véritables, sans en faire une source d'opprobre pour les dieux. Mais quant à ceux qui supposent qu'un bel enfant est enlevé par Jupiter, crime du roi Tantale que la fable attribue au dieu; ou que Jupiter, sous la pluie d'or, arrive à la couche de Danaé : fable qui nous laisse entendre que l'or vainquit la pudeur d'une femme; toutes actions réelles ou imaginaires, ou commises par d'autres et prêtées à Jupiter; qui pourrait dire à quel point les auteurs de ces fictions ont présumé de la dépravation du cœur des hommes pour les croire capables de souffrir patiemment de tels mensonges, qu'ils ont néanmoins embrassés volontiers? Et cependant plus ils sont dévoués au culte de Jupiter, plus sévèrement ils devraient punir ces hardis blasphémateurs. Mais loin d'être indignés contre eux, ils ont au contraire redouté l'indignation des dieux mêmes s'ils ne mettaient en scène ces honteuses fictions. À cette époque, Latone donne le jour à Apollon, non cet Apollon dont je viens de rappeler les oracles habituellement consultés, mais celui qui fut, avec Hercule, au service d'Admète, et cependant si bien admis au rang des dieux que l'on confond d'ordinaire l'un et l'autre Apollon. À cette époque aussi, Liber porte la guerre dans l'Inde; il avait dans son armée une troupe de femmes appelées Bacchantes, plus célèbres par leur fureur que par leur courage. Suivant quelques auteurs, il fut vaincu et chargé de chaînes ; selon d'autres, il fut tué dans un combat par Persée ; et le lieu même de sa sépulture n'est pas inconnu. Et pourtant c'est en son nom comme au nom d'un dieu que, par l'inspiration des esprits immondes, les sacrées ou plutôt sacrilèges bacchanales s'établissent : fêtes dont les cyniques fureurs, après tant d'années, frappèrent le sénat d'une telle honte qu'il les bannit de Rome. C'était encore le temps de Persée et d'Andromède sa femme, élevés au ciel après leur mort ; et telle est la conviction de leur divinité que l'on ne rougit pas de désigner leur image par des étoiles appelées de leurs noms.

XIV. À la même époque, il y eut des poètes qu'on appelait encore théologiens, parce qu'ils composaient des vers en l'honneur des dieux, mais de dieux qui, bien que grands hommes, furent cependant des hommes, s'ils ne sont les éléments de ce monde, ouvrage du vrai Dieu ; ou bien élevés dans l'ordre des Principautés et des Puissances, par la volonté du Créateur, et non par leur propre mérite. Si parmi tant d'erreurs et de faussetés, ces poètes ont dit quelque chose du vrai Dieu, comme ils l'ont confondu dans leurs hommages avec d'autres qui ne sont pas dieux, et comme ils ont rendu à ces idoles le culte qui n'est dû qu'à Dieu seul, ils n'ont pas rendu à Dieu le service légitime, et les poètes mêmes, Orphée, Musée, Linos, n'ont pu se garder de flétrir leurs divinités de ces fabuleux opprobres. Mais ces théologiens ont honoré les dieux et n'ont pas été honorés comme dieux, quoique la cité des impies donne à Orphée je ne sais quelle autorité sur les sacrifices ou plutôt sacrilèges infernaux. La femme du roi Athamas, Ino, et son fils Mélicerte, trouvèrent dans l'abîme des flots une mort volontaire, et l'opinion des hommes les unit au rang des dieux, ainsi que plusieurs hommes de ce temps, entre autres Castor et Pollux. Cette mère de Mélicerte, les Grecs l'appelèrent Leucothée, les Latins Matuta ; les uns et les autres la prennent pour une déesse.

XV. En ce temps finit l'empire des Argiens, transféré à Mycènes, patrie d'Agamemnon, et le royaume des Laurentins s'élève où Picus, fils de Saturne, règne le premier, les Hébreux ayant alors pour juge Debbora ou plutôt l'Esprit de Dieu même, en elle : car cette femme était prophétesse ; mais l'obscurité de ces prophéties nous obligerait à de longs commentaires pour en montrer le rapport au Christ. Les Laurentins régnaient donc déjà en Italie, auteurs évidents des Romains après les Grecs. Cependant l'empire des Assyriens subsistait encore et Lamparès, leur vingt-troisième roi, tenait le sceptre, quand Picus commençait la dynastie des rois Laurentins. Quant à Saturne, père de ce Picus, que les adorateurs de ces tristes divinités décident ce qu'ils en doivent penser, puisqu'ils nient qu'il fût homme. D'autres ont écrit qu'il régna en Italie avant son fils Picus ; et Virgile a dit de lui dans ses vers célèbres : « Cette race sauvage et dispersée sur les hautes montagnes, il la rassemble, il lui donne des lois ; et il veut que ce pays porte le nom de Latium où il a trouvé asile et sécurité : son règne fut, dit-on, la période de l'âge d'or[6]. » Mais qu'ils relèguent ceci parmi les mensonges poétiques, qu'ils préfèrent donner pour père à Picus, Sterce, habile agriculteur qui imagina, dit-on, de féconder des champs par le fumier des animaux : d'où est venu à l'engrais le nom de *stercus*, et à l'inventeur, selon quelques-uns, le nom de *Stercutius*. Or, pour quelque raison qu'on ait voulu l'appeler Saturne, il n'en est pas moins certain que ce fut Sterce ou Stercutius dont on fit avec raison le dieu de l'agriculture. On admit aussi au nombre de ces dieux Picus, son fils, célèbre, dit-on, comme augure et comme guerrier. Picus engendra Faunus, second roi des Laurentins ; il fut, ou plutôt il est encore, un de leurs dieux. C'est avant la guerre de Troie que ces honneurs divins étaient rendus à des hommes morts.

XVI. Après la chute de Troie, dont le bruit a retenti sur toute la terre, ruine mémorable, si connue des enfants, et qui

6. Virgile, *Énéide*, VIII 321-325.

doit à son importance, à la beauté du langage des écrivains, d'être publiée par toutes les voix de la renommée ; après cet événement, arrivé sous le règne de Latinus, fils de Faunus, dont les peuples laissèrent désormais le nom de Laurentins pour celui de Latins, les Grecs vainqueurs, abandonnant les débris de Troie, trouvent à leur retour vers leurs foyers d'épouvantables désastres qui les dispersent, qui les brisent : et toutefois ces malheurs mêmes leur fournirent de nouveaux dieux. Car on fit un dieu de Diomède ; Diomède que l'on nous représente frappé d'un châtiment divin qui le repousse de sa patrie ; Diomède dont les compagnons, changés en oiseaux, non pas au gré de la fable menteuse, mais suivant un témoignage historique, ne peuvent obtenir de leur chef devenu dieu, la recouvrance de leur première nature ; soit que lui-même ne puisse la leur rendre, soit que le puissant Jupiter ait accueilli, par un refus, la bienvenue de ce nouvel hôte. On assure encore que Diomède a un temple dans l'île Diomeda, non loin du mont Gargan en Apulie ; et l'on ajoute que ces mêmes oiseaux volent autour de ce temple et l'honorent d'un tel culte qu'ils se remplissent le bec d'eau pour l'arroser : si des Grecs ou des individus d'origine grecque viennent en ce lieu, ces oiseaux se montrent non seulement paisibles, mais caressants ; s'ils aperçoivent des étrangers, ils volent autour de leurs têtes et les frappent avec fureur jusqu'à leur donner la mort ; car on les dit armés de becs assez durs et assez forts pour livrer ces terribles combats.

XVII. À l'appui de ce fait, Varron en cite d'autres non moins incroyables, de cette fameuse magicienne, Circé, qui change aussi en bêtes les compagnons d'Ulysse ; et de ces Arcadiens que le sort désigne pour passer à la nage un certain étang où ils deviennent loups, et vont vivre avec cette espèce farouche aux lieux déserts de cette contrée. S'ils s'abstiennent de chair humaine, au bout de neuf ans ils repassent le même étang à la nage et reprennent leur forme d'hommes. Enfin il cite nominativement un certain Demænetos, qui ayant goûté du sacrifice d'un enfant que les Arcadiens immolent à leur dieu Lycæos, est changé en loup, et qui, dix ans après, réintégré dans sa véritable forme, remporte le prix du pugilat aux jeux olympiques. Et suivant le même historien, ce nom particulier en Arcadie de Pan Lycæos et de Jupiter Lycæos, a son origine dans cette métamorphose d'hommes en loups qui, dans l'opinion de ces peuples, ne saurait arriver sans un acte de la puissance divine. « Loup », en effet, se dit en grec λυκος, d'où le nom de Lycæos est évidemment dérivé. Enfin Varron prétend que les prêtres Luperques sont, pour ainsi dire, les descendants de ces mystères.

XVIII. Mais sur ces perfides jeux des démons, mes lecteurs attendent peut-être mon sentiment. Et que dirai-je ? sinon qu'il faut fuir de l'enceinte de Babylone : conseil prophétique et que nous devons entendre en esprit, fuyant la cité du siècle, la société des hommes et des anges impies, pour avancer vers le Dieu vivant du pas de la foi qui opère par l'amour. En effet, plus la puissance des démons ici-bas nous apparaît formidable, plus il faut nous tenir étroitement attachés au Médiateur qui nous élève avec lui. Dirai-je qu'il faut refuser toute croyance à ces prodiges ? mais encore aujourd'hui les témoins ne manqueront pas, pour affirmer que de semblables faits ont frappé leurs yeux ou leurs oreilles. N'avons-nous pas nous-mêmes, pendant notre séjour en Italie, entendu raconter qu'en certaines parties de cette contrée, des femmes, des hôtelières, initiées aux pratiques sacrilèges, recélaient dans un fromage offert à tels voyageurs qu'il leur était loisible ou possible, le secret de les transformer soudain en bêtes de somme qu'elles chargeaient de leurs bagages. Cette tâche accomplie, ils revenaient à leur nature ; et toutefois cette métamorphose ne s'étendait pas jusqu'à leur esprit, ils conservaient la raison de l'homme, comme Apulée le raconte de lui-même dans le récit ou la fiction de l'Âne d'or, quand un breuvage empoisonné l'a fait devenir âne en lui laissant la raison. Mensonges que tout cela ou phénomènes si rares qu'il est raisonnable de n'y pas ajouter foi. Ce qu'il faut croire, c'est que Dieu, par sa toute-puissance, peut faire tout ce qu'il veut, pour satisfaire à sa justice ou à sa clémence, et que les démons, ces créatures angéliques, mais perverties par un vice volontaire, n'agissent dans le ressort de leur puissance naturelle que suivant la permission de celui dont les jugements sont souvent cachés et jamais injustes. Sans doute qu'en déployant ces prestiges dont il est question, les démons ne créent pas de nouvelles natures, mais ils modifient tellement dans leurs apparences celles que le vrai Dieu a créées, qu'elles semblent être ce qu'elles ne sont pas. Ainsi je n'accorderai jamais aux démons, quel que soit leur artifice ou leur puissance, de pouvoir changer l'âme, que dis-je ? le corps même de l'homme, au corps, aux formes réelles de la bête : ce que je crois, c'est que l'imagination humaine se modifiant selon la multitude infinie des objets que suggère la pensée ou le sommeil et, quoique incorporelle, se pliant avec une merveilleuse rapidité à reproduire la ressemblance des corps, une certaine image fantastique de l'homme peut à la faveur de l'assoupissement ou de la léthargie arriver – comment ? je l'ignore – sous une apparence corporelle jusqu'à notre perception sensible ; tandis que le corps même de l'homme gît peut-être ailleurs, vivant sans doute, mais dans un plus profond évanouissement que celui du sommeil. Ainsi, cette image fantastique de l'homme se montrerait à nos sens incorporée à certaine figure d'animal, et, dans cet état, comme dans l'illusion d'un songe, l'homme lui-même pourrait se croire tel qu'il se paraît et s'imaginer qu'il porte des fardeaux. Ces fardeaux sont-ils réels ? ce sont alors les démons qui les portent pour abuser les hommes dont la vision se partage entre un fardeau réel et un animal imaginaire. Un certain Præstantios racontait que son père ayant par hasard goûté dans sa maison de ce fromage empoisonné, il était demeuré sur son lit, comme endormi, mais sans qu'il fût possible de l'éveiller. Revenu à lui-même quelques jours après, il raconta comme un songe ce qui venait de lui arriver : il était devenu cheval et avait, en compagnie d'autres bêtes de somme, porté aux soldats des vivres, *retica*, que l'on enveloppe dans des filets. Le fait s'était passé comme il le racontait, et ce fait ne lui paraissait qu'un songe. Un autre rapportait qu'une nuit avant de reposer, il avait vu venir à lui un philosophe platonicien de sa connaissance et obtenu de lui, sur quelques points de la doctrine de Platon, certains éclaircissements jusqu'alors refusés à ses instances. Et comme on demandait à ce philosophe pourquoi il avait accordé hors de chez lui ce que chez lui il avait refusé : « Je ne l'ai pas fait, répondit-il, mais je l'ai rêvé. » Ainsi l'un eut tout éveillé, sous ses yeux, à la faveur d'une image fantastique, ce que l'autre vit dans son sommeil.

Ces faits nous sont parvenus, non sur l'attestation de gens quelconques à qui il nous semblerait indigne d'ajouter foi, mais d'hommes que nous jugeons incapables de nous tromper. Ainsi ce que la tradition ou les monuments littéraires nous racontent des prestiges des dieux ou plutôt des démons, de ces métamorphoses habituelles d'Arcadiens en loups et « de ces enchantements de Circé qui transforma les compagnons d'Ulysse[7] » ; tout cela sans doute est arrivé (s'il est vrai toutefois), ainsi que je viens de le dire. Quant aux oiseaux de Diomède, comme leur espèce, dit-on, s'est perpétuée jusqu'à nous, je crois qu'ils le doivent, non pas à une métamorphose humaine, mais à une substitution semblable à celle de la biche, dévouée à la place d'Iphigénie, fille d'Agamemnon. De semblables prestiges, permis par les jugements de Dieu, pouvaient-ils être difficiles aux démons ? Or comme cette jeune fille fut trouvée vivante après le sacrifice, on reconnut aisément qu'une biche lui avait été substituée, tandis que les compagnons de Diomède ayant soudain disparu pour ne plus reparaître, victimes des mauvais anges, ministres de la colère divine, on les a crus métamorphosés en ces oiseaux qui secrètement apportés des lieux où l'espèce habite, les auraient soudain remplacés. Quant à l'eau dont ils se remplissaient le bec pour arroser le temple de Diomède, quant à leurs caresses pour les Grecs et à leurs fureurs contre les étrangers, faut-il s'étonner de retrouver ici la maligne influence des démons jaloux d'accréditer la divinité de Diomède, afin d'entretenir les hommes dans cette funeste erreur qui, pour les dieux menteurs, outrageant le vrai Dieu, prostitue à des hommes morts et qui n'ont pas même vécu de

7. Virgile, *Énéide*, VIII 70.

la vie véritable, l'hommage de ces temples, de ces autels, de ces sacrifices, de ces prêtres, tout ce culte enfin qui n'est dû qu'au seul Dieu de vie et de vérité ?

XIX. En ce temps, après la ruine de Troie, Énée, avec vingt vaisseaux qui portent les débris des Troyens, aborde en Italie, sous le règne de Latinus. Régnaient alors, chez les Athéniens, Mnestheos ; chez les Sicyoniens, Polyphide ; chez les Assyriens, Tautane ; Labdon était juge des Hébreux. Après la mort de Latinus, Énée règne trois ans, du vivant de ces princes, le roi des Sicyoniens et le juge des Hébreux exceptés, qui ont déjà pour successeurs, l'un Pelasgos, l'autre Samson que sa force prodigieuse fit passer pour Hercule. Énée étant donc disparu, après sa mort, les Latins s'en font un dieu. Les Sabins rangent aussi parmi les dieux leur premier roi Sancus ou, suivant quelques-uns, Sanctus. C'est alors que Codros, roi des Athéniens, vint s'offrir inconnu aux coups des Péloponésiens, leurs ennemis : il est frappé et paie de sa vie, dit-on, le salut de son pays. Car l'oracle avait promis aux Péloponésiens la victoire s'ils ne tuaient pas le roi des Athéniens. Codros les trompe donc en venant à eux sous les haillons d'un pauvre et en provoquant par des outrages leur fureur et sa mort : « Outrages de Codros[8] », a dit Virgile. Les Athéniens l'honorèrent comme un dieu, par des sacrifices. Sous le règne de Silvius, quatrième roi des Latins, fils d'Énée, non par Créuse, mère d'Ascagne, troisième roi de ce peuple, mais par Lavinia, fille de Latinus. Sous Silvius qui fut, dit-on, fils posthume d'Énée, alors qu'Oneus était le vingt-neuvième roi des Assyriens, Melanthos, le seizième des Athéniens, et le grand-prêtre Heli, juge des Hébreux, finit le royaume des Sicyoniens, à qui on attribue une durée de neuf cent cinquante-neuf ans.

XX. Bientôt et du vivant de ces rois dans les contrées que je viens de nommer, le gouvernement des juges étant aboli,

8. Virgile, *Énéide*, V 11.

la royauté en Israël commence à Saül : c'est le temps du prophète Samuel ; et c'est aussi le temps de ces rois latins appelés Silviens du nom de ce fils d'Énée qui le premier s'appela Silvius. Les autres rois qui se succédèrent recevaient des noms propres avec ce surnom, comme longtemps après furent nommés Césars les successeurs de Jules César. Après la réprobation de Saül et le retranchement de sa race, ce prince étant mort, qui était roi depuis quarante ans, David lui succède. Alors, et depuis le trépas de Codrus, les Athéniens cessent d'avoir des rois et confient à des magistrats le gouvernement de la république. David, après quarante ans de règne aussi, laisse le sceptre à son fils Salomon, qui bâtit ce fameux temple de Jérusalem. De son temps, Albe est fondée chez les Latins, et du nom de cette ville, dans la même contrée du Latium, les rois désormais s'appelèrent non plus Latins, mais Albins. À Salomon succède son fils Roboam : sous ce prince, le peuple se partage en deux royaumes, chacun sous un roi particulier.

XXI. Après Énée, dont on avait fait un dieu, le Latium eut onze rois : aucun d'eux n'obtint les honneurs divins ; mais Aventin, le douzième successeur d'Énée, ayant trouvé la mort dans un combat et sa sépulture sur la montagne qui porte encore aujourd'hui son nom, vint augmenter le nombre des dieux, tels qu'on savait s'en faire alors. Suivant une autre tradition, il n'aurait pas été tué en combattant, mais il aurait disparu, et ce n'est pas à lui mais à l'arrivée d'une troupe d'oiseaux que le mont Aventin devrait son nom. Après lui, le Latium ne fit plus d'autre dieu que Romulus, le fondateur de Rome. Mais entre ces deux rois, il s'en trouve deux autres, dont le premier, et l'immédiat successeur d'Aventinus, est, pour parler avec Virgile, « cet illustre Procas, la gloire de la race troyenne[9] ».

C'est de son temps, alors que l'Italie était comme en travail de l'enfantement de Rome, qu'après une si longue durée, le terme arrive du plus grand des empires, l'Empire

9. Virgile, *Énéide*, VI 767.

d'Assyrie. Il passe aux Mèdes après environ treize cent cinquante ans d'existence, en comptant l'époque de Bélos, père de Ninos, qui régna le premier et borna son ambition à l'étroite enceinte de ce royaume naissant. Procas est le prédécesseur d'Amulius. Amulius, dit-on, avait fait de la fille de son frère Numitor, une vierge consacrée à Vesta. Son nom est Rhéa ou Ilia, mère de Romulus : on prétend, pour glorifier ou excuser son déshonneur, qu'elle eut deux jumeaux du dieu Mars, et la preuve que l'on invoque, c'est que les deux enfants exposés furent allaités par une louve : animal qui, dit-on, appartient à Mars. Cette louve aurait offert la mamelle à ces enfants, parce qu'elle aurait en eux reconnu les fils de son maître. Selon d'autres, et ceux-là ne manquent pas, ces jumeaux vagissaient abandonnés, quand ils furent d'abord recueillis par une courtisane qui, la première, leur donna le sein. On appelait alors les courtisanes louves, *lupa* : d'où est venu aux lieux infâmes le nom de *lupanar*. Ils auraient été remis entre les mains du berger Faustulus et nourris par sa femme Acca. Et quand, à la honte de ce roi qui avait eu la cruauté de les condamner à périr sous les eaux, dérobant au fleuve ces enfants prédestinés à fonder un si grand empire, Dieu eût offert à leurs cris la mamelle d'une louve, faudrait-il donc tant s'étonner ? Le sceptre du Latium passe d'Amulius à Numitor, aïeul de Romulus ; et, la première année de son règne, Rome est bâtie. Ainsi désormais, il règne conjointement avec son petit-fils Romulus.

XXII. J'abrège. Rome est fondée comme une seconde Babylone, comme la fille de la première, dont il plaît à Dieu de se servir pour dompter l'univers et, réduit à l'unité de la république et de ses lois, le pacifier jusqu'à ses derniers confins. Car c'était déjà des peuples forts et aguerris, des nations exercées aux armes, et dont la résistance obstinée ne devait laisser la victoire qu'au prix des derniers périls, d'une horrible extermination de part et d'autre, et des plus sanglants efforts. Quand l'empire des Assyriens subjugua presque toute l'Asie, cette conquête s'acheva par la guerre, et non par les guerres si rudes et si désastreuses ; les nations encore novices à la résistance, étaient moins nombreuses et moins puissantes. Car depuis cet immense et universel déluge, où huit hommes seulement trouvèrent leur salut dans l'arche de Noé, mille ans s'étaient à peine écoulés, quand Ninos soumit l'Asie, à l'exception de l'Inde. Mais pour dompter tant les nations de l'Orient et de l'Occident que nous voyons aujourd'hui sujettes de l'Empire romain, il fallut à Rome plus de temps et d'efforts ; car en s'agrandissant peu à peu, partout où elle s'étend, elle les trouve vigoureuses et guerrières. Or au temps de la fondation de Rome, le peuple d'Israël comptait, depuis son entrée dans la terre promise, sept cent dix-huit ans, dont vingt-sept appartiennent à la période de Josué, et trois cent vingt-neuf à celle des Juges ; trois cent soixante-deux ans s'étaient écoulés depuis l'avènement des rois. Juda avait alors pour roi Achaz, ou, selon d'autres calculs, le successeur de ce prince, Ézéchias, si célèbre par ses vertus et sa piété, contemporain de Romulus. En ce temps, Osée venait de saisir le sceptre d'Israël.

XXIII. C'est à cette époque que plusieurs rapportent les prédictions de la sibylle d'Érythrées. Varron prétend qu'il y eut plusieurs sibylles. Cette sibylle d'Érythrées a rendu, sur le Christ, certains témoignages évidents. Nous les avons lus, en vers d'une mauvaise latinité et se tenant à peine sur leurs pieds, grâce à l'inhabileté de l'interprète inconnu, comme je l'ai su depuis. Car l'illustre Flaccianus, qui fut même proconsul, cet homme si remarquable par la facilité de son éloquence et l'étendue de son savoir, dans un entretien sur le Christ, nous présenta un exemplaire grec qu'il nous dit être le recueil des vers de la sibylle d'Érythra, et appela notre attention sur certain passage où les premières lettres de chaque vers, réunies ensemble, offraient au lecteur ces mots : ἸησοῦςΧρειστόςΘεοῦΥἱόςΣωτήρ ; c'est-à-dire : « Jésus-Christ, Fils de Dieu, Sauveur. » Or ces vers dont les premières lettres forment le sens que nous disons, suivant une autre interprétation en vers latins réguliers, énoncent cette prophétie : « Signe du jugement : la terre se couvrira d'une sueur glacée. Le roi des siècles va descendre du ciel, et c'est dans sa chair qu'il comparaît pour juger l'univers. Et Dieu se montre aux yeux de l'incrédule et du fidèle, dans sa gloire avec ses saints, au dernier terme des âges. Et les âmes paraissent aussi revêtues de leur chair, à son tribunal, quand la terre demeure inculte et ensevelie sous les ronces. Les hommes rejettent loin d'eux leurs biens et leurs trésors. Le feu va dévorer la terre et, gagnant la mer et le ciel, briser les portes du sombre Averne. Une pure lumière revêtira les corps des saints et les coupables seront livrés à d'éternelles flammes. Découvrant ses actes cachés, chacun révélera les secrets de son cœur ; Dieu ouvrira les consciences à la lumière. C'est l'heure des gémissements, l'heure où tous grinceront les dents. Le soleil est déchu de sa gloire, et le chœur des astres s'éteint. Le soleil disparaît, le rayon de la lune est éclipsé. Les collines tombent, les vallées s'élèvent de leurs profondeurs. Rien n'apparaît plus dans les choses de l'homme, de haut ni d'altier. Déjà les montagnes et les espaces azurés de la mer descendent au niveau des plaines. Tout cesse ; la terre est brisée. Le feu dévore les fontaines et les fleuves. Alors du haut des cieux, la trompette fait planer sur le monde un son lugubre dont le gémissement annonce la catastrophe lamentable et la diversité des supplices. La terre s'entrouvrant laisse voir le chaos du Tartare. Là, tous les rois, jusqu'au dernier, vont paraître devant le Seigneur ; les cieux versent un torrent de feu et de soufre [10]. » Dans ces vers latins, tant bien que mal traduits du grec, le sens que forme la réunion des lettres initiales, ne peut se retrouver quand le vers commence par la lettre Y, faute d'un synonyme latin qui commence par cette lettre ; ces vers défectueux sont au nombre de trois : le cinquième, le dix-huitième et le dix-neuvième. Si cependant nous rassemblons les lettres initiales de chaque vers, moins celles de ces trois vers auxquelles nous nous souviendrons de substituer l'Y, comme si chacun de ces vers commençait par cette lettre, nous lisons cinq mots, grecs et non latins, dont voici le sens : « Jésus-Christ, fils de Dieu, Sauveur. » De plus, ce

10. Oracles sibyllins, VIII 217-243.

passage se compose de vingt-sept vers, nombre qui représente le cube de trois. Car trois répétés trois fois, font neuf ; et neuf répétés à leur tour trois fois, pour élever la figure de largeur en hauteur, font vingt-sept. Or de ces cinq mots grecs : ἸησοῦςΧρειστόςΘεοῦ Ὑιός Σ ωτήρ, ou *Jésus-Christ, Fils de Dieu, Sauveur*, si l'on rassemble les premières lettres, on forme le mot Ἰχθύς, poisson, nom mystique du Christ, qui, dans les abîmes de notre mortalité, comme dans les profondeurs de la mer, a pu seul demeurer vivant, c'est-à-dire exempt de péché.

Quant à cette sibylle d'Érythrées, ou de Cumes suivant quelques-uns, son poème, dont je n'ai cité qu'un petit nombre de vers, ne rend aucun hommage à ces dieux, créatures du mensonge ou de l'homme ; que dis-je ? Elle s'élève avec tant de force contre eux et contre leurs adorateurs, qu'elle pourrait être mise au nombre des enfants de la cité de Dieu. Lactance aussi a inséré dans son ouvrage certaines prédictions de la sibylle sur le Christ. Il ne dit pas quelle est cette sibylle. Mais ces citations éparses chez lui, courtes et fréquentes, j'ai cru devoir les réunir pour en former un tout plus étendu.

« Il tombera, dit la sibylle, entre les mains injustes des infidèles ; leurs mains incestueuses donneront des soufflets à Dieu et leur bouche impure le couvrira d'une salive empoisonnée. Lui se contentera de présenter aux verges son dos innocent. Il recevra des soufflets en silence, afin que nul ne reconnaisse quel Verbe il est, d'où il vient, afin qu'il parle aux Enfers et soit couronné de la couronne d'épines. Ils présentent le fiel à sa faim, et à sa soif, le vinaigre ; ils dressent un festin d'inhospitalité. Insensée ! tu n'as pas reconnu ton Dieu qui se joue de la raison des mortels, et tu l'as couronné d'épines, et tu l'abreuves d'un fiel amer ! Le voile du Temple se déchire et, au milieu du jour, une ténébreuse nuit de trois heures se répand. Il meurt de mort et s'endort d'un sommeil de trois jours. Et revenu des Enfers, le premier, il reparaît à la lumière, il montre en lui-même aux élus les prémices de la résurrection[11]. »

11. Lactance, *Divinae Institutiones*, IV 18.

Tels sont les textes sibyllins que Lactante cite par fragments suivant l'ordre des preuves qu'il veut établir ; textes que nous recueillons en faisceau et sans interruption, ayant soin seulement de distinguer les lettres initiales, pourvu que dans la suite les écrivains ne négligent pas de les maintenir. Selon quelques auteurs, la sibylle d'Érythrées ne vivait non pas au temps de Romulus, mais à l'époque de la guerre de Troie.

XXIV. Sous le règne de ce même Romulus, vécut, dit-on, Thalès de Milet, l'un des sept Sages qui, depuis les poètes théologiens, dont Orphée est le plus célèbre, furent appelés Σοφοί, c'est-à-dire « Sages ». C'est vers ce temps que les dix tribus d'Israël, vaincues par les Chaldéens, sont emmenées captives, tandis que les deux tribus de Juda, dont Jérusalem est la capitale, demeurent en Judée. Romulus mort, et à jamais disparu, les Romains (qui l'ignore ?) l'élèvent au rang des dieux : usage aboli depuis longtemps et que ramène, dans la suite, la flatterie et non l'erreur, au temps des Césars. Aussi Cicéron fait-il à Romulus un immense titre de gloire d'avoir mérité de tels honneurs, non en ces temps de grossièreté et d'ignorance, où il était si facile de tromper les hommes[12], mais déjà à une époque de culture et de civilisation, bien que la subtile et captieuse loquacité des philosophes n'eût pas encore fait irruption de toutes parts. Mais si les époques suivantes ne placent pas des morts sur les autels, on ne laisse pas toutefois d'honorer comme dieux, et de tenir pour tels, les dieux d'institution antique. Que dis-je ? Par les idoles inconnues aux anciens, on ajoute l'attrait d'une folle et sacrilège superstition. Puissance des esprits impurs et de leurs trompeurs oracles sur le cœur des hommes ! Le siècle est déjà trop éclairé pour prêter des crimes aux dieux ; et cependant, à la faveur des jeux scéniques, on se laisse précipiter dans l'adoration de ces dieux du mensonge ! À Romulus succède Numa qui, ayant pourvu Rome d'une infinité de faux dieux, n'eut pas lui-même, après sa mort, l'honneur

12. Cicéron, *De republica*, II, 10-18.

d'être admis au nombre de ces dieux, comme si dans ce ciel où il avait entassé les divinités, il n'eût pu trouver une place. C'est à l'époque où il régnait à Rome et au commencement du règne de Manassé chez les Hébreux, ce prince impie qui mit à mort le prophète Isaïe, que l'on rapporte le temps où vivait la sibylle de Samos.

XXV. Sédécias régnait chez les Hébreux, et chez les Romains, Tarquin l'Ancien, successeur d'Ancus Martius, quand le peuple juif fut emmené captif à Babylone, après la ruine de Jérusalem et du temple bâti par Salomon. Catastrophe prédite par les prophètes, lorsqu'ils reprochaient aux juifs leurs iniquités et leurs impiétés ; et surtout par Jérémie, qui même en avait marqué l'année. Vers cette époque vivait Pittacos de Mitylène, l'un des sept Sages ; et Eusèbe rapporte au temps de la captivité celui où vivaient les cinq autres qui, avec Thalès, dont nous venons de parler, et Pittacos, forment les sept Sages ; c'est-à-dire Solon d'Athènes, Chilon de Lacédémone, Périandre de Corinthe, Cléobule de Lindos et Bias de Priène[13]. Tous sept appelés Sages parurent après les poètes théologiens. Leur genre de vie les élevait à certains égards au-dessus des autres hommes ; on leur doit quelques préceptes de morale resserrés en de courtes sentences. Ils n'ont point laissé à la postérité d'autre monument, Solon excepté, qui donna, dit-on, plusieurs lois aux Athéniens. Thalès se livra à l'étude de la nature ; il a laissé des traités dépositaires de sa doctrine. D'autres physiciens brillèrent encore à cette époque de la captivité de Babylone : Anaximandre, Anaximène et Xénophane. C'est aussi le siècle de Pythagore qui, le premier, porta le nom de philosophe.

XXVI. Vers ce temps, Cyrus, roi des Perses, qui étendait son sceptre sur les Chaldéens et les Assyriens, relâchant un peu la chaîne des juifs, en renvoya cinquante mille en Judée pour rebâtir le temple. Mais ils en jetèrent seulement les premières assises et dressèrent un autel. Interrompue par les

13. Eusèbe, *Chronicon*.

incursions des ennemis, l'œuvre fut différée jusqu'à Darius. À cette époque arrivèrent les événements racontés dans le livre de Judith, que les juifs n'ont pas admis dans le canon des Écritures. Ainsi, sous Darius, roi des Perses, les soixante-dix années prédites par le prophète Jérémie étant révolues, les juifs délivrés de leurs fers sont rendus à la liberté. C'est l'époque où, chez les Romains, régnait Tarquin, leur septième roi. Il est chassé. Les Romains s'affranchissent aussi de la domination de leurs rois. Jusqu'alors le peuple d'Israël eut des prophètes : mais eu égard à leur nombre, il en est peu dont les écrits soient reçus comme canoniques, tant par les juifs que par nous. J'ai promis, en terminant le Livre précédent, de dire quelques mots sur ce sujet ; il est temps de tenir parole.

XXVII. Donc pour bien préciser le temps où ils vivaient, remontons un peu plus haut. Au début du livre du prophète Osée, le premier des douze, il est écrit : « Voici la parole du Seigneur à Osée, du temps d'Ozias, de Joathan, d'Achaz et d'Ézéchias, rois de Juda[14]. » Amos écrit aussi qu'il a prophétisé du temps d'Ozias ; il ajoute encore Jéroboam, roi d'Israël, qui vivait à cette époque. Isaïe, fils du prophète Amos, ou, ce qui est plus probable, d'un autre qui, sans être prophète, portait le même nom, inscrit en tête de son livre ces quatre rois que nomme Osée, et commence aussi par déclarer qu'il a prophétisé de leur temps. Michée marque l'époque de ses prophéties après Ozias, car il nomme les trois rois ses successeurs qu'Osée a nommés : Joathan, Achaz et Ézéchias. Tels sont les prophètes qui, d'après leur propre témoignage, parurent à la même époque. Il faut ajouter Jonas, sous le règne du même Ozias, et Joël, quand déjà régnait Joathan, successeur d'Ozias. Mais c'est dans les chronologistes[15] et non dans leurs écrits, muets à cet égard, que nous avons trouvé l'époque où ils vivaient. Or cette période s'étend depuis Procas, roi des Latins, ou son prédécesseur, Aventinus, jusqu'au roi Romulus, qui ouvre l'ère de Rome, ou

14. Os 1, 1.
15. Eusèbe, *Chronicon*.

même jusqu'au commencement du règne de son successeur, Numa Pompilius. En effet, le règne d'Ézéchias, roi de Juda, se prolonge jusqu'à cette époque. C'est donc en cet espace de temps que ces sources de prophéties jaillirent à la fois, alors que l'empire des Assyriens finit et que celui des Romains commence. Comme en effet, à l'origine de l'empire des Assyriens, Abraham s'est rencontré à qui furent confiées les promesses évidentes de la bénédiction des peuples en sa postérité, il faut aussi qu'elles se répandent à la naissance de la Babylone d'Occident ; car sous son empire doit naître le Christ, en qui s'accompliront les oracles des prophètes, dont les paroles et les écrits attestent ce sublime avènement. Car, depuis les rois, les prophètes ne manquèrent presque jamais au peuple d'Israël et ne parurent d'abord que dans l'intérêt de ce peuple. Mais l'ère des prophéties moins obscures et qui s'adressent aux nations devait s'ouvrir avec l'ère de Rome, future souveraine des nations.

XXVIII. Le prophète Osée, dans sa profondeur, se laisse difficilement pénétrer. Mais je dois lui emprunter quelques passages et, suivant ma promesse, les rapporter ici : « Il arrivera, dit-il, qu'à l'endroit même où il leur est dit : Vous n'êtes point mon peuple, ils seront appelés aussi les enfants du Dieu vivant[16]. » Prophétie de la vocation des Gentils qui d'abord n'appartenaient pas à Dieu, et c'est en ce sens que les apôtres l'ont entendu ; et comme le peuple des Gentils est aussi spirituellement au nombre des enfants d'Abraham, et par conséquent appelé avec raison Israël, le prophète ajoute : « Et les enfants de Juda et d'Israël se rassembleront en un seul pays ; et ils se rangeront sous un même chef, et ils s'élèveront au-dessus de la terre[17]. » Expliquer ce passage, ce serait affadir les paroles du prophète. Qu'on se rappelle toutefois la pierre angulaire et les deux murailles, l'une composée des juifs, l'autre des Gentils ; qu'on reconnaisse l'une sous le nom de Juda, l'autre sous le nom d'Israël, toutes deux

16. Os 1, 9.
17. Os 1, 10.

en un même corps, s'appuyant sur un même chef, et s'élevant de terre. Quant à ces israélites charnels qui maintenant ne veulent pas croire au Christ, le même prophète annonce qu'ils croiront un jour en lui, c'est-à-dire leurs enfants (parce que, en mourant, ils passeront à leur tour). « Les enfants d'Israël, dit le prophète, demeureront longtemps sans roi, sans prince, sans sacrifice, sans autel, sans sacerdoce, sans prophétie[18]. » Qui ne reconnaît ici l'état présent des juifs ? Mais écoutons ce qu'il ajoute : « Et plus tard, les enfants d'Israël reviendront, et ils chercheront le Seigneur leur Dieu, et David, leur roi ; et ils s'étonneront dans le Seigneur et dans ses bienfaits, aux derniers jours. » Rien de plus clair que cette prophétie, où David représente évidemment le Christ, « né, dit l'apôtre, selon la chair, de la race de David[19] ». Le même prophète prédit aussi la résurrection du Christ le troisième jour, avec une profondeur digne d'un tel mystère, quand il dit : « Il nous guérira après deux jours, et nous ressusciterons le troisième[20]. » C'est suivant cette parole, que l'apôtre nous dit : « Si vous êtes ressuscités avec le Christ, cherchez les choses d'En haut[21]. » Amos prophétise sur ce sujet : « Israël, dit-il, prépare-toi à invoquer ton Dieu, car c'est moi qui fais gronder le tonnerre et qui crée les vents, et annonce aux hommes leur Christ[22]. » Et ailleurs : « En ce jour, dit-il, je relèverai la tente de David qui est tombée, je relèverai de lui tout ce qui est tombé, je rétablirai et reconstruirai toutes ses ruines, comme au jour du siècle ; en sorte que le reste des hommes me recherche, et toutes les nations qui seront appelées de mon nom, dit le Seigneur ; et il fait comme il dit[23]. »

XXIX. Le prophète Isaïe n'est pas du nombre des douze petits prophètes, ainsi appelés parce qu'ils ont peu écrit en

18. Os 3, 4.
19. Rm 1, 3.
20. Os 6, 2.
21. Col 3, 1.
22. Am 4, 12 LXX.
23. Am 9, 11.

comparaison de ceux qui doivent le nom de grands prophètes à l'étendue de leurs prophéties. Entre ces derniers est Isaïe que je joins aux deux précédents comme ayant prophétisé à la même époque. Or parmi les anathèmes dont il poursuit les iniquités, les préceptes de justice qu'il donne et les menaces qu'il porte contre le peuple pécheur, Isaïe contient beaucoup plus de circonstances prophétiques que les autres relativement au Christ et à l'Église, c'est-à-dire relativement au roi et à la cité qu'il fonde ; en sorte que quelques-uns l'appellent plutôt évangéliste que prophète. Mais pour hâter la fin de cet ouvrage, je ne citerai ici qu'un passage entre beaucoup d'autres, celui où, parlant en la personne de Dieu le Père, il dit : « Et mon serviteur aura l'intelligence, il sera élevé au faîte de la grandeur et de la gloire. Comme plusieurs seront dans la stupeur à cause de toi, ta beauté et ta gloire seront aussi sans éclat aux yeux des hommes : ainsi il sera un objet d'étonnement pour les nations, et les rois demeureront en silence, car ceux à qui il n'est point annoncé, le voient, ceux qui n'ont rien ouï dire de lui, le reconnaissent. Seigneur, qui a cru notre parole ? À qui le bras du Seigneur s'est-il révélé ? Nous bégayions devant lui comme l'enfant ; notre langue est comme une racine dans une terre sans eau. Il est dépourvu de gloire et de beauté. Et nous l'avons vu, il n'avait ni grâce ni majesté. Son extérieur était sans éclat, plus infime que celui du dernier des hommes. Homme en butte aux coups, et qui sait ce que c'est que souffrir. Il détourne sa face et on l'accable d'outrages et de mépris. C'est lui qui porte nos péchés et qui souffre pour nous. Et nous l'avons cru dans la douleur, dans les plaies, dans l'affliction. Mais c'est pour nos péchés qu'il est blessé ; c'est pour nos péchés qu'il est faible. Il a fait l'apprentissage de notre paix ; et nous avons été guéris par ses meurtrissures. Nous nous sommes égarés comme des brebis ; chacun est sorti de sa voie : et c'est lui que le Seigneur a livré pour nos péchés ; dans l'affliction, il n'a pas ouvert la bouche. Comme la brebis que l'on mène égorger, comme l'agneau sous le fer qui le tond, il est sans voix, il n'ouvre pas la bouche. L'ignominie de son jugement l'a élevé. Qui racontera sa génération ? Sa vie sera retranchée de la terre. Il est entraîné à la mort par les iniquités de mon peuple. Je donnerai les impies pour récompense de sa sépulture, et les riches pour prix de sa mort. Car il est pur d'iniquité ; la malice n'est point sur ses lèvres ; et le Seigneur veut le guérir de ses blessures. Si vous donnez votre vie pour le péché, vous verrez une longue postérité. Le Seigneur veut ravir son âme à la douleur, lui montrer la lumière, former son intelligence, justifier le juste qui s'est fait le serviteur des autres, se chargeant de leurs péchés. C'est pourquoi plusieurs seront son héritage, et il partagera les dépouilles des forts, parce que sa vie a été dévouée à la mort, parce qu'il a été rangé parmi les pervers, qu'il a porté les crimes de plusieurs, et qu'il est mort pour leurs crimes. » Voilà ce que le prophète dit du Christ[24].

Ce qui suit se rapporte à l'Église ; écoutons-le : « Réjouis-toi, stérile, éclate en cris de joie, toi qui n'étais pas mère, car la femme abandonnée a plus d'enfants que l'épouse heureuse. Agrandis le lieu de ta tente, et les voiles qui la couvrent. Ne ménage point l'espace, prolonge les câbles, affermis les pieux : va, étends-toi à droite et à gauche. Ta postérité aura les nations pour héritage, et elle habitera les cités désertes. Ne crains rien à cause de ta confusion présente ; ne rougis point à cause de ton opprobre, car tu oublieras à jamais cette confusion ; et la honte de ton veuvage passera de ton souvenir, parce que le Seigneur qui t'a créée, a pour nom le Seigneur des armées, et que celui qui te délivre est le Dieu d'Israël, sur toute la terre[25]. » C'en est assez. Certains passages voudraient sans doute être expliqués, mais il suffit des autres, je pense, dont l'évidence est telle, qu'en dépit d'eux-mêmes nos ennemis les entendent.

XXX. Le prophète Michée, représentant le Christ sous la figure d'une haute montagne, parle ainsi : « Dans les derniers jours, la montagne du Seigneur apparaîtra au-dessus de

24. Is 52, 13-15 ; 53, 1-12 LXX.
25. Is 54, 1-5, LXX.

la cime des montagnes, et elle dominera sur les collines, et les peuples accourront à elle, et les nations viendront en foule, s'écriant : Venez, montons sur la montagne du Seigneur et à la maison du Dieu de Jacob ; et il nous montrera sa voie, et nous marcherons dans ses sentiers ; car la loi sortira de Sion, et la parole du Seigneur, de Jérusalem. Il exercera son jugement sur plusieurs peuples, et il châtiera des nations puissantes jusqu'aux plus lointaines contrées[26]. » Ce prophète prédit le lieu de la naissance du Christ : « Et toi, dit-il, Bethléem, maison d'Éphrata, tu es trop petite pour être rangée entre les villes de Juda qui envoient mille combattants ; et cependant c'est de toi que va sortir le prince d'Israël ; et sa sortie est dès le commencement et dès les premiers jours de l'éternité. C'est pourquoi Dieu abandonnera les siens jusqu'à l'époque où celle qui est en travail de l'enfantement, enfantera, et où le reste de ses frères se réunira aux enfants d'Israël. Et il demeurera, il contemplera et il paîtra son troupeau dans la puissance du Seigneur, et les siens glorifieront le nom du Seigneur leur Dieu, car sa grandeur éclatera jusqu'aux extrémités de la terre[27]. »

Quant au prophète Jonas, il a prophétisé le Christ, moins par ses discours que par sa passion, pour ainsi dire : prophétie plus claire assurément que celle de la parole qui eût proclamé sa mort et sa résurrection. Car pourquoi est-il englouti dans les entrailles du monstre, et en est-il rejeté le troisième jour, sinon pour marquer le Christ sortant le troisième jour des abîmes de l'enfer ?

Joël nous entraînerait en de longs développements pour éclaircir tout ce qu'il prédit du Christ et de l'Église. Cependant, il est un passage invoqué par les apôtres eux-mêmes, quand, suivant la promesse du Christ, l'Esprit saint descend d'En haut sur les fidèles assemblés ; ce passage, je ne puis le passer sous silence : « Et puis je répandrai mon esprit sur toute chair ; et vos fils et vos filles prophétiseront ; vos vieillards auront des songes ; vos jeunes gens, des visions :

26. Mi 4, 1-3.
27. Mi 5, 2-4.

oui, en ces jours, je répandrai mon esprit sur mes serviteurs et sur mes servantes[28]. »

XXXI. Trois des petits prophètes, Abdias, Nahoum et Habaquq, ne disent rien du temps où ils ont prophétisé, et la chronologie d'Eusèbe et de Jérôme est muette à cet égard. Ils joignent, il est vrai, Abdias à Michée, mais non pas au même passage où, d'après le témoignage même des livres de Michée, ils déterminent l'époque de sa prophétie. Erreur qu'il faut sans doute imputer à une transcription négligente. Quant aux deux autres, nous n'avons pu les trouver mentionnées dans les ouvrages de chronologie que nous avons consultés. Cependant, comme ils sont compris dans le canon, nous ne les devons pas non plus passer sous silence. Abdias, le plus court de tous les prophètes, s'élève contre le peuple d'Idumée, ou les descendants d'Ésaü, l'un des deux fils d'Isaac, petits-fils d'Abraham, cet aîné réprouvé de son père. Or si par l'Idumée, en vertu de la figure qui prend la partie pour le tout, nous entendons les nations, nous pouvons appliquer au Christ ce qu'il dit entre autres paroles : « Sur la montagne de Sion sera le salut de la sainteté[29] » ; puis à la fin de cette même prophétie : « Et ceux qui ont été rachetés de la montagne de Sion, montent pour défendre la montagne d'Ésaü, et la domination va appartenir au Seigneur. » Car évidemment ceci s'est accompli, lorsque ceux qui ont été rachetés de la montagne de Sion, c'est-à-dire les enfants de la Judée croyant au Christ, et ici l'on reconnaît surtout les apôtres, montèrent pour défendre la montagne d'Ésaü. Et comment l'ont-ils défendue, sinon par la prédication de l'Évangile en sauvant ceux qui ont cru, les retirant de la puissance des ténèbres pour les transférer dans le royaume de Dieu ? C'est ce qu'il marque expressément, quand il ajoute : « Et la domination va appartenir au Seigneur. » En effet la montagne de Sion signifie Judée, d'où sortiront dans l'avenir le salut et la sainteté, c'est-à-dire Jésus-Christ ; et la montagne d'Ésaü, c'est l'Idumée,

28. Jl 2, 28 et sv.
29. Ab 17-21.

figure de l'Église des Gentils qui, je le répète, a trouvé pour défenseurs les élus rachetés de la montagne de Sion, afin que la domination appartînt au Seigneur. Avant l'accomplissement, quoi de plus obscur que ceci ; mais depuis, aux yeux de la foi, quoi de plus clair ?

Le prophète Nahoum, ou plutôt Dieu, par sa bouche, parle ainsi : « Je briserai les idoles taillées et de fonte, et j'en ferai ton sépulcre ; car voici sur la montagne les pieds rapides du messager de la bonne nouvelle, du héraut de la paix. Juda, célèbre tes jours de fête ; offre tes vœux, car il n'arrivera plus qu'ils tombent en vétusté. Tout est consommé, passé, aboli. Il monte, celui qui souffle sur ta face et qui te délivre de l'affliction[30]. » Qui est monté des enfers, qui a, sur la face de Juda, c'est-à-dire des disciples juifs, soufflé l'Esprit saint ? Qui ? Nommez-le, vous qui vous rappelez l'Évangile[31] ? Car ils appartiennent au Nouveau Testament, ceux dont les jours de fête sont renouvelés spirituellement, jusqu'à ne pouvoir plus vieillir. Or nous voyons déjà les idoles taillées et de fonte, les idoles des faux dieux brisées par l'Évangile et livrées à l'oubli comme à la tombe ; et nous reconnaissons encore ici un accomplissement de cette prophétie.

Quant au prophète Habaquq, de quel autre avènement que de celui du Christ peut-il parler, lorsqu'il dit : « Le Seigneur me répondit : Écris distinctement cette vision sur le buis, afin que le lecteur comprenne ; car cette vision s'accomplira en son temps, à la fin, et ce ne sera pas en vain : s'il tarde, attends ; car il vient, il vient sans retard[32]. »

XXXII. Et dans la prière de son cantique, à quel autre qu'au Christ notre Seigneur, dit-il : « Seigneur, j'ai entendu ce que tu m'as fait entendre, et j'ai tremblé. Seigneur, j'ai considéré tes œuvres, et je suis demeuré dans l'épouvante[33]. » Qu'est-ce à dire ? Et n'est-ce pas l'ineffable surprise que lui inspire la merveille soudaine et nouvelle du

30. Na 1, 14 et sv. LXX.
31. Jn 20, 21.
32. Ha 2, 2 LXX.
33. Ha 3 LXX.

salut des hommes, révélée à sa connaissance ? « Tu seras reconnu au milieu de deux animaux » : qu'est-ce, sinon au milieu des deux testaments, ou au milieu des deux larrons, ou au milieu de Moïse et d'Élie, conversant avec lui sur la montagne ? « Voilà que les années approchent où tu seras reconnu ; le temps venu, tu seras dévoilé. » Parole qui se passe de commentaire. « Lorsque mon âme sera troublée, dans ta colère, tu te souviendras de ta miséricorde. » N'est-ce pas qu'il personnifie en lui-même les juifs ; ceux de sa nation, pour qui le Sauveur, fidèle au souvenir de sa miséricorde, tandis que leur aveugle fureur le crucifie, intercède en disant : « Mon Père, pardonne-leur, car ils ne savent pas ce qu'ils font. » « Dieu viendra de Theman, et le saint, de la montagne couverte d'ombres épaisses » ; d'autres interprètes, à ce mot, « Theman », substituent « la région du Midi ou de l'Afrique ». Le Midi, c'est-à-dire l'ardeur de la charité et la splendeur de la vérité. Quant à « la montagne couverte d'ombres épaisses » : quoiqu'on puisse l'expliquer en plus d'un sens, je préfère l'entendre de la profondeur des saintes Écritures qui annoncent le Christ ; car elles renferment de nombreux passages dont la sombre obscurité exerce l'intelligence qui s'y engage. Le Christ sort de ces ténèbres quand l'intelligence sait l'y trouver. « Sa puissance a rempli les cieux, et la terre est pleine de sa gloire. » Qu'est-ce ? sinon cette parole du psaume : Ô Dieu, monte au-dessus des cieux, et que ta gloire s'élève sur toute la terre. « Sa splendeur sera comme la lumière[34]. » Qu'est-ce à dire ? sinon que sa renommée ouvrira les yeux des fidèles ? « Il a des cornes dans ses mains », qu'est-ce donc sinon le trophée de la croix ? « C'est sur la base de la charité qu'il appuie sa force » ; ce qui est clair. « Le Verbe marche devant sa face et s'attache à ses pas. » N'est-ce pas qu'avant sa venue, il est prédit, et depuis son départ, annoncé ? « Il s'est arrêté, et la terre s'est ébranlée » : n'est-ce pas « qu'il s'est arrêté » pour nous secourir, et que « la terre s'est ébranlée » pour croire ? « Il a regardé, et son regard a desséché les nations. » En d'autres termes, il a

34. Ps 56, 6.

eu pitié, et il a inspiré le repentir aux peuples. « Les montagnes ont été brisées avec violence » ; la superbe des grands a été abattue par la force des miracles. « Les collines éternelles ont été abaissées » ; abaissées pour un temps, afin d'être élevées pour l'éternité. « J'ai vu ses entrées éternelles, récompense de ses travaux. » J'ai vu que le travail de la charité avait son salaire : l'éternité. « L'épouvante entrera dans la tente des Éthiopiens et dans les tentes de la terre de Madian » ; les nations épouvantées soudain du bruit de tes miracles, les nations, même indépendantes de Rome, se réuniront au peuple chrétien. « Es-tu irrité contre les fleuves, Seigneur ? Ta fureur s'exercera-t-elle sur les fleuves, et ton courroux sur la mer ? » C'est qu'il ne vient pas maintenant juger le monde, mais le sauver par sa venue. « Tu monteras sur tes coursiers, et ta course, c'est le salut », c'est-à-dire tes Évangélistes te portent, et tu les guides, et ton Évangile est le salut de ceux qui croient en toi. « Tu banderas ton arc contre les sceptres, dit le Seigneur » ; tu menaceras de ton jugement même les rois de la terre. « La terre sera déchirée par les fleuves » ; c'est-à-dire que sous les torrents de la parole de ceux qui t'annoncent, les cœurs des hommes à qui il est dit : « Déchirez vos cœurs et non vos vêtements », s'ouvriront pour te confesser. Que signifie : « Les peuples te verront et seront dans la douleur », sinon que leurs douleurs les conduiront dans la béatitude. Que veut dire : « L'eau rejaillit sous tes pas », sinon qu'en marchant en ceux qui t'annoncent partout, partout tu répands des fleuves de doctrine ? Que signifie : « L'abîme a fait entendre sa voix ? » Ne serait-ce pas la profondeur du cœur humain qui n'a pu retenir ce qu'il lui semble de toi ? « La profondeur de son imagination », c'est comme une explication du verset précédent ; car la profondeur est un abîme. Or, lorsqu'il ajoute : « De son imagination », il faut sous-entendre : « A fait retentir sa voix » : c'est-à-dire, je le répète, publié ce qu'elle voit. En effet l'imagination, c'est une vision que le cœur n'a pas retenue, qu'il n'a pas dissimulée, mais qu'il a proclamée à la gloire de Dieu. « Le soleil s'est levé, et la lune s'est tenue dans son ordre. » Le Christ est monté au ciel, et l'Église a été ordonnée sous son roi. « Tes traits voleront à la lumière » ; ce n'est pas en secret, mais à la face du jour, que tes paroles seront lancées. « À l'éclat radieux de tes armes », il faut sous-entendre : « Tes traits voleront » ; car il avait dit à ses disciples : « Ce que je vous dis dans les ténèbres, dites-le en plein jour[35]. » « Sous ta menace, tu rapetisseras la terre » : sous ta menace, tu humilieras les hommes. « Et, dans ta fureur, tu abattras les nations » ; ceux qui s'exaltent en eux-mêmes, tu les briseras dans ta vengeance. « Tu es apparu pour le salut de ton peuple, pour sauver tes christs ; tu as envoyé la mort sur la tête de tes ennemis » : ceci est clair. « Tu as mis des chaînes jusqu'à leur cou » ; on peut entendre ici les chaînes heureuses de la sagesse, afin que leurs pieds soient arrêtés par ses entraves, et leur cou, par son carcan. « Tu les as rompues, à la stupeur de l'esprit », sous-entendu « les chaînes », car il a serré les bonnes et rompu les mauvaises ; celles dont il est dit : « Tu as brisé les chaînes » à la stupeur de l'esprit, c'est-à-dire miraculeusement. « Les têtes des puissants en seront émues, ils ouvriront la bouche pour mordre comme le pauvre qui mange en secret. » En effet, quelques-uns des principaux d'entre les juifs venaient au Seigneur, dans l'admiration de ses œuvres et de ses paroles ; et, affamés du pain de sa doctrine, ils le mangeaient en secret, par crainte des juifs, selon le témoignage de l'Évangile[36]. « Tu as précipité tes coursiers dans la mer et troublé ses flots » ; c'est-à-dire les peuples. En effet, les uns ne se convertiraient pas par crainte, les autres ne persécuteraient pas avec fureur, si tous n'étaient troublés. « J'ai pensé, et mes entrailles se sont émues au bruit des paroles de mes lèvres ; la crainte a pénétré dans mes os, tout mon être intérieur a été troublé. » Il pense aux choses qu'il vient de dire, il est lui-même épouvanté de cette prophétie qu'il annonce et où l'avenir se montre à ses yeux. En effet, au milieu de ces peuples troublés, il voit les tribulations qui menacent l'Église, se reconnaissant aussitôt membre de cette Église, il s'écrie :

35. Mt 10, 27.
36. Jn 3, 1 ; 19, 38.

« Je me reposerai au jour de la tribulation » : car il est de ceux qui se réjouissent dans l'espérance et souffrent avec patience dans la tribulation[37]. « Afin que je m'élève, dit-il, jusqu'au peuple qui a été voyageur comme moi », s'éloignant de ce peuple maudit, de cette parenté charnelle qui n'est point étrangère ici-bas, et ne cherche point la céleste patrie. « Car le figuier ne portera pas de fruit, et les vignes seront stériles ; la culture de l'olivier sera trompeuse ; et les campagnes ne fourniront point la nourriture. Les pâturages manquent aux brebis, et il ne reste plus de bœufs dans les étables. » Il voit que cette nation, qui doit mettre à mort le Christ, perdra l'abondance des biens spirituels qu'il figure prophétiquement par la fertilité de la terre. Et comme cette nation subit le courroux céleste, parce qu'ignorant la justice de Dieu[38], elle a voulu établir sa propre justice, il ajoute : « Mais moi je me réjouirai au Seigneur ; je me réjouirai en Dieu, mon salut ; le Seigneur mon Dieu est ma force, il affermira mes pieds jusqu'à la fin : il m'élèvera sur les hauteurs afin que je triomphe en son cantique » ; ce cantique dont il est parlé dans le psaume en termes à peu près semblables : « Il a affermi mes pieds sur la terre, il a dirigé mes pas ; il a mis dans ma bouche un cantique nouveau, un hymne à notre Dieu[39]. » Celui-là donc triomphe dans le cantique du Seigneur, qui se complaît aux louanges de Dieu, et non à ses propres louanges, « afin que celui qui se glorifie, se glorifie dans le Seigneur[40] ». Je préfère cette variante de certains exemplaires : « Je me réjouirai en Dieu, mon Jésus. » Ce nom, que les interprètes latins ont omis, est si aimable et si doux à prononcer !

XXXIII. Le prophète Jérémie est au nombre des grands prophètes, comme Isaïe ; non des petits, dont j'ai déjà cité quelques passages. Il prophétisa sous les règnes de Jonas, à Jérusalem, et d'Ancus Martius, chez les Romains, aux approches de la captivité des juifs. Sa prophétie s'étend jus-

37. Rm 12, 12.
38. Rm 10, 3.
39. Ps 39, 3.
40. 1 Co 1, 31.

qu'au cinquième mois de cette captivité, suivant son propre témoignage. On lui adjoint Sophonie, l'un des petits prophètes ; car, lui aussi, comme lui-même l'atteste, prophétisa du temps de Josias ; mais jusqu'où ? c'est ce qu'il ne dit pas. Jérémie prophétisa donc à l'époque, non seulement d'Ancus Martius, mais encore de Tarquin l'Ancien, cinquième roi des Romains ; car le règne de ce prince commence avec la captivité. Jérémie parle ainsi du Christ en prophétie ; « Le souffle de notre bouche, le Seigneur Christ a été pris pour nos péchés[41] » ; marquant ainsi, en peu de mots, et que Jésus-Christ est notre Seigneur, et qu'il a souffert pour nous. Ailleurs : « Celui-ci est mon Dieu, dit-il, et nul autre n'est comparable à lui. C'est lui qui découvre toute voie de sagesse, et qui la découvre à Jacob, son serviteur, et à Israël, son bien-aimé. Plus tard, il a été vu sur la terre, et il a conversé avec les hommes[42]. » Quelques autres attribuent ce témoignage, non à Jérémie, mais à Baruch, son scribe ; cependant il est plus généralement donné à Jérémie. Le même prophète dit encore du Christ : « Voici que les jours approchent, dit le Seigneur, et je ferai sortir de David un rejeton juste, et il régnera, et il sera rempli de sagesse, et il fera justice sur la terre. En ces jours, Juda sera sauvé, et Israël demeurera avec confiance, et voici le nom dont on l'appellera : le Seigneur, notre justice[43]. » Quant à la vocation des Gentils, qui devait arriver, et que nous voyons maintenant accomplie, le prophète parle ainsi : « Le Seigneur est mon Dieu et mon refuge, au jour de l'affliction, les peuples viendront à toi des extrémités de la terre et diront : En vérité nos pères ont adoré des mensonges d'idoles, et il n'y a pas de secours à en attendre[44] » ; mais les juifs ne devant pas le reconnaître, parce qu'il fut mis à mort par eux, le même prophète dit encore : « Leur cœur est étrangement appesanti ; c'est un homme ; et qui le connaîtra[45] ? » Jérémie est encore

41. Lm 4, 20.
42. Ba 3, 36-38.
43. Jr 23, 5.
44. Jr 16, 19.
45. Jr 17, 9.

l'auteur de ce passage, que j'ai cité dans le Livre dix-septième sur le Nouveau Testament, dont le Christ est le médiateur : « Voici que les temps approchent, dit le Seigneur, et je vais conclure avec la maison de Jacob une nouvelle alliance[46] » ; et le reste.

Pour Sophonie, qui prophétisait avec Jérémie, je veux en passant citer quelques-unes de ses prédictions sur le Christ : « Attends-moi, dit le Seigneur, au jour de ma résurrection à venir ; car ma volonté est de réunir les nations et de rassembler les royaumes[47] » ; et encore : « Le Seigneur sera terrible contre eux ; il exterminera tous les dieux de la terre, et chaque homme et l'archipel de toutes les nations l'adoreront du lieu où ils habitent[48]. » Et peu après : « Alors, dit-il, je dirigerai la langue des peuples et de sa postérité ; en sorte que tous invoquent le nom du Seigneur et le prient sous un joug unique. Des bords des fleuves de l'Éthiopie, ils m'apporteront des victimes ; en ce jour tu ne seras pas confondu pour toutes les trames impies que tu as imaginées contre moi ; car alors j'effacerai la malice de tes offenses ; il ne t'arrivera plus de te glorifier sur ma montagne sainte, et je ferai de toi un peuple doux et humble, et les restes d'Israël s'inclineront avec respect devant le nom du Seigneur. » Ce sont là les restes dont l'apôtre, après un autre prophète, parle ainsi : « Le nombre des enfants d'Israël, fût-il comme celui des grains de sable de la mer, les restes seront sauvés[49] » ; car les restes de cette nation ont cru en Christ.

XXXIV. C'est pendant la captivité même de Babylone que Daniel et Ézéchiel, deux des grands prophètes, commencent à prophétiser ; et Daniel va jusqu'à déterminer le nombre des années, l'époque de l'avènement et de la passion du Christ. Le calcul serait trop long à reproduire ici ; et d'autres avant nous l'ont souvent vérifié. Quant à la puissance, quant à la gloire du Sauveur, voici comment le pro-

46. Jr 31, 31.
47. So 3, 8.
48. So 2, 11.
49. Is 10, 22 ; Rm 9, 27.

phète s'exprime : « Je contemplais, dans une vision de nuit ; et c'était comme le Fils de l'Homme qui venait avec les nuées du ciel, et il s'avança jusqu'à l'Ancien des jours, et il fut porté en sa présence, et il lui fut donné la souveraineté, l'honneur et l'empire ; et tous les peuples, toutes les tribus, toutes les langues lui rendront hommage. Son pouvoir est un pouvoir éternel qui ne passera pas, et son royaume ne tombera pas en décadence[50]. »

Ézéchiel aussi, comme les autres prophètes, figurant le Christ par David, parce qu'il a tiré de la race de David sa nature charnelle, cette forme d'esclave qui le fait homme et qui lui a valu à lui, Fils de Dieu, le nom d'esclave de Dieu, Ézéchiel l'annonce ainsi en parlant en la personne de Dieu le Père : « Et je susciterai sur mes troupeaux le pasteur unique pour les paître, son serviteur David, et il aura soin de les paître, et il sera leur pasteur. Et moi, le Seigneur, je serai leur Dieu, et mon serviteur David sera le prince au milieu d'eux ; et moi, le Seigneur, je parlerai ainsi[51]. » « Il y aura, dit-il, un seul roi dominant sur tous ; et ils ne seront plus désormais divisés en deux peuples et en deux royaumes ; et ils ne se souilleront plus de leurs idolâtries, ni de leurs abominations, ni de toutes leurs iniquités ; et je les retirerai de tous les lieux où ils ont péché, et je les purifierai, et ils seront mon peuple, et je serai leur Dieu, et mon serviteur David sera leur roi et leur pasteur unique. »

XXXV. Restent trois petits prophètes qui prophétisèrent sur la fin de la captivité : Aggée, Zacharie, Malachie. Aggée est celui d'entre eux qui prédit le Christ et l'Église avec la précision la plus claire : « Voici ce que dit le Seigneur des armées : Encore un peu de temps et j'ébranlerai le ciel et la terre, et la mer et le continent, je remuerai toutes les nations, et il viendra le Désiré de tous les peuples[52]. » Évidemment, cette prophétie est déjà en partie accomplie, et l'espérance

50. Dn 7, 13.
51. Ez 34, 13.
52. Ag 2, 7.

nous garantit pour le reste son accomplissement futur. En effet, le Christ ébranle le ciel par le témoignage que les anges et les astres rendent à son incarnation. Il émeut la terre par le grand miracle de l'enfantement d'une vierge ; il émeut le ciel et la terre et le continent, quand il fut annoncé dans les îles et par tout l'univers. Ainsi, nous voyons toutes les nations s'émouvoir à embrasser la foi. Quant aux paroles suivantes : « Et il viendra, le Désiré de tous les peuples », elles expriment l'attente de son dernier avènement ; car cette attente et ce désir doivent être précédés de l'amour et de la foi.

Zacharie parle ainsi du Christ et de l'Église : « Réjouis-toi, fille de Sion ; réjouis-toi, fille de Jérusalem, voici venir ton Roi, ta justice et ton salut. Il est pauvre, et vient monté sur une ânesse et sur le poulain de l'ânesse ; mais son pouvoir s'étend d'une mer à l'autre, et depuis les fleuves jusqu'aux confins de la terre[53]. » Quand arrive-t-il que le Seigneur Christ se sert de cette monture ? L'Évangile nous l'apprend et emprunte même à cette prophétie ce qu'il juge convenable. Ailleurs, parlant en esprit de prophétie au Christ même de la rémission des péchés par l'effusion de son sang : « Et toi aussi, dit-il, par le sang de ton testament, tu as délivré tes captifs du lac sans eau[54]. » Par ce lac, que faut-il entendre ? Plus d'un sens, même avoué de la foi. Cependant, suivant moi, on ne saurait mieux l'entendre que de la misère humaine, dont le lit desséché et stérile n'est plus renouvelé par les eaux vives de la justice et n'entretient que la vase profonde de l'iniquité. C'est de ce lac que le psalmiste dit : « Et il m'a tiré d'un lac de misère et d'un abîme de fange[55]. »

Malachie, annonçant l'Église que nous voyons déjà fleurir par le Christ, dit clairement aux juifs, en la personne de Dieu : « Mon affection n'est point en vous, et je ne recevrai point d'offrandes de votre main ; car, depuis le lever du soleil jusqu'au couchant, mon nom est grand parmi les nations, et il va m'être sacrifié en tous les lieux et il sera offert à mon

53. Za 9, 9.
54. Za 9, 11.
55. Ps 39, 3.

nom une oblation pure, car mon nom est grand parmi les nations, dit le Seigneur[56]. » Quand partout déjà de l'aurore au couchant, ce sacrifice est à nos yeux offert par le sacerdoce du Christ, selon l'ordre de Melchisédech, et quand le sacrifice des juifs à qui il est dit : « Mon affection n'est point en vous, et je ne recevrai point d'offrandes de votre main », est indubitablement aboli : pourquoi donc attendent-ils encore un autre Christ, puisque la prophétie qu'ils lisent et qu'ils voient accomplie n'a pu s'accomplir que par lui ? Car, un peu après, le prophète dit de lui-même en la personne de Dieu : « Mon alliance est avec lui, alliance de vie et de paix, et je lui ai donné de me craindre et d'avoir une crainte respectueuse en présence de mon nom. La loi de vérité était dans sa bouche ; il a marché avec moi dans la voie de la paix, et détourné plusieurs de l'iniquité, car les livres du grand-prêtre seront les dépositaires de la science, et c'est de sa bouche qu'on recherchera la connaissance de la Loi, parce qu'il est l'ange du Seigneur tout-puissant[57]. » Et il ne faut pas s'étonner que Jésus-Christ soit appelé l'ange de Dieu tout-puissant. Il est esclave à cause de la forme d'esclave sous laquelle il est venu parmi les hommes ; et il est ange à cause de l'Évangile qu'il leur annonce. Car, « Évangile » signifie « bonne nouvelle », et « ange », « messager ». Aussi le prophète dit encore de Lui : « Et je vais envoyer mon ange, et il va explorer la route devant moi, et aussitôt viendront dans son temple le Seigneur que vous cherchez et l'ange du testament que vous désirez. Il vient, le voici, dit le Seigneur tout-puissant ; et qui soutiendra l'éclat de son apparition, ou qui pourra soutenir sa présence[58] ? » Il prédit ici le premier et le second avènement du Christ ; le premier, quand il dit : « Et aussitôt le Seigneur viendra de son temple », c'est-à-dire dans la chair, dont lui-même parle ainsi dans l'Évangile : « Détruisez ce temple, et, en trois jours, je le rétablirai[59] » ; le second en ces termes : « Il vient, le voici, dit le

56. Ml 1, 10-12.
57. Ml 2, 5-7.
58. Ml 3, 1.
59. Jn 2, 19.

Seigneur Tout-Puissant, et qui soutiendra l'éclat de son apparition ou qui pourra soutenir sa présence ? » Quant à cette parole : « Le Seigneur que vous cherchez, et l'ange du testament que vous désirez », assurément il fait entendre par là que les juifs, dans leurs écritures, cherchent le Christ, et qu'ils le désirent : mais plusieurs ne reconnaissent pas que celui qu'ils cherchent et qu'ils désirent est déjà venu, tant la cécité est profonde dont leurs fautes passées couvrent leurs cœurs. Quant à l'alliance ou testament dont il parle, soit plus haut, quand il dit : « Mon testament est avec lui », soit ici, quand il nomme « l'ange du testament », sans aucun doute il s'agit du Testament Nouveau, qui a la promesse des biens éternels, non de l'Ancien qui n'a que des promesses temporelles ; d'où vient le trouble de tant de faibles, attachés aux choses de la terre et servant le vrai Dieu pour cette méprisable récompense, quand ils voient la prospérité des impies. Ainsi, pour distinguer la béatitude éternelle du Nouveau Testament, qui ne sera donnée qu'aux bons, du bonheur terrestre de l'Ancien qui, très souvent, est le partage des méchants, le prophète dit : « Vous avez fait peser vos outrages sur moi, dit le Seigneur, et vous dites : Qu'avons-nous dit contre toi ? Vous avez dit : Insensé qui sert Dieu ! Et que nous revient-il d'avoir observé ses commandements et marché en suppliant devant la face du Seigneur tout-puissant ? Et maintenant ne devons-nous pas appeler bienheureux les étrangers ; tous ceux qui commettent l'injustice s'élèvent ; ils se sont dressés contre Dieu, et les voilà sauvés. Ainsi murmuraient tout bas ensemble ceux qui craignent le Seigneur ; et le Seigneur s'est rendu attentif, et il a entendu, et il a écrit un livre qui doit servir de monument en faveur de ceux qui craignent le Seigneur et révèrent son nom[60]. » Ce livre désigne le Nouveau Testament. Écoutons enfin ce qui suit : « Et ils seront mon héritage, dit le Seigneur tout-puissant, au jour où ils doivent agir, et je les épargnerai comme l'homme épargne un fils obéissant. Et vous changerez de sentiments, et vous distinguerez entre le juste et l'injuste, entre celui qui sert Dieu, et

60. Ml 3, 13 et sv.

celui qui ne le sert pas. Car le jour vient, tel que la fournaise ardente, et il les consumera. Et tous les étrangers, et tous les injustes seront comme la paille, et le jour qui vient va les dévorer, dit le Seigneur tout-puissant, et il ne restera d'eux ni branche, ni racine. Vous qui craignez mon nom, le Soleil de justice se lève ; votre salut sera sous ses ailes : vous sortirez et vous bondirez comme de jeunes taureaux délivrés de leurs liens ; et vous foulerez les injustes, et ils seront cendre sous vos pieds, le jour où je dois juger, dit le Seigneur. » Ce jour est le jour du jugement, dont nous parlerons plus amplement en son lieu, si Dieu nous l'accorde.

XXXVI. À cette même époque de la délivrance des fers de Babylone, après les trois prophètes, Aggée, Zacharie, Malachie, écrivit Esdras, qui passe plutôt pour historien que pour prophète ; il en est ainsi de l'auteur du livre d'Esther, cette femme dont les actions vouées à la gloire de Dieu remontent à peu près à cette époque. Peut-être faut-il voir dans Esdras une prophétie du Christ quand, rappelant ce débat élevé entre jeunes gens, pour savoir ce qu'il y a de plus puissant dans le monde ; l'un décidant que ce sont les rois ; un autre, le vin ; un troisième, les femmes qui d'ordinaire commandent aux rois ; ce dernier, ou Esdras lui-même finit par établir la victoire de la Vérité sur tout le reste. Or, l'Évangile consulté nous apprend que la vérité, c'est le Christ. Depuis cette époque où le temple est relevé, les juifs n'ont plus de rois, mais des princes jusqu'à Aristobule. Le calcul de ces temps ne se trouve pas dans les Écritures dites canoniques, mais ailleurs, comme dans les livres des Macchabées, que les juifs ne comprennent pas dans leur canon. L'Église, au contraire, s'en empare, glorifiant les cruelles et héroïques souffrances de certains martyrs qui, avant l'avènement du Christ dans la chair, ont, pour la loi de Dieu, combattu jusqu'à la mort et enduré des tortures inouïes.

XXXVII. Or, à l'époque de nos prophètes, dont les écrits sont déjà parvenus à la connaissance de toutes les nations, les Gentils n'ont pas encore de philosophes, sous ce nom du moins que Pythagore de Samos a porté le premier ; Pythagore, dont la célébrité ne commence à s'établir qu'à la fin de la captivité de Babylone. À plus forte raison, les autres philosophes se trouvent-ils postérieurs aux prophètes. En effet, Socrate lui-même, l'Athénien, et le maître de ceux qui alors occupèrent le plus la renommée, lui qui tient le sceptre dans cette partie de la philosophie qu'on appelle morale ou active, ne vient chronologiquement qu'après Esdras. Peu après aussi naquit Platon, qui devait planer de si haut sur les autres disciples de Socrate. Ajoutons à ceux-ci leurs devanciers mêmes, qui ne s'appelaient pas encore philosophes, les sept Sages, puis les physiciens, successeurs de Thalès et ses imitateurs dans la recherche des secrets de la nature, Anaximandre, Anaximène, Anaxagore, et quelques autres qui vécurent avant que Pythagore professât « l'amour de la sagesse », ceux-là mêmes n'ont pas, sur tous nos prophètes, l'avantage de l'antiquité. Car Thalès, le plus ancien de tous, n'apparut, dit-on, que sous le règne de Romulus, à l'époque où des sources d'Israël jaillirent ces torrents de prophéties qui devaient inonder le monde. Ainsi, les seuls poètes théologiens, Orphée, Linos, Musée et peut-être quelque autre encore parmi les Grecs, se trouvent antérieurs aux prophètes hébreux, dont nous reconnaissons l'autorité. Mais le véritable théologien, notre Moïse, ce véridique prophète du Dieu unique et véritable, lui dont les écrits sont revêtus de la plus haute autorité canonique, Moïse n'est-il pas leur devancier ? Ainsi donc, que les Grecs, pour leur part, dont la langue a jeté sur les lettres humaines un si vif éclat, ne revendiquent pas en faveur de leur sagesse, sinon la supériorité sur notre religion où se trouve la véritable sagesse, du moins l'antiquité. Cependant, il faut l'avouer, avant Moïse, il y avait eu déjà, non pas en Grèce, mais chez les nations barbares, comme en Égypte, une certaine doctrine qu'on appelait leur sagesse ; autrement, il ne serait pas écrit aux livres saints, que Moïse fut instruit dans toutes les sciences des Égyptiens ; né en ce pays, adopté et nourri par la fille de Pharaon. Mais la science même des Égyptiens ne peut être antérieure à celle de nos prophètes ; car Abraham aussi fut prophète. Et quelle science pouvait-il y avoir en Égypte, avant qu'Isis, cette femme qu'ils crurent devoir honorer, morte, comme une grande déesse, leur eût communiqué l'invention des lettres ? Or, suivant tous les témoignages, Isis était la fille d'Inachos, premier roi des Argiens, à l'époque où commence déjà la descendance d'Abraham.

XXXVIII. Mais que je remonte à des temps beaucoup plus reculés, avant l'immense déluge, je trouve notre patriarche Noé, que je puis aussi justement appeler prophète, puisque l'arche même, son ouvrage, et le refuge où il se sauve avec les siens, est une prophétie de notre temps. Que dire d'Énoch, le septième descendant du premier homme, Adam ? L'Épître canonique de l'apôtre Jude ne déclare-t-elle pas qu'il a prophétisé ? Que si les écrits de ces hommes n'ont fait autorité ni chez les juifs ni chez nous, il ne s'en faut prendre qu'à leur trop grande antiquité qui dut les rendre suspects, tant on a craint que des erreurs ne fussent données pour des vérités. Et cependant, certains livres sont représentés comme leurs écrits, par ces hommes qui croient à leur gré ce qu'ils désirent. Toutefois la pureté du canon est demeurée inflexible, non que l'on réprouve l'autorité de ces justes qui ont su plaire à Dieu ; mais parce que l'on révoque en doute l'authenticité de ces écrits. Est-il donc en effet si étrange que l'on tienne pour suspects des livres produits sous le renom d'une si haute antiquité, lorsque dans l'histoire même des rois de Juda et d'Israël, cette histoire des faits qui sont la matière de notre foi aux Écritures canoniques, plusieurs circonstances se produisent qui manquent dans ces Écritures, et se trouvent, dit-on, en d'autres livres écrits par des prophètes, dont les noms ne sont pas restés inconnus ? Livres que ne comprend pas toutefois le canon reçu du peuple de Dieu. La raison de ceci m'échappe, je l'avoue ; si ce n'est que ces hommes auxquels le Saint-Esprit a révélé tout ce qui devait avoir autorité de religion, ont peut-être écrit certaines choses comme hommes, avec l'exactitude historique, et d'autres choses, comme prophètes, sous l'inspiration divine ; d'où serait venue cette distinction entre les unes, qu'on croit devoir leur attribuer à eux-mêmes ; et les autres, qu'on attribue à Dieu, parlant par leur bouche ; les unes, appartenant ainsi au domaine de la science, les autres à l'autorité de la religion ; autorité gardienne du canon en dehors duquel les livres produits sous le nom des antiques prophètes sont dépourvus d'autorité, même dans l'ordre de science, parce que leur authenticité est douteuse ; aussi ils n'obtiennent aucune créance, surtout s'ils renferment certains passages contraires à la foi des livres canoniques, ce qui suffit pour les convaincre de fausseté.

XXXIX. Gardons-nous donc de croire, sur la foi de quelques-uns, que la langue hébraïque seule ait été conservée par le patriarche appelé Heber qui donna son nom aux Hébreux, et transmise de lui à Abraham, tandis que les caractères hébraïques dateraient de la loi, donnée par Moïse ; mais il est plus probable que cette langue s'est conservée avec ses caractères dans la suite des générations primitives. Enfin, Moïse établit certains hommes pour présider à l'enseignement des lettres, préalablement à toute connaissance de la loi divine. L'Écriture appelle ces hommes : γραμματοεισαγωγεῖς, c'est-à-dire « introducteurs ou initiateurs aux lettres[61] », parce qu'ils les introduisaient pour ainsi dire dans l'intelligence de leurs disciples, ou plutôt introduisaient leurs disciples jusqu'à elles. Ainsi, que dans sa vanité aucune nation ne se vante de l'antiquité de sa science, comme antérieure à nos patriarches et à nos prophètes qui possédaient la science divine, quand l'Égypte elle-même, accoutumée à élever sur l'antiquité de ses doctrines de fausses et vaines prétentions, ne saurait revendiquer, pour la moindre de ses connaissances, la priorité sur la science de nos patriarches. Personne, en effet, n'oserait s'émerveiller de la sagesse des Égyptiens avant la connaissance des lettres, c'est-à-dire avant la venue d'Isis qui leur communiqua cette découverte. Et qu'était-ce après tout que cette doctrine ou sagesse tant vantée, sinon l'astronomie et peut-être quelque autre science semblable :

61. Dt 1, 15 LXX.

gymnastique de l'esprit plutôt que lumière de l'âme ? Quant à la philosophie, qui fait profession d'enseigner aux hommes à devenir heureux, ce n'est que vers l'époque de Mercure Trismégiste, que cette étude commence à fleurir en ces contrées ; longtemps, il est vrai, avant les sages ou philosophes de la Grèce : mais toutefois après Abraham, Isaac, Jacob, Joseph, et même après Moïse. Car c'est au temps de la naissance de Moïse que se rapporte celui où vivait Atlas, ce grand astrologue, frère de Prométhée et aïeul maternel du grand Mercure, dont Mercure Trismégiste est le petit-fils.

XL. C'est donc la présomption la plus vaine et une ridicule démangeaison de parole qui fait dire à plusieurs que depuis le temps où l'Égypte a observé le cours des astres, on compte plus de cent mille années. Et dans quels livres ont-ils relevé ce calcul, eux qui il n'y a guère plus de deux mille ans, ont appris d'Isis à connaître les lettres ? Car Varron, dont l'autorité historique n'est pas médiocre, nous l'assure et cela n'est pas en contradiction avec la vérité des divines Écritures. Comme en effet depuis le premier homme, depuis Adam, il n'y a pas encore six mille ans révolus, ne doit-on pas plutôt raillerie que réfutation à ceux qui avancent des opinions si étranges et si contraires à cette vérité reconnue ? Car à qui pourrons-nous mieux nous en rapporter sur le passé qu'à celui qui a prédit, comme avenir, ce que nous voyons maintenant accompli ? Le désaccord des historiens entre eux nous permet d'en croire préférablement ceux qui ne sont pas en opposition avec notre histoire sacrée. Quand les citoyens de la cité impie, répandus sur toute la terre, voient de très savants écrivains, et aucun d'eux dont l'autorité puisse être dédaignée, partagés sur des faits de l'antiquité la plus éloignée du souvenir de notre âge, ils ne savent auquel de préférence ajouter foi. Mais nous, en ce qui touche l'histoire de notre religion, appuyés sur l'autorité divine, nous ne doutons pas que tout ce qui la contredit ne soit très faux, quoi que les témoignages profanes établissent, qui, vrais ou faux, n'ont aucune importance pour notre amendement ou notre félicité.

XLI. Mais laissant désormais les éclaircissements historiques, revenons aux philosophes ; eux qui semblent n'assigner à leurs études d'autre but que la découverte du genre de vie propre à donner le bonheur ; pourquoi, maîtres et disciples, et disciples entre eux, sont-ils en désaccord, sinon parce qu'ils ont procédé à cette recherche comme des hommes avec des sentiments et des raisonnements humains ? Sans doute, cela a été parmi eux émulation de vaine gloire, désir jaloux de paraître supérieur à d'autres en sagesse, en pénétration, non l'esclave de l'opinion d'autrui, mais l'auteur de ses propres doctrines et de son opinion ; j'accorderai toutefois qu'il y en eut plusieurs ou même un grand nombre d'entre eux, que le seul amour de la vérité a détachés de leurs maîtres ou de leurs condisciples, leur mettant les armes à la main pour ce qu'ils croyaient, à tort ou à raison, être la vérité ; mais en définitive, que prétend, où et par où peut se diriger la misère humaine pour atteindre le bonheur, si elle n'a pour guide l'autorité divine ? Quant à nos auteurs, qui forment à juste titre le canon immuable et déterminé des saintes lettres, tant s'en faut qu'il y ait entre eux le moindre dissentiment.

Aussi ne faut-il pas s'étonner qu'on ait cru leurs livres dictés par Dieu même, et leurs paroles, la parole de Dieu ; et que cette créance, loin d'être celle d'un petit nombre de rhéteurs dans l'enceinte contentieuse de quelques écoles, se soit répandue dans les campagnes et dans les villes, parmi les savants et les ignorants ; qu'elle soit devenue la foi des peuples. Ces auteurs ont dû être peu nombreux, de peur que leur nombre ne discréditât ce que la religion devait consacrer ; et d'autre part, ce nombre ne dut pas être si petit que leur parfaite conformité ne fût un miracle. Car dans cette multitude de philosophes qui ont laissé des monuments littéraires de leurs doctrines, il serait difficile d'en trouver qui fussent d'accord dans toutes leurs opinions : cela demanderait ici de trop longs développements.

Quel est en effet le chef de secte qui obtienne de la cité démonolâtre une telle approbation, qu'elle condamne quiconque professe des sentiments différents ou contraires ? Ne voit-on pas à Athènes fleurir à la fois les épicuriens, qui assurent que les choses humaines demeurent indifférentes aux dieux, et les stoïciens qui prétendent, au rebours, que leur marche est conduite et soutenue par l'assistance et la protection des dieux ? Aussi je m'étonne qu'Anaxagore soit condamné pour avoir dit que le soleil n'était qu'une pierre enflammée, et non un Dieu ; tandis que, dans la même ville, rien ne trouble la gloire et la sécurité d'Épicure qui rejette non seulement la divinité du soleil et des astres, mais affirme encore qu'il n'y a dans le monde ni Jupiter, ni Dieu à qui parviennent les prières et les supplications des hommes. N'est-ce pas à Athènes qu'Aristippe place le souverain bien dans la volupté du corps, et Antisthène, dans la vertu de l'âme ; tous deux philosophes célèbres, tous deux disciples de Socrate, et toutefois assignant à la destinée humaine des fins si différentes et si opposées entre elles. Et de ces deux philosophes, l'un disait encore que le sage doit fuir le gouvernement de la république ; l'autre, qu'il y doit prétendre : et chacun ralliait des disciples à sa secte. Car c'était au grand jour, sous le vaste et célèbre portique, dans les académies, dans les jardins, dans les lieux publics et privés, une mêlée générale de toutes les opinions ; les uns soutenant qu'il n'existe qu'un monde ; les autres, que les mondes sont innombrables ; les uns, que ce monde a commencé ; les autres, qu'il est sans commencement ; les uns, qu'il doit finir ; les autres, qu'il doit durer toujours ; les uns, qu'une providence le conduit ; les autres, qu'il est à la merci du hasard et des accidents. Et puis ceux-ci prétendent que l'âme est immortelle ; ceux-là, qu'elle est mortelle ; et des partisans de son immortalité, les uns affirment son retour dans des corps de bêtes, les autres le nient ; des partisans de sa mortalité, les uns assurent qu'elle meurt avec le corps ; les autres, qu'elle lui survit plus ou moins longtemps et finit toujours par mourir : ceux-ci établissent le bien final dans le corps ; ceux-là dans l'âme ; d'autres, en tous deux ; d'autres ajoutent au corps et à l'âme, les biens extérieurs : enfin quelques-uns pensent qu'il faut toujours s'en rapporter au témoignage des sens ; les autres, pas toujours ; les autres, jamais. Ces innombrables dissidences entre les philosophes, quel peuple, quel sénat, quelle autorité ou magistrature de la cité impie s'est jamais mise en peine de les juger ; d'approuver et d'admettre, de condamner et de répudier ; et n'a pas plutôt ouvert indifféremment son sein à ce pêle-mêle d'opinions contradictoires engagées, non sur quelque intérêt pécuniaire et temporel, mais sur les questions qui décident du malheur ou de la félicité de la vie ? Et si parfois quelque vérité se laissait voir, le faux avait la même liberté de se produire ; et ce n'est pas sans raison qu'une telle cité a reçu le nom mystique de Babylone ; car Babylone, avons-nous dit, signifie « confusion ». Et peu importe au prince de cette cité, au Diable, qu'ils débattent tant d'erreurs contraires ; formes variées de l'impiété qui les livre tous à son empire.

Mais cette nation, ce peuple, cette république, ces israélites, dépositaires de la parole de Dieu, n'ont jamais confondu avec une telle licence les faux et les véritables prophètes ; une exacte conformité, sans aucune dissidence, signalait à leurs yeux les véritables écrivains sacrés. Ceux-là étaient leurs philosophes, leurs sages, leurs théologiens, leurs prophètes, leurs docteurs dans la vertu et la piété. Quiconque a vécu selon leurs maximes n'a pas vécu selon l'homme, mais selon Dieu qui a parlé par leur bouche. S'ils défendent l'infraction de la loi, c'est Dieu qui la défend. S'ils disent : « Honore ton père et ta mère », c'est Dieu qui l'ordonne. S'ils ajoutent : « Tu ne seras pas adultère ; tu ne commettras point d'homicide ; tu ne voleras point », ce ne sont pas des paroles sorties des lèvres humaines, mais les oracles de Dieu. Ce peu de vérités qu'entre tant d'erreurs quelques philosophes ont pu entrevoir et qu'ils ont travaillé à établir sur de pénibles raisonnements : Dieu créateur du monde et qui le gouverne lui-même par sa souveraine providence ; la beauté de la vertu, l'amour de la patrie, la confiance dans l'amitié, les bonnes œuvres, tout ce qui se rapporte aux bonnes mœurs, quoiqu'ils aient ignoré et la fin et le moyen ; tout cela est prêché au peuple dans la cité divine par la parole des prophètes, parole de Dieu même que des hommes prononcent, et sans aucun effort d'argumentations contentieuses ; en sorte que la connaissance de ces vérités n'est point sans la crainte de mépriser, en y dérogeant, non pas l'esprit de l'homme, mais la parole de Dieu.

XLII. L'un des Ptolémées, roi d'Égypte, désire aussi connaître et posséder ces saintes Écritures, car, après l'empire d'Alexandre de Macédoine qui fut surnommé le Grand, cet empire, prodige de grandeur et d'instabilité, l'Asie entière, que dis-je ? presque tout l'univers conquis, soit par la force et les armes, soit par la terreur de son nom, et entre autres contrées de l'Orient, la Judée elle-même envahie et soumise ; lui mort, cet empire immense échut à ses capitaines, qui ne le partagent pas entre eux pour régner en paix chacun sur son héritage, mais qui le déchirent en lambeaux, pour promener partout la dévastation et la guerre ; c'est alors que l'Égypte commence à avoir des Ptolémées pour rois. Le premier de tous, le fils de Lagus, emmène de Judée en Égypte un grand nombre de captifs. Un autre Ptolémée, son successeur, appelé Philadelphe, leur permet à tous qui étaient venus esclaves, de s'en retourner libres. Il envoya même de royales offrandes au temple de Dieu et demanda à Éléazar, alors grand-prêtre, de lui donner les Écritures que la renommée lui avait sans doute annoncées comme divines, et qu'il désirait placer dans cette célèbre bibliothèque formée par ses soins. Le grand-prêtre les lui ayant données en hébreu, Ptolémée demanda des interprètes, et *septante*-deux hommes, six de chacune des douze tribus, versés dans l'une et l'autre langue, le grec et l'hébreu, lui furent envoyés. La coutume a prévalu d'appeler cette version *la version des Septante*. On rapporte qu'il y eut dans le choix de leurs expressions un accord si merveilleux, si étonnant et vraiment divin, que chacun d'eux ayant séparément accompli cette œuvre (car il plut au roi Ptolémée d'éprouver ainsi leur fidélité), ils ne présentèrent entre eux aucune différence pour le sens, la valeur ou l'ordre même des mots ; mais comme s'il n'y eût eu qu'un seul interprète, l'interprétation de tous était une ; parce qu'en effet l'Esprit en tous était un. Et ils avaient reçu de Dieu ce don admirable, afin que l'autorité de ces Écritures obtînt, non comme œuvre humaine, mais comme œuvre divine, la vénération des Gentils qui devaient croire un jour ; et ce jour, nous le voyons arrivé.

XLIII. Car bien qu'il y ait eu d'autres interprètes qui ont fait passer d'hébreu en grec les oracles sacrés, comme Aquila, Symmaque, Théodotion, et l'auteur anonyme d'une œuvre semblable, appelée pour cette raison la *Cinquième version*, l'Église, toutefois, a reçu celle des Septante comme si elle était seule, et les Grecs chrétiens en font usage, ignorant la plupart qu'il en existe d'autres. C'est la version des Septante traduite en latin que les Églises latines ont adoptée. Cependant, un prêtre s'est rencontré de notre temps, le savant Jérôme, qui, habile dans les trois langues, a traduit les Écritures, non du grec, mais de l'hébreu en latin. Savant travail ; quoique les juifs le reconnaissent fidèle et prétendent que sur beaucoup de points les Septante se sont trompés, néanmoins, les Églises du Christ ne trouvent aucune autorité préférable à celle de tant d'hommes choisis pour une si grande œuvre par le pontife Éléazar. Car lors même que l'Esprit un, et indubitablement divin, n'eût point apparu en eux, et que ces doctes Septante eussent ensemble humainement concerté les termes de leur interprétation en sorte que rien n'aurait été maintenu sans un consentement unanime, encore serait-il vrai qu'aucun interprète isolé ne devrait leur être préféré. Mais Dieu ayant à leur égard montré son assistance manifeste, désormais tout interprète fidèle des saintes Écritures, en quelque langue qu'il les traduise, doit être d'accord avec les Septante, ou, s'il paraît s'éloigner d'eux, c'est qu'alors, il faut le croire, un mystère se cache sous la version prophétique des Septante. Car l'Esprit qui était dans les prophètes lorsqu'ils dictaient ce texte sacré, était aussi dans les Septante lorsqu'ils l'interprétaient. Et assurément cet Esprit, de son autorité divine, a pu rendre un autre oracle, comme si ce fût le même prophète qui eût énoncé l'un et l'autre, parce que l'un et l'autre serait, après tout, la parole du même Esprit ; il a pu encore l'exprimer en d'autres termes, offrant aux intelligences droites, à défaut du même langage, le même sens ; il a pu enfin omettre et ajouter, pour faire voir qu'il n'y avait pas dans cette œuvre servitude de l'homme, servitude de l'interprète devant la lettre, mais plutôt autorité divine inspirant et guidant l'intelligence de l'interprète.

Quelques-uns ont pensé que le texte grec de la version des Septante devait être revu d'après l'original hébreu, et pourtant ils n'ont pas osé retrancher ce que les Septante avaient de plus que l'hébreu ; ils ont seulement ajouté ce qui manquait dans les Septante, indiquant chaque verset ajouté par certains signes étoilés qu'on appelle astérisques. Quant aux additions des Septante à l'original hébreu, ils les marquent également, en tête des versets, par des traits horizontaux semblables aux signes des onces. Et un grand nombre d'exemplaires grecs et latins, ainsi marqués, sont répandus partout. Pour ce qui n'est ni omission, ni addition, mais seulement expression différente, qu'il s'ensuive une différence de sens ou que sous une forme différente le même sens évidemment se produise, c'est ce dont on ne peut s'assurer qu'en comparant les deux textes. Si donc nous ne recherchons, ainsi qu'il se doit dans les saintes Écritures, que ce qu'il a plu à l'Esprit de Dieu de dire par l'organe des hommes, tout ce qui est dans l'original hébreu et n'est pas dans les Septante, l'Esprit de Dieu l'a voulu dire non par ces derniers prophètes, mais par les anciens. Et tout ce qui est dans les Septante et n'est pas dans le texte hébreu, le même Esprit a mieux aimé le dire par ceux-ci que par ceux-là, montrant par là que tous ont été prophètes. C'est ainsi qu'il dit, ceci par Isaïe, cela par Jérémie, cela par tel autre prophète ; ou la même chose autrement par celui-ci, autrement par celui-là, selon qu'il le veut. Or, ce qui se trouve à la fois chez les uns et chez les autres, c'est lui qui l'a voulu dire par les uns et les autres, lui, l'Esprit un et le même, disposant d'abord les uns pour prophétiser, puis les autres pour interpréter prophétiquement. Et comme la vérité et la concordance des uns dans leurs prédictions révèle en eux la présence de l'Esprit de paix et d'unité ; ainsi, quand les autres, sans concert entre eux, publient comme d'une seule voix leur unanime interprétation des Écritures, c'est le même Esprit d'unité qui se découvre.

XLIV. Mais, dit-on, comment saurai-je si le prophète Jonas a dit aux habitants de Ninive : « Encore trois jours, et Ninive sera détruite », ou : « Encore quarante jours[62] » ? Qui ne voit que le prophète, envoyé pour épouvanter cette ville par la menace d'une ruine imminente, n'a pu dire en même temps l'un et l'autre ? Si la catastrophe devait arriver dans le délai de trois jours, ce n'était pas après quarante ; si elle devait arriver le quarantième jour, ce n'était pas le troisième. Si donc l'on me demande lequel des deux a dit Jonas, j'incline de préférence à la leçon de l'hébreu : « Encore quarante jours, et Ninive sera détruite. »

Car les Septante, venus longtemps après, ont pu dire autre chose qui, se rapportant au sujet, concourût, bien que sous une forme différente, à former un seul et même sens, et invitât le lecteur à s'élever, sans mépriser l'autorité ni de l'hébreu ni des Septante, au-dessus de l'histoire jusqu'à la recherche des réalités que l'histoire a dû figurer. Car ces faits sont réellement arrivés dans la cité de Ninive, mais ils en représentaient d'autres qui dépassent l'enceinte de cette cité. C'est un fait réel que le prophète fut trois jours dans les entrailles du monstre, et néanmoins le prophète est la figure de celui qui sera trois jours dans les abîmes de l'enfer, et celui-là est le Seigneur de tous les prophètes. Si donc il est raisonnable de voir dans cette ville la figure prophétique de l'Église des Gentils, renversée par la pénitence jusqu'à ne plus être ce qu'elle était ; comme le Christ est l'auteur de ce changement dans l'Église des Gentils que figure Ninive, c'est le Christ lui-même que désignent ces quarante jours ou ces trois jours ; quarante, car tel est le nombre de jours qu'il passe avec ses disciples après sa résurrection avant de monter au ciel ; trois, car il ressuscite le troisième jour. Et ne dirait-on pas que les Septante – interprètes, et prophètes aussi – réveillent le lecteur qui s'endort sur la lettre du récit

62. Jon 3, 4.

historique, et l'exhortent ainsi à sonder l'abîme de la prophétie : Cherche dans les quarante jours celui-là même en qui tu pourras trouver les trois jours ; là, tu trouveras son ascension, ici, sa résurrection. Il a donc pu, dans l'un et l'autre nombre, être parfaitement désigné ; d'une façon par le prophète Jonas, de l'autre par la prophétie des Septante, mais toujours par le seul et même Esprit. J'abrège, ne voulant pas multiplier les exemples où les Septante paraissent s'éloigner de la vérité du texte hébreu, et, mieux compris, se trouvent d'accord avec elle. Aussi moi-même, marchant autant qu'il est permis à ma faiblesse sur les traces des apôtres qui invoquent également en témoignage prophétique l'hébreu et les Septante, je crois devoir m'appuyer sur l'une et l'autre autorité, parce que l'une et l'autre est une et divine. Mais achevons, selon nos forces, l'œuvre qui nous reste.

XLV. Aussitôt que la peuple juif cessa d'avoir des prophètes, il est certain qu'il devint pire ; à l'époque où, le temple étant relevé après la captivité de Babylone, il espérait s'améliorer. Car c'est ainsi que ce peuple charnel entendait cette prédiction du prophète Aggée : « La gloire de cette dernière maison sera grande, bien plus grande que celle de la première[63]. » Parole qui désigne le Nouveau Testament, comme il vient de le prouver dans ce passage, évidente promesse du Christ : « Et je remuerai toutes les nations, et il viendra, le Désiré de toutes les nations[64]. » Ici les Septante, de leur autorité de prophètes, énoncent un autre sens qui convient mieux au corps qu'à la tête, c'est-à-dire à l'Église qu'au Christ : « Ils viendront les élus du Seigneur entre toutes les nations », c'est-à-dire les hommes dont Jésus lui-même dit dans l'Évangile : « Il y en a beaucoup d'appelés, mais peu d'élus[65]. » C'est en effet de ces élus des nations, pierres vivantes, que la maison de Dieu se bâtit par le Nouveau Testament, infiniment plus glorieuse que ne le fut ce

63. Ag 2, 10.
64. Ag 2, 8.
65. Mt 22, 14.

temple, élevé par le roi Salomon et relevé après la captivité. Aussi ce peuple n'a plus de prophètes depuis cette époque ; mais il a beaucoup à souffrir, et des rois étrangers, et des Romains eux-mêmes, afin qu'il ne s'imagine pas que cette prophétie d'Aggée soit accomplie dans le rétablissement du temple.

Bientôt Alexandre survient, qui les subjugue ; sa colère, il est vrai, ne tombe point sur eux, parce qu'ils n'osent lui résister et que la facilité de leur soumission l'apaise. Toutefois, la gloire de cette maison est loin d'être ce qu'elle fut sous la libre domination de ses rois. Alexandre immole des victimes dans le temple de Dieu, non qu'une véritable piété l'eût converti au culte du Dieu véritable, mais c'est que dans l'impiété de son erreur il croit devoir aussi l'honorer avec les faux dieux. Plus tard, après la mort d'Alexandre, Ptolémée, fils de Lagos, dont j'ai déjà parlé, les emmène captifs en Égypte ; et son successeur, Ptolémée Philadelphe, à qui nous devons la version des Septante, les renvoie avec bienveillance. Puis le fléau de la guerre les brise ; guerres rapportées aux livres des Macchabées. Conquis par le roi d'Alexandrie, Ptolémée, dit Épiphane, puis, contraints par les cruautés inouïes d'Antiochus, roi de Syrie, à honorer les idoles, leur temple, le temple lui-même est rempli des sacrilèges superstitions des Gentils ; mais la valeur de leur chef, Judas Macchabée, victorieuse des lieutenants d'Antiochus, purifie l'enceinte sacrée de ces abominations de l'idolâtrie.

Peu de temps après, un certain Alcime usurpe, par ambition, la dignité de pontife, bien qu'il fût étranger à la famille sacerdotale ; c'était un crime. Environ cinquante ans plus tard, et dans cet intervalle, malgré quelques prospérités, ils n'eurent point la paix ; Aristobule, le premier chez eux, s'empara du diadème, roi et grand-prêtre tout ensemble ; car depuis le retour de la captivité de Babylone et le rétablissement du temple, ils avaient eu, au lieu de rois, des chefs ou princes, bien que celui qui est roi puisse être appelé prince, eu égard à la prééminence du commandement, et chef, puisqu'il est le chef des armées ; cependant, tout chef ou prince ne saurait être appelé roi comme le fut cet Aristobule. Alexandre, qui lui succéda dans le sacerdoce et la royauté, fit, dit-on, peser un joug cruel sur ses sujets. Après lui, sa femme Alexandra fut reine des juifs ; depuis ce règne, de nouvelles et plus rudes adversités les accablent. Les deux fils d'Alexandra, Aristobule et Hircan, se disputant le sceptre, attirent sur la race d'Israël les forces romaines, car Hircan leur demande secours contre son frère. Alors, déjà maîtresse de l'Afrique, maîtresse de la Grèce, étendant au loin son empire sur d'autres parties du monde, mais impuissante à se soutenir elle-même, Rome se brisait en quelque sorte sous sa propre grandeur. Elle en était arrivée à de cruelles dissensions intérieures, puis aux guerres sociales, bientôt aux guerres civiles, et réduite à un tel état de consomption et d'épuisement que la ruine de la république au profit de la royauté paraissait imminente. Donc, Pompée, l'un des plus célèbres capitaines du peuple romain, envahit la Judée, s'empare de la ville, ouvre le temple, non pas avec l'humilité d'un suppliant, mais par le droit du vainqueur ; il entre dans le Saint des saints, dont l'entrée n'était permise qu'au grand-prêtre ; et ce n'est pas en adorateur, mais en profanateur qu'il y pénètre après avoir confirmé le pontificat d'Hircan, et imposé à la nation vaincue Antipater pour gouverneur ou « procurateur ». Il emmène avec lui Aristobule enchaîné. Depuis ce temps, les juifs deviennent tributaires des Romains. Cassius pille de nouveau le temple. Et peu d'années après, les juifs méritent un roi étranger, Hérode, sous le règne duquel le Christ vient au monde. Car les temps étaient accomplis que l'Esprit des prophéties avait marqués par la bouche du patriarche Jacob : « Les princes ne manqueront point dans la race de Juda, ni les chefs issus de son sang, jusqu'à ce qu'il vienne celui en qui repose la promesse, et il est l'attente des nations[66]. » Les princes de race juive ne manquèrent donc pas aux juifs, jusqu'à cet Hérode, le premier roi qu'ils eurent de race étrangère. C'était donc le temps où devait venir celui en qui repose la promesse de l'alliance nouvelle, cette promesse qui le rend l'attente des nations. Or il serait impossible aux nations

66. Gn 49, 10.

d'être dans l'attente où nous les voyons du glorieux avènement, alors qu'il viendra juger dans l'éclat de la puissance, si elles ne croyaient d'abord en lui, alors qu'il est venu subir un jugement, dans l'humilité de la patience.

XLVI. Hérode régnait donc en Judée ; chez les Romains, la constitution de la République changée, César-Auguste était empereur, et il avait donné la paix au monde, quand le Christ naquit, selon la précédente prophétie, à Bethléem dans la tribu de Juda ; homme visible, né humainement d'une vierge ; Dieu caché issu de Dieu le père. Car le prophète l'avait prédit ainsi : « Voici le temps où une vierge va concevoir dans son sein et enfanter un fils ; et son nom sera Emmanuel, c'est-à-dire : Dieu avec nous[67]. » Il proclame sa divinité par un grand nombre de miracles, et l'histoire évangélique en rapporte plusieurs qu'elle croit suffisants à ce témoignage. Le premier de ces miracles est celui de sa naissance, le dernier est celui de sa résurrection corporelle d'entre les morts et de son ascension au ciel. Les juifs ses meurtriers, qui n'ont pas voulu croire en lui, parce qu'il fallait qu'il mourût et qu'il ressuscitât, plus misérablement opprimés par les Romains, arrachés de leur pays, où déjà ils obéissaient à une domination étrangère, exterminés et dispersés dans l'univers ; les juifs, qu'on trouve partout, nous rendent témoignage par leurs Écritures que les prophéties relatives au Christ ne sont pas de notre invention. Et ces prophéties, plusieurs d'entre eux, les considérant avant sa passion et surtout après sa résurrection, ont cru en lui, et c'est d'eux qu'il est prédit : « Le nombre des enfants d'Israël fût-il égal à celui des grains de sable de la mer, les restes seront sauvés[68]. » Les autres ont été aveuglés, et c'est d'eux qu'il est prédit : « Qu'en récompense, leur table leur soit une pierre d'achoppement ; que leurs yeux soient obscurcis, afin qu'ils ne voient pas, et que leur dos se courbe à jamais[69]. »

67. Is 7, 14 LXX.
68. Is 10, 22.
69. Ps 68, 23.

Ainsi, tandis qu'ils refusent de croire à nos Écritures, les leurs qu'ils lisent en aveugles, s'accomplissent en eux ; si ce n'est peut-être que quelqu'un attribue aux chrétiens l'invention de ces prophéties qu'on produit sous le nom de la sibylle, ou d'autres, s'il en est encore quelques-unes étrangères au peuple juif. Or celles-là nous suffisent qui ressortent des livres de nos ennemis, et c'est à cause de ce témoignage, qu'ils nous fournissent malgré eux, possesseurs et gardiens des mêmes livres, que nous les voyons dispersés chez toutes les nations, partout où l'Église du Christ étend son empire. Et il est dans les psaumes qu'ils lisent une prophétie sur leur dispersion même : « C'est mon Dieu ; sa miséricorde me préviendra. Voilà ce que mon Dieu m'a déclaré au sujet de mes ennemis ; ne les tue pas, de peur qu'ils oublient la loi ; disperse-les par ta puissance[70]. » Dieu a donc montré à l'Église dans les juifs ses ennemis, la grâce de sa miséricorde, parce que, selon la parole de l'apôtre, leur faux pas[71] est le salut des Gentils : « Et il ne les tue pas », c'est-à-dire il ne détruit pas en eux, quoique vaincus et exterminés par les Romains, le caractère de la race juive, de peur qu'oubliant la loi de Dieu, ils ne puissent plus même nous prêter ici leur témoignage. Aussi il ne suffirait pas de dire : « Ne les tue pas, de peur qu'ils oublient la loi », si l'on n'ajoutait : « Disperse-les. » Car s'ils étaient, avec ce témoignage des Écritures, renfermés dans leur pays et non répandus en tous lieux, l'Église qui est partout, pourrait-elle les avoir chez toutes les nations pour témoins des prophéties qui ont annoncé Jésus-Christ ?

XLVII. Ainsi, tout étranger, c'est-à-dire tout homme non issu d'Israël et non compris par les juifs dans le canon des saintes Lettres, tout étranger qu'on dit avoir prophétisé touchant le Messie, s'il est venu ou doit venir à notre connaissance, nous pouvons le citer par surcroît : non que ce témoignage fût un besoin pour nous, s'il nous manquait, mais c'est

70. Ps 58, 11 et sv.
71. Rm 11, 11.

que l'on peut croire avec assez de raison qu'il y eut aussi dans les autres nations des hommes à qui ce mystère a été révélé, et qui se sentirent poussés à le prédire, soit qu'ils aient participé à la même grâce, soit qu'à défaut de ce don ils aient été instruits par les mauvais anges que nous savons avoir confessé le Christ présent, tandis que les juifs ne le reconnaissaient pas. Et je ne pense pas que les juifs eux-mêmes osent prétendre que nul n'a appartenu à Dieu, les seuls israélites exceptés, depuis que la race d'Israël a commencé à se répandre, après la réprobation de son frère aîné. Il n'y eut, il est vrai, aucun autre peuple qui ait été proprement appelé le peuple de Dieu ; mais que, chez les autres peuples, certains hommes se soient rencontrés qu'une affinité spirituelle et non terrestre rattache aux vrais israélites, aux citoyens de la céleste patrie, c'est ce qu'ils ne peuvent nier ; autrement, il serait facile de les convaincre par le saint et admirable Job, qui, n'étant ni juif, ni prosélyte ou étranger admis au foyer d'Israël, mais issu de race iduméenne, né et mort en cette contrée, reçoit de la parole divine ce glorieux témoignage que pour la justice et la piété nul homme de son temps ne lui fut comparable. Ce temps où il vécut, nous ne le trouvons pas déterminé chronologiquement ; mais par son livre à qui, en raison de son excellence, les juifs reconnaissent une autorité canonique, nous conjecturons qu'il est postérieur à Israël de trois générations. Or je ne doute pas que ce ne soit par un dessein de la divine Providence que l'exemple de ce seul juste nous apprenne qu'il a pu s'en trouver chez les autres nations qui aient vécu selon Dieu et agréables à Dieu, appartenant à la Jérusalem spirituelle. Et cette grâce, croyons-le, n'a été accordée qu'à quiconque aura reçu la révélation divine de l'unique médiateur futur entre Dieu et les hommes, Jésus-Christ homme, dont le charnel avènement a été montré dans l'avenir aux saints des temps antiques comme il nous est montré dans le passé, afin que par le médiateur une seule et même foi conduise à Dieu tous les élus, pour être sa cité, sa maison et son temple. Mais toutes les prophéties sur la grâce de Dieu en Jésus-Christ que l'on produit ailleurs, on peut les regarder comme inventions des chrétiens. Aussi rien n'est plus fort pour convaincre les contradicteurs et les amener à nous s'ils ont quelque rectitude d'intelligence, que de présenter les prédictions divines sur le Christ qui sont écrites dans les livres des juifs. Car ceux-ci, arrachés de leur patrie et dispersés par toute la terre pour rendre ce témoignage, contribuent à la propagation universelle de l'Église.

XLVIII. Cette maison de Dieu est bien plus auguste que la première bâtie de bois et de pierres et de métaux précieux. La prophétie d'Aggée n'a donc pas été accomplie dans le rétablissement de ce temple. Car depuis qu'il fut rebâti, on ne voit pas qu'il ait jamais recouvré la gloire qu'il avait eue au temps de Salomon ; que dis-je ? On voit plutôt cette gloire diminuée d'abord par la cessation des prophéties, puis par les immenses désastres de la nation elle-même, jusqu'à sa ruine dernière consommée par les Romains, selon les précédents témoignages. Quant à cette maison nouvelle appartenant au Nouveau Testament, sa gloire est d'autant plus grande qu'elle est bâtie de pierres meilleures, de pierres vivantes, pierres fidèles et renouvelées. Mais elle est figurée par le rétablissement du premier temple, parce que ce rétablissement exprime en langage prophétique, le second Testament, le Testament nouveau. Ainsi, quand Dieu dit par le prophète déjà cité : « Et je donnerai la paix en ce lieu[72] », par le lieu figuratif, il faut entendre le lieu figuré. Et comme l'Église qui devait être bâtie par le Christ est représentée par ce lieu rétabli, ces paroles : « Je donnerai la paix en ce lieu », n'ont d'autre sens que : Je donnerai la paix dans le lieu que celui-ci figure : car toutes les figures semblent jouer le rôle des réalités figurées. L'apôtre ne dit-il pas en ce sens : « La pierre était le Christ[73] », parce que cette pierre dont il parle figurait certainement le Christ. La gloire de cette maison du Nouveau Testament éclipse donc la gloire de la première maison de l'Ancien Testament, et elle brillera d'un éclat plus

72. Ag 2, 10.
73. 1 Co 10, 4.

vif encore au jour de sa dédicace ; car c'est alors que viendra « le Désiré de tous les peuples », comme on lit dans l'hébreu. En effet son premier avènement n'était pas encore désiré de tous les peuples. Pouvaient-ils donc connaître celui qu'ils devaient désirer, puisqu'ils ne croyaient pas en lui ? Alors aussi, selon le sens prophétique des Septante, « viendront les élus du Seigneur entre toutes les nations » ; car alors il ne viendra en vérité que les élus dont l'apôtre parle ainsi : « Comme il nous a élus en lui avant la création du monde[74]. » Et en effet, l'architecte lui-même qui a dit : « Il y en a beaucoup d'appelés, mais peu d'élus[75] », n'établit pas sur ceux qui n'ont répondu à l'appel que pour se faire chasser du festin, mais sur les seuls élus, la solidité de cette maison qui désormais ne craindra plus aucune ruine. Aujourd'hui que l'Église est remplie de ceux qui seront vannés dans l'aire, la gloire de cette maison n'apparaît pas aussi éclatante qu'elle doit apparaître quand chacun sera toujours où il sera une fois.

XLIX. Donc, en ce siècle pervers, en ces jours mauvais où, par des humiliations passagères, l'Église achète sa grandeur future, tandis que l'aiguillon de la crainte, les angoisses de la douleur, la rigueur des travaux, le péril des tentations l'éprouvent, ne lui laissant d'autre joie que l'espérance quand sa joie n'est pas insensée, un grand nombre de réprouvés sont mêlés aux élus, et tous, réunis et comme emprisonnés dans le filet de l'Évangile, nagent pêle-mêle au sein de la mer du monde, jusqu'à ce que l'on touche au rivage où les méchants doivent être séparés des bons, et Dieu habiter dans les bons comme dans son temple pour être tout en tous. Nous reconnaissons donc qu'aujourd'hui s'accomplit la parole qui disait dans le psaume : « J'ai annoncé et j'ai parlé ; ils se sont multipliés au-dessus de tout nombre[76]. » C'est ce qui arrive maintenant depuis qu'il a publié et annoncé, d'abord par la

74. Ep 1, 4.
75. Mt 22, 14.
76. Ps 39, 6.

bouche de son précurseur Jean, puis par sa propre bouche : « Faites pénitence, car le royaume des cieux est proche[77]. » Il choisit des disciples qu'il nomme apôtres, il les choisit sans naissance, sans considération, sans lettres, afin que tout ce qu'ils seront et feront de grand, lui-même en eux le soit et le fasse. Un méchant s'est trouvé parmi eux, dont il fait un bon usage pour accomplir le décret de sa passion, et donner à son Église l'exemple de supporter les méchants. Il sème autant qu'il le faut par sa présence corporelle le saint Évangile, puis il souffre, meurt et ressuscite ; montrant, par sa passion, ce que nous devons souffrir pour la vérité ; par la résurrection, ce que nous devons espérer dans l'éternité, sans parler du profond mystère de son sang répandu pour la rémission des péchés. Il converse quarante jours sur la terre avec ses disciples, et à leur vue même, il monte au ciel, dix jours après. Selon sa promesse, il leur envoie l'Esprit saint de son Père, dont la venue sur les fidèles se manifeste par ce signe souverain et souverainement nécessaire : chacun d'eux parle les langues de tous les peuples, figurant ainsi l'unité future de l'Église catholique qui se répand chez toutes les nations et parle toutes les langues.

L. Ensuite, selon cette prophétie : « La loi sortira de Sion, et la parole du Seigneur, de Jérusalem[78] » ; et selon la prédiction du Seigneur Christ lui-même lorsque, après sa résurrection, il ouvre l'intelligence de ses disciples étonnés pour leur faire entendre les Écritures, et leur dit : « Selon qu'il est écrit, il fallait ainsi que le Christ souffrît, qu'il ressuscitât d'entre les morts, le troisième jour, et qu'en son nom fussent prêchées la pénitence et la rémission des péchés dans toutes les nations, à commencer par Jérusalem[79] » ; puis quand il répond à ses disciples qui s'enquièrent de son dernier avènement : « Il ne vous appartient pas de savoir le temps ou les moments dont mon Père s'est réservé la dispo-

77. Mt 3, 2 ; 4, 17.
78. Is 2, 3.
79. Lc 24, 45 et sv.

sition ; mais vous recevrez la vertu de l'Esprit saint qui viendra sur vous, et vous me rendrez témoignage, à Jérusalem, dans toute la Judée, à Samarie et jusqu'aux extrémités de la terre[80]. » C'est de Jérusalem que l'Église commence à se répandre, et après en avoir amené plusieurs à la foi dans la Judée et à Samarie, elle se propage chez d'autres nations, et l'Évangile est annoncé par ceux que le maître lui-même avait élevés jusqu'à sa parole, et comme des flambeaux allumés de son Esprit saint ; car il leur avait dit : « Ne craignez point ceux qui tuent le corps, et qui ne peuvent tuer l'âme[81]. » Dans le cœur de ces hommes, les glaces de la crainte fondaient à l'ardeur de leur charité. Et non seulement eux qui l'ont vu et entendu avant sa passion et après sa résurrection ; mais, après leur mort, leurs successeurs, dans les persécutions les plus cruelles, dans des tortures inouïes, dans le sang des martyrs, annoncent l'Évangile à tout l'univers, Dieu confirmant leur témoignage par des signes, des prodiges, d'éclatantes manifestations de sa puissance, par les dons du Saint-Esprit, afin que les peuples, amenés à croire en celui qui a été crucifié pour leur rédemption, vénèrent d'un amour chrétien le sang qu'ils ont répandu avec une diabolique fureur ; afin que les rois eux-mêmes dont les édits ravageaient l'Église, s'inclinent heureusement devant ce nom que leur cruauté s'efforçait d'exterminer ; afin qu'ils commencent contre les fausses divinités cette persécution que pour elles ils déclaraient aux adorateurs du Dieu véritable.

LI. Mais voyant les temples des démons devenir déserts, et au nom du médiateur qui nous délivre, accourir le genre humain, le diable suscite les hérétiques pour combattre sous le nom chrétien la doctrine chrétienne, comme si la cité de Dieu pouvait les souffrir dans son sein avec cette tolérance indifférente que la cité de confusion professe à l'égard des philosophes, divisés et opposés dans leurs opinions. Ceux donc qui, au sein de l'Église du Christ, développent quelque

80. Ac 1, 7.
81. Mt 10, 28.

doctrine malsaine et contagieuse, s'ils présentent à l'autorité qui veut les redresser et les guérir une résistance obstinée ; si, loin de se rétracter de leurs dogmes pernicieux et mortels, ils persistent à les défendre, ils deviennent hérétiques, et, sortant de l'Église, elle les range parmi les ennemis qui tournent à son épreuve. Ils sont un mal, et ils servent néanmoins aux vrais catholiques membres du Christ, Dieu usant bien même des méchants, et toutes choses contribuant au bien de ceux qui l'aiment. Car tous les ennemis de l'Église, quel que soit l'aveuglement de leur erreur, ou la malice de leur dépravation, exercent sa patience, s'ils reçoivent le pouvoir de l'affliger corporellement ; sa sagesse, s'ils la combattent seulement par leurs mauvaises opinions ; sa bienveillance ou sa bienfaisance jusqu'à l'amour même de ses ennemis, soit qu'elle procède contre eux par la persuasion de la doctrine ou par la terreur de la discipline. Aussi le prince de la cité impie, en soulevant ses esclaves contre la cité de Dieu, étrangère en ce monde, le diable n'a pas la permission de lui nuire. N'en doutons pas, la prospérité est contre les découragements de l'adversité, une consolation, et l'adversité, contre la corruption de la prospérité, une épreuve que la divine Providence lui ménage ; et c'est dans ce juste tempérament qu'il faut chercher l'origine de cette parole du psaume : « En raison des douleurs sans nombre qui remplissent mon cœur, tes consolations ont réjoui mon âme[82]. » De là encore cette parole de l'apôtre : « Dans la joie de l'espérance, dans la patience de l'affliction[83]. »

Le docteur des nations dit aussi : « Quiconque veut vivre saintement en Christ, souffrira persécution[84] » ; et il ne faut pas s'imaginer que cela manque en aucun temps. Car, lors même que les fureurs ralenties de ceux du dehors, en laissant une tranquillité apparente ou réelle, apportent une grande consolation, surtout aux faibles, il ne manque jamais, ou plutôt il y a toujours un grand nombre d'ennemis intérieurs dont

82. Ps 93, 19.
83. Rm 12, 12.
84. 2 Tm 3, 12.

la corruption est un supplice pour le cœur des justes ; parce qu'elle est une occasion de blasphème contre le nom chrétien et catholique ; et plus ce nom est cher à ceux qui veulent vivre saintement en Christ, plus ils souffrent de la présence de ces méchants intérieurs qui ne laissent pas venir jusqu'à lui autant d'amour que les saintes âmes désirent. Et quand on pense que les hérétiques ont le nom, les sacrements, la profession de chrétiens et les Écritures des chrétiens, c'est une vive douleur aux âmes fidèles ; car les dissidences de ces hommes en retiennent beaucoup dans l'hésitation, qui voudraient embrasser la foi, et donnent à beaucoup d'autres sujets de blasphémer le nom chrétien que les hérétiques portent aussi à certains égards. Les égarements et les erreurs de ces hommes, telle est la persécution que souffrent ceux qui veulent vivre saintement en Christ, et cette persécution s'exerce, lors même qu'ils ne souffrent en leur corps ni oppression, ni tortures. Persécution intérieure, énoncée par cette parole du psaume : « En raison des douleurs sans nombre qui remplissent mon cœur » ; le prophète ne dit pas : « Mon corps », mais comme l'on sait d'ailleurs les promesses de Dieu immuables : « Le Seigneur, dit l'apôtre, connaît ceux qui sont à lui [85] » ; et que de ces élus, « prédestinés, dans sa prescience, conformes à l'image de son Fils [86] », nul ne peut périr, le psalmiste ajoute : « Tes consolations ont réjoui mon âme. » Car la douleur même, émue dans le cœur des justes que persécutent les mœurs de ces mauvais ou faux chrétiens, est utile aux affligés, parce qu'elle vient de la charité qui s'alarme pour eux, et pour ceux dont ils empêchent le salut. Enfin de grandes consolations naissent du retour de ces hommes, et leur conversion pénètre les âmes pieuses d'une joie égale à la douleur qu'elles ressentaient de leur perte. C'est ainsi qu'en ce siècle, en ces jours mauvais [87], non seulement depuis l'époque de la présence corporelle du Christ et de ses apôtres, mais depuis Abel, le premier juste,

85. 2 Tm 2, 19.
86. Rm 8, 29.
87. Voir Ep 5, 16.

victime de l'impiété de son frère, et désormais jusqu'à la fin des temps, entre les persécutions du monde et les consolations de Dieu, l'Église poursuit son pèlerinage.

LII. Aussi je ne pense pas que l'on doive dire ou croire au hasard, ce que plusieurs ont prétendu ou prétendent, qu'à l'avenir, jusqu'à l'époque de l'Antéchrist, l'Église ne souffrira plus d'autres persécutions que les dix qu'elle a déjà souffertes, n'ayant plus à attendre que la onzième et dernière, celle de l'Antéchrist. Car la première qu'ils comptent est la persécution de Néron ; la seconde, celle de Domitien ; la troisième, celle de Trajan ; la quatrième, celle d'Antonin ; la cinquième, celle de Sévère ; la sixième, celle de Maximin ; la septième, celle de Dèce ; la huitième, celle de Valérien ; la neuvième, celle d'Aurélien ; la dixième, celle de Dioclétien et de Maximien. Les dix plaies de l'Égypte qui précèdent la sortie du peuple de Dieu seraient la figure de ces persécutions, et la dernière, celle de l'Antéchrist, ressemblerait à la onzième plaie, quand la mer Rouge ouvrant un passage au peuple de Dieu, engloutit les Égyptiens qui le poursuivent. Cependant, je ne puis voir dans ces anciens événements, une image prophétique des persécutions, quoique les partisans de cette opinion trouvent dans la comparaison attentive des faits plus d'un rapport spécieux et ingénieux ; toutefois il n'y a point là inspiration de l'Esprit de prophétie, mais simple conjecture de l'esprit humain, qui arrive tour à tour à la vérité et à l'erreur.

Car enfin, que disent-ils de la persécution où le Seigneur fut mis en croix ? Quel rang lui vont-ils assigner ? S'ils l'exceptent de leur calcul, s'ils ne comptent que les persécutions qui s'adressent au corps et non celle qui frappe et retranche la tête, que feront-ils de la persécution élevée à Jérusalem, après que le Christ est monté au ciel, persécution où le bienheureux Étienne est lapidé ; où Jacques, frère de Jean, périt par le glaive ; où l'apôtre Pierre va passer de la prison au supplice, quand un ange le délivre ; où les frères sont chassés de Jérusalem et dispersés ; où Saül, qui va devenir l'apôtre Paul, dévaste l'Église et bientôt, annonçant lui-même la foi qu'il vient de persécuter, souffre à son tour ce qu'il a fait souffrir, en Judée, chez les nations étrangères, partout où son zèle prêche le Christ ? Pourquoi donc veulent-ils commencer à Néron les afflictions de l'Église, puisque ce n'est qu'à travers les plus sanglantes épreuves qu'elle arrive en grandissant jusqu'au règne de cet empereur ? Que s'ils tiennent compte des persécutions suscitées par les rois, oublient-ils Hérode et ses fureurs, après l'ascension du Seigneur ? Et que disent-ils de Julien, qu'ils ne rangent point parmi les dix persécuteurs ? Quoi ! ne persécute-t-il pas l'Église quand il défend aux chrétiens d'apprendre et d'enseigner les lettres humaines ? Quand, sous son règne, Valentinien, qui fut après lui le troisième empereur, est, comme confesseur de la foi chrétienne, dégradé de sa dignité militaire ? Je passe sous silence la persécution que Julien commençait à Antioche quand la foi héroïque d'un jeune homme l'arrêta : ce jeune homme, entre plusieurs comme lui destinés aux tortures, torturé le premier pendant tout un jour, ne cesse de chanter des hymnes sacrées au milieu des ongles de fer et des chevalets ; cette fière indifférence pour la douleur, et cette joie, frappent l'empereur d'admiration et d'horreur ; il craint de recevoir des autres fidèles encore plus de honte. De nos jours, enfin, le frère de Valentinien, l'arien Valens, n'a-t-il pas exercé en Orient contre l'Église catholique une horrible persécution ? Qu'est-ce à dire ? Parce que l'Église croît et fructifie par tout le monde, ne remarque-t-on plus les persécutions dont certains rois l'affligent, quand ailleurs elle demeure en paix ? Est-ce donc qu'il ne faut pas compter parmi les persécutions la cruauté inouïe que, dans la Gothie même, le roi des Goths déploya contre les catholiques, qui pour la plupart reçurent la couronne du martyre, comme nous l'ont raconté plusieurs de nos frères, témoins dans leur enfance de ces scènes cruelles dont le souvenir leur était toujours très présent ? Et naguère, en Perse, ne s'est-il pas élevé une persécution (qui sévit peut-être encore), si violente que plusieurs vinrent chercher un asile dans les cités romaines ? Plus j'y songe, moins il me semble possible de déterminer le nombre des persécutions qui doivent éprouver l'Église. Et cependant assurer qu'elle en souffrira plusieurs autres de la part des rois, avant la dernière que nul chrétien ne révoque en doute, ne serait pas moins téméraire. Nous laissons donc la question indécise, sans rien établir, sans rien renverser, n'écartant que l'audacieuse présomption qui affirme l'une ou l'autre de ces opinions.

LIII. Quant à cette dernière persécution, qui doit venir de l'Antéchrist, Jésus lui-même l'étouffera par sa présence. « Il le tuera du souffle de sa bouche, dit l'Écriture, et il l'anéantira par l'éclat de sa présence[88]. » Quand ? demande-t-on d'ordinaire, et fort mal à propos. Car s'il nous était utile de le savoir, qui eût pu mieux répondre sur cette question que notre Dieu et notre maître à ses disciples qui l'interrogent ? Loin de s'en taire auprès de lui, ils lui demandent, tandis qu'il est présent : « Seigneur, si tu parais en ce temps, quand reparaîtra le royaume d'Israël[89] ? » Mais il leur répond : « Il ne vous appartient pas de connaître les temps dont mon Père s'est réservé la disposition. » Ils ne demandent ni l'heure, ni le jour, ni l'année ; et cependant telle est la réponse qui leur est faite. C'est donc en vain que nous cherchons à compter et à déterminer les années qui restent au temps actuel, quand nous apprenons de la bouche de la Vérité qu'il ne nous appartient pas de le savoir. On établit pourtant, au hasard, des calculs de quatre cents, de cinq cents, de mille ans depuis l'ascension du Seigneur jusqu'à son dernier avènement. Montrer comment chacun appuie son opinion, cela serait trop long et nullement nécessaire. Simples conjectures humaines, qui n'empruntent rien de certain à l'autorité des Écritures canoniques. Mais il réprime le mouvement calculateur des doigts, celui qui a dit : « Il ne vous appartient pas de connaître les temps dont mon Père s'est réservé la disposition. »

Toutefois, comme c'est ici une parole de l'Évangile, est-ce merveille qu'elle n'ait pas détourné les idolâtres de prêter aux démons, leurs dieux, certaines réponses déterminant la

88. 2 Th 2, 8.
89. Ac 1, 6.

durée de la religion chrétienne. Voyant, en effet, que loin d'être anéanties par tant de sanglantes persécutions, ses forces y puisaient au contraire de merveilleux accroissements, ils ont imaginé je ne sais quels vers grecs[a], comme étant une réponse de l'oracle qui, à la vérité, absout notre Seigneur de ce prétendu crime de sacrilèges, mais impute à Pierre d'avoir usé de sortilèges pour faire adorer pendant trois cent soixante-cinq ans le nom du Christ, qui, cette période accomplie, disparaîtra soudain. Ô sublimes conceptions d'hommes éclairés ! Ô doctes esprits, et bien dignes de croire cela du Christ, vous qui refusez de croire en Christ ! Ce n'est pas lui qui enseigne la magie à son disciple Pierre ; il est innocent de ces maléfices, et c'est à la gloire de son maître plutôt qu'à la sienne, que ce disciple dévoue ses travaux, ses périls, son sang même ! Si Pierre use de tels prestiges pour que le monde aime le Christ, qu'a fait le Christ innocent pour être tant aimé de Pierre ? Qu'ils se répondent donc à eux-mêmes, et, s'il est possible, qu'ils comprennent que cette grâce d'en haut qui fait aimer le Christ au monde en vue de la vie éternelle, est la même qui fait aimer le Christ à Pierre, afin de recevoir de lui la vie éternelle, et jusqu'à souffrir pour lui la mort temporelle ! Et puis quels sont ces dieux qui peuvent prédire et ne peuvent empêcher ; vaincus par un enchanteur, par un sacrifice magique, où, dit-on, un enfant d'un an est égorgé, déchiré et enseveli avec d'abominables rites ! Ils laissent pendant longtemps une secte, leur ennemie, grandir et vaincre, sans résister, mais à force de souffrir, les cruelles fureurs de tant de persécutions ; ils laissent cette victoire s'étendre jusqu'à la ruine de leurs statues, de leurs temples, de leur culte et de leurs oracles ! Quel est enfin le Dieu, leur dieu et non le nôtre à coup sûr, auquel un si grand crime a pu surprendre ou arracher une telle complaisance ? Car ce n'est pas à un démon, c'est à un dieu que s'adressent ces vers qui accusent Pierre d'avoir fondé sur la magie sa loi sacrilège. Ils méritent bien un tel dieu, ceux qui ne veulent pas du Christ pour Dieu.

a. Allusion à un oracle anti-chrétien répandu à l'époque d'Augustin, qui annonçait la fin de la religion chrétienne après 365 ans.

LIV. Telles sont entre autres les raisons que j'alléguerais, si elle n'était pas écoulée cette année qu'une prédiction menteuse a promise et qu'une crédulité ridicule attendait. Mais ces trois cent soixante-cinq ans depuis l'avènement du nom du Christ, et son culte institué par son Incarnation et par les apôtres, étant déjà révolus depuis quelques années, que faut-il de plus pour réfuter cette fausseté ? Car, en ne datant pas de la naissance du Christ l'origine de ce grand fait, parce que, dès le berceau, dès l'enfance, il n'a pas encore de disciples, toujours est-il indubitable que c'est au moment où il commence à en avoir, après son baptême par le ministère de Jean, dans les eaux du Jourdain, qu'on voit se lever avec lui la doctrine et la religion chrétienne. C'est, en effet, ce que marquait cette prophétie : « Il étendra sa domination d'une mer à l'autre, et depuis le fleuve jusqu'aux extrémités de la terre[90]. » Mais comme avant sa passion et sa résurrection d'entre les morts, la foi n'était pas encore annoncée à tous (car elle n'est annoncée que dans la résurrection du Christ, selon cette parole de l'apôtre Paul aux Athéniens : « Désormais il avertit tous les hommes et en tous lieux de faire pénitence, car il a arrêté un jour pour juger le monde selon la justice, par celui en qui il a annoncé à tous la foi en le ressuscitant d'entre les morts[91] »), il vaut mieux, pour résoudre cette question, ouvrir ici l'ère chrétienne, surtout parce que c'est alors que le Saint Esprit fut donné comme il devait l'être, après la résurrection du Christ, en cette ville où dut commencer la seconde loi, c'est-à-dire le Testament Nouveau. Moïse reçoit la première sur le mont Sinaï, c'est le Vieux Testament. Quant à celle que le Christ doit apporter, voici ce qui est prédit : « De Sion sortira la loi, et la parole du Seigneur, de Jérusalem[92]. » Aussi lui-même dit qu'il faut en son nom prêcher la pénitence à toutes les nations, mais en commençant par Jérusalem. C'est donc là que commence le

90. Ps 71, 8.
91. Ac 17, 30.
92. Is 2, 3.

culte de ce nom, là que s'élève la foi en Jésus-Christ, crucifié et ressuscité. Foi signalée par des débuts d'une si éclatante ferveur, que l'on voit plusieurs milliers d'hommes convertis au nom du Christ avec une miraculeuse rapidité, vendre leurs biens pour les distribuer aux pauvres, et dans la sainteté de leur zèle, dans l'ardeur de leur charité, embrasser la pauvreté volontaire, se préparant au milieu des juifs frémissants et altérés de sang, à combattre jusqu'à la mort, avec la plus puissante de toutes les armes, la patience. Si la magie n'a rien fait ici, pourquoi donc hésiter à croire que la même vertu divine puisse accomplir par tout le monde le miracle qu'elle vient d'accomplir en ce lieu ? S'il faut, au contraire, attribuer aux maléfices de Pierre cet enthousiasme pour le culte du nom du Christ dont s'enflamme soudain cette multitude d'hommes, qui ont saisi, qui ont crucifié le Sauveur, qui l'ont percé de clous ou d'insultes ; il faut calculer par l'année même de cet événement, quand les trois cent soixante-cinq ans ont été accomplis. Or le Christ meurt sous le consulat des deux Géminus, le huit des calendes d'avril. Il ressuscite le troisième jour, sous les yeux mêmes de ses apôtres. Quarante jours plus tard, il monte au ciel ; dix jours après, c'est-à-dire le cinquantième jour après sa résurrection, il envoie l'Esprit saint[93]. C'est alors que trois mille hommes croient en lui sur la prédiction des apôtres. Et c'est alors aussi que le culte de son nom s'élève, par la vertu du Saint Esprit, selon notre foi et selon la vérité ; par les prestiges de Pierre, selon le mensonge ou l'erreur de l'impiété. Et puis quand un boiteux de naissance, tellement infirme qu'on le portait toujours à la porte du temple pour y demander l'aumône, à la parole de Pierre et au nom de Jésus-Christ, se lève guéri, cinq mille hommes embrassent la foi. Et ainsi successivement l'Église s'augmente de nouvelles recrues de fidèles. Il est donc facile de déterminer le jour où cette année commence ; c'est celui où le Saint-Esprit fut envoyé, c'est-à-dire pendant les ides de mai. Or, en comptant les consuls, les trois cent soixante-cinq ans se trouvent accomplis pendant ces mêmes ides sous le

93. Ac 3, 1-8.

consulat d'Honorius et d'Eutychianus. Et cependant, l'année suivante, sous le consulat de Manlius Théodore, alors que, selon cet oracle des démons ou cette imposture des hommes, il ne devait pas rester trace de la religion chrétienne, qu'arrive-t-il dans les autres parties du monde ? Peu nous importe ; mais toujours ce que nous savons, c'est que, dans la plus célèbre, dans la première ville de l'Afrique, à Carthage, le quatorze des calendes d'avril, Gaudentius et Jovius, comtes de l'empereur Honorius, ruinent les temples des faux dieux et brisent leurs statues. Depuis lors jusqu'à ce jour, c'est-à-dire pendant l'espace environ de trente années, qui ne voit combien le culte du nom du Christ s'est répandu, surtout depuis les nombreuses conversions arrivées parmi ceux que leur créance en cette vaine prédiction détournait de la foi, et que l'accomplissement de l'année fatale a désabusés de cette ridicule chimère ? Pour nous qui sommes chrétiens et portons le nom de chrétiens, nous ne croyons pas en Pierre, mais en celui en qui Pierre a cru. La parole de Pierre sur le Christ est une parole qui nous édifie et non un charme qui nous égare ; Pierre n'est pas un artisan de maléfices qui nous trompe, c'est un bienfaiteur qui nous assiste. Le maître de Pierre dans la doctrine qui conduit à la vie éternelle, le Christ, est aussi notre maître.

Mais il est temps enfin de clore ce Livre, après avoir discuté jusqu'ici et suffisamment retracé le cours des deux cités, celle de la terre et celle du ciel, mêlées ici-bas depuis l'origine jusqu'à la fin. L'une, la cité de la terre, s'est fait tels dieux qu'elle a voulus, faux dieux qu'elle a pris partout, même parmi les hommes, pour leur offrir ses sacrifices et son hommage. L'autre, la cité céleste, voyageuse sur cette terre, ne se fait point ses dieux ; mais elle-même est l'œuvre du vrai Dieu pour devenir son véritable sacrifice. Toutes deux néanmoins sont également admises à la jouissance des biens et à l'épreuve des maux temporels ; mais leur foi, leur espérance et leur amour diffèrent, jusqu'à ce que, séparées par le dernier jugement, elles arrivent chacune à sa fin qui n'aura point de fin. C'est cette fin qui attend l'une et l'autre que nous devrons discuter plus tard.

Livre XIX

Rapports mutuels des deux cités

En ce Livre, un des plus célèbres de la Cité de Dieu, *Augustin atteint parfaitement son dessein : lier étroitement le sort de l'une et l'autre cité, la terrestre et la céleste ; non pas d'un lien extérieur et simplement chronologique comme au Livre XVIII, mais en tissant subtilement, par le biais d'une réflexion sur la cité et la* Res publica, *ce qu'il veut dire de la valeur et de la limite de la politique. Livre éminemment politique, référence classique des philosophes politiques, mais aussi et davantage orientation donnée pour de longs siècles à la représentation de la politique dans le monde « chrétien ».*

Le mouvement du Livre est puissant et composé de façon musicale. Dans un premier mouvement, Augustin reprend à la manière des philosophes la question des fins de la vie humaine et de la béatitude ; il semble, en montrant l'infirmité des vertus selon leur acception cicéronienne, (celles qui deviendront les vertus cardinales) dévaloriser la vie en ce monde, assujettie à la misère, à la vanité ; mais bientôt, de cette vie qu'il caractérise, qu'elle soit celle des sages, des anges ou des saints, toujours comme sociale, socialis, *il en vient à dresser, sous le nom de* paix, *une image de la condition humaine, à en construire une représentation puissante, qui inclut d'abord l'examen classique des genres de vie, contemplative ou active,* otiosa vel actuosa *; puis la vie de la famille, la vie de la cité et la vie de la cité de Dieu. Ces pages, organisatrices de la condition humaine, et qui sem-*

*blent renvoyer pour une fois à Aristote (*Politique, *Livre VII) davantage qu'à Platon, rendent un son tout différent des premières : ici, à l'inverse de la vanité précédemment soulignée, c'est au contraire la force et la bonté de la nature qui est majorée : le désir de la paix est plus fort que tout mal, et le mal s'accompagne toujours du désir de quelque bien. Cette accentuation permet ensuite à Augustin de développer son discours sur les biens de ce monde, de la cité terrestre, qui* servent *la cité de Dieu.*

Tels sont les fondements politiques de l'existence. Définition est alors donnée du peuple et de la chose publique. Ici encore Augustin atteint un rare équilibre : sa pensée existentielle, jamais essentialiste, n'admet l'existence d'un peuple ou d'une république que là où se trouve « une association de la multitude qui repose sur la sanction d'un droit consenti et sur la communauté d'intérêt » (ch. 21). Traits qu'on ne trouve pas en toute association politique : ce qui lui permet d'attribuer ou de refuser au peuple romain, selon les moments particuliers de son existence, ces caractères de peuple ou de république. Le politique se trouve ainsi affecté d'une instabilité fondamentale, mais aussi fouaillé d'une exigence stimulante. Vue qui ne sera pas sans conséquence dans la suite (augustinisme politique) et objet d'un grand débat.

La cité de Dieu est la cité qui rend un culte au vrai Dieu. Dans le dernier mouvement, Augustin argumente contre Porphyre, le grand néo-platonicien du IIIe siècle, qui reconnaît des mérites au Dieu unique des juifs, mais pas à celui des chrétiens. Le Livre s'achève sur le thème de ce qu'est un peuple dédié à Dieu, « dont le Seigneur est le Dieu », qui doit néanmoins chaque jour demander : « Remets-nous nos dettes » et ne pas oublier le terme de son pèlerinage.

Livre dix-neuvième

I. Puisqu'il me reste à discuter désormais les fins de l'une et de l'autre cité, la cité de la terre et la cité du ciel, je dois d'abord, dans la mesure que me prescrit la prochaine conclusion de cet ouvrage, exposer les raisonnements sur lesquels les hommes s'appuient pour se faire eux-mêmes leur béatitude dans cette vie de misère ; afin de signaler, non seulement au jour de l'autorité divine, mais encore avec les lumières que l'intérêt des incrédules me permet d'emprunter à la raison, toute la différence qui existe entre la vanité de leurs illusions et la réalité de l'espérance que Dieu nous donne, aussi vraie que l'objet même de cette espérance, la béatitude qu'il nous donnera. Car le problème de la fin des biens et des maux a soulevé entre les philosophes d'innombrables disputes ; remuant cette question avec une attention profonde, ils se sont appliqués à découvrir ce qui rend l'homme heureux. En effet, la fin de notre bien, c'est ce pour quoi l'on doit rechercher tout le reste, et qui doit être recherché pour soi-même ; comme la fin du mal, c'est ce pour quoi l'on doit éviter tout le reste, et qui doit être évité pour soi-même. Ainsi par la fin du bien, nous n'entendons pas une fin qui l'épuise jusqu'à n'être plus, mais qui l'accomplit pour l'amener à sa plénitude ; et par la fin du mal, non pas une fin qui l'anéantit, mais le porte à son dernier degré de nuisance. Ces deux fins sont donc le souverain bien et le souverain mal.

Et c'est à les découvrir, c'est à atteindre en cette vie le souverain bien, à éviter le souverain mal que se sont consumés ceux qui, dans la vanité de ce siècle professent l'étude de la sagesse ; toutefois malgré la diversité de leurs erreurs, l'instinct naturel ne leur a pas permis d'abandonner tellement la voie de la vérité qu'ils n'aient placé les uns dans l'âme, les autres dans le corps, ceux-là dans tous deux, la fin des biens et la fin des maux. D'après cette triple division des sectes pour ainsi dire générales, Varron, dans son livre *De la philosophie*, classe avec autant d'exactitude que de pénétration une telle multitude d'opinions dogmatiques, qu'il arrive sans difficulté jusqu'au nombre de deux cent quatre-vingt-huit sectes, sinon réelles, du moins possibles, certaines différences admises [1].

Je vais montrer en peu de mots comment il procède ; et d'abord je pose en principe, ainsi que lui-même le fait dans son ouvrage, qu'il est quatre choses que sans le secours d'aucun maître ou d'aucune discipline, sans cette éducation ou cet art de vivre que l'on appelle vertu et qui s'apprend évidemment, les hommes recherchent comme par instinct naturel : ou la volupté, cette enivrante excitation des sens ; ou le repos, cette complète exemption de toute souffrance corporelle, ou l'une et l'autre qu'Épicure réunit sous le nom de volupté ; ou en général les premiers biens de la nature qui comprennent les précédents et d'autres encore : au physique, la santé et l'intégrité des organes ; au moral, les dons inégalement répartis de l'intelligence. Or, ces quatre choses, volupté, repos, volupté et repos, les premiers biens de la nature, sont tellement en nous, que, pour elles, il faut rechercher la vertu, ce fruit ultérieur de l'éducation ; ou les rechercher pour la vertu, ou elles-mêmes pour elles-mêmes : distinction qui donne naissance à douze sectes. En effet, par cette méthode, chacune est triplée ; et la démonstration que je vais essayer sur l'une en particulier pourra facilement se poursuivre sur toutes les autres. Car la volupté est soumise, ou préférée ou associée à la vertu : trois sectes différentes. Elle est soumise à la vertu, quand on la prend comme instrument de la vertu. Ainsi, il est du devoir de la vertu de vivre

1. Varron, *Sur la philosophie* (œuvre perdue).

pour la patrie et de lui donner des enfants : et l'accomplissement de ce double devoir ne peut se passer de la volupté corporelle ; car elle est la condition nécessaire de la nourriture et du breuvage qui soutiennent la vie, et la compagne inséparable de l'hymen qui perpétue les générations. Mais quand on la préfère à la vertu, c'est elle-même que l'on recherche pour elle-même, et l'on ne croit devoir appeler la vertu que comme instrument pour acquérir ou conserver la volupté. Hideuse vie, celle où la volupté est maîtresse, et la vertu esclave ! Mais que dis-je vertu ? Rien ici ne mérite plus ce nom ; il n'y a là qu'une exécrable infamie qui ne laisse pas de trouver parmi les philosophes des avocats et des défenseurs. Enfin la volupté est associée à la vertu quand on ne recherche point l'une pour l'autre, mais chacune à la fois pour elle-même. Et comme les conditions différentes de la volupté soumise, préférée ou associée à la vertu forment trois sectes, ainsi le repos, ainsi la volupté et le repos, ainsi les premiers biens de la nature forment chacun trois autres sectes. Car ces choses sont suivant la diversité des opinions humaines, parfois subordonnées, parfois préférées, parfois associées à la vertu : et l'on obtient ainsi le nombre de douze sectes, nombre qui double si l'on admet une différence, celle de la vie sociale. Car en s'attachant à l'une de ces douze sectes, chacun se propose ou son propre intérêt, ou en même temps l'intérêt d'un autre qu'il s'associe et pour lequel il doit vouloir ce qu'il veut pour soi-même. Et par conséquent, il y a douze sectes de philosophes qui ne s'attachent chacun à sa secte que dans leur propre intérêt, et douze qui prétendent devoir embrasser tel ou tel genre de philosophie, non seulement pour eux-mêmes, mais encore pour les autres dont le bien ne leur est pas moins à cœur que leur bien propre. Or, ces vingt-quatre sectes doublent encore en ajoutant la différence tirée de la nouvelle Académie, et s'élèvent à quarante-huit. Car de ces vingt-quatre sectes chacune peut être embrassée et défendue comme certaine : ainsi les stoïciens tiennent pour certain que le souverain bien de l'homme consiste uniquement dans la vertu de l'âme ; chacune peut être encore soutenue comme incertaine, ainsi les nouveaux académiciens qui n'admettent rien en tant que certain, mais seulement en tant que vraisemblable. Voilà donc vingt-quatre sectes qui attribuent à leur doctrine la certitude de la vérité et vingt-quatre qui suivent leurs opinions malgré l'incertitude de la vraisemblance, et comme on peut suivre ces quarante-huit sectes en s'attachant soit au genre de vie des autres philosophes, soit à celui des cyniques, cette différence les double et en fait quatre-vingt-seize. Enfin comme l'on peut embrasser chacune de ces sectes, sans répudier les charmes de la vie privée ; les uns en effet n'ont pu ou voulu se livrer qu'à l'étude : ou, sans renoncer aux affaires, combien d'autres que le zèle de la philosophie n'a pas distraits du gouvernement de la république et du mouvement des choses humaines ? Ou sans déranger ce juste tempérament d'activité et de loisir suivant lequel plusieurs ont partagé leur vie entre la nécessité des affaires et la liberté de l'étude, ces différences peuvent tripler le nombre des sectes et le porter à deux cent quatre-vingt-huit.

Voilà ce que j'ai recueilli du livre de Varron, aussi brièvement, aussi clairement que possible, prêtant mes paroles à ses pensées. Or, comment à l'exclusion de toutes les autres qu'il réfute, choisit-il une secte qu'il prétend être celle des anciens académiciens, et, depuis Platon son auteur jusqu'à Polémon, le quatrième successeur de Platon dans l'Académie, avoir professé des dogmes certains, à la différence des nouveaux académiciens pour qui tout n'est qu'incertitude, école nouvelle qui commence à Archésilas, successeur de Polémon ; comment il établit que cette secte, celle des anciens académiciens, est également exempte d'erreur et de doute, c'est ce qu'il serait trop long de rapporter en détail et ce qu'on ne saurait passer entièrement sous silence. Il commence donc par écarter toutes ces différences qui ont multiplié le nombre des sectes, et il croit devoir les écarter, comme n'ayant pas en elles la fin du bien. Car ce nom de secte, il ne l'accorde qu'à celle qui se sépare des autres sur la question de la fin des biens et des maux. L'homme n'a en effet aucune raison de philosopher, que le désir d'être heureux ; or ce qui rend heureux, est la fin même du bien ; il n'est donc aucune raison de philosopher, que la fin du bien. Par conséquent la secte qui ne poursuit aucune fin du bien ne saurait être appelée secte de philosophie. Ainsi quand on demande si le sage doit s'attacher à la vie sociale afin de vouloir et de procurer à son ami comme à soi-même ce bien souverain qui rend l'homme heureux, ou s'il doit rapporter à soi-même toutes ses actions, il ne s'agit plus du souverain bien, il s'agit d'admettre ou non un associé au partage de ce bien ; partage où l'on songe autant à cet ami qu'à soi-même, où l'on se réjouit autant pour lui que pour soi. De même, quand, au sujet des nouveaux académiciens pour qui tout n'est qu'incertitude, on demande s'il faut douter à leur exemple de l'objet de la philosophie, ou avec les autres philosophes, le tenir pour certain, il ne s'agit pas de déterminer quelle est la fin du bien à poursuivre, mais s'il faut douter ou non de la vérité même du bien qu'on croit devoir poursuivre : en d'autres termes, si l'un le poursuit en tant que vrai, l'autre, en tant que vraisemblable, sauf erreur de part et d'autre ; tous deux néanmoins s'accordent à poursuivre le seul et même bien. De même encore, la différence tirée de l'habitude et de la manière de vivre des cyniques ne touche pas à la question du souverain bien ; mais elle suggère celle de savoir, si, en recherchant un bien comme vrai, quel que soit ce bien qui semble vrai et digne de recherche, il faut vivre selon les habitudes cyniques. Enfin, il s'est trouvé des hommes qui, plaçant le bien dans des fins différentes, les uns dans la vertu, les autres dans la volupté, professaient néanmoins le même genre de vie qui a valu aux cyniques leur nom. Ainsi ce caractère, quel qu'il soit, qui distingue les cyniques des autres philosophes, demeure étranger au choix et à la recherche du bien qui rend heureux. Car pour peu qu'il en fût autrement, l'identité des habitudes obligerait à poursuivre la même fin, et la différence des habitudes ne permettrait pas de poursuivre la même fin.

II. Quant à ces trois genres de vie, l'un, où le loisir est voué non pas à la mollesse, mais à la contemplation et à la recherche de la vérité ; l'autre occupé de la conduite des affaires humaines; le troisième tempéré d'activité et de repos; si l'on demande lequel on doit élire de préférence, ce n'est plus le souverain bien qui se trouve en discussion, mais le genre de vie le plus propre à l'acquérir ou à le conserver. Car sitôt que l'on atteint ce bien suprême, l'on est heureux; tandis que le loisir de l'étude, ou l'agitation des affaires ou l'alternative du loisir et de l'action, ne met pas soudain l'homme en possession du bonheur. Plusieurs en effet peuvent vivre de l'un de ces trois genres de vie, et se tromper dans la recherche du bien suprême, suprême bonheur de l'homme. Ainsi, la question des fins des biens et des maux qui constitue chaque secte de philosophes, est donc une question différente de celle qui se rapporte à la vie civile, au doute des académiciens, au vêtement et à l'habitude des cyniques, aux trois genres de vie, la vie de loisir, la vie d'action, la vie d'action et de loisir, toutes questions où l'on néglige les fins des biens et des maux. Or, ces quatre différences admises (différences tirées de la vie civile, de la nouvelle Académie, des cyniques, des trois genres de vie), Varron, qui était arrivé à deux cent quatre-vingt-huit sectes, maintenant les écarte toutes comme indifférentes à la recherche du souverain bien, c'est-à-dire comme n'étant pas des sectes, et ne méritant pas d'être appelées ainsi; il les écarte et les ramène à ces douze où l'on pose le problème du souverain bien de l'homme, bien dont la possession le rend heureux, afin d'établir qu'entre ces sectes une seule est dans la vérité et toutes les autres dans l'erreur. Écartez en effet ce triple genre de vie, les deux tiers du nombre total sont retranchés, et il reste quatre-vingt-seize sectes. Écartez la différence qui se tire des cyniques, elles se réduisent à la moitié, à quarante-huit. Ôtez la différence relative à la nouvelle Académie, elles diminuent encore de moitié et descendent à vingt-quatre. Ôtez enfin la différence relative à la vie civile, il ne reste plus que douze sectes, nombre que cette différence doublait et portait à vingt-quatre. Quant à ces douze, on ne saurait leur contester d'être des sectes; car elles ne poursuivent d'autre recherche que les fins des biens et des maux. Or, les fins des biens étant déterminées, donnent nécessairement les fins contraires, celles des maux. Pour former ces douze sectes, quatre choses se triplent : la volupté et le repos, et les premiers biens de la nature, ou les biens primitifs, selon l'expression de Varron. Ces quatre choses, en effet, étant, chacune en particulier, tantôt subordonnées à la vertu, et alors elles ne paraissent désirables que comme instruments de la vertu et non pour elles-mêmes ; tantôt préférées à la vertu, et alors la vertu n'est plus jugée nécessaire que comme moyen d'acquérir ou de conserver ces biens ; tantôt associées à la vertu, et alors la vertu et ces biens semblent désirables pour eux-mêmes ; ces quatre objets, dis-je, ainsi triplés, forment douze sectes. Or, de ces quatre objets, Varron en supprime trois : la volupté, et le repos, non qu'il les improuve ; mais parce que les premiers biens de la nature comprennent en soi la volupté et le repos. De ces deux objets, qu'est-il donc besoin d'en faire trois ? C'est-à-dire, en recherchant séparément la volupté et le repos, ou à la fois l'une et l'autre, puisque tous deux et beaucoup d'autres encore se trouvent compris dans les premiers biens de la nature ? C'est donc entre ces trois sectes qu'il s'agit, selon Varron, de déterminer sérieusement un choix. Car, soit entre ces trois, soit entre plusieurs, ici ou partout ailleurs, qu'il s'en trouve plus d'une de vraie, c'est ce que la saine raison ne permet pas. Or, entre ces trois, quel est le choix de Varron ? Je vais l'indiquer en termes aussi rapides et clairs que possible. Ces trois sectes se forment ainsi. Il s'agit de rechercher ou les premiers biens de la nature pour la vertu, ou la vertu pour les premiers biens de la nature, ou tout à la fois la vertu et les premiers biens de la nature pour eux-mêmes.

III. Voici donc comment il cherche à déterminer quel est de ces trois systèmes le vrai, celui que l'on doit embrasser. Et d'abord, comme le souverain bien que se propose la philosophie n'est pas le bien de l'arbre, ni de la bête, ni de Dieu, mais celui de l'homme, il croit devoir élever cette question : Qu'est-ce que l'homme ? Il voit en l'homme deux substances, le corps et l'âme ; et de ces deux substances que l'âme soit la meilleure et la plus excellente, il n'en doute nullement ; mais il demande si l'âme seule est l'homme ; en sorte que le corps lui soit ce que le cheval est au cavalier ; car le cavalier n'est pas l'homme et le cheval ; mais l'homme seul, appelé toutefois cavalier, à cause de son rapport au cheval. Ou bien si le corps seul est l'homme, avec quelque rapport à l'âme, comme la coupe au breuvage. Car ce n'est pas le vase et le breuvage contenu par le vase, mais le vase seul que l'on appelle coupe, à condition cependant d'être approprié au breuvage qu'il doit contenir. Ou bien encore l'homme n'est-il ni l'âme seule ni le corps seul, mais l'un et l'autre, en sorte que l'âme ou le corps ne soit séparément qu'une partie, et que leur union compose l'homme même : ainsi quand nous donnons à deux chevaux joints ensemble le nom d'attelage, ce n'est en particulier ni le cheval de droite ni le cheval de gauche, quel que soit le rapport de l'un à l'autre, mais l'un et l'autre que nous prenons ensemble. De ces trois hypothèses Varron adopte la troisième : il pense que l'homme n'est ni l'âme seule, ni le corps seul, mais l'âme et le corps, et conclut que le souverain bien et souverain bonheur de l'homme se compose du bien de l'une et de l'autre substance : l'âme et le corps. Il croit donc que ces premiers biens de la nature sont désirables pour eux-mêmes, ainsi que la vertu, cet art de vivre de tous les biens de l'âme le plus excellent, et que l'éducation greffe sur la nature. Aussi, quand la vertu, ou l'art de vivre, a acquis ces premiers biens de la nature, qui, sans elle, étaient, et précédaient l'éducation, elle les recherche tous pour elle-même, en même temps qu'elle-même se recherche, usant de tous ainsi que d'elle-même, afin de trouver en tous ses délices et sa joie, plus ou moins, selon qu'ils sont relativement plus ou moins grands ; heureuse de tous, elle néglige au besoin les moindres, pour acquérir ou conserver les plus grands. Mais de tous les biens de l'âme ou du corps, la vertu n'en préfère aucun à soi. Car elle sait user et d'elle-même et des autres biens qui rendent l'homme heureux. Mais là où elle n'est pas, les autres biens, si nombreux qu'ils se trouvent, ne sont pas pour le bien de celui qui les possède, et dès là ce ne sont pas ses biens, puisqu'en usant mal, par l'abus il en détruit l'utilité. La vie de l'homme est donc heureuse quand il jouit de la vertu comme des autres biens de l'âme et du corps, sans lesquels la vertu ne peut être ; plus heureuse, s'il jouit des autres biens plus ou moins nombreux, dont la vertu peut se passer ; très heureuse, s'il jouit de tous, et que nul bien, soit de l'âme, soit du corps, ne lui manque. La vie, en effet, toute vie n'est pas la vertu, mais seulement la vie sage ; cependant une vie quelconque peut être sans vertu, tandis qu'il ne peut être de vertu sans vie. J'en dirai autant de la mémoire et de la raison, et des autres facultés semblables qui sont dans l'homme ; car elles sont avant l'éducation ; mais sans elles l'éducation ne saurait être, ni par conséquent la vertu, fruit évident de l'éducation. Quant aux avantages corporels, l'agilité, la beauté, la force, quoique la vertu s'en passe, et qu'eux-mêmes puissent se passer de la vertu, ce sont néanmoins des biens, que, suivant les philosophes, la vertu aime pour soi, dont elle use et jouit comme il convient à la vertu.

Ils trouvent encore le bonheur dans cette vie civile où l'on aime le bien de ses amis, ce bien pour lui-même, comme le sien propre, où l'on veut pour eux-mêmes ce que l'on veut pour soi ; soit qu'il s'agisse d'amis intérieurs, comme une femme et des enfants ; soit que l'affection s'étende du foyer domestique à la cité et aux concitoyens ; soit qu'elle franchisse cette enceinte pour embrasser l'univers et les nations, auxquels elle s'unit par le lien de la société humaine ; soit que dans le monde qui renferme le ciel et la terre, elle s'élève jusqu'à ces dieux que les philosophes donnent pour amis au sage, et que nous connaissons plutôt sous le nom d'anges. Mais, quant aux fins des biens et des maux, ils proscrivent le doute, et ils déclarent que c'est ici qu'ils diffèrent de la nouvelle Académie ; peu leur importe d'ailleurs quels genres de vie, cynique ou autre, professent les philosophes, voués à l'étude de cette importante question. Quant aux trois genres de vie, vie de loisir, vie d'action, vie tempérée d'action et de loisir, c'est la troisième qu'ils préfèrent. Telle était la doctrine et l'enseignement de l'ancienne Académie, comme Varron l'atteste sur la foi d'Antiochus, maître de Cicéron et le sien, quoiqu'il appartienne, suivant Cicéron, plutôt au

Portique qu'à l'ancienne Académie ; mais que nous importe à nous qui devons juger du fond des choses, sans attacher tant de valeur à l'opinion des hommes ?

IV. Si donc l'on nous demande quelle sera la réponse de la cité de Dieu, interrogée sur chacune de ces questions, et d'abord quel est son sentiment sur les fins des biens et des maux, elle va répondre que la vie éternelle est le souverain bien, et la mort éternelle le souverain mal ; et qu'ainsi, pour obtenir l'une et éviter l'autre, il nous faut bien vivre. C'est pourquoi il est écrit : « Le juste vit de la foi[2]. » Car nous ne voyons pas encore notre bien ; nous devons donc le chercher par la foi ; et nous n'avons pas de nous-mêmes la force de bien vivre, s'il ne nous aide à croire et à prier, celui qui nous a donné la foi en son assistance. Quant à ceux qui croient trouver en cette vie les fins des biens et des maux, plaçant le souverain bien soit dans le corps, soit dans l'âme, soit dans le corps et l'âme ; en d'autres termes, dans la volupté ou dans la vertu, ou dans l'une et l'autre, dans la volupté et le repos, ou dans la vertu ; ou dans la volupté, le repos et la vertu, dans les premiers biens de la nature ou dans la vertu, ou dans ces biens et dans la vertu ; c'est à eux une étrange vanité de prétendre au bonheur ici-bas et surtout de se faire eux-mêmes le principe de leur félicité. La vérité se rit de cet orgueil quand elle dit par la bouche du prophète : « Le Seigneur connaît les pensées des hommes[3] » ; ou, suivant le sens de l'apôtre Paul : « Le Seigneur connaît les pensées des sages, et leur vanité[4]. »

Et quel fleuve d'éloquence suffirait à dérouler dans son cours toutes les misères de cette vie ? Cicéron la déplore, comme il peut, dans la *Consolation* sur la mort de sa fille ; mais encore que peut-il[5] ? En effet, ces premiers biens de la nature, où, quand et comment se peuvent-ils trouver ici-bas dans une telle stabilité qu'ils défient les flots de l'adversité ? Est-il une douleur, contraire à la volupté ; une inquiétude,

2. Ha 2, 4 ; Rm 1, 17.
3. Ps 93, 11.
4. 1 Co 3, 30.
5. Cicéron, *Consolatio*, fr 6.

contraire au repos, qui ne puisse atteindre le corps du sage ? Le retranchement ou la débilité des membres emporte l'intégrité de l'homme ; la laideur ruine la beauté, et la maladie, la santé ; les forces cèdent à la fatigue, la langueur ou l'affaissement détruit l'agilité. Est-il un seul de ces accidents qui ne puisse envahir la chair du sage ? L'habitude du corps et ses mouvements, quand ils sont harmonieux et justes, ne comptent-ils pas aussi entre les premiers biens de la nature ? Mais qu'arrive-t-il, si quelque revers de santé afflige les membres de tremblement ? Que sera-ce, si l'épine dorsale se courbe au point de faire descendre les mains jusqu'à terre, et change l'homme pour ainsi dire en quadrupède ? Que deviennent la majesté du port et la grâce des mouvements ? Que dirai-je des premiers biens naturels de l'âme, et d'abord des deux plus éminents, par rapport à la compréhension et à la perception de la vérité, le sens et l'entendement ? Mais quel sens demeure à l'homme, s'il devient, par exemple, sourd et aveugle ? Où s'assoupit la raison, où se retire l'intelligence, si quelque maladie amène la démence ? Et quand les frénétiques se livrent à des propos ou à des actes extravagants, d'ordinaire fort éloignés de leur intention et de leurs mœurs, ou plutôt contraires à leur intention et à leurs mœurs, que ce contraste frappe nos yeux ou notre pensée, la considération sérieuse d'une telle affliction nous arrache des larmes. Parlerai-je de ceux qui souffrent les assauts des démons ? Où leur intelligence est-elle cachée, où est-elle ensevelie, quand, à sa volonté, l'esprit malin use de leur âme et de leur corps ? Et qui donc s'assure que dans cette vie le sage est à l'abri d'un tel malheur ? Et puis, quelle peut être, sous ce vêtement de chair, la perception de la vérité, quand le livre de la Sagesse a rendu cet oracle : « Ce corps mortel appesantit l'âme, et cette demeure d'argile abat l'essor des pensées[6] » ? Et cet élan instinctif, ce besoin de l'action (si toutefois l'on peut traduire ainsi ce que les Grecs expriment par ὁρμή), ce besoin, cet élan qu'on met au nombre des premiers biens de la nature, n'est-il pas lui-même le principe de ces déplorables

6. Sg 9, 15.

mouvements qui emportent les insensés, de ces actes qui nous font horreur dans la dépravation de leur sens et la léthargie de leur raison ?

La vertu elle-même qui n'est pas au nombre des premiers biens de la nature, puisque l'éducation l'introduit après eux, la vertu qui toutefois revendique le premier rang parmi les biens de l'homme, que fait-elle ici-bas ? sinon une perpétuelle guerre aux vices, et non pas aux vices extérieurs, mais aux intérieurs ; non pas aux vices étrangers, mais aux nôtres, qui nous sont propres et personnels : la vertu surtout, que les Grecs appellent σωφροσύνη, et les Latins, tempérance[a] ; cette vertu qui met un frein aux désirs charnels, de peur qu'ils n'arrachent à la faiblesse de l'esprit de tristes consentements ? Car il ne faut pas croire qu'il n'y ait en nous aucun vice, quand, selon la parole de l'apôtre, « La chair convoite contre l'esprit[7] », puisque le même apôtre nous représente la lutte d'une vertu contraire : « L'esprit, dit-il, convoite contre la chair. » Et il ajoute : « L'un et l'autre se combattent ; et vous ne faites pas ce que vous voulez. » Or, que voulons-nous faire, quand nous voulons que la fin du souverain bien se consomme en nous-mêmes, sinon que ce divorce cesse entre les désirs de l'esprit et les convoitises de la chair ? Mais comme, en cette vie, le pouvoir trahit notre volonté, faisons du moins, avec l'aide de Dieu, que l'esprit en nous ne cède pas aux assauts de la chair, et que sa défaite n'entraîne pas notre consentement au péché. Ah ! ne croyons pas que dans cette guerre intestine où nous sommes, tant que nous y sommes, la béatitude, qui doit être le prix de la volonté victorieuse, soit déjà en notre possession. Et qui donc est arrivé à un si haut degré de sagesse qu'il n'ait plus rien à démêler avec les passions ?

Et cette vertu, que l'on appelle prudence, n'emploie-t-elle

a. Cicéron, *Tusculanes,* III, 8, 16. Augustin commence l'examen des quatre vertus cardinales à la manière de Cicéron dans le premier livre du *De finibus bonorum et malorum* : *sapientia, temperentia, fortitudo, justitia.* L'ordre et la hiérarchie des vertus sont présentés différemment selon l'école épicurienne et selon les Académies.

7. Ga 5, 17.

pas toute sa vigilance à discerner le bien du mal, afin que dans la recherche de l'un et la fuite de l'autre, aucune erreur ne se glisse ? Et partant, elle-même témoigne que nous sommes dans le mal ou que le mal est en nous. Elle-même nous enseigne que c'est un mal de consentir à pécher et que c'est un bien que de résister à l'attrait de pécher. Et cependant ce mal, dont la prudence nous détourne, auquel la tempérance résiste, ni la prudence, ni la tempérance ne le retranchent de cette vie. Et la justice, dont l'emploi est de rendre le sien à chacun (d'où il suit que dans l'homme même un ordre équitable de la nature s'établit, qui soumet l'âme à Dieu, la chair à l'âme, et partant, la chair et l'âme à Dieu), la justice n'est-elle pas évidemment dans l'angoisse du labeur, plutôt qu'à la fin de la journée où commence le repos ? L'âme, en effet, est d'autant moins soumise à Dieu qu'elle le rend moins présent à toutes ses pensées ; et la chair est d'autant moins soumise à l'âme, qu'elle nourrit de plus nombreuses convoitises contre l'esprit. Tant que nous portons en nous cette infirmité, cette plaie, ces langueurs, osons-nous donc proclamer déjà notre salut ; et si le salut nous échappe encore, osons-nous déjà nous dire en possession de la béatitude finale ? Et cette vertu, dont la force est le nom, quelque sagesse qui l'accompagne, n'est-elle pas un irrécusable témoin des maux de l'homme, qu'elle est contrainte de supporter par la patience ? Et j'admire de quel front les stoïciens nient que ce soient des maux, quand, de leur aveu, s'ils arrivent à ce degré que le sage ne puisse ou ne doive les souffrir, ces maux l'obligent à se donner la mort, à sortir de la vie. Telle est la stupidité de l'orgueil dans ces hommes qui prétendent trouver le souverain bien ici-bas et le principe de leur félicité en eux-mêmes, que leur sage, celui du moins dont ils tracent l'idéal insensé, devînt-il aveugle, sourd, muet, perclus de ses membres et dût parmi toutes les douleurs que l'on peut dire ou imaginer, une douleur l'atteindre, tellement cruelle qu'il soit forcé de se donner la mort ; la vie de ce sage, une vie consumée par de tels maux, ils ne rougissent pas de la dire heureuse ! Ô vie heureuse qui, pour finir, demande le secours de la mort ! Si elle est heureuse, que n'y demeure-t-on ? Si on la fuit à cause de ces maux, est-elle donc heureuse ? Et ne sont-ce pas des maux, ces accidents qui triomphent de la force et non seulement la réduisent à céder, mais encore l'amènent à ce délire de proclamer heureuse cette vie même que l'on nous persuade de fuir ? Qui donc est assez aveugle pour ne pas voir que si elle était heureuse, elle ne serait pas à fuir ? Mais si le poids de la misère qui l'accable leur fait avouer qu'elle est à fuir, d'où vient que leur orgueil se roidit contre l'aveu même de cette misère ? Je le demande, est-ce par patience, et n'est-ce pas plutôt par impuissance de souffrir, que Caton se frappe, et cela pour n'avoir pu se résigner à la victoire de César ? Où est donc la force de ce héros ? Cette force cède, elle succombe, elle est vaincue ; et cette vie, cette vie heureuse, il l'abandonne, il la déserte, il la fuit ! Est-ce qu'elle n'était pas encore heureuse ? Eh bien ! elle était malheureuse. Et ce ne sont pas des maux, qui rendent une vie malheureuse et à fuir !

Aussi les philosophes, comme les péripatéticiens et ceux de l'ancienne Académie dont Varron protège la secte, en confessant le mal, parlent un langage moins intolérable ; mais leur erreur est encore étrange, quand, malgré ces maux dont le poids est si lourd qu'il faut s'y soustraire en se donnant la mort, ils prétendent toutefois que la vie est heureuse. « Les tourments et les souffrances du corps, dit Varron, sont des maux ; maux qui empirent à proportion qu'ils augmentent ; et pour s'en délivrer, il faut sortir de cette vie. » Et de quelle vie, je te prie ? De celle, dit-il, qui gémit sous le poids de tant de maux. Quoi donc ! de cette vie heureuse au milieu même des maux qui doivent, dis-tu, nous décider à la fuir ? Ou bien n'est-ce pas que tu l'appelles heureuse, parce qu'il t'est permis de te retirer de ces maux en mourant ? Que serait-ce donc si, retenu par quelque jugement de Dieu, tu n'avais pas la permission de mourir ni d'être jamais sans ces maux ? Alors du moins, une telle vie, tu l'appellerais misérable. Ce n'est donc pas en tant que promptement quittée qu'elle n'est point misérable, puisque, fût-elle éternelle, toi-même la juges misérable, et ce n'est pas sa brièveté qui efface sa misère, à moins (ô absurdité !) qu'une courte misère prenne le nom de bonheur ! Il faut que ces maux soient bien violents pour contraindre un homme, un sage suivant eux, à s'arracher à soi-même ce par quoi il est homme, quand tous reconnaissent, et avec vérité, que c'est pour ainsi dire la première et la plus puissante voix de la nature, que l'homme soit acquis à ses propres intérêts, que partout il ait une naturelle aversion pour la mort, et cette affection pour lui-même qui le porte à vouloir demeurer un être animé, se rattachant de toute la force de son désir à la vie qu'engendre l'union du corps et de l'âme. Il faut que ces maux soient bien violents pour vaincre cet instinct naturel qui, de tous ses efforts, de toute sa puissance, conjure la mort, pour le vaincre à ce point que cette mort, objet d'horreur, devienne un désir, un besoin, et qu'à défaut d'une main étrangère l'homme tourne ses mains contre lui-même. Il faut que ces maux soient bien violents, qui rendent la force homicide ; si toutefois la force mérite encore ce nom qui se laisse tellement abattre sous ces maux, que l'homme dont elle a, comme la vertu, accepté le gouvernement et la défense, non seulement elle ne puisse plus le couvrir de l'égide de la patience, mais se trouve elle-même réduite à l'immoler ! Le sage, il est vrai, doit souffrir patiemment la mort, mais la mort qui lui vient d'une autre main. Si donc, suivant ces philosophes, il est contraint de se la donner, qu'ils reconnaissent que ces accidents sont des maux, et d'intolérables maux, pour l'amener à un tel attentat ! Une vie ainsi courbée sous le joug ou la menace de tant de maux, si lourds, si accablants ; une telle vie ne serait jamais appelée heureuse, si, aussi bien qu'ils plient vaincus par les souffrances, et se donnant la mort, cèdent à l'adversité, ces hommes savaient rendre les armes à des raisons certaines et, dans la recherche de la vie heureuse, daignaient céder à la vérité ; loin de prétendre à la possession finale du bien souverain, en cette mortalité où les vertus qui ne laissent trouver dans l'homme rien de plus excellent, rien de plus utile qu'elles-mêmes, où ces vertus, dis-je, en tant qu'elles nous prêtent contre la violence des dangers, des peines et des douleurs, une plus puissante assistance, ne sont que de plus fidèles témoignages de nos misères ! Si, en effet, ce sont de véritables vertus, et elles ne peuvent être que dans les hommes d'une vraie piété, elles ne promettent à aucun homme de l'exempter de toute souffrance, au milieu des misères où nous sommes ; les véritables vertus ne savent pas mentir ; mais à cette vie nécessairement misérable par les nombreuses et cruelles épreuves de ce siècle, elles promettent la béatitude et le salut dans l'espérance du siècle futur. Eh ! comment aurait-elle la béatitude, elle qui n'a pas encore le salut ? Aussi l'apôtre Paul dit-il, non pas de ces hommes dépourvus de sagesse, de patience, de tempérance et de justice, mais de ceux qui vivent selon la véritable piété, et qui par conséquent possèdent la vérité de leurs vertus : « Nous sommes sauvés en espérance ; or, la vue de ce que l'on espère n'est plus l'espérance. Qui espère ce qu'il voit déjà ? Que si nous espérons ce que nous ne voyons pas encore, nous l'attendons par la patience[8]. » Comme notre salut est en espérance, notre béatitude aussi est en espérance, et notre béatitude non plus que notre salut n'est pas actuellement en notre possession, mais montré dans l'avenir à notre espérance ; et nous l'attendons, nous l'attendons par la patience, parce que nous sommes au milieu des maux que nous devons accepter, jusqu'à ce jour où il n'y aura plus que biens, qu'ineffables jouissances, et désormais plus rien que nous devions souffrir. Et le salut dans le siècle futur sera aussi la béatitude finale : béatitude que ces philosophes refusent de croire parce qu'elle échappe à leurs yeux, tandis qu'à sa place ils se créent un vain fantôme, dernier effort de leur superbe et menteuse vertu.

V. Quand ils veulent que la vie du sage soit une vie de société, nous sommes avec eux bien plus d'accord. Comment en effet la cité de Dieu eût-elle pris naissance, comment se développerait-elle dans son cours ou atteindrait-elle à sa fin propre, si la vie des saints n'était une vie sociale ? Mais quels orages de maux, amoncelés pendant la tourmente de notre mortalité, fondent sur la société humaine, qui pourrait l'exprimer ? Qui pourrait le comprendre ? Écoutez ; chez leurs poètes comiques un homme s'écrie : « J'ai épousé une

8. Rm 8, 24.

femme ; quelle misère ! des enfants sont venus, autres soucis[9]. » Paroles senties et consenties de l'auditoire. Dirai-je les ennuis de l'amour, que le même Térence décrit ailleurs : « Les injures, les soupçons, les inimitiés, la guerre et puis la paix[10]. » Toutes choses humaines ne sont-elles pas livrées à ce désordre ? Et ne va-t-il pas jusqu'à envahir les plus honnêtes amitiés ? où ne pénètrent pas les injures, les soupçons, la guerre ? maux certains et sensibles. La paix, au contraire, est un bien incertain, car les cœurs de ceux avec qui nous voulons l'entretenir nous demeurent inconnus ; et s'il nous était possible de les connaître aujourd'hui, qui nous dirait avec certitude ce qu'ils seront demain ?

En effet, qui sont d'ordinaire, ou qui doivent être plus amis que ceux qu'abrite le même toit ? Et cependant la sécurité s'y trouve-t-elle, quand de cette intimité l'on voit naître si souvent de secrètes trahisons d'autant plus amères que la paix avait plus de douceur, paix que l'on a crue sincère, tant la perfidie était habile à feindre ! Et cette parole de Cicéron va tellement au cœur, qu'elle en arrache un gémissement : « Il n'est point de plus perfides trahisons que celles qui se couvrent du masque de l'affection ou du nom de la parenté. Contre un ennemi déclaré la prudence peut facilement se mettre en garde ; tandis qu'une trame cachée, intérieure, domestique, est non seulement près de nous, mais elle nous enveloppe avant que nous puissions regarder et reconnaître[11]. » Et cette parole divine : « Les ennemis de l'homme sont les habitants de sa maison[12] », ne peut s'entendre sans un douloureux serrement de cœur. Car eût-on assez de force pour souffrir avec constance, ou assez de vigilance pour déjouer d'un coup d'œil prévoyant les ruses d'une amitié feinte, il est impossible que l'épreuve d'une telle malignité ne soit pour l'homme de bien une souffrance cruelle, soit que ces ennemis aient toujours été méchants sous le masque de la bonté, soit que leur bonté ait dégénéré en malice si pro-

9. Térence, *Adelphoe*, 867.
10. Térence, *Eunuchus*, 59-61.
11. Cicéron, *Verrines*, II, 1.
12. Mt 10, 36.

fonde. Si donc ce commun asile du genre humain au milieu de tant de maux, le foyer domestique lui-même n'est pas sûr, que sera-ce d'une cité ? Plus elle est grande, plus le forum y retentit de causes civiles et criminelles, dans le silence même des troubles, que dis-je ? de ces séditions sanglantes, et de ces guerres civiles, dont l'invasion, parfois conjurée, est toujours menaçante.

VI. Et ces jugements que les hommes prononcent sur les hommes, jugements nécessaires à l'ordre des cités quelle que soit la paix dont elles jouissent, qu'en dirons-nous ? quels jugements ! qu'ils sont déplorables ! faut-il s'en étonner ? des hommes jugent, qui ne peuvent voir la conscience de ceux qu'ils jugent. Aussi la torture interroge souvent d'innocents témoins sur la vérité relative à une cause qui leur est étrangère[b]. Que dirai-je de cette torture même que chacun subit pour sa propre cause ? On demande à un homme s'il est coupable, et on le met au supplice ; et l'innocent pour un crime incertain souffre une peine trop certaine ; non que l'on découvre qu'il a commis le crime, mais l'on ignore s'il ne l'a pas commis ! Et pourtant l'ignorance du juge est d'ordinaire le malheur de l'innocent. Et ce qui est plus odieux encore, ce dont on ne saurait trop gémir, erreur qu'il faudrait, s'il était possible, baigner dans des torrents de larmes, un juge torture un accusé de peur de faire mourir un innocent par ignorance, et cette malheureuse ignorance donne la torture et la mort à l'innocent qu'elle a torturé pour ne pas le faire mourir innocent. Si en effet, selon la sagesse de ces philosophes, il préfère sortir de cette vie que de souffrir plus longtemps ces tortures, il déclare avoir commis le crime qu'il n'a pas commis. Il est condamné, il est mis à mort, et le juge ignore s'il a frappé un coupable ou un innocent ; et cependant, de peur de le frapper innocent, le juge l'a mis à la torture ; et voilà un innocent que le juge pour éclairer son ignorance met à la torture, et que dans son ignorance il tue ! Au milieu de

b. La torture comme procédé d'instruction était devenue courante sous l'Empire tardif, à l'époque d'Augustin.

ces ténèbres de la vie sociale, un juge qui est sage va-t-il monter ou non sur le tribunal ? Il y montera sans doute, c'est un devoir que lui impose, auquel l'entraîne la société humaine qu'il croit ne pouvoir abandonner sans crime ; car ce n'est pas un crime à ses yeux que des témoins innocents soient pour le fait d'autrui livrés à la torture ; que des accusés vaincus par la violence de la douleur soient punis innocents après avoir été torturés innocents, et, s'ils échappent à la condamnation, meurent néanmoins de la torture ou des suites de la torture. Ce n'est pas non plus un crime que l'accusateur, qui s'est peut-être levé dans l'intérêt de la société humaine pour que les crimes ne demeurent pas impunis, victime souvent de l'imposture des témoins et de la sauvage résistance que le coupable lui-même oppose aux tourments qui n'en tirent aucun aveu, soit à son tour condamné par l'ignorance, faute de prouver ce qu'il avance, quoiqu'il n'avance que la vérité ? Ces maux sans nombre, ces maux inouïs, le juge qui les cause ne les estime pas être des péchés ; car on ne saurait les imputer à la malice de sa volonté, mais à la fatalité de son ignorance, et puis au besoin impérieux de la société civile qui le lie à son tribunal. C'est donc ici misère de l'homme et non malignité du juge. Que si la nécessité qui le condamne à ignorer et à juger, l'absout du crime de torturer des innocents et de punir des innocents, ne lui suffit-il pas de n'être point coupable, faut-il encore qu'il soit heureux ? Combien est-ce à lui plus sage et plus digne de l'homme de reconnaître dans cette nécessité la misère humaine, de la haïr en soi, et s'il a quelque sentiment de piété, de crier à Dieu : « Délivre-moi de mes nécessités [13] ! »

VII. Après la cité ou ville, l'univers, troisième degré de la société humaine ; d'abord la maison, puis la cité, enfin l'univers, semblable à l'abîme des eaux, les périls y sont en raison de son étendue. Et d'abord la diversité des langues y fait l'homme étranger à l'homme. Que deux hommes, en effet, se rencontrent, ignorant chacun la langue de l'autre ; si, loin de

13. Ps 24, 17.

les séparer, quelque nécessité les réunit, il y aura plutôt société entre des animaux muets, même d'espèce différente, qu'entre ces deux voyageurs, hommes tous deux. Car ce seul obstacle de la différence du langage leur rendant impossible tout échange de pensées, une telle conformité de nature est impuissante à lier les hommes ; et l'homme est plus volontiers avec son chien qu'avec l'homme étranger. Toutefois, dira-t-on, il est arrivé qu'une cité faite pour l'empire a non seulement imposé son joug, mais encore la domination pacifique et sociale de sa langue aux nations domptées ; et sa conquête a prévenu la disette des interprètes. Il est vrai, mais par combien de guerres et d'horribles guerres, par quel carnage, par quelle effusion de sang humain cet avantage s'est-il acheté ? Ces fléaux sont passés, mais leur terme n'est pas celui de nos misères ; car outre ces ennemis qui n'ont jamais manqué, qui ne manquent pas aujourd'hui, les peuples étrangers, qu'il a toujours fallu et qu'il faut encore combattre, l'étendue même de l'empire a donné naissance à des guerres d'une nature plus pernicieuse ; les guerres sociales et civiles, lamentable fléau du genre humain, soit que l'excès de leur fureur procure enfin leur apaisement, soit que l'on redoute leur réveil. Maux innombrables, maux infinis, dures et cruelles nécessités ; si, malgré mon insuffisance, j'essayais de les peindre des couleurs qu'un tel sujet demande, quelles seraient les bornes de ce long discours ? Mais le sage, dit-on, tirera l'épée pour la justice. Eh quoi ! s'il se souvient qu'il est homme, ne doit-il pas plus amèrement déplorer cette nécessité qui lui met justement les armes à la main ? car s'il ne s'agissait pas d'une guerre juste, le sage n'aurait pas à la faire, le sage n'aurait pas à combattre. C'est l'injustice de l'ennemi qui arme le sage pour la défense de la justice ; et c'est cette injustice de l'homme que l'homme doit déplorer, ne s'ensuivît-il aucune nécessité de combattre. Maux cruels, maux affreux, maux inouïs ! Qui donc, les considérant avec douleur, n'avoue que ce soit là une misère ? Mais l'homme, s'il s'en trouve qui les souffre ou les envisage sans angoisse de cœur, est d'autant plus misérable de se croire heureux, qu'il ne se croit tel que parce qu'il a perdu tout sentiment humain.

VIII. Si une ignorance qui tient du délire, ignorance fréquente dans notre déplorable condition, ne nous aveugle pas jusqu'à nous faire prendre un ennemi pour notre ami, et notre ami pour un ennemi, qu'est-ce qui nous console en cette société humaine, remplie d'erreurs et d'amertumes, sinon la foi sincère et l'affection mutuelle de bons et véritables amis ? Et ces amitiés, plus elles sont nombreuses et répandues au loin, plus nos craintes se multiplient et s'étendent : nous appréhendons qu'il ne fonde sur la tête de nos amis quelques-uns de ces épouvantables maux amoncelés en cette vie. Car notre sollicitude ne craint pas seulement pour eux les souffrances de la faim, de la maladie, de la guerre ou de la captivité, avec ces maux qu'elle entraîne et tels souvent qu'on ne les saurait concevoir ; mais, crainte plus amère, nous redoutons pour eux un changement qui livre leur cœur à la perfidie, à la malignité, à la dépravation. Et quand ces déceptions arrivent (d'autant plus fréquentes que nos relations d'amitié sont plus nombreuses) ; quand elles viennent à notre connaissance, qui peut concevoir, si lui-même ne l'éprouve, de quels fouets notre cœur est labouré ? Nous aimerions mieux apprendre la mort de nos amis, quoique nous ne puissions l'apprendre sans douleur. En effet, ceux dont la consolante amitié était le charme de notre vie peuvent-ils donc mourir sans nous laisser une tristesse profonde ? Que celui qui proscrit cette douleur, proscrive, s'il est possible, les entretiens affectueux, qu'il proscrive ou abolisse l'amitié elle-même, qu'il brise avec une sauvage stupidité les liens de toutes les affections humaines, ou qu'il enseigne à en user sans que l'âme y trouve aucune douceur. S'il n'en peut être ainsi, comment ne nous serait point amère la mort d'un être dont la vie nous était douce ? De là ce deuil intérieur, blessure de l'âme aimante qui ne peut guérir que par d'affectueuses consolations. Car ce n'est pas à dire qu'il n'y ait rien à guérir dans l'âme sous prétexte que plus elle est forte, plus sa guérison est prompte et facile. Ainsi, bien que la mort des êtres les plus chers, de ceux surtout dont l'affection est le lien nécessaire de la société humaine, soit une épreuve de cette vie, épreuve plus ou moins cruelle ; cependant nous préférons encore les voir ou les savoir morts que déchus de la foi et de la vertu ; c'est-à-dire morts dans leur âme même ; source intarissable de maux dont la terre est inondée, et c'est pourquoi il est écrit : « N'est-ce pas une continuelle tentation que la vie de l'homme sur la terre [14] ? » « Malheur au monde, ajoute le Seigneur lui-même, à cause des scandales [15] ! » Et il dit encore : « Comme l'injustice surabonde, la charité de plusieurs se refroidit [16]. » Aussi nous nous félicitons de la mort des justes, nos amis ; mort qui nous attriste, et toutefois nous console ; car elle les enlève à ces maux qui brisent ou corrompent ici-bas même les justes, ou qui du moins les exposent à ce double péril.

IX. Quant à la société des saints anges, quatrième société que, dans leur définition qui s'étend de la terre au monde et comprend enfin le ciel même, établissent ces philosophes dont la doctrine nous donne les dieux pour amis ; nous ne craignons pas, il est vrai, que de tels amis nous affligent par leur mort ou leur dépravation. Mais comme ils ne se mêlent pas à nous avec la même familiarité que les hommes (et c'est encore là une des afflictions de cette vie) ; comme parfois aussi Satan, selon la parole de l'Écriture, se transforme en ange de lumière [17], afin de tenter ceux qui ont besoin de cette épreuve ou qui méritent cette déception ; la miséricorde de Dieu nous est infiniment nécessaire pour ne pas nous laisser séduire, croyant avoir l'amitié des saints anges, à la feinte amitié des démons ; erreur qui nous fait trouver en eux des ennemis d'autant plus habiles à nuire qu'ils sont plus rusés et plus perfides. Et à qui l'aumône de cette miséricorde infinie est-elle nécessaire, sinon à cette infinie misère de l'homme qu'aveugle une ignorance si profonde qu'elle est le jouet de ces tristes impostures ! Et au sein de la cité impie, ces philosophes qui se vantaient de l'amitié des dieux sont

14. Jb 7, 1.
15. Mt 18, 7.
16. Mt 24, 12.
17. 2 Co 11, 14.

assurément tombés dans le piège de ces esprits de malice, souverains de cette cité même qui doit partager leur supplice. Et ces institutions sacrées ou plutôt sacrilèges, ces jeux immondes destinés à célébrer leurs crimes et à fléchir leur courroux, abominables infamies qu'ils inspirent à la scène, ce culte enfin ne trahit-il pas ses dieux ?

X. Mais les saints et fidèles adorateurs du seul vrai Dieu ne sont pas non plus à l'abri de ces prestiges et de cette tentation qui revêt mille formes. Car en notre région d'infirmité, en ces jours de malice, loin d'être inutile, une semblable inquiétude est même un aiguillon à la poursuite plus ardente de cette sécurité qui donne la plénitude et la certitude de la paix. En ce sûr asile, se trouveront tous les dons de la nature, ces dons que le Créateur de toutes les natures a prodigués à la nôtre. Et ils seront non seulement parfaits, mais éternels ; dons de l'âme guérie par la sagesse, dons du corps renouvelé par la résurrection. Là, les vertus n'ayant plus à livrer la guerre au vice ni au mal, posséderont le prix de leur victoire, l'éternelle paix que nul adversaire ne troublera. Telle est, en effet, la béatitude finale, cette fin de la perfection n'ayant point de fin qui l'épuise. Ici l'on nous appelle heureux quand nous avons la paix, si petite que nous la puisse donner ici-bas une bonne vie : bonheur qui, comparé au bonheur final, ne se trouve plus être que misère. Or cette paix, telle qu'elle peut être sur la terre, récompense d'une bonne vie, mortels, la trouvons-nous dans les choses mortelles ? la vertu fait alors des biens de cette paix un légitime usage. Nous manque-t-elle au contraire ? la vertu sait encore bien user des maux que l'homme endure. Mais la vertu n'est vraie qu'autant que tous ces biens dont elle use bien, toutes ses actions dans le bon usage des biens et des maux, elle les rapporte et se rapporte elle-même à cette fin où nous jouirons d'une paix au-dessus de toute paix.

XI. Aussi pouvons-nous dire de la paix, comme nous l'avons dit de la vie éternelle, qu'elle est la fin de nos biens ; d'autant que le saint prophète parle ainsi à la cité de Dieu, sujet de cette œuvre si laborieuse : « Jérusalem, loue le Seigneur ; Sion, loue ton Dieu, car il a affermi les verrous de tes portes ; il a béni tes enfants en toi, lui qui a établi la paix comme ta fin[18]. » En effet, quand les verrous de ses portes seront affermis, nul n'entrera plus, nul ne sortira.

Ainsi par cette fin, nous devons entendre la paix que nous voulons prouver être la paix finale. Car le nom même de la cité sainte, Jérusalem, est un nom mystique qui signifie « vision de la paix ». Toutefois comme cette expression de paix est d'un fréquent usage dans ces relations périssables où assurément il ne s'agit pas de vie éternelle, nous avons préféré le nom de vie éternelle à celui de paix pour désigner la fin, la béatitude finale de cette cité : fin dont parle l'apôtre quand il dit : « Et maintenant affranchis du péché et devenus les esclaves de Dieu, vous avez pour fruit votre sanctification et pour fin la vie éternelle[19]. » Mais d'autre part, ceux qui ne sont pas familiers avec les saintes Écritures, peuvent entendre aussi par la vie éternelle, celle des méchants, tant à cause de l'immortalité de l'âme enseignée par certains philosophes, que des peines incessantes promises par notre foi aux impies, qui ne sauraient souffrir éternellement, s'ils ne vivaient éternellement. Pour rendre la fin de cette cité plus accessible à toutes les intelligences, fin où elle doit trouver son souverain bien, il vaut mieux l'appeler soit la paix dans la vie éternelle, soit la vie éternelle dans la paix. Car la paix est un si grand bien que même dans les choses de la terre et du temps, il n'est rien de plus doux à apprendre, rien de plus désirable à convoiter, rien de meilleur à trouver. Que si nous nous arrêtons quelques instants sur ce sujet, je ne serai pas, du moins je l'espère, à charge aux lecteurs ; la paix est si intéressante à la fin de la cité dont je parle, et sa douceur même la rend si chère à tous !

XII. En effet, que l'on considère avec moi, sous quelque point de vue que ce soit, les choses humaines et la nature de

18. Ps 146, 12-14.
19. Rm 6, 22.

l'homme, et l'on reconnaît que, s'il n'est personne qui ne veuille ressentir de la joie, il n'est aussi personne qui ne veuille avoir la paix. Et ceux-là mêmes qui veulent avoir la guerre, ne veulent rien autre chose que vaincre ; ils n'ont donc que le désir d'arriver par la guerre à une glorieuse paix. Qu'est-ce en effet que la victoire sinon la soumission de toute résistance ? soumission qui amène la paix. C'est donc en vue de la paix que se fait la guerre ; la paix est le but de ceux mêmes qui cherchent dans le commandement et les combats l'exercice de leur vertu guerrière. La paix est donc la fin désirable de la guerre. Car tout homme, en faisant la guerre, cherche la paix ; nul, en faisant la paix, ne cherche la guerre. Et ceux qui désirent que la paix dont ils jouissent soit troublée, ce n'est point qu'ils haïssent la paix : mais c'est qu'ils veulent la changer à leur gré. Leur volonté n'est point que la paix ne soit pas, mais qu'elle soit à leur volonté. Enfin lorsqu'ils se séparent des autres par la révolte, s'ils n'observent avec leurs complices une paix quelconque, ils n'arrivent pas à leur but. Aussi les voleurs eux-mêmes pour livrer à la paix de la société des attaques plus terribles et plus sûres, veulent conserver la paix avec leurs compagnons. Et que l'on en voie un s'élever, prodige de force, dont la défiance n'admette aucun complice, seul à dresser ses pièges et seul à vaincre, quand, farouche et couvert de tout le sang qu'il a pu répandre, il chasse son butin devant lui, cet homme du moins, avec ceux qu'il ne peut tuer et à qui il veut dérober ses actions, garde une ombre de paix quelconque ; et dans sa maison, avec sa femme et ses enfants, avec d'autres peut-être, habitant sous le même toit, il s'attache à demeurer en paix, car il se réjouit de leur prompte obéissance ; sinon, il s'emporte, il réprime, il châtie ; il use, au besoin, de cruauté pour maintenir la paix de son foyer, et cette paix il sent qu'elle ne peut être sans une autorité qu'il représente lui-même dans sa maison, autorité à laquelle doit obéir toute société domestique. Si donc on lui offrait la tyrannie sur plusieurs, sur un peuple, sur une ville, et qu'on lui rendît cette servile obéissance qu'il exigeait de sa famille, il ne s'enfermerait plus, brigand obscur, dans un sombre repaire, mais, sans rien abjurer de ses instincts cupides et pervers, roi superbe, il paraîtrait sur un trône. Chacun veut donc avoir la paix avec les siens, et veut qu'ils vivent à sa guise. Et ceux à qui l'on a fait la guerre, c'est que l'on veut les rendre siens, s'il est possible, et vaincus, les ranger à la loi de sa propre paix.

Mais imaginons un homme semblable à celui dont la fable et la poésie ont tracé la peinture, cet homme qui peut-être à cause de son insociable férocité est dit « à demi-homme[20] » plutôt qu'homme. Bien que son empire ne fût que la solitude d'une sauvage caverne, bien que sa méchanceté singulière eût été l'origine même de son nom (Κακός, Cacus, méchant) ; sans épouse avec qui il eût à échanger de douces paroles ; sans enfants pour jouer avec eux tout petits, et, plus grands, s'en faire obéir ; ignorant les doux entretiens avec un ami, même avec Vulcain, son père, et toutefois plus heureux que lui (car ce bonheur n'est pas médiocre) de n'avoir point à son tour engendré un tel monstre ; ne donnant rien à personne, mais enlevant à qui il peut tout ce qu'il veut, et quand il peut, tant qu'il veut ; cependant, en cette solitaire caverne où l'on nous représente « la terre toujours tiède d'un carnage récent[21] », que veut-il sinon la paix, et un repos à l'abri de toute importunité, de toute violence, de toute terreur ? Enfin il désire avoir la paix avec son corps, il n'est bien qu'autant qu'il l'a. Car alors il commande à ses membres et ils lui obéissent ; et pour apaiser à la hâte et aussitôt que possible sa nature soulevée contre lui par le besoin, et cette sédition de la faim qui provoque à grands cris la rupture du lien vital et l'expulsion de l'âme, il ravit, il tue, il dévore ; et si sauvage, si féroce qu'il soit, tant de férocité néanmoins n'a d'autre but que la paix de sa vie et l'intérêt de sa conservation ; et cette paix, que dans son antre et dans lui-même il veut avoir, s'il voulait l'entretenir avec les autres, on ne l'appellerait ni méchant, ni monstre, ni demi-homme. Si l'aspect hideux de son corps et ces sombres feux qu'il vomit, éloigne de lui toute société

20. Virgile, *Énéide*, VIII 194.
21. Virgile, *Énéide*, VIII 195.

humaine, peut-être se livre-t-il à sa cruauté moins par appétit de nuire que par nécessité de vivre. Mais cet homme n'a pas existé, ou il n'a jamais été tel que la fantaisie des poètes le dépeint : on ne charge Cacus que pour élever plus haut la gloire d'Hercule. Non, un tel homme ou un tel être à demi-homme, n'exista jamais ; reléguons ce récit parmi les mensonges des poètes. Car les bêtes, même les plus farouches, dont il avait en partie la férocité (n'est-il pas en effet appelé demi-bête[22] ?) conservent leur espèce, par une sorte de paix, lorsqu'elles s'accouplent, lorsqu'elles engendrent, couvent et nourrissent leurs fruits ; et cependant elles sont la plupart insociables et solitaires ; sans doute il ne s'agit pas ici des brebis, des cerfs, des colombes, des étourneaux, des abeilles ; mais je parle des lions, des renards, des aigles, des hiboux. Quel est le tigre qui pour sa famille ne change son rugissement en un doux murmure et sa férocité en caresses ? Quel est le milan si solitaire qu'il rôde en son vol, méditant ses rapines, qui ne cherche sa compagne, bâtisse son nid, réchauffe ses œufs, nourrisse ses petits, qui ne maintienne enfin avec cette mère de famille l'union domestique dans la plus grande paix possible ? Combien plus encore l'homme est-il porté comme par les lois de sa nature à contracter alliance, et autant qu'il est en lui à entretenir la paix avec les autres hommes ; puisque le méchant lui-même combat pour la paix des siens, et voudrait presque faire tous les hommes siens, afin que tout et tous obéissent à un seul, et comment, sinon en consentant à sa paix soit par crainte soit par amour ? Ainsi l'orgueil dans sa perversité contrefait Dieu. Ne souffrant point l'égalité avec ses compagnons sous lui, il veut imposer sa domination à ses compagnons à la place de Dieu. Il hait donc la juste paix de Dieu et aime la sienne qui est injuste. Car il ne peut s'empêcher d'aimer une paix quelconque. Il n'est point en effet de vice si contraire à la nature qu'il efface jusqu'aux derniers vestiges de la nature.

Ainsi, la paix des hommes d'iniquité en comparaison de la paix des justes, ne saurait même être appelée une paix ;

22. Virgile, *Énéide*, VIII 267.

c'est ce qui est évident pour quiconque sait préférer la droiture à la perversité, et l'ordre au dérèglement. Et ce qui est contre l'ordre doit encore nécessairement en quelque partie, de quelque partie ou avec quelque partie du système qui le constitue ou qu'il exprime, avoir la paix ; sinon, il ne serait rien, absolument rien. Si, par exemple, un homme est suspendu la tête en bas, la situation du corps, l'ordre des membres sont renversés ; car ce que la nature veut être au-dessus est au-dessous, et ce qu'elle veut être au-dessous se trouve au-dessus. Ce désordre trouble donc la paix du corps ; c'est pourquoi il est pénible ; cependant l'âme est en paix avec son corps, elle s'intéresse à son salut ; c'est pourquoi il y a souffrance. Si les angoisses de la douleur détachent l'âme et l'expulsent, tant que l'union des membres subsiste, ce qui demeure ne peut se passer d'une certaine paix entre ses parties ; c'est pourquoi il y a encore quelqu'un de pendu. Quant au corps terrestre qui tend vers la terre et lutte contre le lien qui le suspend, c'est qu'il aspire à sa paix propre, et réclame pour ainsi dire par la voix de son poids le lieu de son repos ; et quoique déjà privé d'âme et de sentiment, il ne s'éloigne pas néanmoins de sa paix naturelle, soit qu'il la possède, soit qu'il y tende. Que si l'emploi de certains éléments et certaine préparation ne laisse pas la forme du cadavre se dissoudre et s'évanouir, il y a là une sorte de paix qui unit les parties aux parties, et attache toute la masse à un milieu convenable et partant paisible ; si au contraire l'on ne prend aucun soin de l'embaumer, l'abandonnant au cours ordinaire de la nature, il s'établit une lutte d'émanations contraires et qui blessent notre sens jusqu'à ce que ce débris se mette en harmonie avec les éléments du monde, et rentre partiellement et insensiblement dans leur paix. Ici toutefois rien ne se soustrait aux lois du souverain Créateur et ordonnateur qui gouverne la paix de l'univers ; car bien que de petits animaux naissent du cadavre d'un plus grand animal, c'est en vertu de la même loi du Créateur que ces imperceptibles corps veillent à maintenir chacun avec soi-même cette paix protectrice de leur imperceptible existence. Et quand les corps détruits seraient dévorés par d'autres animaux, où qu'ils soient dispersés, quelque combinaison, quelque assimilation ou transformation qu'ils subissent, ils trouvent répandues partout pour le salut des espèces vivantes ces mêmes lois qui concilient les substances sympathiques.

XIII. Ainsi la paix du corps, c'est le tempérament bien ordonné de ses parties ; la paix de l'âme irraisonnable, le repos bien ordonné de ses appétits ; la paix de l'âme raisonnable, l'accord bien ordonné de la connaissance et de l'action ; la paix du corps et de l'âme, la vie et la santé bien ordonnées de l'être animé ; la paix de l'homme mortel et de Dieu, l'obéissance bien ordonnée dans la foi sous la loi éternelle. La paix des hommes, c'est la concorde ordonnée ; la paix domestique, c'est entre les hôtes du même foyer, la concorde et l'ordre du commandement et de l'obéissance ; la paix sociale, c'est entre les citoyens la concorde et l'ordre de l'autorité et de la soumission ; la paix de la cité céleste, c'est l'ordre et la concorde, une société dans la jouissance de Dieu, dans la jouissance mutuelle de tous en Dieu. La paix de toutes choses, c'est la tranquillité de l'ordre. L'ordre, c'est cette disposition qui, suivant la parité ou la disparité des choses, assigne à chacune sa place. Ainsi, bien que les malheureux, en tant que malheureux, ne soient pas en paix puisqu'il leur manque cette tranquillité de l'ordre où le trouble est inconnu, toutefois, comme leur misère est juste et méritée, dans cette misère même ils ne peuvent être hors de l'ordre. Ils ne sont pas, il est vrai, réunis aux bienheureux, mais du moins c'est la loi de l'ordre qui les en sépare. Leur condition, exempte de perturbation, les maintient dans une certaine convenance avec le milieu où ils se trouvent ; et pourtant ils ont une ombre de tranquillité dans leur ordre ; ils ont donc une ombre de paix. Mais ils sont malheureux, car bien qu'ils n'aient point la souffrance de l'incertitude, ils ne sont pas dans le lieu où ils auraient la sécurité sans la souffrance ; plus malheureux encore, s'ils n'avaient pas une sorte de paix avec cette loi même qui gouverne l'ordre naturel. Cependant comme ils souffrent, où ils souffrent la paix est troublée ; mais là où il n'y a pas cuisante douleur, et en tant que leur nature ne va pas à se dissoudre, la paix leur demeure. Ainsi donc, comme il y a vie sans douleur et qu'il ne peut y avoir douleur sans vie, de même il y a paix sans guerre, mais il ne peut y avoir guerre sans une sorte de paix, non pas en tant que la guerre est guerre, mais en tant qu'elle a pour acteurs ou pour théâtre, certains êtres, certaines natures qui ne seraient nullement, qui ne sauraient subsister sans paix quelconque.

Il y a donc une nature, où il n'est rien de mal, où même il ne peut être rien de mal ; mais qu'une nature soit sans aucun bien, cela ne se peut. Aussi, la nature du diable lui-même, en tant que nature, n'est pas un mal, c'est la perversité qui la rend mauvaise. C'est pourquoi il n'est pas demeuré dans la vérité[23], mais il n'a pu se soustraire au jugement de la vérité ; il n'est pas demeuré dans la tranquillité de l'ordre, mais néanmoins il n'a pu fuir la puissance du souverain ordonnateur. Le bien de Dieu qui est en lui par nature, ne le dérobe pas à la justice de Dieu qui l'ordonne dans le châtiment ; et ce n'est pas en lui le bien que Dieu poursuit, créateur de ce bien ; mais c'est le mal qu'il poursuit, dont le diable est l'auteur. Car il ne lui ôte pas tout ce dont il a doué sa nature ; il lui ôte quelque chose et lui laisse quelque chose, afin qu'il subsiste pour souffrir de ce qu'il a perdu. Cette douleur même est un témoignage et du bien perdu et du bien qui demeure. S'il ne lui restait quelque bien, pourrait-il souffrir du bien qu'il a perdu ? Car le pécheur est pire encore s'il se réjouit de la perte de l'équité, et le damné, s'il ne retire aucun bien de ses tourments, souffre du moins de la perte de son salut. Et comme l'équité et le salut sont l'une et l'autre un bien, et que la perte du bien doit être plutôt un sujet de douleur que de joie (si toutefois il n'y a pas compensation dans le meilleur, et l'équité de l'âme est meilleure que la santé du corps) ; à coup sûr l'affliction de l'impie dans les supplices est plus convenable que sa joie dans le péché. Donc, comme dans le péché la joie de déserter le bien atteste le mal de la volonté ; ainsi, dans le supplice, la douleur du bien perdu atteste la

23. Jn 8, 44.

bonté de la nature. Car celui qui déplore la paix de sa nature perdue, n'en déplore la perte que par certains restes de cette paix qui lui rendent sa nature amie. Or c'est avec justice que dans le dernier supplice, les injustes et les impies pleurent au milieu des tortures la perte des biens naturels : ils sentent l'exacte justice qui les leur retire, après avoir méprisé la bonté infinie qui les leur a donnés. Dieu donc, Créateur très sage et ordonnateur très juste de toutes les natures, qui a établi le genre humain sur la terre pour en être le plus bel ornement, a donné aux hommes certains biens convenables à cette vie, c'est-à-dire la paix temporelle, celle du moins dont notre destinée mortelle est capable, la paix dans la conservation, l'intégrité et l'union de l'espèce ; tout ce qui est nécessaire au maintien ou à la recouvrance de cette paix, les éléments par exemple qui sont à la convenance et dans le domaine de nos sens, la lumière visible, l'air respirable, l'eau notre breuvage, tout ce qui sert à la nourriture et au vêtement du corps, à son soulagement ou à sa parure ; sous cette condition très équitable que tout mortel qui de ces biens appropriés à la paix des mortels aura fait un légitime usage en recevra de plus grands et de meilleurs, à savoir la paix même de l'immortalité, la gloire et l'honneur convenables à cette paix dans la vie éternelle où l'on jouit de Dieu et du prochain en Dieu ; tandis que celui qui aura indignement usé de ces biens, les perdra sans recevoir les autres.

XIV. Ainsi, tout l'usage des choses temporelles se rapporte donc à l'intérêt de la paix terrestre dans la cité de la terre, et, dans la cité céleste, à l'intérêt de la paix éternelle. C'est pourquoi, si nous étions des animaux dépourvus de raison, notre unique désir serait le tempérament bien ordonné des parties du corps et le repos des appétits ; rien au-delà des satisfactions de la chair et des raffinements de la volupté, en sorte que la paix du corps servît à la paix de l'âme. En effet, que la paix du corps manque, la paix de l'âme irraisonnable est troublée, faute de pouvoir parvenir au repos des appétits. Mais l'une et l'autre sert à la paix qu'observent entre eux l'âme et le corps, cette paix qui est l'harmonie de la vie et la santé. Et comme les animaux montrent, en fuyant la douleur, qu'ils aiment la paix du corps, et celle de l'âme, quand, pour assouvir les besoins de leurs appétits, ils recherchent la volupté ; ainsi, en fuyant la mort, ils témoignent assez combien ils aiment la paix qui forme l'union de l'âme et du corps. Mais comme il est dans l'homme une âme raisonnable, ce tout qu'il a de commun avec les bêtes, il l'assujettit à la paix de l'âme raisonnable, afin de passer de la contemplation intérieure à l'acte qu'elle détermine, et d'établir ainsi en lui-même l'accord harmonieux de la connaissance et de l'action, accord où nous plaçons la paix de l'âme raisonnable. Car, pour cela, il doit ne vouloir être ni harcelé par la douleur, ni troublé par le désir, ni dissous par la mort, afin d'obtenir quelque connaissance utile et d'ordonner sur cette connaissance sa vie et ses mœurs. Mais de peur qu'eu égard à la faiblesse de la raison humaine, la passion même de connaître ne le précipite dans quelque pernicieuse erreur, il a besoin de l'enseignement divin pour apprendre avec certitude, et de l'assistance divine pour obéir avec liberté. Et comme en ce corps mortel, tant qu'il y réside, il voyage loin du Seigneur, il marche par la foi et non par la claire-vue [24] ; et partant, toute paix soit du corps, soit de l'âme, soit du corps et de l'âme, il la rapporte à cette paix de l'homme mortel avec Dieu immortel afin de ranger son obéissance à l'ordre de la foi sous la loi éternelle. Et d'autant que ces deux préceptes souverains, l'amour de Dieu et l'amour du prochain, nous sont enseignés de Dieu notre maître, préceptes où nous trouvons trois objets à aimer, Dieu, nous-mêmes et le prochain ; et que l'homme aimant Dieu ne se trompe pas dans l'amour de soi-même, il suit que dans l'intérêt fraternel il doit porter à l'amour de Dieu ce frère qu'il lui est ordonné d'aimer comme lui-même. Ce devoir de charité, il le doit à sa femme, à ses enfants, à ceux de sa maison, à tous les hommes autant que possible, comme au besoin, il doit l'attendre du prochain pour lui-même ; ainsi, de tout son pouvoir il sera en paix avec tout homme ; paix humaine, concorde dans l'ordre qui exige d'abord que l'on ne nuise à

24. 2 Co 5, 6.

personne ; en second lieu, que l'on soit utile à qui l'on peut. Le premier devoir de l'homme est donc l'intérêt des siens, car l'ordre de la nature et de la société lui donne auprès des siens un accès plus facile pour veiller à cet intérêt. Aussi l'apôtre dit : « Quiconque n'a pas soin des siens et surtout de ceux de sa maison, est apostat et pire qu'un infidèle[25]. » De là, naît donc aussi la paix domestique, c'est-à-dire la concorde bien ordonnée de l'autorité et de la soumission entre les hôtes du même foyer. L'autorité est à qui pourvoit à l'intérêt d'autrui : elle appartient au mari sur la femme, aux parents sur les enfants, aux maîtres sur les serviteurs. L'obéissance est le devoir de ceux pour qui l'on veille : la femme obéit au mari, les enfants aux parents, les serviteurs aux maîtres. Mais dans la maison du juste vivant de la foi et voyageant encore loin de la céleste cité, ceux mêmes qui commandent sont les serviteurs de ceux à qui ils paraissent commander. Car ce n'est point par la passion de dominer qu'ils commandent, mais par la loi du dévouement, non par l'orgueil d'être le maître, mais par le devoir de la providence.

XV. Voilà ce que prescrit l'ordre naturel ; et dans quelle condition Dieu a créé l'homme : « Qu'il domine, a-t-il dit, sur les poissons de la mer, sur les oiseaux du ciel et sur tous les animaux qui rampent à la surface de la terre[26]. » L'être raisonnable fait à son image, il ne veut pas qu'il domine sur d'autres que sur les êtres irraisonnables ; il ne veut pas que l'homme domine sur l'homme, mais l'homme sur la bête. Aussi les premiers justes furent établis plutôt pasteurs de troupeaux que rois des hommes, Dieu voulant ainsi nous apprendre ce que demande l'ordre de la création, et ce qu'exige la justice due au péché. Car, on le comprend, c'est avec justice que la condition de l'esclavage a été imposée au pécheur. Nulle part dans l'Écriture ne se lit l'expression d'esclave, avant que le juste Noé n'eût flétri de ce nom le crime de son fils. Ce nom, c'est donc la faute qui l'encourt

25. 1 Tm 5, 8.
26. Gn 1, 26.

et non la nature. Suivant l'origine que la langue latine attribue au mot esclave, ceux que le droit de la guerre dévouait à la mort, étaient conservés par les vainqueurs ; ils devenaient esclaves (*servi*, *conservés*) ; et cela même accuse une justice due au péché. Car lorsque, d'un côté, on tire l'épée pour le bon droit, on combat de l'autre côté pour l'iniquité ; et toute victoire, celle même qui est accordée aux méchants, est un jugement divin qui, soit expiation, soit châtiment, humilie les vaincus. Témoin cet homme de Dieu, Daniel, quand réduit en captivité, il confesse à Dieu ses péchés et les péchés de son peuple, attestant par sa pieuse douleur que la servitude n'a pas d'autre cause. La cause première de l'esclavage c'est donc le péché qui fait que l'homme tient l'homme en laisse et toute sa destinée ; et cela n'arrive que par le jugement de Dieu, en qui il n'est point d'injustice et qui sait mesurer les peines aux démérites. Or, selon la parole du divin maître, « quiconque pèche est esclave du péché[27] », et par conséquent un grand nombre de fidèles sont esclaves de maîtres injustes, maîtres qui pourtant ne sont pas libres : « L'homme, en effet, est esclave de ce qui l'a vaincu[28]. » Et certes, l'on est moins malheureux, esclave d'un homme que d'une passion ; car la plus cruelle domination qui ravage le cœur des mortels, n'est-ce pas entre autres la passion de dominer ? Or dans cet ordre de paix qui tient l'homme sous la dépendance de l'homme, comme l'humilité est utile à l'esclave, l'orgueil est funeste au maître. Toutefois dans l'ordre naturel où Dieu a d'abord créé l'homme, nul n'est esclave de l'homme ou du péché. Mais la peine de la servitude est ordonnée par cette loi qui veille au maintien et défend l'infraction de l'ordre naturel ; s'il n'eût été jamais attenté contre cette loi, il n'y aurait point de répression à exercer par le châtiment de l'esclavage. C'est pourquoi l'apôtre invite les esclaves à demeurer soumis, à servir de cœur et de bonne volonté[29], afin que, s'ils ne peuvent être

27. Jn 8, 34.
28. 2 P 2, 19.
29. Ep 6, 8.

affranchis par leurs maîtres, eux-mêmes affranchissent, pour ainsi dire, leur propre servitude, témoignant dans leur service non l'hypocrisie de la crainte, mais la fidélité de l'affection jusqu'à ce que l'iniquité passe et que toute souveraineté, toute puissance humaine étant anéanties, Dieu soit tout en tous.

XVI. Aussi, bien que nos patriarches, ces hommes justes eussent des esclaves, dans le gouvernement de la paix domestique, ils n'admettaient de distinction entre la condition de leurs serviteurs et de leurs enfants, que relativement aux biens temporels ; quant au culte de Dieu, en qui l'on doit espérer les biens éternels, ils veillaient, d'une affection égale, à l'intérêt de tous les membres de leur maison. Et il est si vrai que l'ordre naturel le prescrit ainsi, que de là vient le nom de père de famille, nom qui s'est tellement répandu que tous, jusqu'aux maîtres injustes, aiment à s'entendre appeler de ce nom. Mais les véritables pères de famille, touchés pour tous, comme pour leurs propres enfants, d'une égale sollicitude, veillent à entretenir, dans leur famille, l'honneur et le culte de Dieu, impatients d'arriver à cette maison céleste où la fonction de commander aux mortels cessera avec le devoir de veiller sur leurs besoins, désormais affranchis par l'immortalité bienheureuse ; mais, jusque-là, le maître aura plutôt besoin de se résigner à l'autorité, que l'esclave à la soumission. Or, celui qui, par sa désobéissance, se déclare ennemi de la paix domestique, on le reprend, on le châtie corporellement ; on use contre lui de toute autre punition juste et légitime, selon le droit que la société humaine accorde sur lui, pour son intérêt même, pour le rétablir dans la paix avec laquelle il a rompu. Comme, en effet, ce n'est pas un acte de bienfaisance que d'aider un homme à perdre un plus grand bien, ce n'est pas non plus une innocente indulgence qui, en l'épargnant, le laisse tomber dans un plus grand mal. Tel est donc le devoir imposé à l'innocence, que non seulement l'on ne nuise à personne, mais encore que l'on prévienne ou punisse le crime, afin de corriger le criminel par l'épreuve, ou du moins d'intimider les autres par l'exemple. Donc, comme la famille est l'origine de la cité, et qu'elle en est partie, comme toute origine se rapporte à une fin du même ordre, toute partie à l'intégrité de l'ensemble dont elle dépend, il est manifeste que la paix de la famille se doit rapporter à la paix de la cité, c'est-à-dire que l'accord de l'autorité et de l'obéissance entre les hôtes du même foyer, doit se rapporter à l'accord de l'autorité et de l'obéissance entre les habitants de la cité. D'où il suit que le père de famille doit régler sur la loi de la cité l'ordre de sa maison, pour qu'elle s'accorde à la paix de la cité.

XVII. Mais la famille des hommes qui ne vivent pas dans la foi, poursuit une paix toute terrestre dans les biens et les avantages de cette vie temporelle. La famille des hommes vivant de la foi, attend au contraire ces biens à venir que l'éternité lui promet, n'usant des biens de la terre et du temps que comme étrangère, non pour se laisser prendre par eux et détourner du but où elle tend, Dieu même, mais afin d'y trouver un appui qui, loin d'aggraver, allège le fardeau de ce corps périssable, dont l'âme est appesantie. C'est pourquoi l'usage des choses nécessaires à cette vie mortelle, est commun aux fidèles et aux infidèles, à l'une et à l'autre famille ; mais dans l'usage, la fin propre à chacune est différente. Ainsi, la cité terrestre, qui ne vit pas de la foi, aspire à la paix terrestre ; et c'est là le but qu'elle assigne à l'union de l'autorité et de la soumission entre citoyens, qu'il y ait, quant aux intérêts de cette vie mortelle, un certain concert des volontés humaines. Mais la cité céleste, ou plutôt cette partie d'elle-même qui, dans la mortalité, voyage et vit de la foi, n'use aussi de cette paix que par nécessité, en attendant que la mortalité passe à qui une telle paix est nécessaire. Aussi, tant qu'elle prolonge au sein de la cité terrestre, la vie captive, pour ainsi dire, de son pèlerinage, où toutefois elle a déjà reçu la promesse de la rédemption et le don spirituel en gage de cette promesse ; soumise aux lois de la terre qui disposent des intérêts temporels, elle obéit sans hésiter, et, comme la mortalité leur est commune, elle veut maintenir entre elle et sa rivale, la bonne intelligence en ce qui touche leurs mortelles destinées. Mais la cité de la terre ayant eu certains sages, réprouvés par la parole divine, qui, sur la foi de leurs conjectures, ou cédant aux artifices des démons, ont cru qu'il fallait assurer à l'humanité la protection d'un grand nombre de dieux auxquels s'attribuent diverses fonctions ; l'un présidant au corps, l'autre à l'âme ; dans le corps, l'un à la tête, l'autre au col, etc. ; dans l'âme, l'un à l'esprit, l'autre à la science, celui-ci à la colère, celui-là à l'amour ; quant aux besoins de la vie, l'un présidant aux troupeaux, l'autre au blé ; l'un à la vigne, l'autre à l'olivier ; l'un aux forêts, l'autre aux richesses ; l'un à la navigation, l'autre à la guerre et à la victoire ; l'un au mariage, l'autre à l'enfantement et à la fécondité, etc. ; tandis que la cité céleste ne reconnaissant qu'un seul Dieu, et dans sa pieuse fidélité, réservant à ce Dieu l'hommage de servitude, ce culte nommé Latrie en grec, dû à lui seul, il est arrivé qu'elle n'a pu entrer avec la cité de la terre en communauté de la loi religieuse ; qu'à cet égard les dissentiments ont dû s'élever entre elle et sa rivale, et la haine de ceux qui professent des opinions contraires, s'acharner sur la cité céleste, dont la constance serait incessamment en butte à la fureur et aux assauts des persécutions, si la crainte que parfois inspire la multitude des fidèles qu'elle rallie et l'assistance divine qui ne lui manque jamais, ne la protégeaient contre l'animosité de ses ennemis. Ainsi, pendant son pèlerinage sur la terre, cette céleste cité recrute ces citoyens chez toutes les nations, elle rassemble, malgré la pluralité des idiomes, une société voyageuse comme elle : différences de mœurs, de lois, d'institutions, toutes choses qui servent à obtenir ou maintenir la paix terrestre, peu lui importe ; elle n'en retranche rien, elle n'en détruit rien ; que dis-je ? Elle les conserve et les suit. Car toutes, nonobstant leurs diversités, selon la diversité des peuples, tendent à une seule et même fin, la paix d'ici-bas, si toutefois elles laissent à la religion la liberté d'enseigner le culte du seul et vrai Dieu. La cité du ciel use donc, en ce pèlerinage, de la paix de la terre, et, en ce qui touche aux intérêts de la nature mortelle, autant que la piété est sauve et que la religion le permet, elle protège et encourage l'union des volontés humaines, rapportant la paix d'ici-bas à la paix céleste ; véritable paix, la seule dont puisse jouir, la seule que puisse appeler de ce nom la créature raisonnable ; ordre et concorde suprême dans la jouissance de Dieu, dans la jouissance mutuelle de tous en Dieu. Là, il n'y aura plus vie mortelle, mais pleine et certaine vitalité ; il n'y aura plus corps animal, dont le fardeau corruptible appesantit l'âme ; mais corps spirituel sans aucune indigence, et dans toutes ses parties soumis à la volonté. Voyageuse dans la foi, elle possède ici-bas cette paix, et elle vit de la foi avec justice, quand elle rapporte à l'acquisition de cette paix tout ce qu'elle fait d'œuvres bonnes envers Dieu et le prochain ; car la vie de la cité est une vie sociale.

XVIII. Quant à la différence que Varron tire de la nouvelle Académie, qui écarte toute certitude, la cité de Dieu déteste et abjure un tel doute comme une folie. Car sa connaissance des choses qu'elle comprend d'esprit et de raison, quoique petite, à cause de ce corps périssable qui appesantit l'âme (« nous ne savons qu'en partie[30] », dit l'apôtre), n'en est pas moins très certaine. Et dans le domaine des réalités évidentes, elle croit au témoignage des sens que le corps met au service de l'âme ; elle y croit, car il se trompe encore plus misérablement, celui qui pense qu'il n'y faut jamais croire. Elle croit encore aux saintes Écritures, anciennes et nouvelles, que nous appelons canoniques, d'où est conçue la foi, cette vie du juste, qui nous fait marcher avec assurance, tant que dure notre pèlerinage loin de Dieu[31]. Cette foi sauve et assurée, il est certaines choses que nous ne percevons ni par les sens, ni par la raison, où nous manquent et les lumières de l'Écriture et l'affirmation de témoins qui rendent l'incrédulité absurde ; ici, le doute n'encourt aucun blâme.

XIX. Peu importe à la cité céleste, suivant quelles habitudes et quel genre de vie, s'ils ne répugnent en rien aux

30. 1 Co 13, 9.
31. 2 Co 5, 6.

divins préceptes, chacun professe la foi qui conduit à Dieu. Aussi, quand les philosophes eux-mêmes deviennent chrétiens, ce n'est pas le changement de leur habitude de vivre, mais celui de leurs fausses doctrines qu'elle leur impose. Et cette distinction que Varron tire des cyniques, sauf tout attentat contre la tempérance et l'honneur, lui est indifférente. Quant à ces trois genres de vie, vie de loisir, vie d'action, vie tempérée de loisir et d'action, quoique, sans préjudice de la foi, chacun ait la faculté de choisir et d'atteindre aux récompenses éternelles, il importe néanmoins de considérer ce que l'amour de la vérité nous donne et ce que le devoir de la charité nous demande. Nul ne doit en effet se livrer tellement au loisir qu'il ne songe plus à l'utilité du prochain, ni tellement à l'action qu'il ne recherche plus la contemplation en Dieu. Dans le loisir, ce n'est pas un repos désœuvré qui doit plaire, mais la recherche ou la découverte de la vérité, chacun aspirant au progrès spirituel, content de ce qu'il découvre sans envier aux autres leur part de découverte. Dans l'action, ce n'est pas l'honneur temporel, ni la puissance qu'il faut aimer, car tout est vanité sous le soleil ; mais l'œuvre pour laquelle l'honneur et la puissance ne sont que des instruments, l'œuvre elle-même si elle se propose la justice et l'utilité, c'est-à-dire le salut des gouvernés qui est dans l'ordre de Dieu. « Celui qui désire l'épiscopat », dit l'apôtre, « désire une bonne œuvre [32]. » Il veut faire entendre ce que c'est que l'épiscopat, expression qui nomme un devoir et non une dignité. Ce nom grec implique la surveillance que le gouvernant doit aux intérêts de ceux qu'il gouverne (ἐπί, sur ; σκοπός, attention ; ἐπισκοπεῖν, veiller sur) ; d'où il suit que celui-là ne doit pas se croire un évêque, dont le cœur aspire à commander, non à se dévouer. La recherche studieuse de la vérité n'est donc interdite à personne ; c'est la dignité du loisir. Quant aux fonctions supérieures, nécessaires à gouverner le peuple, la convenance que l'on mettrait à les occuper et à les remplir n'en saurait excuser l'inconvenante poursuite. Ainsi l'amour de la vérité sanctifie le repos

32. 1 Tm 3, 1 ;

qu'il cherche ; la charité se dévoue aux œuvres de justice qu'elle accepte. Si le fardeau ne nous est pas imposé, donnons notre loisir à la contemplation de la vérité ; s'il nous est imposé, acceptons-le par devoir de charité, mais gardons-nous de renoncer entièrement au charme de la contemplation ; de peur que ce doux appui ne se dérobe, et que le fardeau du devoir ne nous accable.

XX. Ainsi, le souverain bien de la cité de Dieu étant une paix éternelle et parfaite, non cette paix que traversent les mortels dans le passage de la naissance à la mort, mais une paix en laquelle ils demeurent immortels et à l'abri de toute adversité ; qui nierait que cette vie future ne soit une souveraine béatitude, et que la vie actuelle, même comblée de tous les biens extérieurs, de tous les avantages possibles du corps et de l'âme, ne soit en comparaison un abîme de misère ? Et néanmoins, quiconque sait en rapporter l'usage à la fin de l'autre qu'il aime de toute l'ardeur de son amour, qu'il espère de toute la confiance de sa foi, peut à juste titre être dit heureux dès ici-bas, plutôt par l'attente de ce qu'il espère que par la réalité qu'il possède. Cette réalité, sans cette espérance, est une fausse béatitude et une grande misère : elle ne possède pas en effet les vrais biens de l'âme. Cette sagesse n'est pas vraie qui, soit qu'elle discerne avec prudence ou agisse avec fermeté, soit qu'elle réprime avec modération ou distribue avec justice, ne porte pas sa pensée vers la fin suprême, où Dieu sera tout en tous dans la certitude de l'éternité et la perfection de la paix.

XXI. C'est donc ici le lieu de m'acquitter, avec toute la brièveté et toute la clarté possible, de mon ancienne promesse, en démontrant qu'aux termes des définitions que Scipion emploie dans le traité *De la République* de Cicéron, il n'y eut jamais une république romaine. Il définit la République en un mot : la chose du peuple[33]. Si cette définition est vraie, il n'y eut jamais une république romaine ; car l'ordre

33. Cicéron, *De republica*, I 25-29.

politique de Rome ne fut jamais la chose du peuple, définition exacte de la république, suivant Scipion. Car il a défini le peuple, une association nombreuse qui repose sur la sanction d'un droit consenti et sur la communauté d'intérêts. Ce qu'il entend par droit consenti, il l'explique dans la discussion, quand il montre que la république ne peut être gouvernée sans la justice ; donc où il n'y a pas une véritable justice, le droit ne peut être. Car ce qui se fait avec droit, se fait avec justice ; et ce qui se fait sans justice ne peut se faire avec droit. Il ne faut pas en effet appeler droits, ni considérer comme droits les iniques institutions des hommes. Ne disent-ils pas eux-mêmes que le droit, c'est ce qui dérive de la source de la justice ? Et ne rejettent-ils pas comme une erreur cette opinion qui place le droit dans l'intérêt du plus fort ? Ainsi donc, où il n'y a pas véritable justice, il ne peut y avoir association d'hommes sous un droit consenti ; et partant il n'y a point peuple, suivant la définition de Scipion ou de Cicéron ; et s'il n'y a point peuple, il n'y a pas non plus « chose » du peuple, mais d'une multitude quelconque qui ne mérite pas le nom de peuple. Par conséquent, si la république est la chose du peuple, et s'il n'y a point peuple quand il n'y a pas association sous un droit consenti (or il n'y a pas droit où il n'y a pas justice), il suit indubitablement qu'où il n'y a pas justice, il n'y a pas république. Or la justice est cette vertu qui rend à chacun ce qui lui appartient. Quelle est donc cette justice de l'homme, qui dérobe l'homme même au vrai Dieu pour l'asservir aux esprits impurs ? Est-ce là rendre à chacun ce qui lui appartient ? L'homme qui ravit un fonds à celui qui l'a acheté pour le livrer à un autre qui n'y a aucun droit, est injuste ; et l'homme qui se soustrait lui-même à la puissance de Dieu, son créateur, pour se faire l'esclave des esprits de malice, est-il juste ?

Or, dans ces mêmes livres *De la République*, une discussion s'établit, vive et forte, pour la justice contre l'injustice. Et comme on avait pris auparavant le parti de l'injustice contre la justice en alléguant qu'une république ne peut subsister et s'étendre que par l'injustice, on présentait comme un argument très puissant ce principe : qu'il est injuste que l'homme soit asservi à la domination de l'homme, injustice qu'une cité dominatrice, dont l'empire est étendu, embrasse nécessairement, si elle veut commander à ses provinces. Mais on répond, au nom de la justice, que cela est juste, parce que la servitude est utile aux hommes asservis, qu'elle est à leur avantage quand le droit écarte l'abus, c'est-à-dire quand la licence de nuire est retirée au méchant ; qu'enfin cette dépendance leur sera d'autant plus salutaire, que l'indépendance leur était plus funeste. À l'appui de cet argument, un bel exemple emprunté pour ainsi dire à la nature était invoqué, et l'on disait : « Pourquoi donc Dieu commande-t-il à l'homme, l'âme au corps, la raison à la passion et aux autres parties vicieuses de l'âme ? » Exemple qui nous montre assez clairement que la servitude est utile à quelques-uns, mais que de servir Dieu est utile à tous. Or, l'âme soumise à Dieu a droit de commander au corps, et, dans l'âme, la raison soumise à Dieu a droit de commander à la passion et aux autres vices. Aussi, quand l'homme ne sert pas Dieu, quelle justice peut être dans l'homme ? Puisque, n'étant pas soumise à Dieu, l'âme ne peut exercer justement aucune autorité sur le corps, la raison humaine sur les vices. Et si dans l'homme individuel, il n'est alors aucune justice, quelle justice peut être dans une association d'hommes qui se compose d'individus semblables ? Il n'y a donc pas là ce droit reconnu qui fait d'une multitude d'hommes un peuple, et de leur chose une république. Que dirai-je de cet intérêt commun sur lequel la définition précédente fonde toute association du peuple ? Car enfin, quel peut être l'intérêt véritable de ceux qui vivent dans l'impiété, comme vit quiconque trahit le service de Dieu pour celui des démons, monstres d'impiété d'autant plus pervers qu'ils veulent, esprits impurs, qu'on leur sacrifie comme à des dieux ? Or, ce que j'ai dit du droit reconnu suffit pour montrer qu'aux termes de la définition, il n'y a ni peuples, ni république où il n'y a pas justice. Soutiendra-t-on que ce n'est pas à d'immondes esprits, mais à des dieux bons et saints que les Romains, dans la république, ont adressé leur hommage ? Alors il faut redire ce que j'ai déjà dit et surabondamment développé. Mais quel lecteur, venu jusqu'ici à travers les précédents Livres de cet ouvrage, douterait encore de la perversité et de l'infamie des démons que Rome a servis, s'il n'est lui-même stupide jusqu'au prodige, ou contentieux jusqu'à l'impudence ? Or, pour ne pas redire quels étaient ces dieux honorés par des sacrifices, je ne veux que rappeler cette parole écrite dans la loi du vrai Dieu : « Quiconque sacrifiera à d'autres dieux que le Seigneur, sera exterminé[34]. » Il interdit donc tout sacrifice en l'honneur des dieux, bons ou mauvais, celui qui publie ce commandement avec une si terrible menace.

XXII. Mais, peut-on répondre, quel est ce Dieu, et quelle est la preuve qu'il méritait seul, et à l'exclusion de tous les autres dieux, le culte et les sacrifices des Romains ? La cécité est profonde qui cherche encore quel est ce Dieu. C'est le Dieu même dont les prophètes ont prédit ce que nous voyons ; c'est le Dieu de qui Abraham reçut cette réponse : « En ta race, toutes les nations seront bénies. » Et cela s'accomplit dans le Christ qui est issu d'Abraham selon la chair ; et cet accomplissement, les ennemis obstinés du nom du Christ, bon gré, mal gré, le reconnaissent. C'est le Dieu de qui l'Esprit saint a parlé par la bouche de ceux dont j'ai précédemment cité les prédictions accomplies dans l'Église que nous voyons répandue sur la terre. C'est le Dieu que le plus savant des Romains, Varron, croit être Jupiter, quoiqu'il ignore ce qu'il dise ; et néanmoins je rapporte son opinion parce qu'il est impossible qu'un homme d'une si vaste érudition ait pensé ou que ce Dieu ne fût pas ou qu'il fût méprisable. Il l'a donc confondu avec celui qu'il prenait pour le souverain des dieux. Enfin c'est le Dieu que le plus savant des philosophes, quoique le plus ardent ennemi des chrétiens, Porphyre, reconnaît être un grand Dieu, d'après les oracles mêmes de ceux qu'il croit des dieux.

XXIII. Car, dans son ouvrage de la *Philosophie des Oracles*, pour me servir de ses propres expressions, telles

34. Is 22, 20.

qu'elles ont été traduites du grec en latin (ἐκ λογίων φιλοσοφίας), dans ce recueil des prétendues réponses divines sur des questions qui intéressent la philosophie[c], Porphyre raconte ceci : « Quelqu'un, dit-il, demandant quel Dieu il devait se rendre propice pour retirer sa femme du christianisme, Apollon lui répondit en ces vers : Il te serait peut-être plus facile de tracer des caractères sur l'eau, ou bien, ouvrant au souffle de la brise tes ailes légères, de voler comme l'oiseau par les airs, que de guérir la raison de ta femme prostituée à l'impiété. Laisse-la donc, obstinée dans ces vaines erreurs, célébrer, suivant de faux et d'abominables rites, les funérailles de ce Dieu mort, condamné par d'équitables juges, et livré publiquement au plus ignominieux des supplices[35]. » Et, après ces vers d'Apollon, traduits librement en prose latine, Porphyre ajoute : « Cet oracle dévoile l'erreur de leur incurable préjugé, quand il dit : les juifs mieux que ceux-ci savent honorer Dieu. » Et voilà qu'insultant le Christ, il préfère les juifs aux chrétiens, lorsqu'il accorde aux juifs de savoir honorer Dieu. Car c'est ainsi qu'il explique l'oracle où Apollon déclare le Christ mis à mort par des juges équitables, c'est-à-dire que la justice du jugement aurait prononcé une peine méritée ! Je laisse ces odieuses paroles sur le Christ à l'oracle menteur d'Apollon. À ce sophiste, d'y croire, peut-être même de le supposer ; mais comment s'accorde-t-il avec lui-même, ou comment accorde-t-il ces oracles entre eux, c'est ce que nous verrons plus tard. Il prétend donc que les juifs, comme vrais adorateurs de Dieu, ont prononcé sur le Christ une juste sentence, en décernant contre lui la mort la plus cruelle ; mais ce Dieu des juifs auquel il rend témoignage, que ne l'écoute-t-il alors qu'il dit : « Quiconque sacrifiera à d'autres dieux que le Seigneur sera exterminé. » Venons-en à des aveux encore plus manifestes, écoutons-le proclamer la grandeur du Dieu des

c. Dans ce livre, un de ses premiers ouvrages, dont il ne reste que des fragments, Porphyre met le christianisme en contradiction avec les Écritures hébraïques. Plus tard, il écrira un *Contre les chrétiens*. Sur Porphyre, voir Livre VIII, note a, page 343.

35. Porphyre, *Philosophie des Oracles*, III.

juifs. « Apollon, dit-il, interrogé, lequel l'emporte, le Verbe, c'est-à-dire la raison, ou la Loi ; répond en ces vers que je choisis entre les autres : « C'est le Dieu, générateur et roi avant toutes choses, Dieu devant lequel tremblent le ciel et la terre, la mer et les secrets abîmes de l'enfer ; devant lui les divinités mêmes frémissent d'épouvante. Père souverain, les saints Hébreux, dont il est la loi, l'honorent religieusement. » Ainsi, sur la foi de l'oracle d'Apollon son dieu, Porphyre reconnaît donc que ce Dieu des Hébreux est si grand qu'il fait trembler les dieux mêmes. Or, ce Dieu déclare : « Quiconque sacrifiera aux dieux sera exterminé ! » et je m'étonne que Porphyre n'ait pas tremblé sous une telle menace, sacrifiant aux dieux sans crainte d'être exterminé ?

Ce philosophe dit aussi du bien du Christ, oubliant sans doute les paroles injurieuses que nous venons de citer, ou comme si ces dieux, dans leur sommeil, eussent outragé le Christ, et à leur réveil, reconnaissant sa vertu, l'eussent comblé de justes éloges. Et puis, comme s'il allait publier quelque merveille incroyable : « Ce que je vais dire paraîtra sans doute à plusieurs contre toute attente. Car les dieux ont déclaré que le Christ était un homme très pieux, et qu'il est devenu immortel ; ils lui gardent le souvenir le plus flatteur. Quant aux chrétiens, dit-il, le témoignage des dieux les déclare souillés, infâmes, enlacés dans les filets de l'erreur. » Ici il ajoute d'autres imprécations qu'il suppose être les oracles des dieux. « Quant au Christ, dit-il, interrogé, s'il est Dieu, Hécate répond : Où va l'âme immortelle au sortir du corps ? tu le sais. — A-t-elle rompu avec la sagesse ? elle est toujours errante. Celle dont tu me parles est l'âme du plus religieux des hommes, mais ceux qui l'honorent se sont aliénés la vérité. » Puis, prêtant à l'oracle ses propres pensées : « La déesse, ajoute Porphyre, le déclare donc le plus religieux des hommes ; elle déclare aussi qu'après sa mort son âme, comme celle des autres justes, a été douée de l'immortalité, mais que c'est aux chrétiens une erreur de l'adorer. — Pourquoi donc a-t-il été condamné ? et la déesse répond par son oracle : Le corps est toujours exposé à l'épreuve des tortures ; mais l'âme des justes réside en paix aux célestes demeures.

Or, pour les autres âmes à qui les destins n'ont pas permis d'obtenir les faveurs des dieux ni la connaissance de Jupiter immortel, l'âme de cet homme a été comme une fatalité d'erreur. Elles sont donc détestées des dieux, puisque fatalement déshéritées de leur faveur et de la connaissance de Jupiter immortel, cet homme a exercé sur elles ce fatal empire. Quant à lui, c'est un juste, admis au ciel dans la société des justes. Garde-toi donc de te répandre en imprécations contre lui, prends pitié de la démence des hommes ; le péril qu'il leur présente a une pente si rapide ! »

Qui est assez insensé pour ne pas voir, ou que ces oracles sont une invention de ce perfide et implacable ennemi des chrétiens, ou qu'ils ont été rendus à mêmes fins par les démons impurs, afin d'autoriser des louanges qu'ils donnent au Christ le blâme qu'ils déversent sur les chrétiens, fermant ainsi la voie du salut éternel où l'on n'entre que par le christianisme ? Habiles dans cet art de nuire qui sait se plier à mille formes, il ne répugne pas à leurs yeux, que, d'une part, on croie aux louanges qu'ils donnent au Christ, et, d'autre part, au blâme dont ils poursuivent les chrétiens ; ils consentent que sur la foi de leur parole on loue le Christ, pourvu que ces éloges n'entraînent pas la volonté d'être chrétien ; qu'on loue le Christ, mais que ces éloges n'entraînent pas la délivrance de l'homme par le Christ. Et puis, à leur manière de louer le Christ, quiconque croirait en lui, d'après leur témoignage, loin d'être un vrai chrétien, ne serait qu'un hérétique, partisan de Photin[d], reconnaissant en Jésus-Christ l'homme et non le Dieu, et partant, étranger au bienfait de la rédemption et incapable de fuir ou de rompre les filets des esprits de mensonge. Mais pour nous, nous fermons également l'oreille au blâme d'Apollon et aux louanges d'Hécate. L'un veut flétrir la justice du Christ en proclamant la sagesse des juges qui le condamnent ; l'autre reconnaît sa justice, mais ne montre en lui que l'homme ; et tous deux n'ont qu'un but, celui de détourner les hommes du christianisme, qui seul

d. Photin, évêque de Smyrne, qui ne reconnut pas la divinité de la personne du Christ, fut condamné en 301.

peut les arracher à la puissance des ténèbres. Que ce philosophe, ou plutôt ceux qui ajoutent foi à ces prétendus oracles contre les chrétiens, accordent donc ensemble, s'ils peuvent, Apollon et Hécate ; que tous deux louent le Christ ou que tous deux le condamnent. Et cet accord fût-il possible, ces perfides démons, accusateurs ou panégyristes du Christ, nous ne saurions pas moins les éviter. Mais quand ce dieu et cette déesse se contredisent sur le Christ, que l'un blâme, que l'autre loue, croira-t-on, pour peu que l'on ait de sens, aux calomnies qu'ils répandent sur les chrétiens ?

En louant le Christ, Porphyre (ou Hécate) prétend qu'il est pour les chrétiens une fatalité d'erreur ; fatalité dont il développe les causes à sa fantaisie. Mais avant de les énumérer d'après ses propres paroles, dès l'abord je demande : Si le Christ est pour les chrétiens une fatalité d'erreur, l'est-il volontairement ou sans le vouloir ? S'il l'a voulu, comment est-il juste ? S'il ne l'a pas voulu, comment est-il heureux ? Mais écoutons Porphyre : « Il y a, dit-il, en certain lieu, d'imperceptibles esprits terrestres soumis au pouvoir des mauvais génies. Les sages hébreux, et parmi eux ce même Jésus, suivant les oracles précités d'Apollon, détournaient les justes de ces génies pervers, de ces esprits inférieurs ; et, rejetant ce commerce adultère, leur commandaient d'élever plutôt leur hommage aux dieux du ciel et surtout à Dieu le Père. Tel est, dit-il, le commandement des dieux mêmes, et nous avons déjà montré comment ils nous enseignent à tourner notre esprit vers Dieu, comment ils nous ordonnent de l'adorer partout. Or les ignorants et les natures impies, déshéritées, fatalement, il est vrai, de la faveur des dieux et de la connaissance de Jupiter immortel, n'écoutant ni les dieux ni les hommes divins, ont répudié tous les dieux ; et, loin de haïr les démons, leur accordent une vénération prohibée. Ils feignent de servir Dieu, et cela seul par quoi on l'adore, ils ne le font pas. Père de tout bien, en effet, Dieu a-t-il besoin de rien ? Mais ce nous est un bien de l'adorer par la justice, par la chasteté, par les autres vertus, et de faire de notre vie une continuelle prière dans l'imitation de ses perfections et la recherche de sa vérité. Car, ajoute-t-il, cette recherche purifie, et l'imitation déifie en élevant notre amour jusqu'à lui. » Il rend, j'en conviens, un hommage vrai à Dieu le Père, et à cette innocence de mœurs qui est le vrai culte de Dieu. Les livres prophétiques des Hébreux sont remplis de ces préceptes, soit qu'ils blâment, soit qu'ils louent la vie des saints. Mais à l'égard des chrétiens, il se trompe ou calomnie autant qu'il plaît à ces démons qu'il prend pour des dieux, comme s'il était difficile à chacun de se rappeler quelles horreurs, quelles infamies se passaient sur la scène et dans les temples en l'honneur de ces dieux, et de considérer ce qui se lit, ce qui se dit, ce qui s'entend dans les Églises, quelle victime est offerte au vrai Dieu, pour conclure de là où est l'édification, où la ruine des mœurs. Et quel autre que l'esprit de malice dit, ou inspire à cet homme ce mensonge si ridicule, si évident, à savoir : que ces démons, dont les Hébreux défendent le culte, sont aux chrétiens plutôt un objet de vénération que de haine. Mais ce Dieu, que les sages hébreux ont adoré, défend de sacrifier même aux saints anges du ciel et aux vertus de Dieu, bienheureux habitants de la cité sainte qui, en ce lieu d'exil où nous voyageons, ont notre vénération et notre amour. Car dans la loi donnée au peuple élu, cette terrible menace retentit comme le tonnerre : « Quiconque sacrifiera aux dieux sera exterminé. » Et de peur que l'on ne s'imagine que c'est aux génies malfaisants, aux esprits terrestres et inférieurs, qu'il défend d'offrir des sacrifices, car eux-mêmes dans les Écritures sont appelés dieux ; témoin ce verset du Psaume, selon la version des Septante : « Tous les dieux des Gentils sont des démons[36] », de peur que l'on ne s'imagine que la défense de sacrifier aux démons n'entraîne pas celle de sacrifier aux esprits célestes, ou du moins à quelques-uns d'entre eux, l'Écriture ajoute : « Si ce n'est pas au Seigneur seul » : *nisi domino soli*. Quant à l'erreur, qui sur cette expression (*soli*), ferait croire que le soleil est le Seigneur à qui l'on doit sacrifier, la lecture du texte grec peut aisément la prévenir.

Ainsi ce Dieu, auquel un si grand philosophe rend lui-même un si glorieux témoignage, le Dieu des Hébreux a

36. Ps 95, 5.

donné au peuple hébreu, son peuple, une loi écrite en langue hébraïque ; cette loi n'est ni obscure, ni inconnue ; elle est déjà répandue chez tous les peuples, portant au loin cette parole : « Quiconque sacrifiera à d'autres dieux que le Seigneur sera exterminé. » Qu'est-il besoin de chercher, dans cette loi ou dans les prophètes, d'autres passages à ce sujet ? Mais que dis-je ! chercher ? ces textes ne sont ni obscurs, ni rares ; ils sont clairs, ils sont fréquents : il ne s'agit que de les recueillir, et de les insérer dans cette discussion, afin que la preuve ressorte plus claire que le jour, qu'à tout autre que lui, le Dieu véritablement souverain défend de sacrifier. Voici un oracle court, mais imposant, mais terrible, mais vrai ; l'oracle de ce Dieu même que les plus savants du paganisme exaltent si haut : cette menaçante parole, il faut l'écouter, il faut la craindre, il faut l'accomplir, si l'on ne veut que l'extermination suive la désobéissance : « Quiconque sacrifiera à d'autres dieux que le Seigneur sera exterminé » ; non qu'il ait besoin de rien qui soit à nous, mais c'est pour nous un bien que nous soyons à lui.

Aussi, nous redisons avec les saintes Lettres des Hébreux : « J'ai dit au Seigneur, tu es mon Dieu ; car tu n'as pas besoin de mes biens[37]. » Or, le plus glorieux, le plus excellent sacrifice à lui offrir, c'est nous-mêmes ; nous, sa cité, dont nous célébrons le mystère dans nos offrandes connues des fidèles, comme nous l'avons dit aux Livres précédents. Car les victimes devaient cesser, que les juifs immolaient en figure de l'avenir ; du levant au couchant, un seul sacrifice allait s'offrir chez tous les peuples, nous en sommes aujourd'hui témoins ; et telle a été la promesse des divins oracles si souvent répétés par les prophètes hébreux[38]. Nous avons recueilli quelques-uns de ces témoignages, suivant une juste mesure, pour les semer dans le cours de cet ouvrage. Ainsi donc, où n'existe pas une justice, telle que, selon sa grâce, Dieu exerce sur la cité obéissante un empire unique et souverain, recevant seul l'hommage du sacrifice ; qu'en consé-

37. Ps 15, 2 ;
38. Livre XVIII, 35 ;

quence, dans tous les hommes appartenant à la même cité et soumis à Dieu, l'âme commande au corps et la raison aux vices, selon la foi et l'ordre légitime, en sorte que, semblable à un seul juste, une association et un peuple de justes vive de la foi qui agit par l'amour, cet amour dont l'homme aime Dieu comme Dieu doit être aimé, et le prochain comme soi-même ; où n'existe pas une telle justice, il n'y a pas association d'hommes sous un droit consenti et dans une vraie communauté d'intérêts, et partant il n'y a pas peuple, aux termes de la définition : il n'y a donc pas non plus république ; car la chose du peuple ne saurait être où le peuple n'est pas.

XXIV. Si au lieu de cette définition, l'on en choisit une autre, celle-ci par exemple : Le peuple est l'association d'une multitude raisonnable unie dans la paisible et commune possession de ce qu'elle aime ; assurément pour connaître chaque peuple il faut considérer ce qu'il aime. Toutefois, quoi qu'il aime, s'il y a là réunion de créatures raisonnables et non de bêtes ; multitude associée dans la commune et paisible possession de ce qu'elle aime, le nom de peuple lui appartient légitimement, peuple d'autant plus excellent que l'intérêt qui l'unit est plus noble, ou d'autant plus dégradé que cet intérêt est plus infime. Suivant cette définition qui est la nôtre, le peuple romain est un peuple, et l'État de Rome est sans doute une république. Mais, dès les premiers temps et aux époques suivantes, quelle est la passion de ce peuple ; quelle corruption le livre en proie aux plus sanglantes séditions pour l'amener aux guerres sociales et civiles, brisant et dispersant le joug de la concorde, qui est, pour ainsi dire, le salut du peuple ; l'histoire l'atteste, et nous nous sommes étendus sur ce sujet dans les Livres précédents. Refuserai-je toutefois à ce peuple le nom de peuple, et à son gouvernement le nom de république, tant que subsiste une réunion quelconque d'individus raisonnables, associée dans la commune et paisible possession de ce qu'elle aime ? Or évidemment ce que je dis de ce peuple et de cette république, je le dis et je l'entends des Athéniens et de tous les Grecs, de l'Égypte et de l'antique Babylone, ou de tout autre empire, dans les différentes vicissitudes de leur domination. Car, en général, rebelle à Dieu qui commande de ne sacrifier qu'à lui seul, et refusant cette obéissance qui maintient, selon la rectitude et la foi, l'autorité de l'âme sur le corps, et de la raison sur les vices, la cité des impies ne possède pas la vérité de la justice.

XXV. En effet, quelque louable empire que l'âme semble exercer sur le corps et la raison sur les vices, si l'âme et la raison ne rendent pas à Dieu l'hommage de servitude qu'il commande, cet empire sur le corps et les vices n'est pas selon la rectitude. Eh ! quel frein peut imposer à son corps et à ses vices, l'âme ignorante du vrai Dieu, qui se dérobe à son empire pour se prostituer aux abominables embrassements des démons ? Aussi les vertus qu'elle croit avoir, ces rênes, dont elle gouverne son corps et ces instincts, soit pour atteindre, soit pour retenir ces vertus mêmes, si elle ne les rapporte à Dieu, sont plutôt des vices que des vertus ; car bien qu'aux yeux de plusieurs, elles semblent légitimes et vraies, quand elles ne recherchent qu'elles-mêmes et ne se rapportent qu'à elles-mêmes, cependant elles ne sont plus qu'enflure et superbe : donc elles ne sont pas des vertus, mais des vices. Car ce principe n'est pas de la chair, mais au-dessus d'elle, qui fait vivre la chair ; ainsi le principe n'est pas de l'homme, mais au-dessus de l'homme, qui fait vivre l'homme dans la béatitude, et non pas l'homme seul, mais encore toute puissance et toute vertu céleste.

XXVI. Ainsi, l'âme est la vie du corps, et Dieu est la vie bienheureuse de l'homme : « Heureux, s'écrient les saintes Lettres des Hébreux, heureux le peuple dont le Seigneur est le Dieu[39]. » Malheur donc au peuple détourné de ce Dieu ! Et cependant il aime une certaine paix qu'il ne faut point réprouver ; paix qui est à lui ; paix dont il ne jouira pas à la fin, parce qu'il n'en use pas bien avant la fin. Mais qu'il en jouisse en cette vie, c'est notre intérêt à nous-mêmes ; car, tant que les deux cités sont mêlées ensemble, nous profitons

39. Ps 143, 15.

aussi de la paix de Babylone ; Babylone, dont le peuple de Dieu est si complètement affranchi par la foi, qu'il n'y fait que passer comme voyageur. C'est pourquoi l'apôtre avertit l'Église de prier pour les rois et les puissants, « afin, dit-il, que notre vie s'écoule paisible et tranquille en toute piété et charité[40]. » Et quand le prophète Jérémie annonçant à l'ancien peuple d'Israël sa captivité prochaine, lui commande, au nom de Dieu, d'aller sans murmure en Babylone, et d'offrir à son Dieu cet hommage de patience, il l'engage à prier aussi pour cette Babylone ; « car, dit-il, dans sa paix est votre paix[41] » ; cette paix temporelle, commune aux bons et aux méchants.

XXVII. Or la paix qui nous est propre, nous l'avons avec Dieu, dès ici-bas par la foi, et nous l'aurons avec lui dans l'éternité par la claire vue. Mais ici la paix, soit la nôtre, soit celle de tous, est plutôt la consolation de la misère que la joie de la béatitude. Notre justice elle-même, quoique vraie en tant qu'elle se rapporte à la véritable fin du bien, ne va jamais si loin en cette vie, qu'elle ne consiste plutôt dans la rémission des péchés que dans la perfection des vertus. Témoin la prière de toute la cité de Dieu sur cette terre de pèlerinage. C'est par la voix de tous ses membres qu'elle crie à Dieu : « Remets-nous nos dettes, comme nous remettons nous-mêmes à nos débiteurs[42]. » Prières stériles pour ceux dont la foi sans œuvres est une foi morte[43], mais puissante pour ceux dont la foi opère par l'amour[44]. En effet, bien que soumise à Dieu, la raison néanmoins dans cette condition mortelle, sous cette chair corruptible qui appesantit l'âme, n'obtient pas sur les vices un empire absolu, et c'est pourquoi une telle prière est nécessaire aux justes. Car assurément l'on commande aux vices, mais pour leur commander, il faut toujours combattre. Et puis, au cœur le plus

40. 2 Tm 2, 2 ;
41. Jr 29, 7 ;
42. Mt 6, 12 ;
43. Jc 2, 26 ;
44. Ga 5, 6.

fort, celui qui a vaincu et qui domine ces ennemis intérieurs, ne se glisse-t-il pas, en ce lieu d'infirmité, je ne sais quel instinct par où l'homme pèche ; si ce n'est par l'action moins facile à déterminer, c'est par la parole mobile comme l'onde, c'est par la pensée qui a des ailes. Aussi, tant que l'on règne sur les vices, on n'a pas la plénitude de la paix ; car ils résistent, et la victoire s'achète par de périlleux combats. Ceux mêmes que l'on a vaincus ne laissent pas la sécurité dans le triomphe, ils réclament encore pour être comprimés l'inquiète vigilance du vainqueur. Au milieu de toutes ces tentations, dont la sainte Écriture a dit en un mot : « N'est-ce pas une continuelle tentation que la vie de l'homme sur la terre[45] ? », qui présumerait assez de lui-même pour s'imaginer qu'il n'a pas besoin de dire à Dieu : « Remets-nous nos dettes ? » Qui ? sinon l'homme superbe. Et cet homme, il n'est pas grand ; il n'est que vent et enflure, et c'est avec justice que Dieu lui résiste, qui répand sa grâce sur les humbles. « Dieu, dit l'Écriture, résiste aux superbes et donne sa grâce aux humbles[46]. » Ici donc la justice en chacun, c'est que Dieu commande à l'homme obéissant, l'âme au corps, la raison aux vices rebelles, soit qu'elle les réduise, soit qu'elle leur résiste. C'est que l'on demande à Dieu même la grâce des bonnes œuvres, le pardon des fautes, et qu'on s'acquitte envers lui de ce tribut de reconnaissance dû à ses bienfaits. Mais, dans cette paix finale, objet et but de notre justice ici-bas, la nature, guérie par l'immortalité et l'incorruptibilité de ses instincts vicieux, n'élève contre nous, soit en nous-mêmes, soit de la part des autres, aucune résistance, et la raison n'a plus d'empire à exercer sur les vices qui ne seront plus. Mais Dieu commande à l'homme, l'âme au corps, et il y a dans l'obéissance autant de charme et de félicité que de béatitude dans la vie et la gloire. Et pour tous comme pour chacun, telle sera l'éternité, avec la certitude de cette éternité ; et c'est la paix de cette béatitude, ou la béatitude de cette paix qui sera le souverain bien.

45. Jb 7, 1.
46. Jc 4, 6.

XXVIII. Mais, au contraire, pour ceux qui n'appartiennent pas à cette cité de Dieu, ce sera l'éternité de la misère ou, selon la parole de l'Écriture, la seconde mort[47]. Car il n'y a plus là ni vie de l'âme, puisque l'âme devient étrangère à la vie de Dieu, ni vie du corps, puisque le corps est livré à d'éternelles douleurs. Et cette seconde mort est d'autant plus cruelle, qu'elle ne peut finir par la mort. Or comme la misère est opposée à la béatitude, la mort à la vie, et la guerre contraire à la paix, n'est-il pas intéressant d'opposer au souverain bien de la paix finale le mal souverain de la guerre finale ? Et d'abord considérons ce qu'il y a de funeste et de désastreux dans la guerre : tout se réduit néanmoins à la contrariété, à la lutte des choses entre elles. Et quelle guerre se peut imaginer plus acharnée et plus cruelle que celle où la volonté est aux prises avec la passion et la passion avec la volonté, sans que la victoire de l'une ou de l'autre vienne mettre fin à de telles inimitiés ; la douleur ne se lassant pas de livrer les plus violents assauts à la nature, qui ne se lasse pas de lui résister ? Quand cette lutte s'engage ici-bas, ou la douleur triomphe, et la mort emporte tout sentiment, ou la victoire reste à la nature, et la santé chasse la douleur. Dans l'ordre futur, au contraire, la douleur est permanente pour torturer, et la nature invincible pour souffrir ; ni l'une ni l'autre ne s'épuise, afin que le supplice ne s'épuise jamais. C'est à ce bien souverain, c'est à ce mal souverain, l'un à rechercher, l'autre à fuir, que les bons d'une part, les méchants de l'autre passeront au dernier jugement : et ce jugement est le sujet que je vais aborder avec l'aide de Dieu, dans le Livre suivant.

47. Ap 2, 11 ; 20, 6.

Livre XX
Le jugement dernier

Abordant le terme de l'une et l'autre cité, et donc les derniers temps et le jugement final, Augustin observe d'abord que nulle époque depuis le commencement du monde n'a été, quoi qu'en disent les hommes, soustraite aux jugements de Dieu. Le jugement final est donc à replacer dans une série continue, en dépit du sentiment qui peut nous assaillir, à voir le bonheur des méchants et le malheur des justes, que Dieu ne juge pas et que « tout est vanité », comme le dit l'Ecclésiaste.

Augustin passe ensuite en revue et commente les témoignages des Écritures sur le jugement dernier, commençant par ceux du Nouveau Testament (d'abord les Évangiles, ensuite l'Apocalypse de Jean, enfin les autres écrits apostoliques) puis ceux de l'Ancien Testament (Prophètes, puis Psaumes), appelés à conforter ceux du Nouveau. Les témoignages de l'Ancien Testament qui forment la seconde partie du Livre XX à partir du chapitre 21, puisqu'ils annoncent le Jour du Seigneur et ne disent pas clairement que le jugement se fera « par le Christ », donnent lieu à une lecture christologique appuyée sur maintes allusions au rôle du Messie dans le jugement chez Malachie ou Zacharie par exemple.

Le centre du Livre est consacré à établir une juste interprétation du « règne de mille ans », le millenium *qui troublait les esprits à l'époque d'Augustin, et à celle du rôle de l'Antéchrist. De même que dans son Évangile, Jean distingue la première résurrection, spirituelle, de la résurrection des morts à la fin des temps, de même ce serait une illusion d'interpréter la première résurrection dont parle le chapitre 20 de l'Apocalypse, le règne de mille ans, comme une résurrection corporelle. Le temps qui court entre les deux résurrections n'est pas un temps de délices et de triomphe anticipé, mais un temps de combat et d'incertitude au long duquel le diable cherche à séduire les nations et s'insinue parfois jusque dans l'Église. Le commentaire du chapitre 20 de l'Apocalypse permet de relier le dernier jugement aux temps qui le précèdent et de préparer les croyants aux persécutions plutôt qu'à des triomphes temporels.*

Ce Livre qui se présente à première vue comme une anthologie de textes commentés manifeste que l'attente du jugement et de la Jérusalem céleste est première dans la pensée d'Augustin et relativise ainsi toute idée d'« établissement » en ce monde que le terme de cité et la perspective historique auraient pu suggérer au cours des Livres précédents. En même temps, il représente un effort pour relier le concept du jugement aux combats de l'Église de ce temps et élabore une vision sociale et communautaire du salut : les saints sont associés au jugement et au règne du Christ, « ils sont prêtres de Dieu et de Jésus-Christ et régneront mille ans avec lui ».

LIVRE VINGTIÈME

I. Je vais maintenant, avec la grâce de Dieu, parler du jour du dernier jugement, et pour l'établir contre l'incrédulité des impies, poser d'abord la pierre fondamentale des témoignages divins. Ceux qui ne veulent pas y croire, ne leur opposent que de misérables raisonnements humains faux et trompeurs : ils contestent le sens reconnu des témoignages empruntés aux saintes Lettres, ou ils leur refusent toute autorité divine. Car assurément, il n'existe pas un homme, prenant ces textes dans leur vrai sens, et persuadé que les âmes saintes dont ils émanent étaient les interprètes du Dieu de vérité, qui ne leur donne enfin son adhésion ; soit qu'il le confesse de bouche, ou que, retenu par certains vices, il rougisse ou craigne de le confesser, soit que par une opiniâtreté qui ressemble au délire, il s'acharne même à défendre ce qu'il sait et croit être faux, contre ce qu'il sait et croit être vrai.

Donc l'avènement futur du Christ qui doit descendre du ciel pour juger les vivants et les morts[1], cet avènement confessé et professé par toute l'Église du vrai Dieu, c'est ce que nous appelons le dernier jour du jugement divin, c'est-à-dire la fin des temps. Car combien de jours doit durer ce jugement ? Cela est incertain ; mais, suivant son langage accoutumé, l'Écriture se sert de « jour » au lieu de « temps » ; locution que la lecture même la plus négligente des saints

1. 2 Tm 4, 1.

Livres ne permet pas d'ignorer. Or, lorsque nous parlons du jour du jugement de Dieu, nous ajoutons « le dernier » ou « le jour final », parce que, dès aujourd'hui même il juge, et que dès le commencement du genre humain il a jugé, quand il chassa du Paradis et sépara de l'arbre de vie les premiers hommes coupables d'un grand péché ? Que dis-je ? Quand il condamna les anges prévaricateurs dont le prince, séducteur lui-même, séduisit l'homme par jalousie, Dieu n'a-t-il pas jugé ? Et ce n'est pas sans un juste et profond jugement de Dieu que, dans les régions de !'air ou sur la terre, la vie des démons et des hommes est si misérable, si remplie d'erreurs et d'angoisses. Et si nul ṇ'eût péché, ce ne serait pas non plus sans un saint et équitable jugement que la créature raisonnable demeurerait unie au Seigneur par les liens d'une éternelle félicité. Et Dieu ne se contente pas de prononcer sur les démons et sur les hommes un jugement général qui les condamne à la misère à cause du péché du premier ange et du premier homme ; mais il juge chacun sur ses œuvres propres, imputables à son libre arbitre. Car les démons le prient de ne pas les tourmenter ; et c'est avec justice qu'il les épargne ou qu'il mesure leurs supplices à leur perversité. Et les hommes subissent en raison de leurs crimes, d'ordinaire publiquement, toujours du moins en secret, un châtiment divin, soit en cette vie, soit après la mort ; et cependant nul homme ne fait le bien, s'il n'est soutenu de l'assistance divine ; nul démon, nul homme ne fait le mal, si Dieu, dans sa profonde justice, ne lui en laisse la permission. « L'injustice n'est pas en Dieu », dit l'apôtre, et ailleurs : « Les jugements de Dieu sont impénétrables et ses voies incompréhensibles[2]. » Je ne discuterai donc pas en ce Livre des jugements de Dieu, à l'origine et au milieu des temps ; mais seulement, et avec le secours de sa grâce, du jugement final, quand Jésus-Christ viendra du ciel juger les vivants et les morts, véritable jour du jugement ; car alors il n'y aura plus lieu à ces plaintes aveugles sur la prospérité du méchant et le malheur du juste. Alors et dans une parfaite évidence, aux bons

2. Rm 9, 14 ; 11, 33.

seuls la véritable et pleine félicité, aux méchants seuls la misère infinie qu'ils méritent.

II. Maintenant, nous apprenons à souffrir avec patience les maux dont les bons ne sont pas exempts, et à ne pas faire grand état des biens qui ne sont pas refusés aux méchants. Ainsi dans les mystères mêmes de sa justice, Dieu cache un enseignement salutaire. Nous ne savons pas en effet par quel jugement de Dieu, ce juste est pauvre, et ce méchant est riche ; celui-ci, dans la joie, qui, selon nous, mériterait d'expier, par de cruelles douleurs, la corruption de ses mœurs ; celui-là dans la tristesse, à qui une vie exemplaire devrait assigner le bonheur pour récompense. Pourquoi les tribunaux humains, non contents de dénier à l'innocent l'arrêt qui le venge, prononcent encore la sentence qui le condamne. Qu'ainsi l'innocence succombe sous l'iniquité du juge ou sous le poids des faux témoignages ; et qu'au contraire le crime, son ennemi, se retire impuni, que dis-je, vainqueur et insultant : que l'impie jouisse de la santé, que le juste dépérisse de langueur ; que des hommes, dans la force de l'âge, vivent de rapine ; que d'autres, incapables d'un mot qui nuise, subissent les affres de différentes maladies ; que des enfants d'heureuse espérance soient enlevés par une mort prématurée, et que des êtres, à qui nous n'eussions pas permis de voir le jour, vivent et vivent très longtemps ; que l'infâme couvert de crimes, monte au faîte des honneurs, et que l'homme sans reproche demeure enseveli dans l'obscurité. Oui, pourquoi ? Contrastes étranges ! Qui pourrait tous les recueillir ? tous les énumérer ? Encore si cet ordre, en apparence absurde, offrait quelque constance, si dans cette vie où « l'homme, suivant l'expression du psalmiste, n'est rien que vanité et où ses jours passent comme l'ombre[3] », ces biens passagers et terrestres, ne tombaient en partage qu'aux méchants, si l'épreuve des maux n'était réservée qu'aux bons, on pourrait attribuer cette disposition à la justice de Dieu, tempérée par sa clémence, qui laisserait aux hommes

3. Ps 143, 4.

exclus à jamais de la possession heureuse des biens éternels, l'illusion ou la consolation des biens temporels, illusion à cause de leur malice ; consolation, à cause de sa miséricorde. Tandis que les hommes exempts des peines futures de l'éternité, trouveraient dans les afflictions présentes, le châtiment de leurs fautes ou l'épreuve de leurs vertus. Or comme aujourd'hui le mal est non seulement le lot des bons, mais encore le bien, celui des méchants, ce qui paraît injuste ; comme en outre le mal arrive souvent aux méchants et le bien aux bons, alors les jugements de Dieu n'en deviennent que plus impénétrables, et ses voies plus incompréhensibles. Donc, quoique nous ignorions par quel jugement Dieu veut ou permet qu'il en soit ainsi, Dieu en qui réside la souveraine vertu et la souveraine sagesse et la souveraine justice, sans la moindre trace d'infirmité, de témérité ou d'iniquité ; toutefois, il nous est salutaire d'apprendre à ne pas compter pour beaucoup les biens ou les maux que nous voyons être communs aux bons et aux méchants, à ne rechercher que les biens propres aux bons, à ne fuir que les maux propres aux méchants. Et quand nous serons arrivés à ce jugement de Dieu, dont le temps est proprement appelé le jour du jugement, et quelquefois le jour du Seigneur, les jugements de ce dernier jour et ceux du commencement et ceux qui seront encore prononcés jusqu'à la fin des temps, dévoileront tous leur justice profonde. Alors aussi il paraîtra combien est juste ce jugement de Dieu qui, presque toujours, dérobe au sens et à l'intelligence des mortels, le mystère de sa justice. Mais ce qui n'est pas un mystère pour la foi des âmes religieuses, il est juste que cela reste voilé.

III. Car le plus sage des rois d'Israël, qui régna dans Jérusalem, l'auteur du livre intitulé l'Ecclésiaste, que les juifs comprennent dans le canon des saintes Écritures, Salomon débute par ces paroles : « Vanité des vanités, dit l'Ecclésiaste ; vanité des vanités, et tout n'est que vanité. Que revient-il à l'homme de tout son travail, de ce travail qui le fatigue sous le soleil ? » Et rattachant tout à cette pensée, il représente les afflictions et les erreurs de cette vie, cette fuite du temps qui sans cesse se dérobe, ne laissant rien de solide, rien de stable à retenir ; et dans la vanité de toutes choses sous le soleil, ce qu'il déplore davantage, c'est que, malgré l'excellence de la sagesse sur la démence, comparable à l'excellence de la lumière sur les ténèbres, quoique les yeux du sage soient à sa tête, tandis que l'insensé marche dans la nuit, une même destinée cependant les menace tous en cette vie qui passe sous le soleil. Assurément il fait allusion à ces maux que nous voyons communs aux bons et aux méchants. Il dit encore que les bons souffrent comme s'ils étaient méchants et que les méchants prospèrent comme s'ils étaient bons ; voilà ses paroles : « Il est encore une vanité répandue sur la terre. L'on voit des justes qui paient pour l'œuvre des impies, et des impies qui reçoivent pour l'œuvre des justes. Je dis que c'est encore là une vanité[4]. » C'est à la peinture de cette vanité, dont il veut suffisamment nous convaincre, que le plus sage des hommes consacre tout son livre, sans doute pour nous inspirer le désir de cette autre vie où la vanité n'est plus sous le soleil, mais la vérité, sous celui qui a fait le soleil. Eh ! sans un juste jugement de Dieu, l'homme irait-il ainsi se dissiper dans sa vanité, devenu semblable à la vanité même ? Et cependant, en ces jours de vanité, il importe infiniment qu'il résiste ou qu'il cède à la vérité, qu'il demeure étranger ou non à la piété véritable, non pour obtenir les biens de cette vie ou pour en éviter les maux : vapeur légère qui s'évanouit ; mais par crainte du jugement à venir qui assignera aux bons les biens, aux méchants les maux qui ne doivent pas finir. Enfin, le sage termine son livre par cet enseignement : « Crains Dieu, et garde ses commandements ; c'est là tout l'homme. Car Dieu évoquera en jugement toutes les œuvres, celles même du plus méprisable, soit bonnes, soit mauvaises[5]. » Que peut-on dire de plus court, de plus vrai, de plus salutaire ? « Crains Dieu et garde ses commandements ; c'est là tout l'homme. » Oui, tout homme qui est, est cela : l'observateur

4. Qo 8, 14.
5. Qo 12, 13.

des commandements de Dieu ; et qui n'est pas cela, n'est rien. Car l'homme n'est pas réformé à l'image de la vérité, qui demeure semblable à la vanité. Or, « toute œuvre », dont l'homme est l'auteur en cette vie, « soit bonne, soit mauvaise, Dieu l'évoquera en jugement, l'œuvre même du plus méprisable », c'est-à-dire de celui qui paraît le plus méprisable, et par conséquent paraît le moins aux yeux des hommes ; mais il paraît aux yeux de Dieu qui ne détourne de lui ni ses regards, ni son jugement.

IV. Quant aux témoignages du dernier jugement de Dieu, que je me suis proposé de demander aux saintes Écritures, je les dois choisir d'abord dans les livres du Nouveau Testament, puis dans les livres de l'Ancien. Car, bien que le Vieux Testament ait la priorité de temps, le Nouveau a celle d'excellence ; le Vieux, en effet, n'est que l'introducteur du Nouveau. Nous commencerons donc par les témoignages nouveaux ; et pour les établir plus solidement, nous les appuierons sur les anciens. Le Vieux Testament comprend la loi et les Prophètes ; le Nouveau, l'Évangile et les Lettres des apôtres. Or l'apôtre dit : « Par la loi est venue la connaissance du péché. Mais aujourd'hui, sans la loi, la justice de Dieu se découvre, attestée néanmoins par la loi et les prophètes ; et elle se communique, par la foi en Jésus-Christ, à tous ceux qui croient[6]. » Or cette justice de Dieu appartient au Nouveau Testament et elle tire ses preuves de l'ancien, c'est-à-dire de la loi et des prophètes. Il faut donc poser d'abord le fait ; puis, donner audience aux témoins. Et c'est Jésus-Christ lui-même qui nous enseigne à observer cet ordre, quand il dit : « Tout docteur instruit dans le royaume de Dieu est semblable à un père de famille qui tire de son trésor des objets nouveaux et des objets anciens[7]. » Il ne dit pas « anciens et nouveaux » ; ce qu'il eût dit, s'il n'eût préféré l'ordre de l'excellence à l'ordre des temps.

6. Rm 3, 20-22.
7. Mt 13, 52.

V. Quand le Sauveur lui-même reprochait à plusieurs villes où il avait fait éclater sa puissance, leur incrédulité, et leur préférait les cités étrangères : « Je vous le déclare, disait-il, au jour du jugement, Tyr et Sidon seront traitées moins rigoureusement que vous[8]. » Et peu de temps après, il disait encore à une autre ville : « Je le déclare en vérité, la terre de Sodome sera traitée moins rigoureusement que toi[9]. » Il établit clairement par ces paroles l'avènement futur du jour du jugement. Et ailleurs : « Les hommes de Ninive, dit-il, se lèveront à l'heure du jugement contre cette génération pour la condamner ; car ils ont fait pénitence à la prédication de Jonas ; et quelqu'un est ici plus grand que Jonas. La reine du Midi se lèvera à l'heure du jugement contre cette génération pour la condamner ; car elle est venue des extrémités de la terre entendre la sagesse de Salomon ; et quelqu'un est ici plus grand que Salomon[10]. » Ce passage nous apprend deux vérités : la venue du jugement, et, à ce même instant, la résurrection des morts. Assurément, quand le Sauveur parlait ainsi des habitants de Ninive et de la reine du Midi, ils étaient morts, et toutefois les paroles précédentes témoignent qu'ils ressusciteront au jour du jugement. Et s'ils se lèvent « pour condamner », ce n'est pas en qualité de juges ; mais leur présence suffira pour justifier la condamnation des autres.

Parlant ailleurs du mélange actuel des bons et des méchants et de leur séparation future au dernier jour, le Seigneur propose la parabole d'un champ semé de bon grain où l'on répand ensuite de l'ivraie, et l'expliquant ensuite à ses disciples : « Celui qui sème la bonne semence, dit-il, c'est le Fils de l'homme ; le champ, c'est le monde ; le bon grain, ce sont les fils du royaume ; l'ivraie, les fils de perdition. L'ennemi qui l'a semé, c'est le diable ; la moisson, c'est la consommation du siècle ; les moissonneurs, ce sont les anges. Comme l'on ramasse l'ivraie pour la jeter au feu, il en sera de même à la consommation du siècle. Le Fils de l'Homme enverra ses anges ; ils retrancheront de son royaume tous les

8. Mt 11, 22.
9. Mt 11, 24.
10. Mt 12, 41.

scandales et tous les artisans d'iniquité, pour les précipiter dans la fournaise ardente : là, il n'y aura que pleurs et grincements de dents. Alors les justes resplendiront comme le soleil dans le royaume de leur Père. Entende, qui a des oreilles pour entendre[11] ! » Sans doute il ne nomme pas ici le jugement ou le jour du jugement, mais il l'exprime beaucoup plus clairement par les choses mêmes, et annonce qu'il arrivera à la fin du siècle.

« En vérité, dit-il encore à ses disciples, en vérité je vous le dis, vous qui m'avez suivi, au jour de la régénération, quand le Fils de l'Homme viendra s'asseoir sur le trône de sa majesté, vous siégerez aussi sur douze trônes, pour juger les douze tribus d'Israël[12]. » Nous apprenons ici que Jésus doit juger avec ses disciples. Aussi dit-il ailleurs aux juifs : « Si c'est au nom de Beelzébub que je chasse les démons, au nom de qui vos enfants les chassent-ils ? C'est pourquoi ils seront eux-mêmes vos juges[13]. » Et ce n'est pas que ces douze trônes dont il parle limitent à douze le nombre de ceux qui jugeront avec lui ; car le nombre douze est l'expression de la multitude des juges, à raison des deux parties du nombre sept, qui représente l'universalité ; et ces parties sont trois et quatre, qui, multipliés l'un par l'autre, égalent douze ; car trois fois quatre et quatre fois trois sont douze : sans préjudice de toute autre raison que peut figurer ici ce nombre douze. Autrement, comme Matthias fut élevé à l'apostolat à la place du traître Judas, il ne resterait donc à celui qui a plus travaillé que tous les autres, à l'apôtre Paul, aucun trône pour juger ? Et cependant il proclame assez haut qu'il sera lui-même, avec les saints, du nombre des juges, quand il dit : « Ne savez-vous pas que nous jugerons les anges[14] ? » Et c'est dans le même sens que le nombre douze est employé pour ceux qui doivent être jugés. Car de cette expression : « Les douze tribus d'Israël », il ne faut pas conclure que la tribu de Lévi, la treizième tribu, sera exempte du jugement ; ou bien

11. Mt 13, 37-43.
12. Mt 19, 28.
13. Mt 12, 27.
14. 1 Co 6, 3.

que ce peuple seul sera jugé et non les autres nations de la terre. Et par cette parole : « À l'heure de la régénération », il a, sans aucun doute, voulu faire entendre la résurrection des morts. Car notre chair sera régénérée par l'incorruptibilité, comme notre âme est régénérée par la foi. J'omets beaucoup d'autres textes qui se rapportent en apparence au dernier jugement, mais qu'un examen plus sérieux trouve ambigus ou susceptibles d'une autre application ; soit, par exemple, l'avènement du Sauveur qui s'accomplit chaque jour dans son Église, c'est-à-dire dans ses membres, en particulier et peu à peu, car l'Église tout entière est son corps ; soit la ruine de la terrestre Jérusalem, car notre Seigneur parle de cette catastrophe en termes qui permettraient de la confondre avec la fin des temps, avec ce grand et dernier jour du jugement ; et l'on ne pourrait distinguer entre ces deux événements si l'on ne conférait ensemble sur ce point les passages des trois évangélistes, Matthieu, Marc et Luc, car où l'explication de l'un est plus obscure, celle de l'autre est plus claire, et ce qui a rapport à un même objet ressort avec plus d'évidence. C'est ce que j'ai fait, autant que possible, dans ma lettre à Hésychius, de sainte mémoire, évêque de Salone. Le titre de cette lettre est : « De la fin du siècle. »

Enfin j'arrive à ce passage qu'on lit dans l'Évangile de Matthieu sur la séparation des bons et des méchants par le jugement final du Christ en personne : « Quand le Fils de l'Homme viendra dans sa majesté environné de tous ses anges, alors il siégera sur le trône de sa gloire, et devant lui seront rassemblées toutes les générations, et il séparera les unes des autres comme un pasteur sépare les brebis et les boucs ; et il rangera les brebis à sa droite et les boucs à sa gauche. Alors le roi dira à ceux de sa droite : Venez, les bénis de mon Père, venez posséder le royaume qui vous a été préparé dès la création du monde. Car j'ai eu faim, et vous m'avez donné à manger ; j'ai eu soif, et vous m'avez donné à boire ; j'étais errant, et vous m'avez recueilli ; j'étais nu, et vous m'avez couvert ; malade, et vous m'avez visité ; captif, et vous êtes venus à moi. Alors les justes lui répondront : Seigneur, quand donc vous avons-nous vu avoir faim, pour vous donner à manger ? Quand avoir soif, pour vous donner à boire ? Quand, sans vêtement, pour vous couvrir ? Quand, sans asile, pour vous recueillir ? Quand dans les souffrances ou dans les fers, pour venir à vous ? Et le Roi leur répondra : En vérité, je vous le déclare, autant de fois vous l'avez fait aux moindres de mes frères, autant de fois vous l'avez fait à moi-même. Et alors il dira à ceux de sa gauche : Retirez-vous de moi, maudits, et allez au feu éternel qui a été préparé pour le diable et pour ses anges[15]. » Puis il leur reproche d'avoir omis toutes les œuvres dont il a loué ceux de sa droite. Et quand ils lui demandent aussi : En quel temps ils l'ont vu dans un tel dénuement ? même réponse : tout ce qu'on a manqué de faire aux moindres des siens, on a manqué de le faire à lui-même ; et il conclut par ces paroles : « Et ceux-ci iront au supplice éternel, et les justes à la vie éternelle. » Jean l'évangéliste témoigne clairement que Jésus a marqué la venue du jugement à l'heure de la résurrection des morts. Car, après avoir dit : « Le Père ne juge personne, mais il a remis tout pouvoir de juger au Fils, afin que tous honorent le Fils comme ils honorent le Père. Celui qui n'honore point lc Fils n'honore point le Père qui l'a envoyé[16] » ; le Seigneur ajoute aussitôt : « En vérité, en vérité, je vous le dis, celui qui entend ma parole et croit à celui qui m'a envoyé, a la vie éternelle, et il ne viendra point en jugement, mais il est déjà passé de la mort à la vie. » Voilà qu'il assure que ses fidèles ne viendront point en jugement ; comment donc seront-ils séparés des méchants et placés à sa droite, si ce n'est qu'ici « jugement » est synonyme de « condamnation » ? Et c'est un tel jugement que n'encourront point ceux qui entendent sa parole et croient à celui qui l'a envoyé.

VI. Il ajoute : « En vérité, en vérité, je vous le dis, l'heure vient, elle est déjà venue, où les morts entendront la voix du Fils de Dieu, et ceux qui l'auront entendue vivront. Car le Père a la vie en soi, et il a donné au Fils d'avoir aussi la vie

15. Mt 25, 31.
16. Jn 5, 22-24.

en soi[17]. » Il ne parle pas encore de la seconde résurrection, celle des corps qui est la résurrection finale, mais de la première, qui est la résurrection présente ; aussi dit-il pour la distinguer de la seconde : « L'heure vient, elle est déjà venue. » Or cette résurrection n'est pas aujourd'hui celle des corps, mais celle des âmes ; car les âmes ont aussi leur mort : le péché et l'impiété. C'est d'hommes morts de cette mort que le Seigneur a dit : « Laisse les morts ensevelir leurs morts[18] » ; que ces morts d'âme ensevelissent ces morts de corps ; c'est donc pour ces morts d'âme, ces morts de péché et d'impiété, qu'il dit : « L'heure vient, elle est déjà venue où les morts entendront la voix du Fils de Dieu, et ceux qui l'auront entendue vivront » ; « ceux qui l'auront entendue », c'est-à-dire ceux qui auront obéi, qui auront cru, qui auront persévéré jusqu'à la fin. Il ne fait ici aucune différence des bons et des méchants ; car il est bon d'entendre sa voix et de vivre, en passant de la mort de l'impiété à la vie de la grâce. Et c'est de cette mort que parle l'apôtre Paul quand il dit : « Donc tous sont morts et il est mort pour tous, afin que ceux qui vivent ne vivent plus à eux-mêmes, mais à celui qui est mort et ressuscité pour eux[19]. » Ainsi tous, sans nulle exception, sont dans la mort du péché, soit péché originel, soit péchés volontaires qu'ajoutent au premier l'ignorance, la malignité, l'oubli de la justice ; et pour tous ces morts, il est mort un seul vivant, c'est-à-dire un seul pur de tout péché, afin que ceux qui vivent par la rémission des péchés ne vivent plus à eux-mêmes, mais à celui qui est mort pour nous, pour nos péchés, qui est ressuscité pour notre justification, et que croyant en celui qui justifie l'impie, rendus de l'impiété à la justice, comme de la mort à la vie, nous puissions appartenir à la première résurrection, à la résurrection présente. Or, à cette résurrection n'appartiennent que ceux qui seront heureux pour l'éternité ; car le maître va nous enseigner qu'à la seconde appartiendront à la fois et les bien-

17. Jn 5, 25.
18. Mt 8, 22.
19. 2 Co 5, 14.

heureux et les malheureux. La première est de miséricorde ; la seconde, de justice : « Seigneur, s'écrie le psalmiste, je chanterai à ta gloire la miséricorde et la justice[20]. »

C'est de la sentence dernière qu'il parle ensuite quand il dit : « Et il lui a donné le pouvoir de juger, parce qu'il est le Fils de l'homme. » Il viendra donc juger en cette chair dans laquelle il est venu pour être jugé. Tel est le sens de ces mots : « Parce qu'il est le Fils de l'homme[21]. » Et il ajoute sur le sujet qui nous occupe : « Ne vous étonnez pas de ceci ; car l'heure vient où tous ceux qui sont dans les sépulcres entendront sa voix ; et ceux qui auront fait le bien sortiront pour ressusciter à la vie, et ceux qui auront fait le mal, pour ressusciter au jugement[22]. » Jugement dans le sens de condamnation, comme un peu plus haut : « L'homme qui entend ma parole et croit à celui qui m'a envoyé, a la vie éternelle, et il ne viendra point en jugement ; mais il est déjà passé de la mort à la vie[23]. » C'est-à-dire appartenant à la première résurrection qui est le passage actuel de la mort à la vie, il ne tombera pas dans la condamnation que le mot « jugement » exprime ici : « Ceux qui auront fait le mal ressusciteront au jugement », c'est-à-dire à la condamnation. Ressuscitez donc à la première résurrection, vous qui ne voulez pas être condamnés à la seconde. Car « l'heure vient, elle est déjà venue, où les morts entendront la voix du Fils de Dieu ; et ceux qui l'auront entendue, vivront » ; c'est-à-dire ne tomberont point dans la condamnation, dans la seconde mort, où, après la seconde résurrection, après la résurrection du corps, seront précipités ceux qui ne ressuscitent pas à la première, à la résurrection des âmes. « L'heure viendra », dit-il, et il n'ajoute pas « elle est déjà venue », car elle ne doit venir qu'à la fin du siècle, c'est-à-dire au grand et suprême jugement de Dieu ; « l'heure viendra, où tous ceux qui sont dans les sépulcres, entendront sa voix et sortiront. » Il ne dit pas, comme en parlant de la première résurrection : « Et ceux qui

20. Ps 100, 1.
21. Jn 5, 27.
22. Jn 5, 28.
23. Jn 5, 24.

l'auront entendue, vivront. » Car tous ne vivront pas, de cette vie du moins qui, en tant que bienheureuse, mérite seule le nom de vie. Toutefois il leur faut une vie quelconque pour entendre, pour relever leur poussière du fond de leurs sépulcres. Or, pourquoi tous ne vivront pas, il nous l'apprend quand il ajoute : « Ceux qui ont fait le bien, sortiront pour ressusciter à la vie » ; voilà ceux qui vivront : « Ceux qui ont fait le mal pour ressusciter au jugement » ; voilà ceux qui ne vivront pas, car ils mourront de la seconde mort. Ils ont fait le mal, car ils ont mal vécu ; ils ont mal vécu, car ils ne sont pas ressuscités à la première résurrection, à la résurrection actuelle des âmes, ou ils n'ont pas persévéré jusqu'à la fin. Ainsi, je le répète, deux régénérations : l'une selon la foi, qui s'accomplit maintenant par le baptême ; l'autre selon la chair, qui s'accomplira par l'incorruptibilité et l'immortalité, au jour du grand et dernier jugement : et deux résurrections ; l'une dans le temps, celle des âmes, qui nous sauve de la seconde mort ; l'autre, au-delà du temps, à la fin du siècle, résurrection non des âmes, mais des corps, qui en vertu de la suprême sentence, enverra ceux-ci dans la seconde mort, ceux-là dans la vie qui n'a point de mort.

VII. Le même évangéliste Jean, dans son Apocalypse, parle de ces deux résurrections. Mais son langage a dérobé à plusieurs l'intelligence de la première résurrection, qu'ils ont traduite en fables ridicules. Voici comme l'apôtre Jean s'exprime dans le livre précité : « Et je vis descendre du ciel un ange, qui avait la clef de l'abîme et une chaîne en sa main ; et il saisit le dragon, l'antique serpent, qu'on nomme aussi le diable et Satan, et il le lia pour mille ans, et il le précipita dans l'abîme ; et il ferma et scella sur lui l'abîme afin qu'il cessât de séduire les nations jusqu'à la révolution des mille ans ; après quoi il doit être délié pour un temps court. Et je vis des trônes, et je vis plusieurs s'asseoir sur ces trônes, et puissance de juger leur fut donnée. Et les âmes de ceux qui par leur mort ont rendu témoignage à Jésus et à la parole de Dieu, et ceux qui n'ont point adoré la bête, ni son image, qui n'ont point été marqués de son sceau sur le front ou dans la main ; et ils régnèrent mille ans avec Jésus. Le reste ne revint pas à la vie, jusqu'à l'expiration des mille ans. Voilà la première résurrection. Heureux et saint, celui qui participe à cette première résurrection. Sur eux la seconde mort n'a point de pouvoir. Mais ils seront prêtres de Dieu et du Christ et ils régneront mille ans avec lui[24]. » Ceux à qui ces paroles ont donné lieu de soupçonner que la première résurrection sera corporelle[a], se sont laissé surprendre principalement par ce nombre de mille ans, comme si ce temps devait être pour les saints le sabbat nouveau, une époque de sainte quiétude après le labeur de ces six mille ans écoulés depuis le jour où l'homme a été créé, et en expiation du grand péché primitif, précipité des joies du paradis dans les misères de cette vie mortelle ; et, puisque : « Devant le Seigneur, un jour est comme mille ans, et mille ans comme un jour[25] » ; six mille ans étant passés comme six jours, les derniers mille ans seraient le septième ou le sabbat des saints qui ressusciteraient pour le célébrer. Opinion presque tolérable, si l'on supposait que la présence du Seigneur dût répandre sur ce sabbat quelques délices spirituelles. Et moi-même autrefois j'ai professé ce sentiment. Mais comme ils prétendent que cette résurrection se passera en longs banquets où les bornes de la modération, que dis-je ? où celles mêmes des orgies païennes seront franchies, il faut décidément abandonner cette croyance aux âmes charnelles. Les hommes spirituels appellent ceux qui l'adoptent « chiliastes », mot grec qui peut se rendre littéralement par « millénaires ». Les réfuter en détail serait trop long ; et il vaut mieux montrer en quel sens il faut prendre ce texte de l'Écriture.

Le Seigneur Jésus-Christ dit lui-même : « Personne ne peut entrer dans la maison du fort et lui enlever ses biens, qu'il n'ait auparavant lié le fort[26]. » Par « le fort » il désigne

a. Augustin combat le millénarisme. Doctrine répandue dans l'antiquité chrétienne, selon laquelle la venue du Messie doit marquer le début d'une ère de bonheur et de prospérité.

24. Ap 20, 1-6.
25. 2 P 3, 8.
26. Mt 12, 29.

le diable, car le diable a pu tenir le genre humain captif ; et par les biens qu'il allait lui enlever, il désigne ses fidèles à venir, que l'ennemi tenait enchaînés dans le crime et l'impiété. C'était donc pour lier le fort que dans l'Apocalypse, l'apôtre « vit un ange descendre du ciel, ayant la clef de l'abîme et une chaîne en sa main. Et il saisit le dragon, l'antique serpent, que l'on nomme aussi le diable et Satan, et il le lia pour mille ans[27] ». C'est-à-dire qu'en faveur de l'affranchissement des élus, il enchaîne sa puissance de séduire et de dominer. Quant à ces mille ans, ils peuvent, si je ne me trompe, s'entendre de deux manières : ou ces choses se passent aux derniers mille ans, soit au sixième millénaire, comme au sixième jour, dont maintenant la dernière période s'écoule pour être suivie du sabbat qui n'aura point de soir ou de l'éternel repos des saints, et c'est la fin de ce jour millénaire qui dure encore jusqu'à la consommation du siècle, que l'Écriture appelle mille ans, prenant la partie pour le tout : ou, par ce nombre elle exprime la durée du siècle ; nombre parfait qui représente la plénitude des temps. Car le nombre millénaire est le carré solide de dix. Dix reproduits dix fois égalent cent, et c'est une figure carrée, mais plane. Or, pour l'élever en hauteur et la rendre solide, il faut encore multiplier cent par dix ; ce qui fait mille. Si, d'autre part, le nombre cent se prend pour l'infinité des nombres ; ainsi quand Notre Seigneur promet à celui qui abandonne tout pour le suivre, que « dès cette vie il recevra le centuple[28] », promesse que l'apôtre semble expliquer en ces termes : « comme n'ayant rien, et possédant tout[29] » ; et même auparavant n'avait-il pas été dit : « Le monde entier est le trésor du fidèle[30] » ; combien plutôt encore l'infinité des nombres doit-elle être représentée par le nombre mille qui est le solide de la quadrature même de dix ? Aussi ne saurait-on mieux entendre qu'en ce sens ces paroles du psaume : « Il a

27. Ap 20, 1.
28. Mt 19, 29.
29. 2 Co 6, 10.
30. Pr 17, 6.

conservé dans les siècles la mémoire de son alliance et de la promesse qu'il a faite pour mille générations[31] », c'est-à-dire pour toutes les générations.

« Et il le précipita dans l'abîme. » Et cet abîme, où il précipite le diable, représente la multitude innombrable des impies dont les cœurs sont pour l'Église de Dieu des abîmes de haine ; non que le diable n'y fût déjà ; mais, exclus de la possession des fidèles, il s'est plus profondément emparé des impies. Car celui-là est davantage dans la possession du diable, qui non content de se détourner de Dieu, poursuit encore d'une haine gratuite les serviteurs de Dieu. « Et il ferma et scella sur lui l'abîme afin qu'il cessât de séduire les nations jusqu'à l'expiration des mille ans. » Il ferma : c'est-à-dire il lui défendit de sortir, ou d'enfreindre la défense ; il scella : cette circonstance me semble indiquer le mystère dont la volonté divine voile à nos yeux ceux qui appartiennent ou non au démon. Mystère impénétrable dans le temps : qui sait si cet homme qui paraît debout ne tombera point, et si cet homme qui paraît tombé ne se relèvera point ? Or c'est pour dérober au séducteur les nations élues, héritage du Christ qu'il usurpait, que la prison et la chaîne compriment son audace. Car « Dieu, dit l'apôtre, a choisi ces nations, avant la création du monde, pour les arracher de la puissance des ténèbres et les transférer dans le royaume du Fils de sa charité[32]. » En effet, qu'il séduise maintenant encore les nations non prédestinées à l'éternelle vie et qu'il les entraîne avec soi aux éternels supplices, quel fidèle l'ignore ? Et que l'on ne s'étonne pas s'il séduit souvent ceux-là mêmes qui, régénérés en Christ marchent dans les voies de Dieu. Car « le Seigneur connaît ceux qui sont à lui[33] » ; et de ces élus, il n'en séduit aucun jusqu'à l'entraîner dans la condamnation éternelle. Le Seigneur les connaît, comme Dieu, comme celui pour qui l'avenir n'a aucun secret ; et non comme l'homme qui ne voit que l'homme présent (s'il voit toutefois celui dont

31. Ps 104, 8.
32. Ep 1, 4.
33. 2 Tm 2, 19.

le cœur lui est invisible), sans savoir ce que cet homme doit devenir, et qui ne se voit pas lui-même. Voilà donc pourquoi le diable est lié et emprisonné dans l'abîme, c'est afin qu'il ne séduise plus les nations que l'Église réunit, et qu'il tenait sous l'empire de ses séductions avant que l'Église fût. Il n'est pas dit, afin qu'il cesse de séduire, mais « afin qu'il cesse de séduire les nations », par lesquelles il veut sans doute faire entendre l'Église, « jusqu'à mille ans révolus ». C'est-à-dire jusqu'à la fin de la dernière période du sixième jour millénaire ou de toutes les années que le siècle doit accomplir.

Et ces paroles, « afin qu'il cesse de séduire les nations jusqu'à la fin des mille ans », il ne faut pas les entendre comme s'il devait exercer désormais ses prestiges sur les nations qui composent l'Église prédestinée, dont l'élection, au contraire, lui a valu ses chaînes et sa prison. Mais, ou cette locution, fréquente dans les Écritures, est analogue à celle du psaume : « Ainsi nos yeux sont vers le Seigneur notre Dieu, jusqu'à ce qu'il ait pitié de nous[34] » ; non que certains de sa pitié, les yeux de ses serviteurs cessent d'être vers lui ; ou tel est l'ordre de ces paroles : « Et il ferma et scella l'abîme sur lui jusqu'à mille ans révolus » ; et cette phrase incidente : « Afin qu'il cessât de séduire les nations », il faut l'affranchir de la phrase principale, l'entendre à part comme si elle venait à la suite et que l'ensemble de la période fût ainsi conçu : « Et il ferma et scella l'abîme sur lui jusqu'à mille ans révolus, afin qu'il cessât de séduire les nations » : en d'autres termes, c'est afin qu'il cesse de séduire les nations que l'abîme est fermé jusqu'à mille ans révolus.

VIII. « Après quoi, dit l'apôtre, il doit être délié pour un temps court[35]. » Si, pour le diable, c'est être lié et captif que de ne pouvoir séduire l'Église, sera-ce donc sa délivrance que de le pouvoir ? Blasphème ! Non, jamais il ne séduira l'Église élue et prédestinée, avant la création du monde, l'Église dont il est dit : « Le Seigneur connaît ceux qui sont

34. Ps 122, 2.
35. Ap 20, 3.

à lui » ; et cependant cette Église, à l'heure même de la délivrance du diable, sera, comme depuis le jour de son institution, comme elle a été, comme elle sera de tout temps ici-bas, dans ses enfants qui se succèdent par la naissance et la mort. Car, l'apôtre dit bientôt après, que le démon, libre et maître des nations séduites, les entraînera à la guerre contre elle, et que le nombre des ennemis de l'Église égalera les grains de sable de la mer. « Et ils s'élancèrent, dit-il, sur toute l'étendue de la terre, et ils environnèrent le camp des saints et la cité bien-aimée : et Dieu fit descendre un feu du ciel, qui les dévorera ; et le diable, leur séducteur, fut précipité dans un étang de feu et de soufre, avec la bête et le faux prophète, et ils y seront tourmentés jour et nuit dans les siècles des siècles[36]. » Mais ceci appartient au jugement dernier, et si j'ai cru devoir rappeler ce texte, c'est afin que nul ne s'imagine, que, dans ce peu de temps laissé à la domination du diable, il n'y aura plus d'Église sur la terre, soit qu'il ne la trouve plus à l'heure de la délivrance, soit qu'il l'anéantisse en multipliant les fureurs de la persécution. Ainsi, pendant toute la durée que ce livre mystérieux comprend depuis le premier avènement du Christ jusqu'à la fin du siècle, époque du second avènement pendant cette durée que l'apôtre appelle mille ans, la captivité du diable n'est donc pas son impuissance à séduire l'Église, puisque, délié même, il ne pourra la séduire. Et cependant, si pour lui c'est être lié que de n'avoir pas la puissance ou la permission de séduire ; être délié, ne sera-ce pas recouvrer cette puissance ou cette permission ? À Dieu ne plaise qu'il en soit ainsi ! La captivité du diable, c'est de n'avoir pas la liberté d'exercer toutes les tentations, soit de force, soit de ruse, dont il est capable pour séduire les hommes, soit qu'il les entraîne violemment à son parti, soit que frauduleusement il les y amène. S'il avait cette permission pendant cet espace si long, sur notre infirmité si grande, plusieurs mêmes succomberaient auxquels Dieu a voulu sauver de telles épreuves ; aux uns, il enlèverait la foi, et en détournerait les autres. C'est pourquoi il est lié.

36. Ap 20, 8-10.

Et il sera délivré, quand il ne restera plus qu'un temps court. Trois ans et six mois, voilà l'espace que l'Écriture abandonne à toutes les fureurs du démon et de ses complices ; mais tels seront les fidèles qu'il doit combattre, que toute sa rage, toutes ses ruses les trouveront invincibles. Or s'il n'était jamais délié, sa maligne puissance serait moins évidente ; la patience de la cité sainte et fidèle, moins éprouvée : et tout le bien que le Très-Haut sait tirer d'un si grand mal, moins à découvert. Car l'ennemi n'a pas perdu tout pouvoir de tenter les saints, quoique chassé du for intérieur où l'on croit en Dieu ; toutefois pour le progrès des élus, les attaques extérieures lui sont permises ; et il est lié dans ses partisans, de peur que la libre effusion de toute sa rage, accablant tant de faibles, par qui l'Église doit se multiplier et se remplir, ne brise la foi des uns, n'en détruise le germe chez les autres ; et il sera délié au déclin des temps, afin que la cité de Dieu reconnaisse à la gloire de celui qui est son rédempteur, son protecteur et son libérateur, quel terrible adversaire elle a surmonté. Car, en comparaison des saints et des fidèles qui seront alors, que sommes-nous, puisqu'il ne faudra rien moins à leur épreuve que la liberté de cet ennemi, pour nous si dangereux à combattre, malgré ses chaînes ? Et toutefois, de nos jours, cela n'est pas douteux, il a été et il est encore quelques soldats du Christ, si prudents et si forts, que fussent-ils vivants à la dernière génération, leur sagesse déjouerait tous les pièges, leur patience soutiendrait tous les assauts.

Or, le diable n'a pas été seulement enchaîné quand l'Église, sortant de la terre de Judée, a commencé à se répandre de proche en proche dans les autres nations, mais il l'est aujourd'hui, et il le sera jusqu'à la fin du siècle où il doit redevenir libre. Car, aujourd'hui même, les hommes abjurent l'infidélité où il les retenait, pour se convertir à la foi, et, jusqu'à la fin, ils se convertiront ainsi. Et le fort est lié à chaque esclave qui lui est enlevé comme un de ses biens ; et l'abîme, d'autre part, n'a pas été comblé par la mort des persécuteurs qui vivaient au premier temps de la captivité ; mais d'autres leur ont succédé, et jusqu'à la fin de ce monde leur succéderont, ennemis des chrétiens, et qui, chaque jour, lui donnent pour prison l'aveugle et profond abîme de leurs cœurs. Or, dans ces trois dernières années où il doit sévir de toutes les forces de sa liberté recouvrée, la foi pourra-t-elle faire encore quelques conquêtes ? C'est une question. Et comment cette parole sera-t-elle justifiée ? « Qui entre dans la maison du fort pour lui enlever ses biens, sans avoir lié le fort » ; si ces biens lui sont enlevés quoiqu'il soit libre ? Réflexion qui, ce semble, nous oblige de croire que dans ce peu de temps, aucun fidèle nouveau ne viendra se réunir au peuple chrétien ; mais que le diable déclarera la guerre à ceux qui se trouveront déjà chrétiens. Et si quelques-uns d'entre eux vaincus, se rangent à sa suite, c'est qu'ils n'appartiennent pas au troupeau prédestiné des enfants de Dieu. Car ce n'est pas en vain que l'auteur même de l'Apocalypse, l'apôtre Jean, dans ses Épîtres, a dit de plusieurs : « Ils sont sortis d'entre nous ; mais ils n'étaient pas avec nous ; car s'ils eussent été avec nous, avec nous ils seraient demeurés[37]. » Mais qu'arrivera-t-il des petits enfants ? Il est en effet trop invraisemblable que cette dernière épreuve n'en surprenne pas un seul avant le baptême, ou qu'il n'en naisse aucun durant ces jours, ou que des parents chrétiens ne les présentent pas, aussitôt après leur naissance, au bain régénérateur. Et s'il en est ainsi, comment le démon délié, se laissera-t-il enlever ces biens, lui qu'il faut enchaîner pour pénétrer dans sa maison ? Croyons donc plutôt que ni les conversions, ni les apostasies ne manqueront à l'Église ; mais que les pères, pour baptiser leurs enfants, et les nouveaux fidèles, déploieront tant de force, qu'ils triompheront de ce fort, même en liberté ; et tout, ruses plus perfides, efforts plus violents que jamais, tout doit échouer contre la vigilance de leur sagesse et la force de leur patience. Quoique libre, ces biens lui seront donc enlevés. Et néanmoins, cette maxime de l'Évangile subsiste : « Qui entre dans la maison du fort pour lui enlever ses biens sans avoir lié le fort ? » Tel est en effet l'ordre observé en témoignage de la parole divine ; le fort a d'abord reçu des

37. 1 Jn 2, 19.

chaînes, et, riche de ces biens enlevés, recrutant au loin chez les nations et les forts et les faibles, l'Église a tellement multiplié ses conquêtes, que désormais son invincible confiance dans la parole de Dieu trouvée fidèle, lui garantit la force d'enlever ses biens au diable, même délié. Car, s'il faut avouer que la charité de plusieurs doit se refroidir à la vue de l'iniquité triomphante, et que, par des persécutions inouïes, des ruses jusqu'alors inconnues, l'ennemi, libre de ses chaînes, doit entraîner la chute de plusieurs qui ne sont pas écrits au Livre de vie ; il faut croire aussi que non seulement ceux dont la foi sortira victorieuse de cette dernière épreuve, mais plusieurs même du dehors, aidés de la grâce et de la considération des Écritures qui président la fin des temps dont ils sentiront l'approche, trouveront alors plus de fermeté pour croire ce qu'ils ne croyaient pas, et plus de force pour vaincre le diable déchaîné. Ainsi, il n'aura d'abord reçu des fers que pour être dépouillé plus tard, captif ou libre, suivant cette parole : « Qui entre dans la maison du fort pour lui enlever ses biens, sans avoir lié le fort ? »

IX. Or, ces mille ans où le diable est lié, c'est-à-dire l'intervalle du premier avènement au second, sont les mille ans du règne des saints avec le Christ. Car, indépendamment de ce règne qu'il doit à la fin des temps inaugurer par ces paroles : « Venez, les bénis de mon Père, posséder le royaume qui vous est préparé[38] », si dès aujourd'hui il ne partageait un royaume bien inférieur avec les saints auxquels il dit : « Je suis avec vous jusqu'à la consommation du siècle[39] », l'Église sans doute ne serait pas maintenant appelée son royaume ou le royaume des cieux. Car c'est aujourd'hui que le royaume des cieux est enseigné à ce scribe, dont je viens de parler, qui tire de son trésor des objets nouveaux et anciens. Et c'est de l'Église que les moissonneurs doivent séparer l'ivraie à qui le père de famille permet de croître avec le froment, jusqu'à la moisson, suivant cette parabole

38. Mt 25, 34.
39. Mt 28, 20.

qu'il dévoile ainsi : « La moisson, c'est la fin du siècle ; les moissonneurs, ce sont les anges. Comme l'on ramasse l'ivraie pour la jeter au feu, il en sera de même à la consommation du siècle. Le Fils de l'Homme enverra ses anges, et ils retrancheront de son royaume tous les scandales[40]. » Quoi ! du royaume où il n'y a point de scandale ? C'est donc du royaume d'ici-bas, de son Église. Il dit encore : « Celui qui enfreindra l'un de ces moindres commandements et qui enseignera aux hommes à les suivre, sera le moindre dans le royaume des cieux ; mais celui qui fera et enseignera, sera grand dans le royaume des cieux[41]. » Il place l'un et l'autre dans le royaume du ciel, et celui qui ne fait pas ce qu'il enseigne, car ce n'est pas garder le commandement, c'est l'enfreindre que de ne pas l'accomplir ; et celui qui fait et enseigne ; mais il dit que l'un est bien petit et l'autre grand. Et aussitôt il ajoute : « Je vous déclare que si votre justice ne surpasse pas celle des docteurs de la loi et des Pharisiens », c'est-à-dire la justice de ceux qui violent leurs propres enseignements : car il est dit ailleurs des Docteurs et des Pharisiens : « Ils disent et ne font pas[42] » : si donc votre justice ne surpasse pas la leur, c'est-à-dire si, pour éviter l'infraction au commandement, vous ne faites ce que vous enseignez : « Vous n'entrerez pas dans le royaume des cieux. » Il faut donc distinguer le royaume des cieux où se trouvent, en un rang inégal à la vérité, et celui qui enfreint ses propres enseignements et celui qui les accomplit, de cet autre royaume où l'on n'entre qu'à la condition de faire ce que l'on enseigne. Ainsi, le royaume qui réunit ces deux hommes, c'est l'Église telle qu'elle est aujourd'hui ; et le royaume qui n'admet que l'un d'eux, c'est l'Église telle qu'elle sera quand les méchants n'y seront plus. L'Église est donc, même à cette heure, et le royaume du Christ et le royaume des cieux. Et ses saints règnent maintenant avec lui autrement qu'ils ne régneront alors ; avec lui toutefois ne règne pas

40. Mt 13, 39.
41. Mt 5, 19.
42. Mt 23, 3.

l'ivraie, quoique dans l'Église, elle croisse avec le bon grain. Avec lui règnent ceux qui font ce que dit l'apôtre : « Si vous êtes ressuscités avec le Christ, goûtez les choses d'En haut où le Christ est assis à la droite de Dieu, cherchez les choses d'En haut et non celles de la terre[43]. » Et de ceux-là il dit encore que leur conversation est dans les cieux. Enfin, règnent avec lui ceux qui, dans son royaume, sont eux-mêmes son royaume. Or, comment seraient-ils le royaume du Christ ceux qui, tout en habitant son royaume jusqu'à la fin de ce siècle, jusqu'au retranchement de tous les scandales, y cherchent néanmoins leurs intérêts et non ceux de Jésus-Christ ?

Ainsi parle le livre prophétique de ce royaume militant, où nous sommes encore aux prises avec l'ennemi, tour à tour vaincus par la résistance de nos vices et vainqueurs par leur défaite, jusqu'à l'avènement du paisible royaume où l'on régnera sans combat ; et il parle ainsi de la première résurrection, de la résurrection actuelle. Car, après avoir attesté les chaînes du diable pendant mille ans, et sa délivrance pour un temps court, reprenant aussitôt ce que fait l'Église ou ce qui se passe dans l'Église pendant ces mille ans : « Et j'ai vu des trônes, ajoute-t-il, et j'ai vu plusieurs s'asseoir sur ces trônes ; et puissance de juger leur fut donnée[44]. » Et il ne faut pas croire que ces paroles regardent le jugement dernier ; il s'agit ici du trône de ces juges et de ces juges eux-mêmes qui gouvernent l'Église. Et cette puissance de juger qui leur est donnée ne saurait mieux s'entendre que de cette promesse : « Ce que vous aurez lié sur la terre sera lié dans le ciel, et ce que vous aurez délié sur la terre sera délié dans le ciel[45]. » Et de là ce mot de l'apôtre : « Qu'ai-je à faire de juger ceux qui sont dehors ? N'êtes-vous pas juges de ceux qui sont dedans[46] ? » « Et les âmes de ceux qui ont versé leur sang pour rendre témoignage à Jésus et à la parole de Dieu » : il faut sous-entendre

43. Col 3, 1.
44. Ap 20, 4.
45. Mt 18, 18.
46. 1 Co 5, 12.

ce qui vient ensuite : « Ont régné mille ans avec Jésus » ; c'est-à-dire les âmes des martyrs à qui leurs corps ne sont pas encore rendus. Car les âmes des justes, après leur mort, ne sont point séparées de l'Église qui aujourd'hui même est le royaume du Christ. Autrement, en ferait-on mémoire à l'autel du Seigneur dans la communion du corps du Christ ? Et servirait-il de rien, quand le danger est venu, de courir à son baptême, pour ne pas quitter cette vie sans le recevoir, ou à la réconciliation, quand la pénitence ou une conscience criminelle nous ont séparés de ce même corps ? Car, pourquoi tout cela, sinon parce que les fidèles, quoique morts, sont ses membres ? Et leurs âmes, bien que séparées de leurs corps, règnent avec le Christ, pendant cette période de mille ans. Aussi, dans ce livre de Jean, et ailleurs, lisons-nous : « Bienheureux les morts qui meurent dans le Seigneur. Voici déjà que l'Esprit leur dit qu'ils se reposent de leurs travaux ; car leurs œuvres les suivent[47]. » L'Église règne donc ici d'abord avec le Christ dans les vivants et dans les morts. « Le Christ est mort, dit l'apôtre, afin de dominer sur les vivants et sur les morts[48]. » Mais le même apôtre nc rappelle que les âmes des martyrs, car ceux-là surtout règnent après leur mort, qui jusqu'à la mort ont combattu pour la vérité. Et néanmoins, prenant ici la partie pour l'ensemble, nous entendons que les autres morts appartiennent à l'Église, qui est le royaume du Christ.

Quant au passage suivant : « Et ceux qui n'ont point adoré la bête, ni son image ; qui n'ont point été marqués de son sceau sur leur front ou dans leur main », il doit s'entendre des vivants et des morts. Et la bête, quoique cette question demande un examen plus sérieux, peut être prise, sans qu'il répugne à la rectitude de la foi, pour la cité impie et le peuple infidèle, contraire au peuple fidèle et à la cité de Dieu. L'image de la bête, c'est la dissimulation de ces hommes qui paraissent professer la foi et vivent dans l'infidélité. Car ils feignent d'être ce qu'ils ne sont pas, et ne reproduisent du

47. Ap. 14, 13.
48. Rm 14, 9.

christianisme qu'une trompeuse image et non son effigie véritable. À la bête appartiennent non seulement les ennemis déclarés du nom du Christ et de sa glorieuse cité, mais encore cette ivraie qui, à la fin des temps, doit être retranchée de l'Église son royaume. Et quels sont les hommes qui refusent l'encens à la bête et à son image, sinon ceux qui, dociles à l'ordre de l'apôtre, « ne se laissent pas atteler au même joug avec les infidèles[49] ». Ils n'adorent point, c'est-à-dire ils ne consentent, ni ne se soumettent ; ils repoussent le sceau, ou la note du crime, sur le front, à cause de leur profession sainte ; dans leur main, à cause de leurs œuvres. Ainsi les fidèles qui ne sont pas d'intelligence avec le mal, soit morts, soit vivant encore dans cette chair mortelle, partagent aujourd'hui même la royauté du Christ ; ils règnent dans la mesure que comporte le siècle, pendant toute la durée désignée par le nombre de mille ans.

« Les autres n'ont pas vécu », dit l'apôtre. Car l'heure est venue où les morts entendront la voix du Fils de Dieu, et ceux qui l'auront entendue, vivront ; et les autres ne vivront pas[50] ; « jusqu'à mille ans révolus », ajoute-t-il, pour exprimer qu'ils n'ont pas vécu au temps où ils devaient vivre, en passant de la mort à la vie. Ainsi, quand le jour sera venu, le jour de la résurrection des corps, ils sortiront de leurs sépulcres, non pour la vie, mais pour le jugement, c'est-à-dire pour la condamnation ou la seconde mort. Car jusqu'à la révolution des mille ans, quiconque n'aura pas vécu, c'est-à-dire quiconque pendant la durée de la première résurrection, aura refusé d'entendre la voix du Fils de Dieu et de passer de la mort à la vie, quand l'heure viendra de la seconde résurrection ou de la résurrection de la chair, est assuré de passer avec sa chair à la seconde mort. Car l'apôtre ajoute : « Voilà la première résurrection. Heureux et saint celui qui a part », ou qui participe « à cette première résurrection[51] » ! Et celui-là y participe qui, non seulement revit en ressuscitant

49. 2 Co 6, 14.
50. Jn 5, 25.
51. Ap 20, 5.

de la mort du péché, mais persévère dans cette résurrection. « Voilà ceux, dit l'apôtre, sur qui la seconde mort n'a pas pouvoir. » Elle a donc pouvoir sur les autres, dont il est dit plus haut : « Le reste n'a pas vécu, jusqu'à l'accomplissement des mille ans », c'est-à-dire, pendant toute la période désignée par mille ans, aucun d'eux, quelle que fût la durée de sa vie corporelle, n'est ressuscité de la mort de l'impiété, renaissant à la première résurrection pour s'affranchir de la seconde mort.

X. Suivant l'opinion de quelques-uns, la résurrection ne peut se dire que des corps, et ils prétendent que cette première résurrection à venir est purement corporelle. Car, disent-ils, se relever n'appartient qu'à ce qui tombe. Les corps tombent en mourant, et c'est de leur chute (*a cadendo*) que leur vient le nom de cadavres. Ainsi il ne peut y avoir résurrection d'âme, mais seulement de corps. Et que répondent-ils donc à l'apôtre qui établit une résurrection spirituelle ? Car ils étaient ressuscités, non pas selon l'homme extérieur, mais selon l'homme intérieur, ceux auxquels il est dit : « Si vous êtes ressuscités avec le Christ, goûtez les choses d'en haut[52]. » Et c'est la même pensée qu'il exprime ailleurs en d'autres termes quand il dit : « Afin que comme le Christ est ressuscité des morts par la gloire du Père, nous marchions aussi dans le renouvellement de la vie[53]. » Et de là cette autre parole : « Lève-toi, toi qui dors ! Lève-toi d'entre les morts, et le Christ t'illuminera[54] ! » Quant à ce principe qu'il n'est possible de se relever qu'à ce qui tombe, c'est-à-dire aux corps et non aux âmes, parce que la chute n'appartient qu'aux corps, que n'écoutent-ils cette parole : « Ne vous retirez pas de lui, de peur de tomber » ; et « c'est pour son Seigneur qu'il demeure debout ou qu'il tombe » ; et : « Qui se croit debout, prenne garde de tomber ! » Assurément, c'est l'âme et non pas le corps qui doit conjurer cette

52. Col 3, 1.
53. Rm 6, 4.
54. Ep 5, 14.

chute. Si donc la résurrection appartient à ce qui tombe, les âmes ont leur chute, accordez-leur donc la résurrection. Et, lorsqu'après avoir dit : « Sur eux la seconde mort n'a pas puissance », l'apôtre ajoute : « Mais ils seront prêtres de Dieu et du Christ, et ils régneront avec lui mille ans », il ne faut pas l'entendre des seuls évêques et des seuls prêtres, c'est-à-dire du véritable corps sacerdotal dans l'Église, mais comme tous sont appelés chrétiens, à cause du chrême mystique, tous ainsi sont dits prêtres, parce qu'ils sont membres d'un seul grand-prêtre. Et c'est d'eux dont l'apôtre Pierre parle ainsi : « Le peuple saint et le royal sacerdoce[55]. » Or ici, saint Jean fait entendre, quoique brièvement et en passant, que le Christ est Dieu, quand il dit : « Prêtres de Dieu et du Christ », c'est-à-dire du Père et du Fils, bien qu'étant fils de l'homme « à cause de la forme d'esclave[56] », le Christ ait encore été institué prêtre éternel, selon l'ordre de Melchisédech, comme je l'ai déjà dit plusieurs fois dans cet ouvrage.

XI. « Et après la révolution des mille ans, Satan sera délivré de sa geôle, et il sortira pour séduire les nations qui sont aux quatre coins de la terre, Gog et Magog, et il les entraînera à la guerre, aussi nombreuses que les grains de sable de la mer. » Il les séduira donc alors pour les entraîner à cette guerre : car auparavant il les amenait par toutes les séductions possibles à une infinité de prévarications. Alors « il sortira », des ténèbres de la haine, il se jettera dans les fureurs de la persécution. Et cette persécution, voisine du dernier jugement, sera la dernière ; et elle désolera par toute la terre l'Église sainte ; la cité du Christ tout entière souffrira de la cité du démon tout entière. En effet, par ces nations que l'apôtre désigne sous les noms de Gog et Magog, il ne faut pas entendre certains peuples barbares de certaine contrée, Gètes ou Massagètes, comme quelques-uns l'imaginent à cause des premières lettres de ces noms ; soit quelque autre

55. 1 P 2, 9.
56. Ph 2, 6.

race inconnue et indépendante de la loi romaine. Il est bien clair que les ennemis viendront de toute la terre, puisqu'il est dit : « Les nations qui sont aux quatre coins de la terre » ; et ces nations, ajoute l'Écriture, sont « Gog et Magog ». Et voici la signification de ces mots ; ainsi que je l'ai appris, Gog, c'est le « toit » ; Magog, ce qui est « du toit » ; en d'autres termes, à peu près, « la maison » et celui qui sort « de la maison ». Ce sont donc les nations, où le diable est enfermé comme dans un abîme ; et c'est lui qui s'élance et se précipite dehors ; elles sont le toit, et il sort du toit. Si nous rapportons ces locutions, non pas l'une aux nations et l'autre au diable, mais toutes deux aux nations, alors les nations sont elles-mêmes « le toit » qui renferme et, pour ainsi dire, couvre l'antique ennemi ; et elles seront elles-mêmes « du toit », quand elles briseront les barrières de cette haine qu'elles couvrent. L'apôtre dit encore : « Et ils se répandirent sur toute la terre, et ils environnèrent le camp des saints et la cité bien-aimée. » Or il ne faut pas se les représenter ici comme venant ou devant venir en un lieu déterminé attaquer le camp des saints et la cité sainte ; car cette cité n'est autre que l'Église du Christ répandue sur toute la terre ; et partout où elle sera, elle qui doit être dans toutes les nations, comme l'atteste cette expression : « l'étendue de la terre » ; là sera le camp des saints, là aussi la cité bien-aimée de Dieu ; là tous ses ennemis, répandus avec elle dans toutes les nations, formeront autour d'elle une enceinte sinistre ; elle sera pressée, gênée, enfermée dans le cercle des tribulations ; mais justifiant cette expression de « camp », elle ne trahira pas ses étendards.

XII. Quant à cette parole : « Et un feu descendit du ciel qui les dévora », il ne faut pas l'entendre du dernier supplice, qui commencera pour eux lorsqu'ils entendront cette voix : « Retirez-vous de moi, maudits ; allez au feu éternel[57]. » Car alors eux-mêmes tomberont dans le feu, et non le feu du ciel sur eux. Or, « ce feu du ciel » peut bien s'entendre ici de la

57. Mt 25, 41.

fermeté des saints ; fermeté qui les rendra invincibles à toutes les violences et ne laissera sur eux aucune prise à la volonté de l'ennemi. Car le firmament c'est le ciel ; et voilà cette fermeté céleste qui allume au cœur des impies ce zèle ardent ; ce zèle désespéré de son impuissance à entraîner les saints du Christ dans le parti de l'Antéchrist. Voilà le feu dévorant, ce feu qui vient « de Dieu ». Car c'est la grâce de Dieu qui donne aux saints cette indomptable constance, supplice de leurs ennemis. S'il est en effet un zèle légitime, ainsi : « Le zèle de ta maison me dévore[58] », l'Écriture en signale un contraire : « Le zèle s'est emparé d'une plèbe ignorante, et c'est maintenant le feu qui consume les impies » ; « maintenant », et sans préjudice du feu vengeur du dernier jugement. Si néanmoins c'est la plaie qui doit frapper les persécuteurs de l'Église que le Christ trouvera vivants à sa venue, quand il tuera l'Antéchrist d'un souffle de sa bouche, si, dis-je, c'est cette plaie que l'apôtre désigne par le feu descendu du ciel, par le feu dévorant, ce ne sera pas là toutefois le dernier supplice des impies : le dernier supplice est celui qui les attend après la résurrection des corps.

XIII. Nous l'avons déjà dit, d'après le témoignage de l'Apocalypse et celui du prophète Daniel, cette dernière persécution, qui doit venir de l'Antéchrist, sera de trois ans et six mois. Or ce temps, si court qu'il soit, appartient-il aux mille ans de la captivité du diable et du règne des saints avec le Christ, ou bien est-il en dehors de cette période ? C'est un point qui mérite examen. Si ce court espace est compris dans mille ans, le règne des saints avec le Christ devra s'étendre au-delà de la captivité du diable. Car assurément, les saints régneront avec leur roi, surtout dans l'épreuve dernière où ils triompheront de tant de maux, quand le démon, libre de sa chaîne, pourra les persécuter de toutes ses forces. Comment donc l'Écriture assigne-t-elle à la captivité du diable et au règne des saints le même terme de mille ans, si les fers du démon tombent trois ans et six mois avant la fin du règne de

58. Ps 68, 10.

mille ans ? Si, d'autre part, nous ne croyons pas devoir comprendre dans ces mille années cette courte durée de persécution, mais, au contraire, l'ajouter aux mille ans révolus, en prenant au sens propre « la fin de ces mille ans et la délivrance de Satan » ; prédiction qui vient après celle-ci : « Les prêtres de Dieu et du Christ régneront avec lui pendant mille ans » ; alors nous faisons concorder la fin du règne des saints et celle de la captivité du diable ; l'époque de cette persécution n'appartient plus ni à leur règne ni à sa délivrance, c'est un temps à part qu'il faut compter en dehors des mille ans, mais aussi nous voilà forcés d'avouer que pendant cette persécution les saints ne régneront plus avec le Christ. Et cependant qui oserait dire que ses membres cesseront de régner avec lui, au moment où ils lui seront unis de l'union la plus intime et la plus forte, au moment où la violence du combat donnera une nouvelle gloire à la constance, de nouveaux rayons à la couronne du martyre ? Ou si les tribulations qu'ils auront à souffrir excluent l'idée de règne, il s'ensuit donc qu'aux jours antérieurs, pendant la période de mille ans, tous ceux d'entre les saints qui ont souffert, au moment même dc leurs souffrances, ne régnaient pas avec le Christ ; il s'ensuit donc aussi que ces fidèles, dont l'auteur de l'Apocalypse atteste avoir vu les âmes, ces témoins égorgés pour le Christ et la parole de Dieu, ne régnaient pas avec le Christ quand ils souffraient persécution, et qu'ils n'étaient pas le royaume du Christ quand ils étaient son plus précieux héritage ? Conséquence absurde et qu'on ne saurait trop détester ! Du moins est-il certain, qu'après avoir fourni leur carrière de travaux et de douleurs, les victorieuses âmes des glorieux martyrs, dégagées de leurs membres mortels, ont régné et règnent avec le Christ jusqu'à la révolution des mille ans, pour régner à l'avenir revêtues de corps immortels. Ainsi, pendant ces trois années, les âmes des justes qui ont scellé leur foi de leur sang, les âmes dès longtemps sorties de leurs corps et celles qui doivent en sortir à la persécution dernière, régneront avec Jésus jusqu'à la fin du siècle mortel, jusqu'à l'avènement du royaume où la mort ne sera plus. Donc les années du règne des saints s'étendront au-delà des fers et de la captivité du démon, puisqu'ils régneront avec le Fils de Dieu, leur roi, pendant ces trois ans et demi où le démon sera redevenu libre. Que conclure enfin de ces paroles : « Les prêtres de Dieu et du Christ régneront avec lui mille ans, et, ces mille ans révolus, Satan sera délivré de sa prison » ? Ou ces mille ans ne terminent pas le règne des saints, mais les fers et la détention du diable, en sorte que pour ses adversaires et lui cette même période développe une durée inégale, le règne des saints se continuant après la délivrance du démon ; ou l'Écriture n'a pas voulu tenir compte de cet insignifiant espace de trois ans et six mois, soit qu'il faille le retrancher de la captivité de Satan, soit qu'il faille l'ajouter au règne des saints. Ainsi au seizième Livre de cet ouvrage, nous avons vu l'Écriture compter quatre cents ans, malgré un léger excédent sur ce nombre ; et si l'on veut bien le remarquer, c'est le style ordinaire des saintes Lettres.

XIV. Après cette prophétie de la dernière persécution, l'apôtre retrace en peu de mots tout ce qu'au dernier jugement le démon doit souffrir et avec lui la cité ennemie dont il est le prince : « Et le diable, dit-il, leur séducteur, fut précipité dans un étang de feu et de soufre, avec la Bête et le faux prophète, pour être tourmentés nuit et jour dans les siècles des siècles. » La Bête, c'est probablement, comme je l'ai déjà dit, la cité impie ; le faux prophète ou l'Antéchrist, c'est l'image, c'est la dissimulation dont j'ai parlé au même endroit. Et puis, venant au dernier jugement, qui arrivera à la seconde résurrection des morts, à la résurrection corporelle, il raconte comment il lui fut révélé : « Et je vis, dit-il, un grand trône blanc, et devant celui qui était assis sur le trône, le ciel et la terre s'enfuirent, et leur place ne se retrouva plus. » Il ne dit pas : Je vis un grand trône blanc et celui qui était assis sur ce trône, et devant sa face le ciel et la terre s'enfuirent ; parce que cela n'arrive pas en ce moment, c'est-à-dire avant que le jugement soit rendu sur les vivants et les morts ; il dit qu'il vit assis sur le trône celui devant qui le ciel et la terre s'enfuirent, mais plus tard. Car, le jugement étant prononcé, ce ciel et cette terre cesseront d'être, et il se fera un ciel nouveau et une terre nouvelle. C'est en effet par changement et non par destruction que ce monde passera. « La figure de ce monde passe, dit l'apôtre, aussi veux-je vous voir libres de soins[59]. » La figure passe donc et non pas la nature. Or Jean ayant vu celui devant qui le ciel et la terre doivent s'enfuir : « Et j'ai vu, ajoute-t-il, les morts grands et petits ; et des livres furent ouverts ; et un autre livre fut ouvert ; livre de la vie de chacun ; et les morts furent jugés sur ce qui était écrit dans ces livres, chacun selon ses œuvres. » Ainsi des livres sont ouverts, puis un livre ; et quel est ce livre ? « Celui, dit l'apôtre, de la vie de chacun. » Or ces premiers livres sont assurément les livres saints, anciens et nouveaux ; c'est le code des volontés divines. Et le livre de chacun, c'est le recueil des œuvres ou conformes ou contraires à ces volontés. Pris matériellement, qui pourrait apprécier les dimensions de ce livre ? Et combien de temps faudrait-il pour lire ce volume où la vie tout entière de tout homme est contenue ? Le nombre des anges sera-t-il égal à celui des hommes, et chaque homme entendra-t-il de son ange la lecture de sa vie ? Il n'y aura donc pas un livre unique pour tous, mais un livre pour chacun. L'Écriture toutefois ne parle que d'un seul : « Et un autre livre, dit-elle, fut ouvert. » Il faut donc entendre ici une vertu divine qui représente à la mémoire de chacun toutes ses œuvres bonnes ou mauvaises, et ces œuvres vues d'un coup d'œil par une merveilleuse intuition de l'âme lui donneront la science qui accusera ou excusera la conscience ; et c'est ainsi qu'en un moment, tous et chacun, seront jugés. Or cette vertu divine est appelée « livre » ; car c'est en elle que, pour ainsi dire, on lit tous les souvenirs qu'elle suggère. Et pour montrer quels morts doivent subir le jugement, grands et petits, l'apôtre ajoute, comme en revenant sur ce qu'il a omis ou plutôt différé : « Et la mer présentera les morts qui étaient dans ses abîmes ; et la mort et l'enfer rendirent les morts qu'ils avaient. » Ce qui arriva sans doute avant que les morts fussent jugés, et cependant l'apôtre commence par le jugement. Il résume donc, je

59. 1 Co 7, 31.

le répète, et il reprend ce qu'il avait omis. Maintenant il suit l'ordre, et pour le garder, il revient sur le jugement des morts et le range à sa place. Ainsi : « La mer, dit-il, présenta les morts qui étaient dans ses abîmes ; et la mort et l'enfer rendirent les morts qu'ils avaient. » Puis il ajoute : « Et chacun fut jugé selon ses œuvres », comme il l'avait dit précédemment : « Et les morts furent jugés selon leurs œuvres. »

XV. Mais quels sont les morts que la mer exhume de ses abîmes et qu'elle présente ? Serait-ce donc que ceux qui meurent dans la mer échappent à l'enfer, et que la mer garde leurs corps ? Ou, ce qui est encore plus absurde, la mer a-t-elle les morts vertueux, et l'enfer les méchants ? Qui pourrait le croire ? C'est donc fort convenablement que plusieurs expliquent ici la mer par le siècle. Ainsi, lorsque l'apôtre fait entendre que ceux que le Christ trouvera vivants de la vie corporelle seront jugés avec ceux qui doivent ressusciter, il les appelle eux-mêmes morts, bons et méchants ; les bons, à qui il est dit : « Vous êtes morts, et votre vie est cachée en Dieu avec le Christ[60] » ; les méchants de qui il est dit : « Laisse les morts ensevelir leurs morts[61]. » Ils peuvent encore être appelés morts, en tant que revêtus de corps mortels : « Le corps, dit l'apôtre, est mort à cause du péché, mais l'esprit est vie à cause de la justice[62] », montrant ainsi que l'homme vivant et doué de ce corps, réunit ces deux éléments : un corps qui est mort, un esprit qui est vie. Et il ne dit pas corps mortel, mais « mort », quoique bientôt après il emploie l'expression plus usitée de corps mortel. Voilà donc les morts que la mer présenta ; en d'autres termes, le siècle présenta les hommes qu'il contenait, parce que leur heure n'était pas encore venue. « Et la mort et l'enfer, dit-il, rendirent les morts qu'ils avaient. » La mer les présente, parce qu'ils comparaissent dans l'état où ils se trouvent ; mais la mort et l'enfer les rendent, parce que la mort et l'enfer les rappellent à la vie, qu'ils ont déjà quit-

60. Col 3, 3.
61. Mt 8, 22.
62. Rm 8, 10.

tée. Et peut-être n'est-ce pas en vain que l'apôtre, au lieu de choisir entre ces deux expressions « la mort, l'enfer », emploie l'une et l'autre ; « la mort », à cause des justes qui ont souffert la mort, mais non l'enfer : « l'enfer », à cause des méchants, qui de plus y sont livrés aux supplices. Car s'il ne paraît pas absurde de croire que les saints des temps antiques, qui ont cru à l'avènement futur du Christ, aient, après leur mort, loin sans doute de l'enfer des impies, habité néanmoins aux demeures profondes, jusqu'à l'heure où ils en furent tirés par le sang du Christ et sa descente aux Limbes, il est certain que désormais les justes rachetés de ce précieux sang répandu, sont quittes de l'enfer, et n'attendent plus que le jour, où réintégrés dans leur corps, ils recevront la récompense qu'ils méritent. Puis, après cette parole : « Et ils furent jugés, chacun selon ses œuvres », l'apôtre ajoute en peu de mots quel fut ce jugement : « Et la mort et l'enfer, dit-il, furent précipités dans un étang de feu » ; désignant par ces noms l'auteur de la mort et des peines infernales, le diable, et toute la société des démons. C'est ce qu'il avait déjà dit par anticipation plus nettement : « Et le diable leur séducteur fut précipité dans un étang de feu et de soufre » ; et ce qu'il ajoutait en termes plus obscurs : « Avec la Bête et le faux prophète » ; il le répète ici en termes plus clairs : « Et ceux qui ne se trouvèrent pas écrits au Livre de vie furent précipités dans l'étang de feu. » Ce livre ne vient pas en aide à la mémoire de Dieu, pour lui épargner l'erreur d'un oubli ; mais il signifie la prédestination de ceux à qui la vie éternelle sera donnée, car ils ne sont pas inconnus à Dieu ; il ne lit pas dans ce livre pour les connaître ; mais plutôt sa prescience de leur destinée, son infaillible prescience est ce livre où ils sont écrits ; c'est-à-dire dès longtemps connus.

XVI. Or, après le jugement qui doit décider de l'avenir des méchants, l'apôtre n'a plus qu'à parler du jugement des bons. Il a commencé par expliquer ce que Notre Seigneur déclare en un mot : « Ceux-là iront au supplice éternel[63] » ; il

63. Mt 25, 46.

lui reste à expliquer cette promesse : « Les justes à la vie éternelle. » « Et je vis, dit-il, un ciel nouveau et une terre nouvelle. Le premier ciel et la première terre se sont retirés, et la mer n'est plus[64]. » Ce qui arrivera dans l'ordre qu'il a déjà signalé quand il a vu assis sur un trône celui devant qui le ciel et la terre s'enfuient. Car ceux dont les noms ne sont pas au Livre de vie étant jugés et envoyés au feu éternel (et quel sera ce feu, en quelle partie de l'univers doit-il s'allumer ; nul ne le sait, si l'Esprit divin ne le lui révèle) ; alors la figure de ce monde passera dans les feux du monde, comme elle a déjà passé par l'invasion des eaux du monde. Cet incendie consumera donc les qualités des éléments corruptibles appropriés à nos corps corruptibles ; et une admirable métamorphose développera, dans la substance, des qualités convenables aux corps immortels ; le monde renouvelé sera mis en harmonie avec l'homme renouvelé jusque dans sa chair. Quant à cette parole : « Et la mer n'est plus », exprime-t-elle le dessèchement des eaux par ce grand embrasement ou leur rénovation ? Question difficile à résoudre. Je lis bien qu'il doit y avoir un ciel nouveau et une terre nouvelle ; mais autant qu'il m'en souvient, je n'ai jamais rien lu qui annonce une mer nouvelle. Je trouve à la vérité dans le même livre ces mots : « Comme une mer de verre semblable au cristal » ; mais l'apôtre ne parle pas encore de la fin du monde ; et il ne dit pas en termes exprès : « la mer », mais : « comme une mer ». Cependant comme le style des prophètes aime à répandre sur le sens qu'il renferme des voiles allégoriques, Jean a pu entendre par cette mer « qui n'est plus », celle dont il vient de dire : « Et la mer présenta les morts qui étaient dans ses abîmes » ; c'est-à-dire la mer de ce siècle ne sera plus ; la mer turbulente et orageuse de cette vie.

XVII. « Et je vis, dit-il, la grande cité qui, venant de Dieu, descendait du ciel, parée comme la nouvelle épouse pour son époux. Et j'entendis cette grande voix qui sortait du trône : Voici la demeure de Dieu avec les hommes ; et il habitera

64. Ap 21, 1.

avec eux, et ils seront son peuple, et il sera Dieu avec eux. Et Dieu essuiera toute larme de leurs yeux. Et la mort ne sera plus. Et le deuil, les cris, la douleur ne seront plus; car l'ancien ordre aura cessé. Et celui qui était assis sur le trône ajouta : Et je fais toutes choses nouvelles[65]. » Cette cité descend du ciel, parce qu'elle est l'œuvre de la grâce céleste. Et c'est pourquoi Dieu lui dit aussi par Isaïe : « Je suis le Seigneur qui t'ai créée[66]. » Et elle est descendue du ciel dès son origine, depuis que, régénérés par les eaux salutaires de la grâce venue du ciel avec le Saint-Esprit, ses enfants croissent dans la traversée du siècle. Mais au dernier jugement, au jugement de Dieu par Jésus-Christ son fils, elle recevra de la bonté divine une gloire si éclatante et si nouvelle que tous les vestiges de vieillesse s'évanouiront et, des ruines de la corruption et de la mort, les corps renouvelés passeront à l'incorruptible immortalité. Car prétendre que cet état glorieux appartient à la période de mille ans où elle règne avec son roi, ne serait-ce pas là une allégation impudente ; quand l'apôtre a dit en termes si clairs : « Dieu essuiera toute larme de leurs yeux, et la mort ne sera plus ; et le dcuil, les cris, la douleur ne seront plus. » Eh ! quel homme assez absurde, assez possédé du délire de l'obstination, pour oser soutenir que, dans les angoisses de cette vie, non seulement le peuple saint, mais encore aucun saint en particulier, soit à l'avenir, comme hier, comme aujourd'hui, exempté des larmes et de la douleur; lorsque au contraire plus l'homme est saint et rempli du saint désir, plus ses larmes coulent abondantes dans la prière ! Et n'est-ce pas la voix d'un citoyen de la céleste Jérusalem qui nous crie : « Mes larmes sont devenues le pain de mes jours et de mes nuits[67]. » Et : « Chaque nuit, je baignerai mon lit de mes pleurs ; j'inonderai ma couche de mes larmes. » Et : « Mes gémissements ne te sont point cachés. » Et : « Ma douleur s'est renouvelée. » Et ne sont-ce pas les enfants de cette Jérusalem, qui gémissent sous le faix

65. Ap 21, 2-5.
66. Is 45, 8.
67. Ps 6, 7 ; 37, 10 ; 38, 3.

de ce corps, par le désir non pas d'en être dépouillés, mais de revêtir par-dessus l'immortalité, afin que l'élément mortel soit absorbé par la vie ? Ne sont-ce pas eux qui, possédant les prémices de l'esprit, gémissent intérieurement dans l'attente de l'adoption divine, c'est-à-dire la rédemption de leurs corps ? Et l'apôtre Paul lui-même, n'est-il point un citoyen d'En haut, surtout quand il se sent pénétré pour les israélites, ses frères selon la chair, d'une tristesse profonde, d'une continuelle angoisse de cœur[68] ? Et quand la mort sera-t-elle anéantie dans la cité sainte, sinon à l'heure où cette voix retentira : « Mort, où sont tes combats ? Mort, où est ton aiguillon ? Or l'aiguillon de la mort, c'est le péché[69]. » Et il ne sera plus, quand on demandera : « Où est-il ? » Mais aujourd'hui, ce n'est pas un citoyen obscur de la glorieuse cité, c'est Jean lui-même qui, dans son Épître, s'écrie : « Si nous nous disons sans péché, nous sommes nos propres séducteurs, et la vérité n'est point en nous[70]. » Il est vrai, toutefois, que ce livre de l'Apocalypse présente beaucoup d'obscurités afin d'exercer l'esprit du lecteur, et peu de passages assez clairs pour aider à l'élucidation, même laborieuse, des autres. L'auteur, en effet, reproduit le même sens sous tant de formes différentes qu'il semble parler d'objets nouveaux, et cependant, sous des expressions si variées, c'est bien le même sens que l'on retrouve. Mais quand il dit : « Dieu essuiera toute larme de leurs yeux ; et la mort ne sera plus ; et le deuil, les cris, la douleur ne seront plus » : ces paroles répandent une telle lumière sur le siècle futur, sur l'immortalité et l'éternité des saints (car, *alors* seulement, et *là* seulement, la douleur et la mort ne seront plus) ; et nous devons renoncer à chercher et à rencontrer quelques clartés dans les Lettres saintes, si ce passage nous semble obscur.

XVIII. Et maintenant voyons ce que l'apôtre Pierre a écrit sur le jugement : « Au dernier jour il viendra des railleurs

68. Rm 9, 2.
69. 1 Co 15, 55.
70. 1 Jn 1, 8.

insolents, qui marchant à la suite de leurs passions, diront : Où est donc la promesse de sa présence ? Depuis que nos pères se sont endormis, toutes choses demeurent comme dès l'origine de la création ; car ils ignorent, et volontairement, qu'au commencement les cieux et la terre furent dégagés des eaux et formés au sein des eaux par la parole de Dieu, et que le monde d'alors fut englouti dans les eaux. Et les cieux et la terre d'aujourd'hui ont été rétablis par la même parole, et sont réservés au feu pour le jour du jugement et de la ruine des impies. Mais apprenez ceci, mes bien-aimés, c'est que devant Dieu un jour est comme mille ans, et mille ans comme un jour. Dieu ne diffère donc point l'accomplissement de sa promesse, ainsi que plusieurs l'en accusent ; mais il vous attend avec patience : il ne veut la mort de personne ; il veut la conversion de tous. Or, le jour du Seigneur viendra comme un voleur, et dans une violente secousse les cieux passeront ; les éléments consumés se dissoudront, et la terre avec toutes les œuvres terrestres, brûlera. Dans l'attente de cette dissociation, quelle doit être la sainteté de votre vie, et votre impatience pour l'avènement de ce jour du Seigneur, où l'ardeur du feu va dissoudre les cieux et fondre les éléments ? Car selon sa promesse, nous attendons de nouveaux cieux et une terre nouvelle où résidera la justice[71]. » Il ne dit rien ici de la résurrection des morts ; mais il insiste, on le voit, sur la destruction du monde ; et en rappelant l'antique catastrophe du déluge, il semble nous engager à croire comment à la fin des siècles le monde doit périr. Car il dit que l'ancien monde périt, et non seulement ce globe terrestre, mais encore les cieux, c'est-à-dire ces espaces de l'air dont les eaux en montant avaient envahi la place. Tout ou presque tout l'air (qu'il appelle le ciel ou plutôt les cieux, séjour des vents, et non cette région sublime où le soleil, la lune et les étoiles habitent) se transforma donc en élément liquide et périt ainsi avec la terre dont le déluge avait déjà détruit la face primitive. « Mais, ajoute l'apôtre, les cieux et la terre d'aujourd'hui ont été rétablis par la même parole, et sont

71. 2 P 3, 3-13.

réservés au feu pour le jour du jugement et de la ruine des impies. » Ainsi ce ciel, cette terre, c'est-à-dire ce monde sorti des mêmes eaux, et rétabli à la place de l'ancien monde englouti par le déluge, est réservé lui-même aux flammes dernières pour le jour du jugement et de la ruine des impies. Car il n'hésite pas à nommer « ruine » cette transformation des hommes, quoique leur nature doive subsister dans les peines éternelles. On demande peut-être : Si le monde brûle après le jugement, avant l'apparition d'un ciel nouveau et d'une terre nouvelle, au moment de cette conflagration universelle où seront les saints ? Car s'ils ont des corps, il faut un lieu corporel qui les renferme. Or, nous pouvons répondre qu'ils pourront s'élever à des hauteurs non moins inaccessibles à la flamme de l'incendie futur qu'aux flots de l'ancien déluge. Leurs corps auront alors telles propriétés, qu'ils seront où ils voudront être. Que dis-je ? immortels et incorruptibles, ils ne craindront pas le feu suprême : les corps mortels et corruptibles des trois jeunes hommes n'ont-ils pas vécu sains et saufs dans la fournaise ardente ?

XIX. Je vois qu'il me faut passer sous silence de nombreux témoignages de l'Évangile et des apôtres sur ce dernier jugement, de peur que ce Livre ne prenne de trop longs développements ; mais il est impossible d'omettre ces paroles de l'apôtre Paul aux habitants de Thessalonique : « Nous vous prions, dit-il, mes frères, par l'avènement de notre Seigneur Jésus-Christ et notre union en lui, ne vous laissez pas surprendre dans votre foi, ni épouvanter par aucune prophétie, aucune parole, aucune lettre que l'on supposerait venir de nous, comme si le jour du Seigneur était imminent : mettez-vous en garde contre toute séduction. Ce jour n'arrivera point que l'apostat ne vienne, et que l'homme de péché ne paraisse, ce fils de mort, cet adversaire qui s'élève au-dessus de tout ce qu'on appelle Dieu, de tout ce qu'on adore, jusqu'à s'asseoir dans le temple de Dieu, s'offrant lui-même comme Dieu. Ne vous souvient-il pas que je vous disais cela quand j'étais encore avec vous ? Et vous savez ce qui le retient, afin qu'il paraisse en son temps. Car déjà s'accomplit le mystère d'iniquité. Seulement que celui qui tient maintenant, tienne toujours jusqu'à ce qu'il se retire. Et alors se découvrira l'impie que le Seigneur Jésus tuera d'un souffle de sa bouche et dissipera par le resplendissement de sa présence ; l'impie qui doit paraître dans toute la puissance de Satan, multipliant les miracles, les signes et les illusions du mensonge, et les séductions de l'iniquité pour ceux qui périssent faute d'accueillir l'amour de la vérité qui les eût sauvés. Et c'est pourquoi Dieu suscitera contre eux une telle puissance d'erreur qu'ils croiront au mensonge ; afin que ceux-là soient jugés qui n'ont pas cru à la vérité, mais prêté consentement à l'iniquité[72]. »

Nul doute qu'il ne parle ici de l'Antéchrist ; et que le jour du jugement (qu'il appelle le jour du Seigneur) ne doive venir après l'avènement de l'apostat, déserteur du Seigneur notre Dieu. Car si ce nom convient à tous les impies, combien plus encore à celui-ci ? Mais en quel temple de Dieu doit-il s'asseoir ? Est-ce dans les ruines du temple bâti par Salomon, ou dans l'Église ? Car l'apôtre ne donnerait pas au temple d'une idole, au temple du démon, le nom de temple de Dieu. Aussi, selon plusieurs, ce n'est pas ici le prince même des impies, mais tous les membres de son corps, la multitude des hommes qui lui appartiennent, dont il est la tête, que l'apôtre désigne par l'Antéchrist : et ils pensent qu'il vaut mieux lire, suivant la leçon grecque, non pas « dans le temple de Dieu », mais « en temple de Dieu ». C'est-à-dire comme si l'Antéchrist était le temple de Dieu ou l'Église. Aussi nous lisons, entre autres locutions semblables : Il s'assoit en ami ; pour : Il s'assoit comme un ami. L'apôtre ajoute : « Et vous savez ce qui le retient », en d'autres termes, pourquoi il diffère ; quelle est la cause de ces retards : « Afin qu'il paraisse en son temps » ; vous le savez ; et comme ils le savent, il n'a pas voulu parler plus clairement. Mais ce qu'ils savaient nous l'ignorons, et tous nos désirs, tous nos efforts ne peuvent atteindre jusqu'au sens de l'apôtre, d'autant plus que le verset suivant augmente l'obscurité. Car que signifie :

72. 2 Th 2, 1-12.

« Déjà le mystère d'iniquité s'accomplit. Seulement qui tient, tienne toujours, jusqu'à ce qu'il se retire ; et alors l'impie se découvrira. » Ici, je l'avoue, le sens m'échappe entièrement. Toutefois, je ne tairai point certaines conjectures que j'ai pu recueillir par lecture ou par entretien.

Quelques-uns prétendent que ces paroles regardent l'Empire romain, et que l'apôtre n'a pas voulu s'exprimer plus clairement, de peur que la calomnie ne l'accusât de faire des vœux contre l'Empire romain, à qui l'on promettait l'éternité. Ainsi, « ce mystère d'iniquité » devrait s'entendre de Néron, dont les œuvres semblaient déceler l'Antéchrist, et de la croyance qu'il ressuscitera et qu'il est l'Antéchrist futur. S'il faut en croire quelques-uns, il n'a pas été tué, mais enlevé et le bruit de sa mort répandu : et maintenant il est gardé en secret, plein de vie et dans la vigueur de l'âge, comme à l'époque de sa mort présumée, jusqu'au temps où il doit reparaître et rentrer en possession de son empire. En vérité, je ne puis assez m'étonner de la témérité étrange de cette opinion. Cette parole néanmoins : « Que celui qui tient, tienne toujours, jusqu'à ce qu'il se retire », ne pourrait-elle s'entendre de l'Empire romain lui-même, comme s'il était dit : Que celui qui commande, commande toujours, jusqu'à ce qu'il se retire, en d'autres termes, jusqu'à ce qu'il soit retranché. « Et alors se découvrira l'impie », ou l'Antéchrist, sans difficulté. « Et vous savez ce qui le retient ; car déjà s'accomplit le mystère d'iniquité » ; cette parole, d'autres la rapportent uniquement aux méchants et aux hypocrites qui sont dans l'Église et deviendront enfin assez nombreux pour former un grand peuple à l'Antéchrist : ce que l'apôtre appelle « le mystère d'iniquité », parce qu'il semble caché. Mais l'apôtre, suivant eux, exhorte les fidèles à la ténacité dans la foi qu'ils tiennent, quand il dit : « Seulement que celui qui tient, tienne toujours, jusqu'à ce qu'il se retire », c'est-à-dire jusqu'à ce que le mystère d'iniquité se retire du sein de l'Église, et sorte des ténèbres. C'est à ce mystère qu'ils rapportent encore ces paroles de Jean l'évangéliste dans son Épître : « Mes enfants, voici la dernière heure. Comme vous l'avez appris, l'Antéchrist doit venir ; et maintenant déjà plusieurs Antéchrists ont paru : et, par là, nous connaissons que la dernière heure est venue. Ils sont sortis d'avec nous, mais ils n'étaient pas d'avec nous. S'ils eussent été d'avec nous, avec nous ils fussent demeurés[73]. » Plusieurs hérétiques que l'apôtre saint Jean appelle des Antéchrists, étant donc sortis du sein de l'Église, avant les derniers jours ; à cette heure qu'il dit la dernière, la fin des temps en fera sortir tous ceux qui n'appartiendront pas au Christ, mais à ce dernier Antéchrist, et c'est alors qu'il paraîtra.

Et telles sont les différentes conjectures que l'on tire des paroles obscures de l'apôtre. Mais nul doute qu'il n'ait déclaré que le Christ ne viendra pas juger les vivants et les morts, que l'Antéchrist ne soit venu d'abord séduire les morts spirituellement ; quoique leur séduction même appartienne au mystère des jugements de Dieu. « Car, a-t-il été dit, l'impie doit paraître dans toute la puissance de Satan, multipliant les miracles, les signes et les illusions du mensonge et les séductions de l'iniquité pour ceux qui périssent. » Alors Satan sera libre et, par le ministère de l'Antéchrist, il déploiera toute sa puissance en prodiges, mais prodiges trompeurs. Ici l'on demande souvent si ces expressions de signes ou prodiges de mensonge veulent faire entendre l'inanité des prestiges dont il abusera les sens de l'homme, toutes ces œuvres n'étant qu'apparentes ; ou bien est-ce à dire que la vérité même de ces miracles entraînera au mensonge ceux qui croiront y voir la présence de la force divine faute de connaître celle du démon, telle surtout qu'elle doit être quand il aura reçu un pouvoir jusqu'alors inconnu. En effet, ce feu qui tombe du ciel et dévore les nombreux serviteurs du saint homme Job et ses immenses troupeaux, cette trombe furieuse qui ensevelit ses enfants sous les ruines de leur maison, ne sont pas de vains prestiges ; et toutefois, c'est l'œuvre de Satan, à qui Dieu avait donné ce pouvoir. Or, pourquoi l'apôtre dit-il : « Signes et prodiges de mensonge », on le saura plus tard. Mais pourquoi ces signes et ces prodiges de mensonge en séduiront justement plusieurs,

73. 1 Jn 2, 18.

il le déclare : « C'est pour n'avoir pas accueilli l'amour de la vérité qui les eût sauvés. » Et l'apôtre ne craint pas d'ajouter : « Et Dieu suscitera contre eux une telle puissance d'erreur, qu'ils croiront au mensonge. » Dieu la suscitera, car Dieu donnera au diable permission d'agir ; et quelle que soit l'équité du juge qui permet, elle ne diminue en rien l'injustice et la perversité du démon qui agit. « Afin, dit encore l'apôtre, que ceux-là soient jugés qui n'ont pas cru à la vérité, mais prêté consentement à l'iniquité. » Jugés pour être séduits, ils seront séduits pour être jugés : jugés pour être séduits par le jugement de Dieu, mystérieusement juste, et justement mystérieux ; jugement que, depuis l'origine du péché, il ne cesse d'exercer sur la créature raisonnable ; séduits pour être jugés au jour éclatant et suprême du jugement par Jésus-Christ qui jugera très justement, ayant été très injustement jugé.

XX. Ici l'apôtre garde le silence sur la résurrection des morts. Mais dans sa première Épître aux habitants de Thessalonique : « Nous ne voulons pas, mes frères, dit-il, vous laisser dans l'ignorance sur ceux qui dorment le sommeil de la mort, afin que vous ne soyez pas contristés comme les autres hommes qui n'ont pas d'espérance. Car si nous croyons que Jésus est mort et ressuscité, nous devons croire que Dieu amènera avec Jésus ceux qui se seront endormis en lui. Car, nous vous le déclarons au nom du Seigneur, nous qui vivons et qui sommes réservés pour son avènement, nous ne préviendrons pas ceux qui nous ont précédés dans le sommeil. Car, au signal donné, à la voix de l'ange, au son de la trompette de Dieu, le Seigneur descendra lui-même, et les morts en Christ descendront les premiers ; puis nous vivants et demeurés jusqu'alors, nous serons avec eux ravis dans les nues et au milieu de l'air, au-devant du Seigneur ; et ainsi nous serons éternellement avec le Seigneur[74]. » Ces paroles de l'apôtre marquent très clairement la résurrection des morts à l'heure où le Seigneur Christ viendra juger les vivants et les morts.

74. 1 Th 4, 13-17.

Mais, demande-t-on souvent, ceux que le Christ doit trouver vivants, ceux que l'apôtre personnifie en lui-même et dans les hommes de son temps, sont-ils destinés à ne pas mourir, ou bien au même instant qui doit les porter au milieu de l'air avec les ressuscités au-devant du Christ, passeront-ils avec une célérité merveilleuse par la mort à l'immortalité ? Car il ne faut pas tenir pour impossible que, dans l'intervalle de leur migration sur les nues, ils meurent et revivent. Cette parole en effet : « Et ainsi nous serons éternellement avec le Seigneur », ne doit pas s'entendre d'un éternel séjour dans les régions de l'air avec le Seigneur, car lui-même, à son avènement, ne fera qu'y passer. Nous irons au-devant de lui, là où il doit venir et non demeurer. Mais « nous serons ainsi avec le Seigneur », c'est-à-dire partout où nous serons avec lui, nous serons ainsi revêtus de corps immortels. Or, l'épreuve de la mort et au même instant le don de l'immortalité pour ceux que le Seigneur trouvera vivants, l'apôtre lui-même semble nous pousser à cette croyance quand il dit : « Tous revivront en Christ[75] », et ne dit-il pas ailleurs en parlant de la résurrection corporelle : « Ce que tu sèmes ne revit pas s'il ne meurt[76]. » Comment donc ceux que le Christ trouvera vivants revivront-ils en lui par l'immortalité, s'ils ne meurent ? quand nous lisons en témoignage de cette vérité : « Ce que tu sèmes ne revit pas s'il ne meurt. » Ou s'il est vrai qu'il ne soit pas exact de dire que le corps de l'homme est semé, à moins qu'il ne retourne en terre, suivant la sentence dont la justice divine a frappé le premier prévaricateur, le père du genre humain : « Tu es terre et tu retourneras en terre[77] » : il faut l'avouer, ceux que Notre Seigneur trouvera à son avènement, en possession de leurs corps, ne sont atteints ni par les paroles de l'apôtre, ni par la sentence de la Genèse. Ravis dans les nues, ils ne vont pas en terre comme la semence, et ils n'en sortent pas, soit qu'ils échappent à la mort, soit qu'elle ne les surprenne que pour un instant au milieu de l'air.

75. 1 Co 15, 22.
76. 1 Co 15, 36.
77. Gn 3, 19.

Mais ici, nouvelle objection. L'apôtre dit aux Corinthiens : « Nous ressusciterons tous[78] », ou suivant une autre version : « Nous dormirons tous. » Si donc la résurrection ne peut être, que la mort n'ait précédé, et nous ne pouvons entendre ce sommeil que de la mort, comment tous dormiront-ils ou ressusciteront-ils, si tant d'hommes que le Christ trouvera en possession de leurs corps échappent à ce sommeil et à cette résurrection ? Si donc nous croyons que les saints trouvés vivants par le Christ, à l'instant même de leur ravissement en sa présence sortiront de leurs corps mortels pour les reprendre aussitôt immortels, aucune des paroles de l'apôtre ne nous inquiète, qu'il dise : « Ce que tu sèmes ne revit, s'il ne meurt » ; ou qu'il dise : « Tous nous ressusciterons », ou : « Tous nous dormirons » : car ces fidèles eux-mêmes ne revivront par l'immortalité qu'ils ne meurent, ne fût-ce que pour un instant ; et par conséquent ils ne seront pas étrangers à la résurrection précédée d'un sommeil si court qu'il soit. Et pourquoi donc nous paraîtrait-il incroyable que cette multitude de corps fût comme semée dans la région de l'air, pour y revivre soudain, immortels et incorruptibles, puisque nous croyons, sur le témoignage éclatant de l'apôtre, qu'un coup d'œil verra s'accomplir la résurrection, et, avec une facilité, une vitesse inouïes, retourner en corps destinés à vivre sans fin l'antique poussière des premiers morts. Et gardons-nous de penser que cette sentence portée contre l'homme : « Tu es terre et tu retourneras en terre », ne saurait atteindre les saints du dernier jour dont les corps ne retomberont pas en terre, mais qui doivent mourir et ressusciter, dans leur ravissement au milieu de l'air. « Tu iras en terre », c'est-à-dire au sortir de la vie tu retourneras à ce que tu étais avant de la recevoir : inanimé, tu redeviendras ce que tu étais avant d'être animé. C'est, en effet, sur un peu de terre que Dieu souffle l'esprit de vie ; et ce souffle à la face de l'homme le fait âme vivante. N'est-ce pas encore comme s'il était dit : Tu es une terre animée, ce que tu n'étais pas ; tu seras une terre inanimée, comme tu étais. Ce que sont avant

78. 1 Co 15, 51.

de tomber en pourriture tous les corps des trépassés, ceux-là le seront aussi, s'ils meurent, où qu'ils meurent, lorsque la vie en sortira pour y rentrer aussitôt. Ils iront donc en terre, parce que de vivants ils deviendront terre ; ainsi va en cendre tout ce qui devient cendre, va en ruine tout ce qui se fait ruine, etc. Mais les efforts de notre faible raison ne peuvent s'élever au-dessus de quelques conjectures ; ce n'est qu'à l'heure de l'accomplissement que nous pourrons connaître. Toutefois, que la résurrection des morts soit une résurrection corporelle quand le Christ viendra juger les vivants et les morts, c'est ce qu'il nous faut croire, si nous voulons être chrétiens. Et de ce que nous ne saurions parfaitement comprendre le « comment », s'ensuit-il que notre foi soit vaine ? Maintenant il nous reste à produire les antiques témoignages des prophètes sur ce dernier jugement de Dieu. Il ne sera pas besoin, je pense, d'entrer ici en de longs développements, si le lecteur veut bien s'appuyer sur ce qui précède.

XXI. « Les morts, dit le prophète Isaïe, ressusciteront, et ceux qui étaient dans les sépulcres. Et tous ceux qui sont sur la terre se réjouiront ; car la rosée qui émane de toi est leur santé. Mais la terre des impies tombera[79]. » La première partie de ce verset regarde la résurrection des bienheureux ; et « la terre des impies tombera » doit s'entendre de cet abîme de damnation où tomberont les corps des impies. Quant à la résurrection des justes, un examen sérieux de ce passage nous convaincra qu'il faut rapporter à la première ces paroles : « les morts ressusciteront », et à la seconde les suivantes : « ressusciteront aussi, ceux qui étaient dans les sépulcres. » Et les justes que le Seigneur à son retour trouvera vivants sont ici clairement désignés : « Et tous ceux qui sont sur la terre se réjouiront ; car la rosée qui émane de toi est leur santé. » Cette santé se prend très légitimement pour l'immortalité. C'est bien, en effet, la santé parfaite qui se passe du remède quotidien des aliments. Enfin, sur le jour du jugement, encourageant les bons par l'espérance, frappant

79. Is 26, 19.

les méchants par la terreur, le prophète s'exprime ainsi : « Voici la parole du Seigneur : Et je me détourne sur eux comme un fleuve de paix, et comme un torrent débordé je répands la gloire des nations. Leurs fils seront portés sur les épaules et caressés sur les genoux. Comme une mère console son enfant, ainsi je vous consolerai ; et c'est dans Jérusalem que vous serez consolés. Vous verrez, et votre cœur se réjouira, et vos os germeront comme l'herbe. Et le Seigneur fera connaître sa main à ses fidèles serviteurs ; et ses menaces tomberont sur les rebelles. Voilà le Seigneur qui vient comme le feu ; et ses chars sont comme la tempête. Sa fureur vient exercer les vengeances et les désolations par la flamme ; car toute la terre sera jugée par le feu du Seigneur et toute chair par son glaive. Plusieurs seront blessés par le Seigneur[80]. » Ce fleuve de paix promis au juste, c'est l'abondance de la paix ; la plus grande paix qui puisse être. C'est la source où nous serons plongés à la fin, et dont nous avons tant parlé au Livre précédent. Ce fleuve se détourne, dit le prophète, sur ceux à qui la souveraine béatitude est promise, c'est-à-dire qu'en cette région de la félicité, au ciel, tout sera baigné des eaux de ce fleuve. Et comme la paix de l'incorruptibilité et de l'immortalité en découle dans le corps, voilà pourquoi « le fleuve se détourne » pour s'élancer des hauteurs dans les abîmes et rendre les hommes égaux aux anges. Et cette Jérusalem n'est pas la Jérusalem esclave ici-bas avec ses enfants, mais la Jérusalem libre, dit l'apôtre, notre mère éternelle dans les cieux. C'est elle qui, au sortir des chaînes douloureuses de notre mortalité, nous remettra dans son sein ; comme les petits enfants, elle nous portera sur ses épaules. Béatitude inconnue, qui environne des soins les plus caressants notre enfance novice. Là, nous verrons et notre cœur se réjouira. Que verrons-nous ? Le prophète ne le dit pas. Mais que pouvons-nous voir, si ce n'est Dieu ? afin que cette promesse de l'Évangile s'accomplisse en nous : « Bienheureux ceux qui ont le cœur pur, car ils verront Dieu[81] » ;

80. Is 66, 16.
81. Mt 5, 8.

tout ce qui ne nous est visible aujourd'hui que par la foi, et dont l'idée conçue dans les étroites limites de notre intelligence est incomparablement au-dessous de la réalité même. « Et vous verrez, dit-il, et votre cœur se réjouira. » Ici vous croyez, là vous verrez.

Mais pour prévenir toute erreur sur cette parole : « Et votre cœur se réjouira », et nous détourner de croire que ces biens de la Jérusalem céleste n'intéressent que l'esprit, le prophète ajoute : « Et vos os germeront comme l'herbe » : mots qui comprennent la résurrection des corps comme pour réparer une omission. Car la résurrection n'arrivera pas quand nous aurons vu, mais quand elle sera arrivée, nous verrons. En effet, le prophète avait déjà parlé d'un ciel nouveau et d'une terre nouvelle dans ses fréquentes prédictions de la félicité promise aux saints à la fin des temps : « Il y aura, dit-il, un ciel nouveau et une terre nouvelle ; et tout le passé s'effacera de leur mémoire, et aucun souvenir n'en remontera dans leur cœur. Mais ils trouveront la joie et l'allégresse dans Jérusalem. Et voilà que je fais de Jérusalem une fête, et de mon peuple la joie même ; et je ferai mes délices de Jérusalem, et mon peuple sera ma joie ; et l'on n'entendra plus désormais la voix des pleurs[82] », et toutes les autres prédictions que certains esprits veulent rattacher à ce règne charnel de mille ans. Car ici, suivant l'usage des prophètes, le style figuré se mêle au style propre, afin que la volonté droite après d'utiles et salutaires efforts s'élève au sens spirituel ; mais la paresse charnelle, mais la lenteur de l'esprit sans culture et sans exercice ne soupçonne rien à découvrir sous l'écorce littérale. Or c'en est assez sur les paroles du prophète qui précèdent le passage en question. Revenant au texte dont nous nous sommes un instant éloigné : « Vos os, dit le prophète, germeront comme l'herbe » ; et pour montrer que c'est de la résurrection corporelle, celle des justes, toutefois, qu'il veut parler, il ajoute : « Et Dieu fera connaître sa main à ses fidèles serviteurs. » Qu'est-ce à dire, si ce n'est la main de celui qui distingue ses serviteurs

82. Is 65, 17-19.

de ses ennemis ? « Et ses menaces tomberont sur les rebelles », ou, suivant une autre version, « sur les incrédules ». Ce ne sera plus alors le temps des menaces, mais les menaces proférées aujourd'hui, s'accompliront alors en réalité. « Car voilà le Seigneur qui vient comme le feu ; et ses chars sont comme la tempête ; sa fureur vient exercer les vengeances et les désolations par la flamme. Car toute la terre sera jugée par le feu du Seigneur, et toute chair par son glaive. Plusieurs seront blessés par le Seigneur. » Feu, tempête, glaive, toutes figures des peines du jugement.

Et « le Seigneur qui vient comme le feu », n'est-ce pas contre ceux à qui son avènement doit être un supplice ? Les « chars » peuvent sans inconvénient s'entendre du ministère des anges. Et dans ce jugement de toute la terre et de toute la chair par le feu et le glaive du Seigneur il ne faut pas comprendre les saints et les spirituels, mais seulement ces hommes charnels et terrestres dont il est dit : « Ils n'ont de goût que pour les choses de la terre[83] » : et « n'avoir de goût que selon la chair, c'est la mort[84] » : ceux enfin que le Seigneur appelle chair quand il dit : « Mon esprit ne demeurera plus avec ces hommes, car ils ne sont que chair[85]. » « Plusieurs seront blessés par le Seigneur », ajoute le prophète ; cette blessure sera la seconde mort. Le feu, le glaive et la blessure peuvent toutefois se prendre en bonne part. Le Seigneur ne dit-il pas qu'il est venu apporter le feu dans le monde ? Et les disciples ne virent-ils pas comme des langues de feu se diviser quand sur eux descendit l'Esprit saint ? « Je ne suis pas venu, dit encore le Seigneur, apporter la paix sur la terre, mais le glaive[86]. » Et l'Écriture appelle la parole de Dieu un glaive doublement acéré ; ce double tranchant, c'est l'un et l'autre Testament. Et dans le Cantique des Cantiques, la sainte Église s'écrie qu'elle est blessée d'une flèche d'amour. Mais comme il est évident ici que le Seigneur doit venir pour

83. Ph 3, 19.
84. Rm 8, 6.
85. Gn 6, 3.
86. Mt 10, 34.

exercer ses vengeances, nulle équivoque sur le sens de ces paroles.

Puis énumérant en un mot ceux que consumera ce jugement, c'est-à-dire les pécheurs et les impies désignés par les aliments défendus sous l'ancienne loi, dont ils n'ont pas observé la défense, il revient à la grâce du Nouveau Testament depuis le premier avènement du Sauveur jusqu'au jugement dernier où il amène et conclut sa prophétie. Dans son récit, le Seigneur déclare qu'il vient pour rassembler les nations, et que les nations vont venir pour être témoins de sa gloire. « Car, dit l'apôtre, tous ont péché, et tous sont privés de la gloire de Dieu[87]. » Le prophète dit encore qu'il fera éclater sur eux de si grands miracles qu'ils croiront en lui ; qu'il enverra plusieurs élus d'entre eux aux nations étrangères, aux îles lointaines qui n'ont jamais entendu prononcer son nom, ni vu sa gloire ; que ces élus seront les hérauts de sa gloire parmi les Gentils, et qu'ils amèneront les frères de ceux auxquels il parle, les frères des israélites choisis, à la même foi en Dieu Père ; que de toutes les contrées ils amèneront encore au Seigneur un présent sur des chevaux et des chars (c'est-à-dire par le ministère des anges ou des hommes de Dieu), et l'introduiront dans la sainte cité de Jérusalem, répandue maintenant sur toute la terre dans les fidèles. Car, où ils se sentent divinement aidés, là ils croient ; où ils croient, là ils viennent ; et le Seigneur les compare aux enfants d'Israël qui dans son temple lui offrent des victimes et des cantiques, comme déjà l'Église en tous lieux, et il promet aux israélites qu'il se choisira parmi eux des prêtres et des lévites, ce que nous voyons encore aujourd'hui s'accomplir. Or, ce n'est plus selon la filiation de la chair et du sang comme pour le sacerdoce primitif selon l'ordre d'Aaron, mais comme il convient sous la nouvelle alliance où le Christ est le pontife souverain selon l'ordre de Melchisédech, c'est en considération des mérites que la grâce se plaît à répandre, que nous voyons choisir les prêtres et les lévites ; ministres dont il faut juger, non par la dignité où s'élèvent souvent des

87. Rm 3, 23.

indignes, mais par la sainteté qui ne saurait être commune aux bons et aux méchants.

Après avoir ainsi parlé de la miséricorde de Dieu, si évidente et si sensible aujourd'hui, sur son Église, il promet à chacun le but final où il doit arriver quand le dernier jugement aura séparé les justes et les impies. Voici ce que le Seigneur dit par le prophète ou le prophète de la part du Seigneur : « Comme le ciel nouveau et la terre nouvelle demeureront en ma présence, dit le Seigneur, ainsi votre race et votre nom demeureront devant moi : et ainsi de mois en mois, de sabbat en sabbat, toute chair viendra sous mes yeux adorer en Jérusalem, dit le Seigneur, et ils sortiront et ils verront les membres des hommes prévaricateurs ; leur vie ne mourra point, et leur feu ne s'éteindra point ; et ils serviront de spectacle à toute chair[88]. » Voilà où le prophète finit son livre, où finira le siècle. Au lieu des « membres » quelques interprètes lisent « cadavres des hommes », c'est-à-dire évidemment les peines corporelles ; bien que d'ordinaire cadavre ne se dise que d'une chair inanimée, tandis que ces corps auront une âme ; autrement ils seraient insensibles aux supplices. Mais peut-être comme il s'agit des corps d'hommes morts, c'est-à-dire tombés dans la seconde mort, est-il possible d'employer sans absurdité l'expression de cadavres ? Et de là cette parole du prophète que j'ai déjà citée : « La terre des impies tombera. » Et qui ne sait que du mot tomber, *cadere*, vient celui de *cadavre* ? Et n'est-il pas encore évident que par « les hommes » (*virorum*) il n'entend pas l'homme au masculin ; le nom du sexe supérieur désigne les deux sexes. Nul assurément ne prétendra exempter du dernier supplice les femmes pécheresses. Mais ce qui importe surtout à la question, c'est que le prophète dit en parlant des justes : « Toute chair viendra », parce que le peuple élu se formera de toute nation : non que tous les hommes soient réunis à ce peuple, car plusieurs seront dans les tourments ; mais je le répète, comme les bons sont désignés par l'expression de « chair » et les méchants par celle de

88. Is 66, 22-24.

« membres » ou « cadavres », il est évident que c'est après la résurrection de la chair, si clairement établie par ces mots, que le jugement viendra qui doit opérer entre les justes et les impies la séparation finale.

XXII. Mais comment les bons « sortiront-ils » pour voir les peines des méchants ? Est-ce d'un mouvement corporel qu'ils abandonneront les demeures heureuses pour se rendre au séjour des peines et assister corporellement aux souffrances des méchants ? À Dieu ne plaise. Ils sortiront intellectuellement. Et cette expression fait entendre que les souffrants seront « dehors ». Ainsi notre Seigneur appelle ces lieux les ténèbres « extérieures », par opposition à « l'entrée » qu'il indique au serviteur fidèle : « Entre dans la joie de ton Seigneur[89] » ; et c'est de peur qu'on y laisse entrer les méchants pour y être connus, que l'on en fait sortir les bons intellectuellement pour les connaître, car ils ont à connaître au-dehors. Ceux qui seront dans les tourments, ignoreront ce qui se passera au-dedans, en la joie du Seigneur ; mais ceux qui seront dans la joie sauront ce qui se passera dans ces ténèbres extérieures ; et c'est en ce sens qu'ils « sortiront », car ceux du dehors n'échapperont pas à leur connaissance. En effet, si les prophètes ont pu connaître ces choses avant leur accomplissement parce que Dieu était, si peu que ce fût, dans leur intelligence mortelle ; comment les saints immortels pourront-ils les ignorer alors qu'elles seront accomplies, et que « Dieu sera tout en tous[90] » ? La stabilité dans cette béatitude appartient donc à la semence et au nom des saints. La semence, dont saint Jean a dit : « Et sa semence demeure en lui[91] » ; le nom, dont il est dit par la bouche d'Isaïe : « Je leur donnerai un nom éternel, et il sera ainsi de mois en mois et de sabbat en sabbat, comme de lune en lune, et de repos en repos[92] » : Et les saints eux-mêmes seront l'un et l'autre quand de ces ombres anciennes et temporelles ils passeront

89. Mt 25, 21.
90. 1 Co 15, 28.
91. 1 Jn 3, 9.
92. Is 56, 5.

aux lumières nouvelles et éternelles. Quant aux peines des méchants, ce feu inextinguible, ce ver qui ne saurait mourir, ont été pris en sens divers. Les uns rapportent tous deux au corps, et les autres à l'âme. Suivant une troisième opinion, qui semble plus probable, c'est un feu réel qui doit s'attacher au corps, c'est un ver figuré qui doit ronger l'âme. Mais ce n'est pas le moment de discuter cette différence. L'objet de ce Livre est le jugement dernier, la séparation finale des bons et des méchants. Quant aux récompenses et aux châtiments, nous en traiterons ailleurs plus particulièrement.

XXIII. Voici la prophétie de Daniel sur le dernier jugement qu'il fait précéder de l'avènement de l'Antéchrist et qu'il conduit jusqu'au royaume éternel des saints. Après avoir vu dans une vision prophétique quatre bêtes, figures de quatre royaumes, et le quatrième royaume conquis par un certain roi en qui l'on reconnaît l'Antéchrist, puis enfin l'éternel royaume du Fils de l'homme ou du Christ : « L'horreur, dit-il, pénétra mon esprit ; moi, Daniel, je frémis dans mon être, et ces visions de mes yeux me troublèrent, et je m'approchai de l'un des assistants et lui demandai la vérité de tout cela ; et il me dit la vérité. » Alors le prophète raconte ce qu'il entend de la bouche de celui qu'il vient d'interroger, et il parle comme sous sa dictée. « Ces quatre bêtes immenses, dit-il, sont quatre royaumes qui s'élèveront sur la terre, puis seront retranchés ; et l'empire passera aux saints du Très-Haut, et ils le conserveront jusque dans le siècle des siècles. Et j'interrogeai, dit-il, avec plus d'instances sur la quatrième bête, infiniment différente, et infiniment plus terrible ; ses dents étaient de fer, ses ongles d'airain, je la voyais tout dévorer, tout broyer ou fouler aux pieds ; j'interrogeai aussi sur les dix cornes de sa tête, et sur une autre qui en sortit et fit tomber trois des premières. Et cette corne avait des yeux, et une bouche d'où sortaient des paroles épouvantables ; et elle apparaissait plus grande que les autres. Je contemplai, et cette corne combattait contre les saints et prévalait sur eux, jusqu'au moment où vint l'Ancien des jours, et il donna le royaume aux saints du Très-Haut ; et le temps arriva et les saints possédèrent l'empire[93]. » Voilà comment Daniel expose ses propres questions, et voici ce qu'il entendit, voici la réponse de celui qu'il interroge : « Et il dit : La quatrième bête c'est un quatrième royaume sur la terre, qui prévaudra sur tous les royaumes. Et il dévorera la terre et il la foulera et il la brisera, et ses dix cornes sont dix rois qui s'élèveront, puis un autre se dressera plus terrible que les précédents ; et il humiliera trois rois, et il blasphémera contre le Très-Haut ; et il écrasera les saints du Très-Haut, et il prétendra changer les temps et la loi, et il sera remis en ses mains un temps, plus d'un temps et la moitié d'un temps. Puis le jugement se tiendra et son empire sera exterminé et détruit à jamais : et voilà que le royaume, la puissance, la souveraine domination des rois sous toute l'étendue des cieux, est donnée aux saints du Très-Haut, et son royaume est un royaume éternel et toutes les puissances le servent et lui obéissent. Voici la fin de ses paroles : Et moi, Daniel, mes pensées me troublaient ; et ma face fut changée et je conservai les paroles dans mon cœur. » Quelques-uns voient dans ces quatre royaumes ceux des Assyriens, des Perses, des Macédoniens et des Romains. Et si l'on veut en apprécier la raison, il faut lire les commentaires du prêtre Jérôme sur Daniel, rédigés avec tant d'exactitude et d'érudition. Quant à la sanglante tyrannie de l'Antéchrist, pour si peu de temps que l'Église ait à la subir, est-il permis au lecteur même le moins éveillé, de douter qu'elle précède le dernier jugement de Dieu et le règne éternel des saints ? Car ces expressions : un temps, plus d'un temps et la moitié d'un temps, signifient un an et deux ans et la moitié d'un an ; et par conséquent trois ans et six mois ; or le nombre des jours exprimé plus bas éclaircit l'obscurité de ces termes, et dans un autre passage des Écritures le nombre des mois la dissipe complètement. « Un temps » ou « des temps » en latin semblent indiquer un temps indéfini. Mais l'original marque le duel, inusité chez les Latins, et que les Hébreux emploient, dit-on, ainsi que les Grecs. « Temps », ici, est donc pris pour deux temps.

93. Dn 7, 15 et sv.

Sur les dix rois désignés comme dix hommes que l'Antéchrist doit trouver à sa venue, je crains de me tromper. Savons-nous si à son avènement imprévu, l'on comptera autant de rois dans le monde romain ? Savons-nous si ce nombre, comme ceux de mille, de cent, de sept, etc., n'exprime pas ici l'universalité des rois qui doivent précéder son règne ?

Daniel dit ailleurs : « Et le temps viendra d'une persécution telle que depuis l'origine des hommes sur la terre jusqu'à cette époque, il n'en a jamais été vu de semblable. Et en ce temps sera sauvé tout ton peuple, tous ceux dont les noms seront trouvés écrits dans le livre. Et plusieurs des hommes endormis sous un amas de terre se relèveront, les uns pour la vie éternelle, les autres pour une éternité d'opprobre et de confusion. Et les sages auront l'éclat du firmament, et plusieurs des justes brilleront à jamais comme les étoiles[94]. » Passage entièrement conforme aux témoignages de l'Évangile sur la résurrection corporelle. Car ceux que l'Évangile représente « dans les sépulcres », le prophète les dit « endormis sous un amas de terre », ou suivant d'autres versions « dans la poussière de la terre ». « Ils sortiront », dit l'Évangile ; et le prophète, « ils se relèveront » ; l'Évangile : « ceux qui auront fait le bien pour ressusciter à la vie, et ceux qui auront fait le mal, pour ressusciter au jugement[95] » ; et le prophète : « les uns pour la vie éternelle, les autres pour une éternité d'opprobre et de confusion » ; et que l'on ne s'imagine pas surprendre une opposition en cette expression de l'Évangéliste : « Tous les hommes qui sont dans les sépulcres » ; et celle du prophète : « Plusieurs des hommes endormis sous un amas de terre. » Car l'Écriture emploie quelquefois « plusieurs » pour « tous ». Ainsi il est dit à Abraham : « Je t'ai établi père de plusieurs nations », et cependant Dieu lui dit ailleurs : « En ta semence toutes les nations seront bénies. » Et sur cette même résurrection, il est dit bientôt après au prophète Daniel : « Et toi, viens, et

94. Dn 12, 1-3.
95. Jn 5, 28.

repose-toi, car il reste encore des jours jusqu'à la consommation du siècle, et tu te reposeras, et tu ressusciteras en ton héritage, à la fin des jours[96]. »

XXIV. Les Psaumes renferment de nombreux témoignages sur le dernier jugement, mais courts et rapides pour la plupart. Mais ces paroles, prédiction si claire de la fin du siècle, je ne puis les passer sous silence : « Seigneur, dans le principe tu as fondé la terre, et les cieux sont l'ouvrage de tes mains. Ils périront, et tu demeures. Ils vieilliront comme un vêtement, et tu les changeras comme un manteau, et ils seront changés. Mais toi, tu es le même, et tes années ne manqueront point[97]. » Et pourquoi donc Porphyre, qui loue la piété des Hébreux d'adorer le grand et vrai Dieu, terrible à ses divinités mêmes, vient-il, sur les oracles de ces dieux, accuser les chrétiens de démence, pour prétendre que ce monde doit finir ? Et cependant, voici que les saintes Lettres des Hébreux disent au Dieu devant qui, de l'aveu de ce grand philosophe, toutes ces divinités tremblent : « Les cieux sont l'ouvrage de tes mains, et ils périront. » Quoi donc ? Quand les cieux périront, qui sont la partie du monde la plus haute et la plus sûre, est-ce que le monde ne périra pas ? Si ce sentiment déplaît à Jupiter, qui, suivant le témoignage de ce philosophe, emprunte l'autorité grave d'un oracle pour blâmer la crédulité des chrétiens, que ne traite-t-il également de folie la sagesse des Hébreux dont les livres sacrés renferment cette croyance ? Si cette sagesse, qui plaît tant à Porphyre qu'il la fait vanter par les oracles de ses dieux, si cette sagesse elle-même nous atteste la ruine future des cieux, quel est donc cet excès d'erreur et d'imposture qui, dans la foi des chrétiens, avec ou par-dessus tout le reste, déteste le dogme de la fin du monde, dont la ruine peut seule entraîner celle des cieux ? Et dans ces Écritures, qui nous appartiennent en propre et ne sont plus communes aux Hébreux et à nous, dans les Évangiles et les Épîtres des apôtres, ne lit-on

96. Dn 12, 13.
97. Ps 101, 26-28.

pas : « La figure de ce monde passe » ; « le monde passe » ; « le ciel et la terre passeront[98] », expressions plus douces il est vrai que celle-ci : « périront ». Et dans l'Épître de Pierre, où il est dit que le monde ancien périt sous les eaux du déluge, ne voit-on pas clairement quelle est la partie du monde désignée par le tout, et comment elle périt, et quels sont les cieux, renouvelés alors, et réservés aujourd'hui pour les flammes dernières, au jour du jugement et de la ruine des impies ? Et quand il dit bientôt après : « Le jour du Seigneur viendra comme un voleur, et dans une violente secousse les cieux passeront, les éléments consumés se dissoudront, et la terre avec toutes les œuvres terrestres brûlera[99] » ; puis ajoute : « Dans l'attente de cette destruction, quelle doit être la sainteté de votre vie ! » Ne peut-on entendre par les cieux qui périront les mêmes cieux qu'il vient de dire renouvelés alors, et maintenant destinés au feu ; et par les éléments qui seront consumés, ceux qui résident dans ces basses régions du monde, séjour des révolutions et des tempêtes, tandis que rien ne troublera la paix et l'immuable intégrité des cieux supérieurs qui soutiennent les astres dans leur firmament ? Car, pour ces paroles de l'Écriture : « Les étoiles tomberont du ciel », outre qu'elles sont susceptibles d'une interprétation différente et plus probable, elles prouveraient plutôt encore la permanence des cieux, si toutefois les étoiles en doivent tomber. En effet, ou cette expression, suivant toutes les vraisemblances, est métaphorique, ou elle fait allusion à quelque phénomène, inconnu maintenant, et dont le ciel inférieur sera le théâtre : telle cette étoile de Virgile, qui « court en traçant un long sillon de lumière et va se perdre dans la forêt d'Ida[100] ». Or, le passage précité du psaume semble n'excepter aucun des cieux de la ruine qu'il annonce. « Les cieux, dit-il, sont l'ouvrage de tes mains, et ils périront » ; il n'en est point qui ne sorte de ses mains, il n'en est point qui échappe à la ruine générale. Car à coup sûr on ne

98. 1 Co 7, 31 ; 1 Jn 2, 17 ; Mt 24, 35.
99. 2 P 3, 6-10.
100. Virgile, *Énéide*, II 694.

daignera pas invoquer les odieux témoignages de l'apôtre Pierre, pour défendre la piété des Hébreux, honorée de l'approbation des oracles ; on ne voudra pas voir la partie prise pour le tout dans ces mots « ils périront », quoique les cieux inférieurs soient seuls destinés à périr, comme elle est prise pour le tout dans cette Épître où l'apôtre atteste que le monde périt par le déluge, quoique la partie inférieure du monde, avec son ciel, ait seule péri. Mais encore une fois, on ne daignera pas concilier ces témoignages, de peur d'approuver le sentiment de l'apôtre Pierre, et d'attribuer au dernier embrasement autant de puissance que nous en accordons au déluge, lorsque, d'autre part, on soutient qu'il est impossible que tout le genre humain périsse par les flammes ou par les eaux. Et toutefois il ne reste rien à répondre, sinon que ces divinités n'ont loué la sagesse des Hébreux que faute d'avoir lu ce psaume. Et c'est encore du dernier jugement de Dieu qu'il faut entendre ce passage du psaume quarante-neuvième : « Dieu viendra visible, notre Dieu, et il ne se taira pas. Un feu dévorant marchera devant lui et autour de lui une épouvantable tempête. Il appellera le ciel en haut et la terre, afin de distinguer son peuple. Rassemblez-lui ses justes, qui élèvent son testament au-dessus des sacrifices[101]. » Toutes prophéties que nous rapportons à notre Seigneur Jésus-Christ, qui, selon notre espérance, viendra du ciel juger les vivants et les morts. Il viendra visible, juger justement, lui qui d'abord est venu caché se laisser injustement juger par les injustes. Lui, dis-je, « viendra visible et il ne se taira pas ». Il apparaîtra manifeste avec la parole de juge, lui qui, venu caché, se tut devant son juge, semblable à la brebis que l'on mène égorger, ou tel que l'agneau devant celui qui le tond ; ce que nous lisons prophétisé dans Isaïe, et voyons accompli dans l'Évangile. Quant « au feu » et à « la tempête » nous venons de dire sur quelques expressions semblables d'Isaïe, ce que par là il fallait entendre. Mais : « Il appellera le ciel en haut » ; les saints et les justes étant légitimement appelés le ciel, n'est-ce pas dire comme

101. Ps 49, 3.

l'apôtre : « Nous serons avec eux ravis dans les nues, au-devant du Christ au plus haut de l'air [102] » ; car, à s'en tenir à la surface de la lettre, le ciel serait-il donc appelé en haut comme s'il pouvait être ailleurs ? « Et la terre afin de distinguer son peuple » ; si l'on ne sous-entend que ce mot : « Il appellera », c'est-à-dire il appellera la terre, sans sous-entendre « en haut », la rectitude de la foi admet que le ciel s'entende de ceux qui doivent juger avec lui, et qui doivent être jugés ; et par conséquent : « Il appellera le ciel en haut » ne veut plus dire qu'il ravira les saints dans les airs, mais qu'il les élèvera sur les trônes de justice. On peut encore donner à ces paroles un autre sens, c'est-à-dire qu'il appellera les anges des régions les plus hautes pour descendre avec eux au jour du jugement, et il appellera la terre ou les hommes qui doivent être jugés sur la terre. Mais si l'on sous-entend l'un et l'autre : « il appellera » et « en haut », c'est-à-dire qu'il appellera le ciel en haut et la terre en haut, on ne saurait mieux l'entendre que des hommes ravis par les airs au-devant du Christ, le ciel c'est leur âme, la terre leur corps. Or, « distinguer son peuple », qu'est-ce à dire ? si ce n'est séparer les bons des méchants, comme les brebis des boucs ? Et puis cette parole s'adresse aux anges : « Rassemblez-lui ses justes » ; sans aucun doute, c'est par le ministère des anges qu'un si grand événement doit s'accomplir. Mais quels justes ? « Ceux, dit-il, qui élèvent le Testament au-dessus des sacrifices. » Car voilà toute la vie des justes : élever le testament de Dieu au-dessus des sacrifices. En effet, ou les œuvres de miséricorde sont au-dessus des sacrifices, c'est-à-dire préférables aux sacrifices, suivant le précepte et la parole de Dieu : « Je préfère la miséricorde au sacrifice [103] », ou bien si cette expression : « au-dessus des sacrifices, sur les sacrifices », désigne les œuvres comprises dans les sacrifices (ainsi l'on dit qu'une action terrestre se passe sur la terre), nul doute que les œuvres de miséricorde ne soient les sacrifices mêmes agréables à Dieu ; ce que j'ai développé, il

102. 1 Th 4, 17.
103. Os 6, 6.

m'en souvient, au dixième Livre de cet ouvrage. Et ces œuvres expriment l'obéissance des justes au Testament divin ; œuvres accomplies en vue des promesses du Nouveau Testament, et c'est pourquoi lorsqu'au dernier jugement les justes seront rassemblés et rangés à la droite du Christ, le Seigneur leur dira : « Venez, les bénis de mon Père ; entrez en possession du royaume préparé pour vous, dès la création du monde ; car j'ai eu faim et vous m'avez nourri[104]. » Et ce qui suit, sur les œuvres énumérées parmi les bonnes œuvres des justes et sur les récompenses éternelles que leur décernera la suprême sentence du juge.

XXV. Le prophète Malachie ou Malachi, que l'Écriture désigne aussi sous le nom d'ange, qui, suivant quelques-uns, est le même que le pontife Esdras, dont plusieurs autres écrits sont reçus dans le canon des livres saints (et tel est le sentiment des Hébreux, au rapport de Jérôme) ; Malachie prédit aussi le jugement dernier : « Il vient, le voici, dit le Seigneur tout-puissant ; et qui pourra soutenir le jour de son avènement ? Qui tiendra sous son regard ? Car il paraît, comme le feu qui épure, ou comme l'herbe du foulon. Et il va s'asseoir, comme le fondeur qui purifie l'or et l'argent, pour purifier les enfants de Lévi, et il les fondra comme l'or et l'argent ; et ils offriront au Seigneur des victimes en justice. Et le sacrifice de Juda et de Jérusalem plaira au Seigneur, comme aux jours anciens, comme aux premières années. Et je m'approcherai de vous comme juge, et je serai un rapide témoin contre les artisans de maléfices et d'adultères, contre ceux qui se parjurent en mon nom, qui retiennent le salaire promis au mercenaire, qui oppriment les veuves, outragent les orphelins, dénient la justice à l'étranger, et sans me craindre, dit le Seigneur tout-puissant, car je suis le Seigneur votre Dieu, et je ne change point[105]. » De ces paroles ne ressort-il pas clairement qu'il y aura pour plusieurs certaines peines purifiantes ? Quand le prophète dit, en

104. Mt 25, 34.
105. Ml 3, 1-6.

effet : « Qui pourra soutenir le jour de son avènement ? Qui tiendra sous son regard ? Car, il paraît comme le feu qui épure, ou comme l'herbe du foulon. Et il va s'asseoir comme le fondeur qui purifie l'or et l'argent, pour purifier les enfants de Lévi, et il les fondra comme l'or et l'argent. » De quel autre sens ces paroles sont-elles susceptibles ? Et ne lit-on pas dans Isaïe une prédiction à peu près semblable : « Le Seigneur lavera l'impureté des fils et des filles de Sion, et il effacera le sang du milieu d'eux, par un esprit de justice et par un esprit de feu[106]. » À moins de prétendre que cette épuration, et, pour ainsi dire, cet affinement spirituel, ne soit le retranchement même des impies en vertu de la dernière sentence : cette séparation des damnés étant la purification des élus, assurés de vivre à l'avenir, sans être confondus avec l'impur troupeau. Mais le prophète ajoute : « Et il purifiera les enfants de Lévi, et il les fondra comme l'or et l'argent, et ils offriront au Seigneur des victimes en justice, et le sacrifice de Juda et de Jérusalem plaira au Seigneur. » Il est donc évident que ceux qu'il purifiera, plairont désormais au Seigneur par des sacrifices de justice, libres de l'injustice par où ils déplaisent au Seigneur. Or, purifiés ainsi, eux-mêmes seront des victimes d'une pleine et parfaite justice. Purs, que peuvent-ils offrir de plus agréable à Dieu qu'eux-mêmes ? Mais il faut différer cette question des peines purifiantes pour la traiter avec plus de soin. Quant à ces enfants de Lévi, de Juda et de Jérusalem, ils représentent l'Église de Dieu formée, non des seuls Hébreux, mais encore des autres nations ; non plus telle qu'elle est aujourd'hui en cet état où « nous ne pouvons nous dire exempts de péchés sans nous tromper, sans nous convaincre nous-mêmes que la vérité n'est pas en nous[107] », mais telle qu'elle doit être alors, purifiée par le jugement suprême, comme l'aire par le vanneur, lorsque le feu aura purifié ceux à qui cette dernière épreuve était nécessaire, et que nul n'aura plus de sacrifice à offrir pour ses péchés. Car offrir de tels sacrifices, c'est confesser

106. Is 4, 4.
107. 1 Jn 1, 8.

les liens du péché dont on sollicite la délivrance ; et l'offrande acceptée de Dieu, c'est la recouvrance de la liberté.

XXVI. Dieu voulant donc montrer que la cité sainte ne sera plus alors dans les engagements du péché, il dit que les enfants de Lévi offriront des victimes en justice, non plus en péché, et par conséquent non plus pour le péché. D'où l'on peut conclure que les paroles suivantes : « Et le sacrifice de Juda et de Jérusalem plaira au Seigneur comme dans les anciens jours et les premières années », n'autorisent point les juifs à se promettre le retour des sacrifices abolis de l'Ancien Testament. Car alors ce n'était pas en justice, mais en péché que l'on immolait des victimes, puisqu'elles étaient principalement et primitivement offertes pour les péchés, jusque-là même que le grand-prêtre, plus juste assurément que les autres, avait coutume, selon le commandement de Dieu, d'offrir d'abord pour ses péchés, puis pour ceux du peuple. Expliquons donc ce qu'il faut entendre par « ces jours anciens et ces premières années ». Peut-être est-ce le temps où les premiers hommes furent dans le paradis ? Vierges alors de toute souillure, de toute flétrissure du péché, ils s'offraient eux-mêmes à Dieu comme les plus pures victimes. Mais depuis que leur prévarication entraîna leur exil, et dans leur personne, la condamnation de la nature humaine, le seul médiateur excepté, et quelques enfants après le bain régénérateur, « Nul n'est pur de souillure, pas même l'enfant dont la vie sur la terre est d'un jour[108]. » Dira-t-on que ceux-là offrent véritablement des victimes en justice qui les offrent en foi, car « le juste vit de la foi », quoiqu'il soit son propre séducteur, s'il se dit sans péché, et il ne le dit pas, parce qu'il vit de la foi ; mais le temps de la foi est-il donc à comparer au dernier jour où les justes purifiés par le feu du jugement final, pourront offrir des victimes en justice ? Et comme il est impossible de croire que les justes, après une telle épreuve, conservent aucune trace du péché, ce temps de pureté ne saurait se comparer qu'à celui où les premiers

108. Jb 14, 4.

hommes, avant leur infidélité, vivaient au paradis dans toute la félicité de leur innocence. On peut donc légitimement rapporter à cette époque ces paroles de l'Écriture sur « les jours anciens et les premières années ». Et quand, par la bouche d'Isaïe, Dieu promet un ciel nouveau et une terre nouvelle, entre autres révélations sur le bonheur des saints proposées sous voile d'allégories et d'énigmes, que la crainte des longueurs me défend d'expliquer, n'est-il pas dit : « Les jours de mon peuple seront comme les jours de l'arbre de vie [109]. » Or qui ne sait, après un seul coup d'œil jeté sur les saintes Lettres, où Dieu avait placé l'arbre de vie, dont les premiers hommes furent sevrés, quand leur crime les chassa du paradis, et quelle sentinelle, flamboyante et terrible, dut veiller autour de cet arbre ?

Si par ces jours de l'arbre de vie dont parle le prophète Isaïe, l'on veut entendre les jours de l'Église du Christ qui s'écoulent maintenant, et par cet arbre de vie la figure prophétique du Christ lui-même, en tant qu'il est la sagesse de Dieu, dont Salomon a dit : « C'est un arbre de vie pour tous ceux qui l'embrassent » ; si l'on prétend que les premiers hommes ne demeurèrent pas plusieurs années dans le paradis dont ils furent sitôt chassés qu'ils n'engendrèrent que dans l'exil, d'où il suit que l'on ne saurait rapporter à cette époque ces paroles de l'Écriture : « Comme aux anciens jours, comme aux premières années » ; je passe cette question sous silence ; car pour établir chaque vérité particulière, il faudrait engager sur tous les points une discussion fastidieuse. Ici d'ailleurs j'aperçois un autre sens qui nous garde de réduire cette magnifique promesse ramenant les jours anciens et les premières années, au retour des sacrifices charnels. Car ces victimes de l'ancienne loi qui devaient être, selon le commandement divin, choisies pures et sans défaut, figuraient encore les saints parmi les hommes, tel que s'est trouvé le seul Christ, seul exempt de péché. Or, après le jugement, quand le feu aura purifié les hommes dignes de cette dernière épreuve, comme les saints en qui ne se trouvera plus

109. Is 65, 22.

aucun péché, s'offriront eux-mêmes en justice, victimes spirituelles, pures et sans aucun défaut, ils seront alors comme aux anciens jours, comme aux premières années, lorsque l'offrande des victimes sans tache représentait, comme une ombre, le sacrifice futur. Car alors cette pureté sera dans la chair immortelle et dans l'âme des saints, qui était corporellement figurée par les anciennes victimes.

Quant à ceux qui seront jugés dignes, non de purification, mais de condamnation : « Je m'approcherai de vous comme juge et je serai un rapide témoin contre les artisans de maléfices et d'adultères », puis, après l'énumération de crimes condamnables, l'Écriture ajoute : « Car je suis le Seigneur votre Dieu et je ne change point » ; comme s'il disait : pendant que vos crimes vous changent en pis, et ma grâce, en mieux, moi je ne change point. Et il sera « témoin », parce que sa justice n'a pas besoin d'autres témoins. « Témoin rapide » ; soit à cause de la vitesse de sa venue, et de la soudaine promptitude du jugement qui semblait encore lointain, soit à cause de la célérité de l'arrêt qui, sans long discours, convaincra les consciences. « Car, dit l'Écriture, dans les pensées de l'impie sera son accusation[110] » ; et, selon l'expression de l'apôtre : « Les pensées des hommes seront leur accusation ou leur excuse au jour où Dieu, selon l'Évangile que j'annonce, jugera par Jésus-Christ les secrets du cœur[111]. » C'est encore en ce sens que le Seigneur sera un rapide témoin, parce qu'en un clin d'œil il représentera à la mémoire de quoi convaincre et punir la conscience.

XXVII. Ce que, dans le dix-huitième Livre, traitant une autre question, j'ai cité du même prophète, regarde aussi le jugement dernier : « Ils seront mon héritage, dit le Seigneur, au jour où je dois agir ; et je les élirai avec la prédilection d'un père pour un fils obéissant. Et vous vous retournerez, et vous verrez quelle différence il y a entre le juste et l'impie ; entre le serviteur de Dieu et l'homme rebelle à Dieu. Voici

110. Sg 1, 9.
111. Rm 2, 15.

que le jour vient, ardent comme la fournaise, où ils seront consumés. Et tous les étrangers, tous les artisans d'iniquité seront comme la paille. Et ce jour qui vient les embrasera, dit le Seigneur tout-puissant, sans qu'il reste d'eux ni branche, ni racine. Mais pour vous, qui craignez mon nom, le soleil de justice se lèvera, et vous trouverez votre salut à l'ombre de ses ailes ; et vous sortirez, et vous bondirez comme de jeunes taureaux libres du joug, et vous foulerez les méchants, et ils ne seront que cendre sous vos pieds, dit le Seigneur tout-puissant[112]. » Quand ce contraste des récompenses et des peines qui sépare les justes et les injustes, invisible sous ce soleil dans la vanité de cette vie, paraîtra sous le soleil de justice dans les clartés de la vie future, alors sera venue l'heure du jugement suprême.

XXVIII. Le prophète ajoute : « Souvenez-vous de la loi que j'ai donnée pour tout Israël, à Moïse, mon serviteur, sur la montagne de l'Horeb » : et c'est à propos qu'il rapproche la loi et le jugement après avoir annoncé quelle différence doit être un jour entre les observateurs de la loi et ses contempteurs. C'est encore afin d'enseigner aux juifs à la concevoir spirituellement et à y trouver le Christ, le juge souverain qui doit faire le discernement des bons et des méchants. Ce n'est pas en effet une vaine parole que le Seigneur adresse aux juifs, quand il leur dit : « Si vous croyiez Moïse, vous me croiriez aussi ; car c'est de moi qu'il a écrit[113]. » Or l'intelligence charnelle de la loi et l'ignorance de ses promesses, en tant que symboliques, les ont précipités dans ces murmures : « Insensé qui sert le Seigneur ? Que nous revient-il d'avoir gardé ses commandements et d'avoir marché en suppliants devant le Seigneur tout-puissant ? Et maintenant le bonheur est aux étrangers, la prospérité est le partage de tous les artisans d'iniquité[114]. » À ces plaintes, le prophète est comme forcé d'opposer la prédiction du dernier jugement où les

112. Ml 3, 17.
113. Jn 5, 46.
114. Ml 3, 14.

méchants ne jouiront pas même d'une félicité trompeuse, mais paraîtront dans toute l'évidence de leur misère, et les bons, au contraire, libres de toute affliction temporelle, posséderont dans la gloire la bienheureuse éternité. Car le prophète venait encore de rapporter une autre plainte de ces hommes : « Quiconque fait le mal, est bon aux yeux du Seigneur ; et voilà ceux qui lui plaisent[115]. » C'est, dis-je, parce qu'ils prennent la loi de Moïse en un sens charnel, qu'ils s'élèvent jusqu'aux murmures contre Dieu. Et de là ces plaintes du psaume soixante-douzième : « Mes pieds ont été presque ébranlés, ma démarche chancelante et voisine de la chute, parce que j'ai envié les pécheurs et leur paix[116] » ; et l'impie va jusqu'à dire : « Dieu le sait-il ? Et la connaissance de tout cela est-elle dans le Très-Haut ? » Et le psalmiste s'écrie : « C'est donc en vain que j'ai purifié mon cœur et lavé mes mains dans l'innocence ? » Et quant à la solution de ce problème, le malheur des justes, et la prospérité des méchants : « C'est, dit-il, un vain labeur, jusqu'à ce que je pénètre dans le sanctuaire de Dieu et obtienne l'intelligence des derniers accomplissements. » Car, au jugement dernier, il n'en sera plus ainsi ; et l'évidente misère des impies, l'évidente félicité des justes répandront sur toutes choses une lumière nouvelle.

XXIX. Or, les ayant averti de se souvenir de la loi de Moïse, parce qu'il prévoyait qu'ils seraient encore longtemps sans la concevoir comme il faut, selon l'esprit, le Seigneur ajoute aussitôt : « Et voilà que je vous envoie Élie de Thesba, avant que ce grand et terrible jour du Seigneur se lève ; et il tournera le cœur du père vers le fils et le cœur de l'homme vers son prochain, de peur que, venant, je n'extermine toute la terre[117]. » Qu'aux derniers jours avant le jugement, ce grand et admirable prophète Élie doive expliquer la loi aux juifs et les amener à la foi au Christ véritable, à notre

115. Ml 2, 17.
116. Ps 72, 2 sv.
117. Ml 4, 5.

Christ, c'est une croyance célèbre dans la tradition et le cœur des fidèles. Or, c'est avec raison que l'on attend sa venue avant le second avènement du Sauveur, car c'est avec raison qu'aujourd'hui même on le croit vivant. Un char de feu, suivant le témoignage certain de l'Écriture, ne l'a-t-il pas enlevé aux choses de la terre ? Et lorsqu'il sera venu, expliquant selon l'esprit la loi que les juifs ne conçoivent encore que selon la chair, « il tournera le cœur du père vers le fils », c'est-à-dire le cœur des pères vers les fils ; car les Septante ont ici substitué le singulier au pluriel. Et le sens, le voici : c'est que les fils ou les juifs entendront la loi comme leurs pères ou les prophètes, et parmi les prophètes, Moïse lui-même, l'ont entendue. Ainsi le cœur des pères se tournera vers les fils, quand l'intelligence des pères passera à l'intelligence des fils : « Et le cœur des fils se tournera vers leurs pères », quand ils entreront dans les mêmes sentiments ; ce que les Septante expriment ainsi : « Et le cœur de l'homme se tournera vers son prochain » ; car il n'est pas de proximité plus intime qu'entre les pères et les fils. Et toutefois à ces paroles des Septante, interprètes inspirés, on peut donner un autre sens, et même plus choisi. Élie viendrait tourner le cœur de Dieu le Père vers le Fils ; non comme l'auteur de cet amour du Père pour le Fils, mais comme devant enseigner que le Père aime le Fils, afin que les juifs aiment enfin l'objet de leur haine, notre Christ. Car maintenant, aux yeux des juifs, Dieu a le cœur détourné de notre Christ, parce qu'ils le croient ainsi. Et à leurs yeux, le cœur de Dieu sera retourné vers son Fils, quand le retour de leur propre cœur leur apprendra l'amour du Père pour le Fils. Quant aux paroles suivantes : « Et le cœur de l'homme vers son prochain », en d'autres termes, Élie retournera aussi le cœur de l'homme vers son prochain, qu'est-ce à dire si ce n'est le cœur de l'homme vers le Christ homme ? Lui, en effet, qui sous la forme de Dieu est notre Dieu, a daigné, sous la forme d'esclave, devenir notre prochain. Telle sera l'œuvre d'Élie. « De peur que, venant, je n'extermine toute la terre » : car ceux-là sont terre qui n'ont de goût que pour la terre, comme les juifs toujours charnels. Et de cette corruption s'élèvent contre Dieu ces murmures : « Les méchants lui plaisent ; insensé qui sert le Seigneur ! »

XXX. Il est une infinité d'autres témoignages des Écritures sur le dernier jugement de Dieu qu'il serait trop long de recueillir ici. Il nous suffit donc d'avoir prouvé que les livres de l'Ancien et du Nouveau Testament l'ont prouvé. Mais l'Ancien ne déclare pas en termes aussi formels que le Nouveau que ce jugement doit être prononcé par le Christ, c'est-à-dire que le Christ doit descendre du ciel comme juge. En effet, quand, aux livres de l'Ancien Testament, le Seigneur Dieu annonce qu'il viendra ; quand il y est dit que le Seigneur Dieu doit venir, il ne s'ensuit pas que l'on entende le Christ. Car le Seigneur Dieu, c'est le Père, c'est le Fils, c'est le Saint-Esprit. Et cependant il ne faut pas laisser ce point sans preuves. Il s'agit donc de démontrer d'abord comment Jésus-Christ parle dans les prophètes en tant que Seigneur Dieu, et néanmoins, comment Jésus-Christ y apparaît manifeste, afin que dans les textes moins évidents, où toutefois il est annoncé que le Seigneur Dieu doit venir, on puisse entendre Jésus-Christ. Un passage du prophète Isaïe montre clairement ce que je dis. Dieu parle ainsi par son prophète : « Écoute-moi, Jacob et Israël que j'appelle. Je suis le premier et je suis le dernier. Ma main a fondé la terre et ma droite a affermi le ciel. Je les appellerai et tous viendront, et ils s'assembleront tous et ils entendront. Qui leur a prédit cela ? Parce que je vous aime, j'ai fait votre volonté sur Babylone en exterminant la race des Chaldéens. J'ai parlé, j'ai appelé. Je l'ai amené, et j'ai rendu ses voies prospères. Approchez de moi, écoutez ceci. Dès le principe, je n'ai point parlé en secret : quand ces choses arrivaient, j'étais là. Et maintenant le Seigneur Dieu m'a envoyé et son Esprit[118]. » C'est lui qui vient de parler comme Seigneur Dieu ; et cependant, on ne soupçonnerait pas là Jésus-Christ, s'il n'ajoutait : « Et maintenant le Seigneur Dieu m'a envoyé et son Esprit. » Il parle ainsi suivant la forme d'esclave, se servant du passé pour le futur. Ne lisons-

118. Is 48, 12-17.

nous pas encore dans le même prophète : « On l'a conduit comme une brebis à égorger[119]. » Le prophète ne dit pas : Il sera conduit ; il exprime le futur par le passé. Et tel est le langage constant des prophètes.

Autre preuve évidente, quand Zacharie dit que le Tout-Puissant a envoyé le Tout-Puissant. Qui envoie ? si ce n'est Dieu le Père. Qui est envoyé ? si ce n'est Dieu le Fils. Voici le passage : « Le Seigneur tout-puissant parle ainsi : Après la gloire, il m'a envoyé aux nations qui vous ont dépouillés. Car vous toucher, c'est toucher la pupille de son œil. Et voilà que j'étends ma main sur eux, et ils deviendront la dépouille de leurs esclaves. Et vous connaîtrez que le Seigneur tout-puissant m'a envoyé[120]. » Voilà donc le Dieu tout-puissant qui se dit envoyé par le Dieu tout-puissant. Qui oserait entendre ces paroles d'un autre que du Christ parlant aux brebis égarées de la maison d'Israël ? Ne dit-il pas dans l'Évangile : « Je n'ai été envoyé que pour les brebis égarées de la maison d'Israël[121] » ? Et il les compare à la pupille de l'œil de Dieu, à cause de l'ineffable tendresse de son amour. De ces brebis furent les apôtres eux-mêmes. Mais, après la gloire de la résurrection, car auparavant, selon la parole de l'Évangéliste, « Jésus n'était pas encore glorifié[122] », il fut pareillement envoyé aux nations, en la personne de ses apôtres, et ainsi s'accomplit cette promesse du psaume : « Tu me délivres des rébellions de ce peuple, tu m'établis chef des nations, afin que les spoliateurs et les tyrans d'Israël deviennent à leur tour non seulement les esclaves, mais encore la dépouille d'Israël[123]. » Et c'est ce qu'il promettait aux apôtres en ces mots : « Je vous ferai pêcheurs d'hommes[124]. » Et à l'un d'eux : « Désormais ton emploi sera de prendre des hommes[125]. » Heureuses dépouilles, biens enlevés au fort, mais au fort, lié par une main plus forte.

119. Is 53, 7.
120. Za 2, 8.
121. Mt 15, 24.
122. Jn 7, 39.
123. Ps 17, 44.
124. Mt 4, 19.
125. Lc 5, 10.

Et le Seigneur parlant encore par le même prophète : « Et en ce jour-là, dit-il, j'aurai soin d'exterminer toutes les nations qui vont s'élever contre Jérusalem, et je répandrai sur la maison de David et sur les habitants de Jérusalem l'esprit de grâce et de prière. Et ils tourneront leurs yeux vers moi, parce qu'ils m'auront insulté ; et ils se lamenteront comme sur un fils bien-aimé, et ils seront pénétrés de douleur comme s'ils pleuraient sur un fils unique [126]. »

À qui donc appartient-il, si ce n'est à Dieu, d'exterminer toutes les races ennemies de la sainte cité de Jérusalem, qui « s'élèvent contre » elle, c'est-à-dire qui lui sont contraires, ou, suivant une autre version, qui « viennent sur » elle, pour la dominer ? À qui appartient-il de répandre sur la maison de David et les habitants de cette même cité l'esprit de grâce et de miséricorde ? N'est-ce pas à Dieu, et n'est-ce pas Dieu qui parle ainsi par son prophète ? Et toutefois c'est le Christ qui se montre ce Dieu, auteur de tant de merveilles divines, quand il ajoute : « Et ils tourneront leurs yeux vers moi, parce qu'ils m'auront insulté ; et ils se lamenteront comme sur un fils bien-aimé, et ils seront pénétrés de douleur comme s'ils pleuraient sur un fils unique. » Car, en ce jour, les juifs, ceux-là mêmes qui doivent recevoir l'esprit de grâce et de miséricorde, se repentiront d'avoir outragé le Christ à sa passion, quand ils le verront venir dans sa majesté et qu'ils reconnaîtront ce Jésus dont l'humilité leur a servi de jouet en la personne de leurs pères. Que dis-je ? leurs pères eux-mêmes, auteurs de cet immense sacrilège, le verront à leur résurrection, non plus pour leur conversion, mais pour leur punition. Ce n'est donc pas eux que cette parole regarde : « Et je répandrai sur la maison de David et sur les habitants de Jérusalem l'esprit de grâce et de miséricorde ; et ils tourneront leurs yeux vers moi, parce qu'ils m'ont insulté » ; et cependant c'est de leur race que doivent descendre ceux qui, dans ce temps, seront amenés à la foi par Élie. Mais comme nous disons aux juifs : vous avez mis à mort le Christ, quoique cet attentat soit l'œuvre de leurs pères ; ainsi eux-mêmes

126. Za 12, 9.

s'affligeront d'être, pour ainsi dire, les auteurs du crime commis par ceux dont ils descendent. Bien que devenus fidèles par le don de l'esprit de grâce et de miséricorde, ils n'encourent pas la condamnation de leurs sacrilèges auteurs, toutefois ils pleureront ce crime de leurs pères comme leur propre crime. Et cette douleur naîtra, non du sentiment de la faute, mais de l'élan de la piété. Ainsi de la faute nous lisons dans les Septante : « Et ils tourneront leurs yeux vers moi, parce qu'ils m'ont insulté », tandis que l'hébreu dit littéralement : « Et ils tourneront leurs regards vers moi qu'ils ont percé », paroles qui nous représentent plus clairement le Christ. Mais « l'insulte » dont les Septante ont préféré se servir, ne manque à aucune scène de la passion. Quand il est pris, quand il est lié, promené d'un juge à l'autre, revêtu de l'opprobre d'un ignominieux manteau, couronné d'épines, frappé d'un roseau sur la tête, adoré par dérision le genou en terre, chargé de sa croix, suspendu au bois infâme, les bourreaux l'insultent. Si donc joignant l'une et l'autre version, nous lisons « insulté » et « percé », nous reconnaissons plus pleinement la vérité de la passion de Notre Seigneur.

Ainsi, quand les prophéties déclarent, sans distinguer la personne, que Dieu doit venir pour prononcer le dernier jugement, il faut l'entendre uniquement du Christ ; car bien que le Père doive juger, il ne jugera cependant que par l'avènement du Fils de l'homme. En effet, le Père « ne juge personne », en manifestant sa présence, « mais il a donné tout pouvoir de juger au Fils[127] ». Le Fils viendra visiblement juger comme homme, lui qui, comme homme, a été jugé. Et de quel autre sous le nom de Jacob et d'Israël, ses auteurs selon la chair, faut-il entendre cette parole de Dieu par la bouche d'Isaïe : « Jacob est mon serviteur ; je le protégerai ; Israël est mon favori, et mon âme l'a choisi. Je lui ai donné mon esprit, il prononcera le jugement aux nations. Il ne criera point, il ne se taira point, et sa voix ne sera pas entendue au-dehors. Il ne brisera point le roseau plié, il n'éteindra point la lampe qui fume encore ; mais il prononcera le juge-

127. Jn 5, 22.

ment dans la vérité. Il resplendira et ne sera point opprimé jusqu'à ce qu'il publie le jugement sur la terre ; et les nations espéreront en son nom[128]. » On ne lit pas dans l'hébreu « Jacob » et « Israël ». Mais les Septante voulant sans doute nous avertir comment il faut entendre le mot de « serviteur » que porte l'original, à cause de la forme d'esclave où s'est abaissé le Très-Haut dans une humilité si profonde, ils l'ont désigné par le nom de l'homme dont la postérité lui a transmis cette forme d'esclave. L'Esprit saint lui a été donné, et c'est la colombe que nous montre l'Évangile. Il a prononcé le jugement aux nations, parce qu'il leur a prédit l'avenir qui leur était inconnu. Sa douceur lui a interdit de crier, et pourtant il n'a pas cessé de prêcher la vérité. Mais sa voix n'a pas été entendue ; elle n'est pas entendue au-dehors ; car ceux qui sont retranchés de son corps, ne lui obéissent pas. Et les juifs mêmes ses persécuteurs, roseau qui plie, car leur force les a délaissés, lampe fumante, car ils ont perdu la lumière, il n'a voulu ni les briser, ni les éteindre ; il les épargne, venu non pas encore pour les juger, mais pour en être jugé. Il a toutefois publié le jugement en vérité, leur annonçant le châtiment qui les attendait, s'ils persistaient dans leur malice. Sa face a resplendi sur la montagne, et son nom dans l'univers. Il n'est pas brisé, il n'est pas écrasé ; invincible en lui-même et dans son Église, ses persécuteurs n'ont jamais pu le réduire à cesser d'être. Et toujours a été vaine, toujours sera vaine cette parole de ses ennemis : « Quand mourra-t-il, quand périra son nom ? Jusqu'à ce qu'il publie le jugement sur la terre[129]. » Le voilà révélé ce secret que nous cherchions. C'est le dernier jugement qu'il publiera sur la terre, quand il sera descendu des cieux. Et déjà nous voyons accomplie cette dernière parole du prophète : « Et les nations espéreront en son nom[130]. » Que ce fait qu'il est impossible de nier soit donc une raison de croire ce que l'on nie avec impudence. Et qui donc eût jamais espéré ce que les

128. Is 42, 1-4.
129. Ps 40, 6.
130. Is 42, 4.

incrédules déjà voient avec nous, et dont l'incontestable évidence leur fait grincer les dents et les consume de rage ? Oui, qui eût espéré que les nations espéreraient en Christ, alors qu'il était captif, lié, flagellé, bafoué, crucifié, et que les disciples eux-mêmes abjuraient l'espérance qu'ils commençaient d'avoir en lui ? Ce qu'à peine un seul larron espéra sur la croix, toutes les nations répandues sur la terre l'espèrent aujourd'hui, et, pour éviter la mort éternelle, elles se signent de la croix où il est mort.

Ainsi, que le dernier jugement, tel que les saintes Lettres l'annoncent, soit prononcé par Jésus, personne ne le nie, personne n'en doute, hormis peut-être quelques esprits qui, soit opiniâtreté, soit aveuglement incroyable, refusent de croire à ces sacrés témoignages qui ont déjà prouvé à toute la terre leur vérité. Voici donc les événements qui doivent s'accomplir en ce jugement, ou à l'heure de ce jugement : la venue d'Élie de Thesba, la foi des juifs, la persécution de l'Antéchrist, le jugement du Christ, la résurrection des morts, la séparation des bons et des méchants, l'embrasement du monde et son renouvellement. Tout cela doit arriver, il faut le croire ; mais comment et dans quel ordre, c'est ce que l'expérience nous enseignera mieux alors, que ne le pourraient aujourd'hui les stériles efforts de la raison humaine. Je crois cependant que tout arrivera dans l'ordre que j'indique.

Deux Livres nous restent encore pour achever cet ouvrage, et, avec l'assistance du Seigneur, nous acquitter de nos promesses. De ces deux Livres, l'un aura pour objet le supplice des méchants, l'autre, la félicité des justes ; et, autant que Dieu m'en donnera la force, j'y réfuterai surtout les vaines objections de ces malheureux qui se croient sages de déchirer les témoignages des promesses divines, et méprisent, comme de ridicules erreurs, ces aliments de la foi qui nous sauve. Pour les sages selon Dieu, de tout ce qui paraît maintenant incroyable, quoique attesté par les saintes Écritures tant de fois trouvées fidèles, la raison dernière est la toute-puissante véracité de Dieu ; car ils s'assurent que Dieu est aussi incapable du moindre mensonge qu'il est puissant pour faire ce qui est impossible aux yeux de l'infidèle.

Livre XXI

Destinée finale et châtiment des méchants

Au terme le Christ Jésus aura conduit les deux cités, celle de Dieu et celle du diable, chacune à sa fin. Il faut donc rendre compte de ce double terme, les supplices « du diable et de ceux qui lui appartiennent » ; le bonheur éternel des justes. Dans l'un et l'autre cas, la résurrection des corps fait difficulté à l'intelligence. Elle fait particulièrement difficulté en ce qui concerne l'idée de résurrection pour des peines éternelles, et à ces difficultés le Livre XXI est entièrement consacré.

Les objections viennent de deux milieux différents : les incroyants (philosophes platoniciens) et les croyants. Augustin déploie un effort énorme, étonnant, pour argumenter en faveur de peines éternelles, l'essentiel semblant être pour lui de maintenir le sens littéral des Écritures, surtout celles du Nouveau Testament, qui les évoquent : « Allez, maudits, au feu éternel qui a été préparé pour le diable et ses anges depuis le commencement du monde. »

Dans une première partie, Augustin s'efforce de rendre vraisemblable ou croyable à ses opposants l'idée de peines éternelles que l'expérience, la sagesse et la philosophie semblent ne pouvoir que refuser. Aux objections philosophiques (nulle chair ne peut souffrir sans mourir ; un corps ne peut pas ressusciter pour brûler éternellement ; il y aurait injustice à concevoir une peine éternelle pour une faute qui n'a duré qu'un temps) il ne parvient à opposer que des plausibilités empruntées au fond commun culturel de l'Antiquité.

Dans la seconde partie, à partir du chapitre XVII, Augustin s'oppose à divers types de chrétiens « miséricordieux », les disciples d'Origène d'abord, puis tous les chrétiens qui s'appuient sur tel ou tel texte d'Écriture pour penser que la miséricorde divine finira par l'emporter ou que les affirmations de l'Écriture doivent être entendues comme des menaces prophétiques plus que comme des sanctions définitives ; toutes positions qu'Augustin estime, au moment où il écrit, laxistes et dangereuses.

*Ce Livre, écrit vers 426-427, marque en effet un changement sensible dans la pensée d'Augustin et il aura une très grande influence sur toute la tradition latine qu'il contribue à fixer, d'abord en ce qui concerne les peines éternelles de l'enfer (il lit unilatéralement les interprétations moins littérales, plus ouvertes et confiantes, des Pères anciens, en dehors même de l'*apocatastase *ou « universel rétablissement » des Grecs. Voir H. Urs von Balthasar,* Espérer pour tous, *1986 ; tr. fr. Desclée de Brouwer, 1987), puis en ce qui concerne des peines temporaires ou purgatoires (voir Jacques Le Goff,* La naissance du purgatoire, *Gallimard, 1981).*

Livre vingt et unième

I. Quand notre Seigneur Jésus-Christ, juge des vivants et des morts, aura conduit les deux cités, celle de Dieu et celle du démon, chacune à sa fin, quel doit être le supplice du diable et de ses complices ; c'est ce que je me propose d'examiner en ce Livre, avec l'assistance divine. Or, j'ai préféré suivre cet ordre, et traiter ensuite de la béatitude des saints ; parce que l'un et l'autre état sera corporel, et qu'il semble moins croyable que les corps subsistent dans des tortures éternelles que dans une félicité éternelle, exempte de douleur. Ainsi, quand j'aurai démontré qu'il n'y a rien d'incroyable à cette éternité de châtiment, il me sera bien plus facile d'établir la croyance à l'immortalité bienheureuse des corps dans les saints. Et cet ordre même ne répugne point à l'Écriture, qui parfois, il est vrai, commence par la félicité des justes, témoin ce passage : « Et ils sortiront, ceux qui auront fait le bien, pour ressusciter à la vie ; ceux qui auront fait le mal, pour ressusciter au jugement[1] » : parfois aussi, elle n'en parle qu'en second lieu : « Le Fils de l'homme enverra ses anges ; ils retrancheront de son royaume tous les scandales et tous les artisans d'iniquité, pour les précipiter dans la fournaise ardente. Là, il n'y aura que pleurs et grincements de dents. Alors les justes resplendiront comme le soleil dans le royaume de leur Père… Ainsi les impies iront aux supplices éternels, et les justes à la vie

1. Jn 5, 29.

éternelle[2]. » Et les prophètes observent tantôt cet ordre, tantôt l'autre ; soit dit en passant, car un coup d'œil suffit pour s'en convaincre. Quant à moi, j'ai rendu raison de l'ordre que j'adopte.

II. Quelle preuve alléguerai-je pour convaincre les incrédules que des corps humains animés et vivants peuvent, non seulement défier la mort, mais subsister encore dans les supplices des feux éternels ? Car ils ne nous laissent pas recourir à la puissance du Tout-Puissant, ils veulent quelques exemples pour être persuadés. Faut-il leur répondre qu'il est des animaux, corruptibles en tant que mortels, qui vivent cependant au milieu du feu ; que dans des sources d'eaux chaudes, où l'on ne saurait impunément plonger la main, il se trouve certaine espèce de vers qui vivent là sans la moindre souffrance ; que dis-je ? qui ne pourraient vivre ailleurs ? Mais, ou ils refusent de croire le fait, s'il ne leur est montré, ou bien, si ce fait même se produit sous leurs yeux, si la preuve leur en est donnée par des témoins dignes de foi, leur incrédulité va soutenir que cet exemple ne suffit pas pour établir notre proposition ; et la raison, c'est que d'abord ces animaux ne vivent pas toujours ; et puis que, vivant dans ces eaux brûlantes, cette atmosphère convenable à leur nature est pour eux un principe de force et non de souffrance ; comme s'il n'était pas plus incroyable qu'il y eût là un élément de vie et non de douleur. Car s'il est étonnant de souffrir dans le feu sans mourir, il est bien plus étonnant de vivre dans le feu sans souffrir. Que si l'on croit l'un, pourquoi pas l'autre ?

III. Mais, disent-ils, il n'est aucun corps qui puisse souffrir sans mourir. Et qu'en savons-nous ? Est-il donc certain que les démons ne souffrent point dans leurs corps quand eux-mêmes confessent la violence de leurs tortures ? Si l'on répond qu'il n'est aucun corps terrestre, c'est-à-dire solide et palpable, aucune chair en un mot qui puisse souffrir sans

2. Mt 13, 41 ; 25, 46.

pouvoir mourir, c'est conclure dans les limites du témoignage des sens et de l'observation. Car on ne connaît point de chair qui ne soit mortelle, et voilà leur unique raison, c'est de tenir pour impossible tout ce qu'ils ne perçoivent point par leurs sens. Et cependant, où est la raison de faire de la douleur une preuve de la mort, quand elle est plutôt un indice de la vie ? Nous pouvons demander si ce qui souffre peut toujours vivre, mais il est certain que tout ce qui souffre vit, et que la douleur ne peut être qu'en ce qui vit. Il est donc nécessaire que qui souffre vive ; il n'est pas nécessaire que la douleur tue ; car nos corps mêmes, mortels et destinés à mourir, toute douleur ne les tue pas. Or si la douleur peut tuer maintenant, c'est que l'âme est tellement unie à ce corps, qu'elle cède à la violence de la douleur et se retire. Car la liaison des membres et des organes vitaux est si délicate, qu'elle ne peut résister à cette crise, angoisse terrible, dernier terme de la souffrance. Mais alors tel sera le corps, et telle l'union de l'âme au corps que nulle durée ne pourra délier ce nœud, nulle douleur le rompre. Maintenant, il est vrai, il n'y a point de chair qui puisse souffrir et ne puisse mourir, mais aussi la chair ne sera plus alors telle qu'elle est aujourd'hui ; comme la mort cessera d'être ce qu'elle est dans le temps. Car il y aura toujours mort, mais mort éternelle. L'âme, en effet, ne pourra vivre séparée de Dieu, et ne pourra, par la mort, échapper à la souffrance. Par la première mort, l'âme est, malgré elle, chassée du corps ; par la seconde, l'âme, malgré elle, y est retenue. Et voilà ce que l'une et l'autre mort ont de commun, c'est de faire souffrir à l'âme en son corps ce qu'elle ne veut pas.

Nos contradicteurs remarquent bien qu'il n'est maintenant aucune chair qui puisse souffrir sans pouvoir mourir ; et ils ne remarquent pas que cela est vrai d'une certaine nature plus noble que le corps. Cet agent qui vivifie et gouverne le corps, l'esprit, peut souffrir et ne peut mourir. Voilà donc qu'une chose se trouve sensible à la douleur et pourtant immortelle. Il en sera donc alors du corps des damnés, comme il en est aujourd'hui, nous le savons, de l'esprit de tous les hommes. Et d'ailleurs, songeons-y bien, ce que l'on appelle la douleur du corps, appartient plutôt à l'âme. C'est en effet l'âme qui souffre et non le corps, quand même la souffrance lui vient du corps, alors qu'elle souffre où le corps est blessé. Et comme nous disons corps sensibles, corps vivants, quoique l'âme soit pour le corps principe de sentiment et de vie ; nous disons aussi corps souffrants, quoique la douleur ne puisse venir que de l'âme au corps. L'âme souffre donc avec le corps d'une douleur locale qui survient au corps ; elle souffre seule, bien qu'elle réside au corps, quand une cause invisible l'attriste, sans porter atteinte à la santé corporelle. Elle souffre même parfois hors du corps ; témoin les souffrances du riche aux enfers, quand il s'écrie : « Je suis torturé dans ces flammes[3]. » Le corps, d'autre part, ne souffre point s'il n'est animé ; animé, il ne peut souffrir que l'âme ne souffre. Si donc l'on pouvait légitimement conclure de la douleur à la mort, c'est-à-dire que l'accident de la mort fût la conséquence nécessaire de l'accident de la douleur, c'est surtout à l'âme qu'il appartiendrait de mourir ; puisque c'est surtout à l'âme qu'il appartient de souffrir. Or, comme elle ne peut mourir, elle qui peut le plus souffrir, d'où nous vient le droit de conclure que les corps des damnés mourront, parce qu'ils doivent être dans les souffrances ? Les platoniciens sans doute ont cru que, de ces corps de terre et de ces membres de mort, montaient à l'âme et la crainte, et le désir, et la douleur, et la joie, comme Virgile l'exprime en ce vers : « De là leurs craintes et leurs désirs, leurs souffrances et leurs contentements[4]. » Mais au quatorzième Livre de cet ouvrage, nous les avons convaincus de prêter aux âmes, purifiées de toute souillure corporelle, le désir insensé de rentrer dans leurs corps. Or où est le désir, assurément la douleur peut être. Car le désir, déçu dans son espérance ou troublé dans sa possession, se change en douleur. Si donc l'âme, quoique seule ou la plus vive à souffrir, a cependant son immortalité propre ; comment donc dans l'avenir la mort corporelle serait-elle nécessitée par la souffrance ? Enfin, si

3. Lc 16, 24.
4. Virgile, *Énéide*, VI 733.

le corps est la cause des souffrances de l'âme, comment ne peut-il lui procurer la mort aussi bien que la douleur, si ce n'est que la conséquence est fausse que ce qui donne la douleur donne la mort ? Pourquoi donc refuserait-on de croire que ces feux dussent livrer les corps à la douleur, et non pas à la mort, puisque les corps eux-mêmes font souffrir les âmes, sans toutefois les obliger de mourir ? La douleur n'est donc pas une preuve nécessaire de la mort à venir.

IV. Ainsi donc, la salamandre qui, s'il faut en croire les naturalistes, vit dans le feu ; certaines montagnes célèbres de Sicile, qui, depuis tant de siècles, vomissent des flammes de leur antique cratère, et toutefois demeurent dans leur intégrité, sont des témoins convaincants que tout ce qui brûle ne se consume pas ; et l'âme, d'autre part, montre que tout ce qui est susceptible de souffrir n'est pas susceptible de mourir. Et maintenant quels exemples nous demande-t-on encore pour prouver qu'il n'est pas incroyable que les corps des hommes conservent leur âme dans les feux éternels, brûlent sans altération et souffrent sans fin ? Car telle sera la propriété nouvelle que la substance de la chair recevra de celui qui a doué de propriétés admirables et variées tant d'objets répandus autour de nous, et dont le nombre même a fatigué notre admiration. Et quel autre que le Dieu créateur de toutes choses peut donner à la chair morte du paon de ne pas se corrompre ? Je ne pouvais le croire ; mais un jour à Carthage on nous servit un oiseau de cette espèce et nous en fîmes réserver quelques tranches prises sur la poitrine. Après un certain nombre de jours suffisants pour corrompre toute autre chair, celle-ci nous fut représentée, et elle n'offensa en rien notre odorat. Conservée de nouveau pendant plus de trente jours, on la retrouva dans le même état ; et ainsi, un an après, sauf qu'elle était un peu plus sèche et plus réduite. Qui a donné à la paille cette propriété, d'une part si froide, qu'elle conserve la neige ; et d'autre part si chaude, qu'elle mûrit les fruits verts ?

Qui expliquera les merveilles du feu lui-même, si brillant et qui noircit tout ce qui brûle ; si éclatant de couleur et qui efface toute couleur partout où sa flamme rampe et glisse, qui fait un noir charbon d'une braise ardente ? Et toutefois ce phénomène ne se produit point régulièrement. Car, au contraire, l'ardeur du feu blanchit les pierres, et malgré la différence de la blancheur de la pierre brûlée au rouge éclat du feu, le blanc s'accorde avec la lumière comme le noir avec les ténèbres. Mais quoique le feu dévore le bois pour calciner la pierre, il n'en faut pas conclure de la contrariété de ses effets à la contrariété des choses. La pierre et le bois sont différents, et non contraires comme le blanc et le noir ; et cependant ces deux effets opposés, le blanc sur la pierre, le noir dans le bois, le feu les produit ; éclatant, il éclaire l'un et obscurcit l'autre ; toutefois il expirerait sur la pierre, s'il n'avait son foyer dans le bois. Quant au charbon, n'est-ce pas merveille que cette fragilité d'une part, que brise le moindre coup, que broie la plus légère pression ; et, d'autre part, cette invincible consistance qui défie l'action de l'humidité et les efforts des âges ; jusque-là qu'aux limites des champs on enfonce dans le sol du bois carbonisé, comme un témoin éternel prêt à convaincre quiconque dans la suite des temps viendrait à s'élever contre la vérité des partages ? Qui donc dans le sein de la terre humide ou dans le bois pourrait conserver ces charbons à jamais incorruptibles, si ce n'est cet universel corrupteur des choses, le feu ?

Une autre merveille naturelle, c'est la chaux. Outre qu'elle blanchit à l'action du feu qui noircit tout le reste, le feu engendre encore secrètement en elle le feu ; et, quoiqu'elle ne présente au toucher qu'une masse froide, elle le recèle en le dérobant à nos sens ; l'expérience seule nous découvre sa présence latente et comme assoupie. D'où vient l'expression de chaux vive, comme si le feu caché était l'âme invisible de ce corps visible. Mais chose encore plus admirable, c'est qu'en l'éteignant on l'allume. En effet, pour en dégager le feu intérieur, on verse de l'eau et l'on baigne la chaux ; froide qu'elle était, elle s'échauffe au contact de l'élément qui refroidit tout corps échauffé. Et, comme s'il abandonnait la chaux expirante, le feu latent se montre quand il se retire ; et elle demeure comme pénétrée du froid de la mort, sans qu'aucun jet de liquide réveille en elle aucune ardeur ; elle était une chaux vive, et elle devient une chaux éteinte. Que peut-on ajouter à ce prodige ? Et pourtant en voici un nouveau. Au lieu d'eau, versez de l'huile, ce vif aliment du feu, la chaux en est vainement imbibée ; elle demeure froide. Si nous lisions, si l'on nous racontait semblable merveille de quelque pierre de l'Inde, sans qu'il nous fût possible de vérifier le fait, ou il serait rejeté par nous comme un mensonge, ou notre surprise serait sans bornes. Mais ces merveilles dont nos yeux voient les témoignages journaliers, sans avoir moins de droit à l'étonnement, perdent cependant de leur prix par leur présence même. Cela est si vrai que certaines raretés des lointaines contrées de l'Inde ont cessé d'exciter notre admiration quand elles sont venues la chercher.

Plusieurs parmi nous, surtout les orfèvres et les lapidaires, ont des diamants, pierre que ne peut rompre ni le fer, ni le feu, ni aucune autre force, et qui cède, dit-on, au sang de bouc. Mais les possesseurs de cette espèce de pierre, qui la connaissent, l'admirent-ils comme ceux auxquels l'on en découvre la vertu pour la première fois ? Ceux mêmes à qui elle demeure cachée, refusent peut-être d'y croire ; ou s'ils croient, ils admirent par inexpérience ; et si l'expérience vient à portée, ils admirent encore le fait comme extraordinaire ; mais l'expérience continuée émousse peu à peu l'admiration. Nous savons que l'aimant exerce sur le fer un merveilleux attrait. La première fois que je le vis, je frémis d'épouvante. Je voyais en effet un anneau de fer enlevé par une pierre et suspendu ; et comme si elle eût transmis et communiqué sa vertu au fer, ce même anneau en enlève un second, qui adhère au premier, comme le premier adhère à la pierre, un troisième s'attache au second, un quatrième au troisième, et de leurs cercles, non pas entrelacés, mais extérieurement adhérents, se forme comme une chaîne d'anneaux pendants. Qui ne serait épouvanté de la puissance de cette pierre, puissance qui non seulement réside en elle, mais encore traverse tant d'anneaux suspendus et les unit par des liens invisibles ? Mais un autre phénomène de cette pierre, que j'ai appris de mon frère et collègue Severus, évêque de

Milève, est encore plus étrange. Il me raconta qu'à un festin chez Bathanarius, autrefois comte de l'Afrique, il le vit prendre une pierre d'aimant et la tenir sous un plat d'argent sur lequel il avait posé du fer : et tous les mouvements faits sous l'argent par la main qui tenait la pierre, le fer les suivait en dessus, et, le métal intermédiaire demeurant impassible, ces mouvements en sens divers que la main de l'homme imprimait à l'aimant, l'aimant les transmettait au fer dans toute leur rapidité. Je dis ce que j'ai vu, je dis ce que je tiens d'un homme dont le témoignage est aussi certain pour moi que celui de mes yeux. Que dirai-je encore de tout ce que j'ai lu sur cette pierre aimantée ? Quand on place un diamant auprès, elle n'enlève plus le fer ; l'a-t-elle enlevé, à l'approche du diamant, elle le laisse tomber. C'est l'Inde qui nous envoie ces pierres ; et si déjà nous cessons de les admirer, parce que nous les connaissons, combien plus ceux qui nous les envoient, s'ils se les procurent avec tant de facilité ? Peut-être sont-ils aussi indifférents à cette merveille que nous le sommes à celle de la chaux, ardente au contact de l'eau qui éteint le feu, et que l'huile, cet aliment provocateur du feu, laisse froide. Ce phénomène, parce qu'il est incessamment sous nos yeux, nous ne l'admirons pas.

V. Et cependant, lorsque nous annonçons aux infidèles les miracles de Dieu, passés ou à venir, dont nous ne pouvons leur prouver la réalité par l'expérience, ils nous en demandent la raison ; et comme il nous est impossible de répondre, car il s'agit de faits qui surpassent les forces de l'esprit humain, ils les traitent de fables. Eh bien ! qu'eux-mêmes nous rendent raison de tant de merveilles que nous pouvons voir et que nous voyons. S'il est clair pour eux que cela est humainement impossible, qu'ils avouent donc qu'il ne s'ensuit point qu'une chose n'ait été ou ne doive être, de ce que l'on n'en peut rendre raison, puisqu'il en est de même d'objets journaliers. Ainsi, sans alléguer une infinité de faits historiquement attestés, je n'en veux signaler qu'un petit nombre, non pas dans le domaine de l'histoire et du passé, mais permanents et dont chacun, s'il peut ou s'il veut, est à même de vérifier sur les lieux la réalité. On dit que le sel d'Agrigente, en Sicile, approché du feu, fond comme dans l'eau ; et qu'au fond de l'eau, il crépite comme dans le feu. Chez les Garamantes, il est une fontaine si froide le jour qu'on n'en saurait boire, si brûlante la nuit qu'on ne saurait y toucher ; une autre en Épire, où – chose ordinaire – les torches allumées s'éteignent, mais où – chose étrange ! – les torches éteintes s'allument. En Arcadie, il se trouve une pierre que l'on nomme Asbeste, parce qu'une fois échauffée, elle ne se refroidit plus. Le bois d'un certain figuier d'Égypte ne nage pas sur l'eau, comme les autres bois, mais plonge, et, ce qui est plus merveilleux, après quelques instants de séjour au fond, il remonte à la surface, quand l'eau dont il est pénétré devrait l'appesantir. Les fruits de la terre de Sodome se développent et arrivent à une apparente maturité ; mais pressés par la dent ou la main, ils s'ouvrent et s'évanouissent en cendre et en fumée. La pierre pyrite, de Perse, brûle la main qui la serre ; et de là lui vient son nom. Il est encore, en Perse, une pierre sélénite, dont la blancheur intérieure croît et diminue avec la lune. En Cappadoce, le vent féconde les cavales, et ces fruits ne vivent pas plus de trois ans. L'île de Tylos, dans l'Inde, l'emporte sur toutes les contrées de la terre, parce que les arbres n'y dépouillent jamais leur feuillage.

Que de ces faits et de tant d'autres non moins étonnants que présentent non pas les mobiles annales de l'histoire, mais le livre permanent de la nature, que de ces merveilles, dis-je, dont l'énumération serait ici une digression trop longue, ces infidèles rendent raison, s'ils peuvent, eux qui refusent de croire aux saintes Écritures, sans autre motif pour leur contester d'être divines, sinon qu'elles renferment des choses incroyables, et précisément comme les faits dont je viens de parler. Nulle raison d'admettre, disent-ils, que la chair brûle et ne soit pas consumée, qu'elle souffre et ne meure jamais. Puissants raisonneurs, de pouvoir rendre raison de toutes les incontestables merveilles répandues en ce monde ! Qu'ils rendent donc raison de ce peu de faits que je signalais à l'instant. Or j'affirme que si l'existence actuelle de ces faits leur était inconnue et qu'elle leur fût prédite pour l'avenir, ils croiraient encore moins qu'ils ne croient à ce que nous leur annonçons. Si donc, comme nous déclarons qu'un jour les corps humains vivront pour brûler et souffrir éternellement sans pouvoir mourir, il était prédit qu'au siècle futur un sel sera, qui fondra au feu comme s'il était dans l'eau, et crépitera dans l'eau comme s'il était au feu ; une fontaine, que le froid de la nuit rendra tellement chaude que l'on n'y puisse toucher, et l'ardeur du jour tellement glacée qu'on n'y puisse boire ; une pierre, dont la chaleur propre brûlera la main qui la presse ; une autre qui, embrasée, ne pourra plus s'éteindre ; et une infinité de semblables merveilles. Nous croiraient-ils jamais, et si nous leur annoncions ces phénomènes comme devant se produire au siècle futur, et que ces incrédules nous répondissent : Si vous voulez nous le faire croire, rendez-nous-en raison : nous avouerions notre impuissance et la faiblesse du raisonnement humain pour se mesurer avec ces œuvres admirables de Dieu ; mais nous dirons aussi qu'en nous cette raison est inébranlable, que le Tout-Puissant ne fait rien sans raison, de tout ce dont notre faible esprit ne peut rendre raison ; que sur beaucoup de points sa volonté pour nous est incertaine, mais que nous sommes très certains qu'il n'est rien d'impossible à sa volonté, et que nous croyons à ce qu'il annonce, parce qu'il nous est impossible de le croire impuissant ou menteur. Et cependant, ces détracteurs de la foi, ces solliciteurs de la raison, que répondent-ils sur ces faits humainement inexplicables, et qui sont pourtant, et qui semblent même contraires à la nature ? S'ils étaient par nous annoncés comme devant être, l'incrédulité ne nous en demanderait-elle pas compte comme de tous les miracles que nous prédisons ? Ainsi donc, la défaillance de l'esprit et de la parole de l'homme en présence de ces merveilles de la puissance divine ne prouvant rien contre leur existence actuelle, elle ne prouve rien contre l'existence future des merveilles prédites ; la raison de part et d'autre en demeure voilée pour l'homme.

VI. Mais, vont-ils s'écrier, cela n'est pas, nous n'en croyons rien ; ce qui en est dit, ce qui en est écrit, tout cela est faux ; et ils vont opposer ce raisonnement : S'il faut croire de pareils faits, croyez donc aussi ce que les mêmes auteurs racontent qu'il était ou qu'il est un temple de Vénus, et dans ce temple un candélabre surmonté d'une lampe qui brûle à l'air d'une flamme si vive, que ni tempête, ni pluie ne peuvent l'éteindre, ce qui lui a valu comme à la pierre, le nom de λύχνος ἄσβεστος, lumière inextinguible. Et peut-être s'imagineront-ils qu'ils gênent notre réponse ? Si nous disons, en effet, qu'il n'en faut rien croire, nous infirmons les autres merveilles que nous avons annoncées ; et si nous accordons qu'il faut y croire, nous autorisons les divinités païennes. Mais, comme je l'ai dit au dix-huitième Livre de cet ouvrage, nous ne sommes pas dans la nécessité de croire tous les récits de l'histoire profane, puisque les historiens eux-mêmes, de l'aveu de Varron, semblent conspirer pour se contredire si souvent ; or à notre gré nous croyons ce qui n'est pas contraire aux livres qu'il faut croire. Et de ces merveilles locales qui nous servent d'arguments pour persuader aux incrédules les vérités futures, celles-là nous suffisent que nous pouvons vérifier nous-mêmes par l'expérience et dont il est facile de trouver des témoins dignes de foi. Quant à cette lampe inextinguible du temple de Vénus, loin de nous enfermer dans un étroit passage, elle nous ouvre au contraire le champ le plus vaste. Car à cette lampe inextinguible, nous ajoutons encore les merveilles des sciences humaines et magiques, c'est-à-dire, les prodiges des démons par les hommes ou par eux-mêmes. Et nous ne saurions les nier sans contredire la vérité des saintes Écritures. Donc, ou l'industrie humaine a dressé quelque mécanique avec cette pierre asbeste ; ou c'est une œuvre de magie pour exciter dans le temple l'étonnement des hommes ; ou c'est la présence active de quelque démon, sous le nom de Vénus, qui rend ce prodige manifeste et permanent. Car lorsque les démons s'insinuent dans des créatures qui ne sont pas leur ouvrage, mais l'ouvrage de Dieu, ils sont attirés par des charmes, divers comme leur génie ; ils ne cèdent pas comme les animaux à l'attrait des aliments, mais en tant que natures spirituelles, à des signes conformes à la fantaisie de chacun ;

différentes espèces de pierres, d'herbes, de bois, d'animaux ; enchantements et rites divers. Or pour que les hommes les attirent, ils commencent par séduire les hommes, soit en versant dans leur cœur un poison secret, soit en leur offrant l'appât de perfides amitiés ; et ils se font ainsi un petit nombre de disciples qui deviennent les maîtres des autres. Car saurait-on s'ils ne l'eussent eux-mêmes enseigné, ce qu'ils aiment ou ce qu'ils abhorrent, quel nom les attire ou les contraint ; tout l'art enfin de la magie, toute la science des magiciens ? Mais ils aspirent surtout à posséder le cœur des mortels, possession dont ils sont les plus fiers, quand ils se transfigurent en anges de lumière. Il y a donc de leur part de nombreuses actions que nous devons conjurer avec d'autant plus d'adresse que nous avouons l'étonnement qu'elles nous inspirent. Et toutefois, ici ces actions mêmes nous servent de preuves. Si, en effet, d'impurs démons ont une telle puissance, combien plus puissants sont les saints anges, et combien plus puissant qu'eux tous, Dieu l'auteur des anges, ces auteurs de tant de miracles !

Que la science humaine, disposant de la création de Dieu, opère dans les arts mécaniques ces étonnantes merveilles, où, quand on n'en connaît pas le secret, l'on soupçonne la main divine ; ainsi, dans un temple, revêtu, sur le sol et à la voûte, de pierres d'aimant adaptées aux proportions de l'édifice, cette statue de fer suspendue entre ce double magnétisme, l'ignorance de l'action transmise en haut et en bas, faisant attribuer ce phénomène à la puissance de la divinité ; ainsi cette lampe de Vénus, dont je viens de parler, qui devait peut-être le prodige de sa lumière à l'industrieux emploi d'une pierre asbeste ; si donc les œuvres des magiciens, que l'Écriture appelle sorciers et enchanteurs, ont pu élever les démons jusqu'à un tel crédit qu'un grand poète n'a pas cru contredire l'opinion des hommes dans ces vers sur une puissante enchanteresse : « Elle promet, par ses enchantements, de délivrer à son gré les âmes, ou de leur envoyer les amers soucis, d'arrêter l'onde des fleuves et de détourner le cours des astres ; elle évoque les Mânes ténébreux ; la terre va mugir sous ses pieds, et tu verras du haut des montagnes les frênes descendre[5] ! » Combien Dieu est-il plus puissant pour accomplir des prodiges qui semblent incroyables aux infidèles, et qui ne sont que les jeux de sa puissance ? Car n'est-il pas l'auteur, et de ces pierres et de leur vertu et du génie des hommes qui en savent le merveilleux usage, et des natures angéliques plus puissantes que toutes les forces animales ? Et l'infini de ces merveilles n'est-il pas surpassé par cet infini de pouvoir et de sagesse qui agit, ordonne et permet, non moins admirable dans la conduite que dans la création de l'univers ?

VII. Pourquoi donc Dieu ne pourrait-il pas faire que les corps des trépassés ressuscitent, et que ceux des damnés souffrent dans les flammes éternelles, Dieu qui a créé le ciel et la terre, l'air et les eaux remplis d'innombrables merveilles ; et de toutes les merveilles dont il est plein, la plus grande et la plus excellente, ce monde lui-même ? Mais ceux avec ou contre lesquels nous discutons, qui croient qu'il est un Dieu créateur, et des dieux, son ouvrage et ses ministres dans le gouvernement du monde ; qui reconnaissent, que dis-je ? qui exaltent les puissances, opératrices de certains prodiges, prodiges qu'elles opèrent volontairement, ou que certaines cérémonies, certaines invocations leur commandent ; quand nous signalons à ces hommes la vertu merveilleuse de ces objets qui ne sont ni animaux raisonnables, ni esprits doués de raison, par exemple, ceux dont je viens de faire mention, on nous répond d'ordinaire : telle est leur propriété naturelle ; telle est leur nature ; leur nature possède cette vertu propre. Donc voilà toute la raison pourquoi le sel d'Agrigente fond dans le feu et crépite dans l'eau, c'est que telle est sa nature. Et cependant n'est-ce pas plutôt contre la nature qui a donné à l'eau et non pas au feu de dissoudre le sel, au feu et non pas à l'eau de le faire crépiter ? Mais, dit-on, la propriété naturelle de ce sel est de produire des phénomènes contraires aux phénomènes connus. Et voilà donc la raison que l'on rend de cette source des Garamantes, gla-

5. Virgile, *Énéide*, IV 487-491.

cée le jour, brûlante la nuit, et dans l'un et l'autre état, également insupportable au toucher : la raison de cette autre, qui froide à la main, éteint – chose ordinaire – les torches allumées ; mais – chose étrange ! – allume les torches éteintes ; la raison de cette pierre asbeste, qui, sans foyer intérieur, brûle du feu qu'elle emprunte et ne peut plus s'éteindre ; la raison de tant d'autres faits qu'il serait fatigant de reproduire ; nulle raison, en un mot, lors même que ces substances paraissent développer certaines propriétés nouvelles et contraires à la nature ; nulle raison, sinon que telle est leur nature ? Réponse, j'en conviens, courte et suffisante. Mais, puisque Dieu est l'auteur de toute nature, pourquoi donc nous interdire une raison plus puissante, quand, à leur refus de croire un fait sous prétexte d'impossibilité, ou à leurs instances pour en obtenir la raison, nous opposons cette réponse, que telle est la volonté du Dieu tout-puissant, qui, à coup sûr, n'est appelé Tout-Puissant que parce qu'il peut tout ce qu'il veut. Or ces merveilles qu'il a pu créer, si elles n'étaient évidentes ou affirmées par des témoins dignes de foi, passeraient à coup sûr pour impossibles ; et je ne parle pas des merveilles qui nous sont étrangères, mais des merveilles les plus connues. Quant à celles qui n'ont d'autres témoins que les auteurs qui les décrivent, auteurs non éclairés des lumières divines et tributaires des erreurs de l'humanité ; à chacun, sans blâme légitime, permis de n'en rien croire.

Je ne prétends pas, en effet, que l'on croie sans examen tout ce que je viens de rapporter, car ici ma croyance elle-même n'est pas tellement assurée qu'elle défende le doute à mon esprit, j'excepte les faits que j'ai moi-même expérimentés et que chacun peut vérifier par l'expérience ; ainsi la chaux brûlante dans l'eau, froide dans l'huile ; la pierre d'aimant dont l'attrait invisible ne saurait remuer un fétu et enlève le fer ; la chair du paon préservée de la corruption qui n'a pas respecté celle de Platon ; et la paille, si froide qu'elle ne permet pas à la neige de fondre, si chaude qu'elle mûrit les fruits ; et le feu rutilant, qui communique sa blancheur aux pierres qu'il échauffe, et dément son éclat quand d'autre part il noircit ce qu'il brûle ; même contraste entre la transparence de l'huile et les taches sombres qu'elle répand ; entre la teinte vive de l'argent, et les lignes noires qu'il trace. C'est encore un fait que cette transformation par le feu du bois en charbon ; brillant, dur, corruptible, et devenant noir, fragile, incorruptible. De tous ces phénomènes, quelques-uns me sont connus, connus aussi de plusieurs, mais la plupart, connus de tout le monde comme de moi. L'énumération en serait ici trop longue. Quant à ceux que j'ai cités sur la foi de mes lectures et non de mon expérience propre, excepté la fontaine où les torches ardentes s'éteignent, et les torches éteintes s'allument ; excepté les fruits et la terre de Sodome, murs au-dehors, au-dedans cendre et fumée : je n'ai pu rencontrer aucun témoin digne de foi. Cette fontaine, toutefois, je ne sache personne qui l'ait vue en Épire, mais plusieurs m'ont affirmé qu'il en est une semblable dans les Gaules, non loin de la cité de Grenoble. Pour les fruits de Sodome, non seulement tant d'ouvrages dignes de créance, mais encore tant de témoins en parlent d'après leur expérience personnelle qu'il m'est impossible d'en douter. Quant au reste je prends le parti de n'affirmer ni de nier. Ces faits quels qu'ils soient je les ai rapportés sur le témoignage des historiens mêmes de nos adversaires, afin de montrer tout ce que la plupart d'entre eux admettent sans raison, sans autre autorité que celle de leurs écrivains, eux qui ne daignent ni nous croire, ni nous rendre raison de leur incrédulité, quand nous leur annonçons les merveilles que le Tout-Puissant doit accomplir un jour, merveilles qui sont au-dessus de l'expérience et des sens. Car s'en peut-il rendre une raison meilleure et plus forte, si ce n'est que le Tout-Puissant les a prédits dans les mêmes livres où il en a prédit tant d'autres dont l'accomplissement est manifeste ? Ainsi, comme il a promis de le faire, il fera ce qui semble au-dessus du possible, lui qui a fait, selon sa promesse, que les nations incrédules croient ce qui surpasse toute croyance.

VIII. Mais, va-t-on peut-être nous répondre, si l'on refuse de croire ce que nous annonçons des corps humains, qu'ils doivent toujours brûler et ne jamais mourir, c'est que nous savons que la nature des corps humains n'a pas été créée dans ces conditions, ce qui écarte la raison que l'on rend des autres merveilles naturelles dont on peut dire : telle est leur propriété naturelle, telle est la nature de cette substance ; car nous savons que telle n'est pas la nature du corps humain. Or les saintes Lettres nous permettraient de répondre à notre tour que le corps de l'homme avait été créé dans des conditions différentes avant le péché, c'est-à-dire qu'il pouvait ne jamais mourir ; et que depuis le péché, la nature, dont les misères temporelles publient la déchéance, est incapable de vivre à jamais. Ainsi donc, à la résurrection des morts, elle subira une transformation nouvelle. Mais comme les incrédules rejettent l'autorité de ces livres qui nous attestent dans quel état l'homme vivait au Paradis, et combien éloigné de la nécessité de la mort (et s'ils y croyaient, serions-nous en peine de leur prouver les éternelles peines des damnés dans l'ordre futur ?) demandons à leurs plus savants écrivains quelque témoignage d'où il résulte clairement qu'une chose peut devenir toute autre qu'elle n'était connue jusqu'alors dans sa nature déterminée.

Je lis dans l'ouvrage de Marcus Varron, intitulé *De la filiation du peuple romain*, ce passage que je reproduis littéralement : « Dans le ciel, dit-il, parut un étrange prodige ; l'étoile si fameuse de Vénus, que Plaute appelle Vesperugo, et Homère, Hesperus, en vantant sa beauté ; cette étoile, Castor l'atteste, changea de couleur, de grandeur, de figure et de mouvement ; phénomène inconnu jusqu'alors et qui depuis ne s'est point renouvelé. Adraste de Cyzique et Dion de Naples, mathématiciens célèbres, le rapportaient au règne d'Ogygès[6]. » Assurément le grand Varron ne l'appellerait pas un prodige s'il ne lui paraissait contre nature. Car nous disons tout prodige contre nature ; mais cela n'est pas. Comment serait contre nature ce qui arrive par la volonté de Dieu ; la volonté du Créateur étant la nature même de chaque créature ? Le prodige n'est donc pas contre la nature, mais contre la nature telle qu'elle nous est connue. Or qui pourrait énumérer la multitude des prodiges que contiennent les his-

6. Varron, *De gente populi romani*, fr 6.

toires profanes ? Qu'il nous suffise de ce fait que revendique la question qui nous occupe. Quoi de plus savamment disposé par l'auteur du ciel et de la terre que l'admirable ordonnance des astres ? Est-il rien de basé sur des lois plus fixes et plus immuables ? Et toutefois, quand il a plu à celui qui gouverne sa création avec un souverain empire et un absolu pouvoir, l'étoile la plus célèbre par sa grandeur et son éclat a vu changer sa couleur, ses dimensions, sa figure, et, pour comble de prodige, l'ordre et la loi de son cours. À coup sûr, ce phénomène dut troubler toutes les tables astrologiques, s'il en existait déjà ; ces tables où les calculs des mouvements célestes, passés et futurs, prétendent à une telle infaillibilité que leurs auteurs osent les invoquer pour soutenir que rien de semblable, ni précédemment, ni depuis, n'était survenu dans le ciel. Quant à nous, ne lisons-nous pas dans les divines Écritures qu'à la prière adressée au Seigneur par le saint homme Josué, le soleil s'arrête pour lui laisser le temps d'achever sa victoire ; et que cet astre rétrograde pour annoncer au roi Ézéchias les quinze nouvelles années qui lui restent à vivre, Dieu confirmant sa promesse par ce prodige[7] ? Mais ces miracles, accordés aux mérites des saints, quand ces incrédules y consentent, ils en font honneur à la magie. Témoin ce vers précité de Virgile : « Arrêter l'ordre des fleuves, et détourner les astres dans leur cours. » Et nous voyons aussi, dans les livres sacrés, qu'un fleuve retient ses eaux supérieures, tandis que les inférieures s'écoulent ; quand, sous la conduite du même Josué, le peuple de Dieu tente le passage, et ce miracle se renouvelle en faveur d'Élie et de son disciple Élisée ; et l'astre du jour rétrograde sous le règne d'Ézéchias. Mais ce phénomène de l'étoile de Vénus, rapporté par Varron, on ne nous dit pas qu'il ait été accordé à la prière d'un homme.

Non ! Que de leurs connaissances naturelles les incrédules ne se fassent pas un brouillard qui les aveugle, comme si la main divine ne pouvait introduire dans une substance telle modification qui la destitue de ces caractères naturels par où

7. Jos 10, 13 ; Is 38, 8.

elle se dévoilait à l'expérience humaine ; bien qu'à vrai dire les objets de la nature les plus connus n'en soient pas moins merveilleux et n'aient pas moins de droit à l'étonnement, si les hommes n'avaient coutume de n'admirer les choses admirables qu'à la condition d'être rares. Car pour peu que la raison fût consultée, qui n'admirerait que, dans cette innombrable multitude d'hommes et dans une telle conformité de nature, tous soient différemment semblables ? Sans une ressemblance commune, rien ne distinguerait l'espèce des autres espèces animales ; et sans les différences particulières, l'individu ne se distinguerait pas des autres hommes. Là donc où nous reconnaissons la ressemblance, nous constatons aussi la différence. Mais la différence étonne plus la pensée que la ressemblance ; car l'unité de nature semble à juste titre exiger la ressemblance : et cependant, comme rien ne nous étonne qui ne soit rare, nous réservons tout notre étonnement pour le fait d'une ressemblance si parfaite entre deux individus qu'on ne puisse les distinguer sans de fréquentes ou de continuelles méprises.

Mais ce phénomène que je rapporte d'après Varron, peut-être refusent-ils d'y croire, quoique Varron soit un de leurs historiens, et de tous le plus savant ; peut-être est-ce sa courte durée et le retour aux lois ordinaires qui rend à leurs yeux ce prodige moins frappant. Eh bien ! en voici un autre dont ils peuvent s'assurer encore aujourd'hui, suffisant, ce me semble, pour les convaincre qu'un objet de la nature, par eux étudié, fût-il acquis à leur connaissance la plus certaine, ils ne doivent pas s'en prévaloir jusqu'à défendre à Dieu de transformer cet objet et d'en faire un tout autre que celui qu'ils connaissent. La terre de Sodome n'a pas été toujours ce qu'elle est aujourd'hui. Dans toute son étendue elle n'offre rien que de semblable aux autres contrées ; elle les égalait, elle les surpassait même par sa luxuriante fécondité : car les divines Écritures la comparent au Paradis de Dieu. Mais depuis que le feu du ciel l'a touchée, leur histoire l'atteste, et les voyageurs vérifient chaque jour par leurs yeux ce témoignage ; sa surface n'est qu'une cendre hideuse, et ses fruits sous une trompeuse apparence de maturité ne recèlent qu'une vaine fumée. Telle elle n'était pas, et la voilà telle. Et voilà que par un prodigieux changement, le Créateur de toute nature rend sa nature si hideusement différente d'elle-même ! et ce changement, survenu après tant de siècles, persiste encore depuis tant de siècles.

Donc, comme il n'a pas été impossible à Dieu de créer les natures qu'il lui a plu, il ne lui est pas impossible de les changer comme il lui plaît. Et de là cette superfétation d'accidents miraculeux, appelés monstres, prodiges, etc., que je ne pourrais énumérer ici sans reculer indéfiniment les bornes de cet ouvrage. L'expression de « monstres », dérivée de montrer, indique qu'ils « montrent », parce qu'ils signifient ; celle de « prodiges », qu'ils « prédisent » l'avenir. Mais que les interprètes se livrent à toutes leurs conjectures, soit qu'elles les trompent, soit que, par l'inspiration des esprits chargés d'envelopper les âmes, dignes d'un tel châtiment, dans les filets d'une pernicieuse curiosité, ils prédisent la vérité ; soit qu'en l'annonçant toujours ils la rencontrent parfois. Pour nous, tout ce qui paraît et tout ce que l'on dit arriver contre nature (l'apôtre dit ainsi, suivant le langage des hommes, que l'olivier sauvage enté contre nature sur l'olivier franc a été rendu participant de la sève de l'olivier), ces monstres, en un mot, ces prodiges doivent montrer et prédire que Dieu fera des corps humains ce qu'il a prédit qu'il en ferait ; et quel obstacle pourrait le retenir ? Quelle loi de la nature lui opposer une défense ? Or, comment l'a-t-il prédit, c'est ce que je pense avoir établi d'une manière satisfaisante dans le Livre précédent en détachant des saintes Écritures, anciennes et nouvelles, non pas, il est vrai, tous les passages qui se rapportent à ce sujet, mais ceux qui m'ont paru suffire au besoin de cet ouvrage.

IX. Donc la menace des supplices éternels que Dieu prononce par son prophète, s'accomplira. Oui, elle s'accomplira : « le ver » des damnés « ne mourra point, et le feu qui les dévore ne s'éteindra jamais[8] ». Et c'est pour graver plus

8. Is 66, 24.

profondément cette vérité dans nos âmes que le Seigneur désignant par les membres qui scandalisent l'homme les hommes mêmes qui nous sont aussi chers que nos propres membres, nous recommande de les retrancher : « Il te vaut mieux, dit-il, entrer infirme dans la vie que d'avoir deux mains et d'être jeté dans les supplices, dans les flammes inextinguibles, où le ver rongeur ne meurt point, où le feu dévorant ne s'éteint jamais[9]. » Et : « Il te vaut mieux, ajoute-t-il, entrer boiteux dans la vie éternelle, que d'avoir deux pieds et d'être précipité dans les supplices du feu inextinguible, où le ver rongeur ne meurt point, où la flamme dévorante ne s'éteint jamais. » « Il te vaut mieux, dit-il encore, entrer dans le royaume de Dieu avec un œil unique, que d'en avoir deux, et d'être précipité dans le supplice du feu, où le ver rongeur ne meurt point, où la flamme dévorante ne s'éteint jamais. » Il n'hésite pas de reproduire trois fois, au même instant, la même pensée. Qui ne tremblerait à cette répétition terrible, à cette menace sortie si énergique de la bouche divine ?

Or, ceux qui rapportent l'un et l'autre supplice, ce feu et ce ver, à l'âme et non au corps, prétendent que la douleur d'un tardif et stérile repentir consumera les âmes séparées du royaume de Dieu, et que l'Écriture a bien pu représenter par l'image du feu cette cuisante douleur. Et l'apôtre ne dit-il pas en ce sens : « Qui est scandalisé, sans que je brûle[10] ? » La même douleur est, encore suivant eux, figurée par le ver. Car n'est-il pas écrit, disent-ils : « Comme la teigne ronge le vêtement, et le ver le bois, ainsi la tristesse le cœur de l'homme[11] » ? D'autre part, ceux qui ne doutent pas que l'âme et le corps souffriront dans ce dernier supplice, affirment que le corps sera la proie du feu et l'âme rongée par le ver du désespoir. Et quoique cette opinion soit plus probable, car l'absence de la douleur ou spirituelle ou corporelle est une hypothèse absurde ; je rapporterai toutefois l'un et

9. Mc 9, 42-47.
10. 2 Co 11, 29.
11. Pr 25, 20.

l'autre supplice au corps, plutôt que de l'exempter de l'une et de l'autre, et le silence de l'Écriture sainte sur la douleur de l'âme ne pourrait que sous-entendre cette conséquence nécessaire des souffrances corporelles, les tortures d'un stérile repentir. On lit en effet dans l'Ancien Testament : « Supplice de la chair de l'impie, le ver et le feu[12]. » Deux mots suffisaient : Supplice de l'impie. Pourquoi donc dit-il, « de la chair de l'impie », sinon parce que le ver et le feu seront tous deux le supplice de la chair ? Ou s'il faut entendre par ces mots la vengeance exercée sur l'homme qui aura vécu selon la chair, (et c'est pourquoi il tombera dans la seconde mort, que l'apôtre désigne par ces paroles : « Si vous vivez selon la chair vous mourrez[13] ») ; que chacun, à son gré, choisisse d'attribuer le feu au corps, le ver à l'âme, soit au propre, soit au figuré ; ou de les attribuer tous deux sans figure au corps. Car j'ai déjà suffisamment prouvé ci-dessus que les animaux peuvent vivre dans le feu ; brûler sans se consumer, et souffrir sans mourir, par un miracle de la toute-puissance du Créateur. Et qui lui refuse ce pouvoir, ignore quel est l'auteur de tout ce qu'il admire dans la nature. Car c'est Dieu même qui a créé toutes les merveilles de ce monde, grandes ou petites, que nous avons signalées, et d'autres incomparablement plus nombreuses que nous avons passé sous silence, et c'est lui qui les a renfermées toutes dans l'unité de ce monde, entre tant de merveilles, la plus étonnante. Que chacun, à son gré, choisisse donc d'attribuer le ver proprement au corps, ou métaphoriquement à l'âme. Quant à la vérité du choix, l'événement en décidera, au temps où la science des saints n'aura plus besoin d'éprouver ces peines et où l'intuition d'une pleine et parfaite sagesse suffira pour les connaître. Maintenant nous n'avons qu'une connaissance partielle jusqu'à l'avènement du parfait[14]. Bornons-nous donc à repousser du moins l'hypothèse d'un état corporel futur qui exclue les supplices du feu.

12. Si 7, 19.
13. Rm 8, 13.
14. 1 Co 13, 9.

X. Ici se présente une question : S'il ne s'agit pas d'un feu immatériel, tel que la douleur de l'âme, mais d'un feu sensible, dont la main se retire, et qui puisse être un supplice pour les corps, comment serait-il aussi le supplice des malins esprits ? Car c'est le même feu qui doit s'attacher aux hommes et aux démons, suivant cette parole du Christ : « Retirez-vous de moi, maudits, allez au feu éternel, préparé pour le diable et ses anges[15]. » Si ce n'est qu'au sentiment de plusieurs hommes doctes, les démons ont aussi des corps d'une certaine nature, formés de cet air épais et humide dont le souffle du vent fait sentir la vibration. En effet, si cet élément particulier ne pouvait recevoir aucune impression du feu, il ne deviendrait pas brûlant quand il est échauffé dans le bain. Car pour brûler il faut qu'il brûle lui-même ; il cause l'impression qu'il subit. Si, d'autre part, l'on nie les corps des démons, on peut sur ce point s'épargner les labeurs d'une pénible recherche ou les luttes d'une discussion opiniâtre. Qui, en effet, nous empêche de dire que, d'une manière très réelle, quoique merveilleuse, les esprits, même incorporels, peuvent souffrir les tortures du feu corporel, puisque l'esprit de l'homme, assurément incorporel, peut être maintenant enfermé dans des membres corporels, et pourra plus tard leur être uni par des liens indissolubles ? Si donc ils sont incorporels, les esprits des démons, ou plutôt les esprits-démons, quoique sans corps, seront attachés pour leur supplice à des feux corporels ; non qu'ils vivifient ces feux et les changent par cette étroite union, en des êtres animés, composés d'âmes et de corps ; mais, je le répète, dans cette étreinte ineffable et terrible, de ces feux ils recevront la souffrance sans leur communiquer la vie. Et d'ailleurs, l'union actuelle des esprits aux corps qui constitue la nature animale, est une grande merveille, incompréhensible à l'homme, et pourtant c'est l'homme même.

Je dirais bien que les esprits brûleront sans leurs corps, comme brûlait aux enfers ce riche, quand il s'écriait : « Je

15. Mt 25, 41.

souffre dans cette flamme[16] ! » Mais déjà l'on me répond que cette flamme est de même nature que ces yeux qu'il lève sur Lazare, que cette langue altérée d'une goutte d'eau, que ce doigt du juste dont il réclame ce bienfait ; et cela, aux lieux où les âmes étaient sans corps. C'est donc une flamme incorporelle qui le brûle, une goutte incorporelle qu'il demande, semblables aux visions du sommeil ou de l'extase, visions immatérielles qui retracent les images des corps. Car dans ces visions l'homme même étant en esprit et non en corps, il se voit néanmoins tellement semblable à son corps, qu'il lui est impossible de se distinguer. Mais ce supplice, cet « étang de feu et de soufre », sera un feu corporel, et il tourmentera les corps des damnés, hommes et démons, les corps solides des uns, les corps aériens des autres, ou les seuls corps des hommes avec leur esprit, et les esprits eux-mêmes incorporels, les esprits-démons, qui dans les embrassements de la flamme puiseront les tortures, sans lui donner la vie. Car un seul feu sera pour les uns et pour les autres ; c'est la Vérité qui l'a dit.

XI. Mais c'est une injustice aux yeux de certains adversaires de la cité de Dieu, que des crimes, si grands qu'ils soient, commis en un instant, encourent une peine éternelle, comme si jamais la justice de la loi avait eu pour but de proportionner la durée de la peine à la durée du crime. Les lois, suivant Cicéron, établissent huit genres de peines : l'amende, les fers, les verges, le talion, l'ignominie, l'exil, la mort, la servitude. De toutes ces peines en est-il une seule qui mesure la vitesse de la vengeance à la vitesse de l'acte criminel, et resserre le châtiment dans l'exacte limite du délit ? Une seule peut-être, le talion. Car le talion prescrit que le coupable souffre ce qu'il a fait souffrir : « Œil pour œil, dent pour dent[17] », dit la loi. Et il est possible que la rigueur de la vengeance, arrachant un œil au criminel, égale en promptitude la main farouche qui a enlevé l'œil d'un autre. Mais si la raison

16. Lc 16, 24.
17. Lv 24, 20.

ordonne de venger par le fouet un baiser adultère, les heures du supplice, sans proportion avec ce crime d'un moment, ne laissent-elles pas de longues douleurs en échange d'une courte volupté ? Et le jugement qui condamne à la prison, n'y retient-il le coupable que pour un temps égal à la durée du crime qui lui a mérité ces chaînes ? Et n'est-ce pas très justement que l'esclave expie, par de longues années de captivité, le coup rapide dont il a blessé son maître ? Que dis-je ? L'amende, l'ignominie, l'exil, la servitude, infligés d'ordinaire sans aucune mitigation de clémence, ne sont-ils pas, eu égard à la brièveté de la vie, semblables aux peines éternelles ? Car ils ne sauraient être éternels, parce que l'existence même qu'ils frappent, n'embrasse pas l'éternité ; toutefois la vengeance est longue que la justice exerce sur les crimes qu'un instant a commis. Et jamais il n'est venu à l'esprit de personne qu'il fallût régler la célérité des souffrances pénales sur la célérité de l'homicide, de l'adultère, du sacrilège, et mesurer au temps plutôt qu'à la grandeur du crime, la durée des tourments. Et quand la mort frappe un grand coupable, est-ce dans l'imperceptible moment de l'exécution, que les lois placent le supplice, et non dans le retranchement éternel de la société des vivants ? Or ce retranchement de la cité mortelle par le supplice de la première mort, n'est-ce pas comme le retranchement de la cité immortelle par le supplice de la seconde mort ? Les lois de la première cité ne rappellent point dans son enceinte le coupable mis à mort ; ainsi les lois de la cité céleste ne rappellent point à la vie éternelle, l'homme condamné à la seconde mort ? Mais, s'écrie-t-on, où est donc la vérité de cette parole de votre Christ : « À la même mesure que vous aurez mesuré les autres, vous serez mesuré vous-mêmes [18] », si le péché temporel entraîne un châtiment éternel ? Et l'on ne voit pas que « cette même mesure » n'implique nullement l'égalité de durée entre le crime et le supplice, mais la rigueur légitime des représailles ; en d'autres termes, il faut que le mal d'action s'expie par le mal de peine. Quoique cette parole du

18. Lc 6, 38.

Seigneur puisse encore s'entendre au sens propre, c'est-à-dire des jugements et des condamnations. Ainsi, que celui qui juge et qui condamne injustement, soit jugé et condamné justement ; il reçoit dans la même mesure, mais non ce qu'il a donné. Le jugement qu'il a prononcé, il le subit ; mais l'injustice de la condamnation qu'il a portée, est compensée par la justice de la condamnation qu'il souffre.

XII. Mais une peine éternelle ne semble dure et injuste à la faiblesse de l'homme mortel, que parce qu'il lui manque le sens de cette sagesse si haute et si pure, qui lui ferait concevoir toute l'énormité de la prévarication primitive. Plus en effet l'homme jouissait de Dieu, plus son impiété fut grande d'abandonner Dieu ; et il devint digne d'un mal éternel, détruisant en lui-même un bien qui pouvait être éternel. Et de là, la condamnation générale du genre humain. Car le premier coupable a entraîné le châtiment de toute sa postérité qui était en lui comme dans sa racine ; nul n'est exempt de ce châtiment juste et mérité, s'il n'est affranchi par le don immérité de la grâce ; et tel est le partage des hommes, que l'on voit clairement en quelques-uns, toute la puissance de la miséricorde, et dans les autres, toute la justice de la vengeance. Car l'une et l'autre ne pourraient pas éclater en tous : si tous étaient retenus dans les supplices d'une juste condamnation, nul ne manifesterait la grâce miséricordieuse du Rédempteur ; et si tous étaient rappelés des ténèbres à la lumière, nul ne manifesterait la sévérité de la justice. Et si la vengeance en réclame un plus grand nombre que le pardon, c'est pour montrer ce que la justice devrait à tous. S'il était rendu à tous rigoureusement, nul n'aurait le droit d'accuser la justice ; mais comme tant d'élus sont délivrés, quelles actions de grâces ne méritent point la clémence du libérateur ?

XIII. Quant aux platoniciens, ils ne veulent pas, à la vérité, qu'aucun péché demeure impuni, mais ils n'admettent, dans le code des lois humaines ou divines, que des peines destinées à l'amendement des coupables, soit en cette vie, soit après la mort, suivant que l'homme ici-bas aura joui de l'impunité ou résisté à une épreuve insuffisante. Aussi quand Virgile nous représente « ces corps de terre et ces membres de mort[19] », d'où montent à l'âme « et ses craintes et ses désirs, et ses douleurs et ses joies, dans cette captivité ténébreuse, dans cette prison aveugle, où l'air lui manque » ; il ajoute : « Et lorsqu'au dernier soleil, la vie abandonne les âmes », c'est-à-dire lorsqu'au dernier jour, cette vie s'est retirée d'elles, « elles ne dépouillent pas cependant toute leur misère, toutes les souillures corporelles ne s'évanouissent pas à l'instant. Il est nécessaire que les vices invétérés y prennent encore une croissance nouvelle. Elles sont donc éprouvées par la souffrance ; elles expient dans les supplices leurs crimes passés : les unes suspendues au caprice des vents ; les autres plongées dans un abîme immense, l'onde emporte ou la flamme consume les vestiges de leurs crimes ».

Ceux qui professent cette opinion, n'admettent après la mort que des peines purifiantes et, comme l'eau, l'air, le feu sont les éléments supérieurs à la terre, ils veulent que quelqu'un de ces éléments serve aux peines expiatoires pour effacer les souillures terrestres. L'air est désigné par ces vers : « Suspendues au caprice des vents » ; l'eau, par « L'abîme immense » ; le feu, par son propre nom : « Le feu consume les vestiges de leurs crimes. » Nous reconnaissons nous, qu'il est même en cette vie mortelle des peines purifiantes qui n'atteignent pas ceux dont la vie, loin de s'améliorer, n'en devient que plus criminelle ; elles ne sont purifiantes que pour ceux qu'elles répriment et corrigent. Toutes les autres peines, temporelles ou éternelles, suivant le traitement que la divine Providence réserve à chacun, s'infligent soit pour les péchés passés, soit pour les péchés qui retiennent encore l'homme châtié ; soit comme épreuve et révélation de la vertu ; elles s'infligent par le ministère des hommes ou des anges, bons ou mauvais. Lorsqu'en effet un homme souffre par l'erreur ou la malice d'un autre, le péché est à l'homme qui, soit injustice, soit ignorance, a fait le mal ; mais Dieu ne pèche point qui, par un juste et secret jugement, l'a permis ; ainsi,

19. Virgile, *Énéide*, VI 733-742.

les uns en ce monde seulement, les autres après la mort, les autres pendant et après cette vie, toutefois avant les suprêmes rigueurs du jugement, souffrent des peines temporelles. Mais les peines éternelles, où le jugement précipitera les damnés, n'attendent pas tous ceux qui souffrent temporellement après la mort. Car, redisons-le, ce qui n'est pas remis en ce siècle à plusieurs, leur sera remis dans le siècle futur, afin qu'ils échappent aux supplices éternels.

XIV. Ils sont très rares ceux qui, exempts de peine en cette vie, n'expient qu'après la mort. Cependant il est plus d'un exemple d'hommes parvenus à la décrépitude, sans avoir jamais senti la plus légère fièvre, et dont la vie s'est écoulée tranquille : j'en sais et j'en ai connu plusieurs. Et pourtant la vie des hommes n'est tout entière qu'une peine ; car tout entière, elle n'est qu'une tentation. Les saintes Lettres s'écrient : « N'est-ce pas une tentation continuelle que la vie de l'homme sur la terre[20] ? » Et le défaut de sagesse ou l'ignorance, est une grande peine et tellement à fuir, aux yeux de la raison, que l'on n'épargne point aux enfants les peines les plus douloureuses dans l'apprentissage des arts ou des lettres. Et l'étude même qui leur est imposée par la menace des peines, est une peine si vive, que souvent ils préfèrent à l'étude, les peines qui les obligent à l'étude. Qui ne frémirait, qui ne choisirait de mourir, si l'alternative était proposée de souffrir la mort ou de recommencer l'enfance ? Car ce n'est point par la vie, mais par les pleurs qu'elle inaugure l'entrée à la lumière, l'entrée à tant de maux qu'elle prophétise, pour ainsi dire, à son insu. Un seul, dit-on, Zoroastre, rit en naissant : et ce rire étrange ne lui présagea rien d'heureux[21]. Car il fut, dit-on, l'inventeur des sciences magiques qui, même pour la vaine félicité de la vie présente, ne lui offrirent aucun secours contre ses ennemis. Roi des Bactriens, il fut vaincu par Ninos, roi des Assyriens. Ainsi cette sentence de l'Écriture : « Le joug est appesanti sur les

20. Jb 7, 1.
21. Pline, *Histoire naturelle* VII, 72.

enfants d'Adam, depuis le jour de leur sortie du sein de leur mère, jusqu'au jour de leur sépulture au sein de la mère commune[22]. » Cette sentence, dis-je, veut être accomplie si rigoureusement que les enfants mêmes, affranchis par le bain régénérateur des liens du péché originel, le seul qui pèse sur eux, entre une infinité de maux qu'ils souffrent, sont parfois encore exposés aux invasions des esprits de malice. À Dieu ne plaise que cette épreuve leur soit funeste, quand ces assauts livrés à la faiblesse du premier âge, détachant l'âme du corps, les retirent de cette vie.

XV. Et toutefois ce joug si lourd qui pèse sur les enfants d'Adam, depuis le jour de leur sortie du sein de leur mère jusqu'au jour de leur sépulture au sein de la mère commune, dévoile en ces rigueurs mêmes, ce but admirable de nous éclairer, de nous enseigner que cette vie de châtiment qui nous est faite, n'est que la suite de l'immense attentat commis dans le Paradis ; et que toutes les dispositions du Nouveau Testament ne regardent que le nouvel héritage du siècle nouveau, dont les arrhes nous sont avancées en attendant la possession de la réalité même au temps marqué. Et maintenant, marchant dans l'espérance, et de jour en jour plus parfaits, mortifions par l'esprit, les œuvres de la chair. Car « Dieu connaît ceux qui sont à lui », et « tous ceux que l'Esprit de Dieu pousse, sont enfants de Dieu[23] », enfants par grâce et non par nature. Le Fils unique de Dieu par nature, s'est fait pour nous, dans sa miséricorde, Fils de l'homme, afin que, enfant de l'homme par nature, nous devinssions en lui enfants de Dieu par grâce. Demeurant immuable pour nous recevoir, il a pris de nous notre nature et sans se dévêtir de sa divinité, il s'est revêtu de notre infirmité, afin que rendus au bien, tout ce que nous sommes de pécheur et de mortel, nous le perdions par la communion à son immortalité et sa justice, et que tout ce qu'il a fait de bon dans notre nature, se conserve et surabonde de bien dans la bonté de sa

22. Si 40, 1.
23. 2 Tm 2, 19 ; Rm 8, 14.

nature divine. Tombés par le péché d'un seul homme dans ce mal profond, c'est par la justice d'un homme, mais d'un Homme-Dieu, que nous nous élèverons à ce bien sublime. Et nul ne doit s'assurer d'avoir quitté le premier homme pour le second, avant l'entrée au port où la tentation n'est plus, avant la possession de la paix que cherchent les diverses péripéties de cette guerre cruelle où la chair convoite contre l'esprit et l'esprit contre la chair. Or, cette guerre ne serait pas, si la nature humaine, par l'usage de son libre arbitre, eût persévéré dans sa rectitude primitive. Mais, heureuse elle n'a pas voulu la paix avec Dieu, et elle a, malheureuse, la guerre avec elle-même. Et, toutefois ce mal, si grand, est encore préférable à l'ancienne indifférence. Mieux vaut combattre le vice que de lui laisser la domination sans combat. Mieux vaut la guerre avec l'espérance de la paix éternelle, que la captivité sans nul souci de la délivrance. Assurément nous désirons la fin de cette guerre, et la flamme de l'amour divin nous emporte vers cet ordre immuable de paix et de stabilité qui rendra aux réalités supérieures leur prééminence sur les inférieures. Mais si (ce qu'à Dieu ne plaise) l'espérance d'un tel bien n'était qu'un rêve, nous devrions préférer encore les éternels déchirements de ce duel intérieur à une capitulation sans résistance avec la tyrannie de nos passions.

XVI. Or telle est la clémence de Dieu à l'égard des vases de miséricorde qu'il destine à la gloire[24], que la première et la seconde enfance de l'homme, l'une soumise sans défense à la domination de la chair, l'autre en qui la raison ne combat pas encore, qui n'a d'autre avantage sur la première enfance que la faculté de la parole, et où la faiblesse de l'intelligence, incapable de précepte, laisse régner toutes les vicieuses inclinations; cette première ou cette seconde enfance venant à rendre les derniers soupirs, dans la communion toutefois des sacrements du Médiateur, passe de la puissance des ténèbres au royaume du Christ, et loin d'être livrée aux peines éternelles, elle ne subit même pas, au sortir

24. Rm 9, 23.

de la vie, l'épreuve du feu purificateur. Car la seule régénération spirituelle suffit pour rendre impuissante à nuire après la mort l'alliance que la génération charnelle contracte avec la mort. Mais quand l'âge est venu où l'intelligence du précepte permet d'obéir à l'autorité de la loi, alors il faut entrer en campagne contre les vices, il faut combattre vaillamment pour repousser les péchés qui encourent la condamnation. Et d'ailleurs si les instincts pervers ne sont pas encore fortifiés par l'habitude de la victoire, il est plus aisé de les vaincre, et ils cèdent. Mais, accoutumés à vaincre et à dominer, le triomphe que l'on emporte sur eux coûte cher ; et le triomphe n'est légitime et vrai que dans l'amour de la véritable justice : et cet amour, c'est la foi en Christ qui l'inspire. En effet, le commandement de la loi, sans l'assistance de l'esprit, irrite encore, par la défense, le désir coupable, et ce désir, vainqueur, comble le crime par l'infraction de la loi. Parfois encore, des vices manifestes sont étouffés par des vices secrets que l'on prend pour des vertus, dans les âmes où règne l'orgueil, et cette complaisance en soi-même, idole altière et ruineuse. Il ne faut donc tenir les vices pour vaincus qu'autant que l'amour de Dieu les surmonte ; cet amour, Dieu seul le donne, et il ne le donne que par le Médiateur de Dieu et des hommes, Jésus-Christ homme, qui a voulu participer à notre mortalité pour nous rendre participants de sa divinité. Mais à peine est-il quelques âmes d'élite à qui cette félicité suprême soit accordée de ne commettre aucun péché mortel, et dont la première adolescence elle-même, préservée du crime et de ce double libertinage des sens et de l'impiété, étouffe, par la grâce abondante de l'esprit, toutes les révoltes que suscite la concupiscence charnelle. La plupart recevant d'abord le commandement de la loi, succombent aux assauts du vice, et la violent, puis implorent l'assistance de la grâce qui, redoublant avec l'amertume du repentir l'ardeur du courage, soumet d'abord l'esprit à Dieu, pour rendre à l'esprit son empire sur la chair. Or quiconque désire éviter les peines éternelles, il ne lui suffit pas du baptême ; il faut encore que justifié en Christ, il passe véritablement du diable au Christ. Et qu'il se garde de croire qu'aucune peine purifiante devance le suprême et redoutable jugement. Toutefois on ne saurait nier que suivant les degrés de la faute le feu éternel ne soit plus vif ou plus léger. Soit que la violence et l'intensité de la peine varie justement selon la diversité des mérites, soit que la flamme également ardente ne cause pas à tous une égale souffrance.

XVII. Maintenant je dois m'élever en esprit de paix contre cette miséricorde de quelques-uns des nôtres, qui refusent de croire aux peines éternelles – de tous ou de plusieurs d'entre eux – atteints par la sentence du Juge souverainement juste ; et qui prétendent qu'après un espace de temps déterminé, plus long ou plus court en raison de la grandeur de leurs crimes, ils seront appelés à la délivrance. Miséricorde bien inférieure encore à celle d'Origène qui croit à l'affranchissement à venir du diable et de ses anges, après une expiation plus douloureuse et plus longue, et à leur réintégration finale dans la société des saints anges. Mais cette erreur, d'autres encore, et surtout celle des retours périodiques de l'âme dans une éternelle alternative de béatitude et de misère, ont attiré sur Origène la juste censure de l'Église. En effet, où était donc sa miséricorde lorsqu'il condamnait les saints aux souffrances réelles de l'expiation et au mensonge d'une vaine béatitude, en leur refusant la joie véritable, la sécurité dans la possession éternelle du souverain bien ? Or, bien différente est l'erreur de cette miséricorde humaine qui n'admet la souffrance temporaire des hommes condamnés au dernier jugement, que pour les réunir tous, après une délivrance plus ou moins tardive, dans une éternelle félicité. Si cette opinion est bonne et vraie en tant que miséricordieuse, ne sera-t-elle pas d'autant meilleure et plus vraie qu'elle sera plus miséricordieuse ? Que cette source de miséricorde ne refuse donc pas de s'étendre et de s'épancher jusque sur les anges réprouvés, quels que soient d'ailleurs le nombre et la durée des siècles destinés à leur épreuve. Elle se répand sur toute la nature humaine, et, quand elle arrive à la nature angélique, soudain elle tarit ! Cette pitié n'ose poursuivre, ni atteindre jusqu'à l'affranchissement du démon. Cependant si quelqu'un va jusque-là, il l'emporte en compassion sur les autres, mais il est convaincu d'erreur, et d'erreur d'autant plus maligne, d'autant plus contraire à la rectitude de la parole de Dieu, qu'il se fait à lui-même l'illusion d'une clémence plus généreuse.

XVIII. D'autres que leurs entretiens m'ont fait connaître, couvrant des apparences du respect pour l'Écriture une conduite répréhensible, plaident leur propre cause quand ils exagèrent la miséricorde de Dieu envers le genre humain ; ils accordent que les menaces divines portées contre les méchants et les infidèles sont vraies, en tant que ces hommes méritent châtiment, mais ils prétendent qu'à l'heure du jugement la clémence doit l'emporter. Dieu, disent-ils, dans sa bonté, les donnera aux prières et à l'intercession de ses saints. Car si les saints priaient pour eux quand ils souffraient leurs persécutions, combien plus encore lorsqu'ils les verront à leurs pieds, humbles et suppliants ? Faut-il croire, en effet, ajoutent-ils, que les saints perdront leurs entrailles de miséricorde en cet état de sainteté parfaite et consommée ? Au temps où ils étaient sans péché, ils priaient pour des ennemis, et ils ne prieraient plus pour des suppliants, au jour où ils seront incapables de péché ? ou bien est-ce que Dieu fermera l'oreille aux instances de cette immense et glorieuse famille, quand la sainteté de ses enfants laissera à leur prière toute sa puissance ? L'opinion précédente qui, admettant les longues expiations par la souffrance, conclut à la délivrance finale des impies, allègue ces paroles du psaume : « Dieu oubliera-t-il sa clémence ? et sa colère retiendra-t-elle ses miséricordes[25] ? » Et surtout les fauteurs de l'opinion que je combats actuellement, invoquent ce passage en leur faveur. La colère de Dieu, disent-ils, c'est sa justice qui décerne contre tous les hommes indignes de la félicité éternelle, des peines éternelles. Mais pour permettre qu'ils souffrent aucun supplice, si court qu'il soit, ne faut-il pas que sa colère

25. Ps 76, 10.

retienne sa miséricorde ? Ce qui n'arrivera point selon le psalmiste ; car il ne dit pas : « Sa colère retiendra-t-elle longtemps sa miséricorde ? » mais il dit : « Retiendra-t-elle sa miséricorde ? »

Et suivant eux, bien qu'il ne doive condamner personne, Dieu dans la menace du jugement ne sera pas moins véritable qu'il ne l'était en menaçant Ninive de la détruire. L'effet ne suivit point, quoique la menace fût absolue ; car il ne dit point : Ninive sera détruite, si elle ne fait pénitence et se corrige ; mais, sans aucune condition, il prédit sa ruine. Cette menace est donc vraie en ce sens que Dieu leur annonce le châtiment qu'ils méritent, quoiqu'il dût s'en tenir à la menace. Car, ajoutent-ils, si Dieu pardonne au repentir des habitants de Ninive, c'est qu'assurément il n'ignorait pas qu'ils dussent faire pénitence, et cependant la prédiction est absolue et définitive. Il est donc dans la vérité de sa justice, parce que ces hommes méritent châtiment ; mais il n'est pas dans la logique de sa miséricorde qu'il ne contienne pas sa colère en remettant à leurs larmes suppliantes la peine dont il menaçait leur obstination. Si donc alors il accorde un pardon qui dût offenser son prophète, combien sa miséricorde sera-t-elle plus accessible à la prière, quand les saints uniront leur intercession à la voix des suppliants ? Mais ce que nos adversaires présument au fond de leur âme, c'est que l'Écriture sainte, en se taisant sur ce pardon, veut que plusieurs arrivent à la pénitence par la crainte de longues ou d'éternelles peines, et que plusieurs puissent prier pour les impénitents. Et toutefois ils n'accordent pas que l'Écriture ait gardé un silence absolu. Quoi donc ! disent-ils par cette parole : « Seigneur, quel trésor de douceur tu as caché à ceux qui vous craignent[26] ! » Qu'entendre, sinon que ces abondantes et secrètes délices de la miséricorde divine sont cachées à l'homme afin de le maintenir dans la crainte ? Tel est le sens qu'ils prêtent encore à ce mot de l'apôtre : « Dieu a inclus tous les hommes dans l'infidélité, pour pardonner à tous[27]. »

26. Ps 30, 20.
27. Rm 11, 32.

C'est-à-dire que nul ne sera par lui damné. Et toutefois ceux qui professent cette opinion n'étendent pas la commisération divine jusqu'à la grâce ou à la délivrance du diable et de ses anges. C'est une miséricorde toute humaine qu'ils ne ressentent que pour les hommes, et ils plaident surtout leur propre cause, quand, à la faveur de cette clémence universelle de Dieu pour le genre humain, ils promettent à la corruption de leurs mœurs une trompeuse impunité.

Mais ceux-là enchérissent encore sur eux en publiant la clémence divine, qui étendent cette impunité au prince des démons et à ses satellites.

XIX. D'autres promettent cette délivrance des supplices éternels sinon à tous les hommes, du moins à ceux qui, lavés par les eaux du baptême, participent au corps du Christ, quelle que soit d'ailleurs leur vie, en quelque hérésie ou impiété qu'ils tombent. Et l'on allègue cette parole du Seigneur : « Voici le pain descendu du ciel, afin que qui en mange ne meure point. Je suis le pain vivant qui suis descendu du ciel. Si quelqu'un mange de ce pain, il vivra éternellement[28]. » Il faut donc nécessairement, disent-ils, que ces hommes soient retirés de l'éternelle mort, et qu'un jour ils arrivent à l'éternelle vie.

XX. Il en est d'autres encore qui n'accordent pas cette grâce à tous les individus participant au baptême et au corps de Jésus-Christ, mais aux seuls catholiques, quelle que soit l'indignité de leur vie, parce que ce n'est pas seulement le corps mystique, mais le corps réel du Christ qu'ils ont mangé, membres de ce corps dont l'apôtre dit : « Nous ne sommes tous ensemble qu'un seul pain et un seul corps[29]. » Et dussent-ils à l'avenir tomber dans l'hérésie ou l'idolâtrie même, comme, dans le corps du Christ ou l'Église catholique, ils ont reçu le baptême et mangé le corps du Christ, ils ne peuvent mourir éternellement et ils posséderont un jour la

28. Jn 6, 50.
29. 1 Co 10, 17.

vie éternelle. La grandeur de leur impiété ne saurait éterniser, mais seulement prolonger et aggraver leurs peines.

XXI. Mais d'autres, sur cette parole de l'Évangile : « Celui-là sera sauvé, qui aura persévéré jusqu'à la fin[30] », ne permettent le salut qu'aux individus demeurés fidèles à l'unité de l'Église catholique, quoiqu'ils l'aient scandalisée par leur vie. Et suivant cette opinion, leur salut s'opérera dans l'épreuve du feu par le mérite de la pierre fondamentale dont l'apôtre a dit : « Car personne ne peut établir d'autre fondement que celui qui est posé : Jésus-Christ. Comme chacun aura bâti sur ce fondement, or ou argent, pierres précieuses, bois, foin ou paille, l'œuvre de chacun deviendra manifeste. Le jour du Seigneur la dévoilera. Elle sera révélée par le feu, et le feu éprouvera l'œuvre de chacun. Celui dont l'édifice demeurera, recevra sa récompense. Celui dont l'ouvrage brûlera, en souffrira préjudice. Il sera néanmoins sauvé, mais par l'épreuve du feu[31]. » Ainsi, selon les partisans de cette opinion, le chrétien catholique, quelle que soit sa vie, a le Christ pour fondement ; fondement qui manque à toute hérésie retranchée de l'unité du corps du Christ. Et en vertu de ce fondement, malgré les désordres de sa vie, le chrétien catholique en tant qu'il aura bâti sur la pierre fondamentale, bois, foin ou paille, sera sauvé par l'épreuve du feu, c'est-à-dire qu'il sera délivré de ces flammes, que le jugement suprême réserve aux méchants.

XXII. J'en connais plusieurs encore, qui réservent l'éternité des supplices à ceux qui négligent de racheter leurs péchés par l'aumône, suivant cette parole de l'apôtre Jacques : « Le jugement sera sans miséricorde pour qui n'a pas fait miséricorde[32]. » Donc, celui qui l'aura faite, bien qu'il n'ait point réformé ses mœurs, et qu'il ait joint à la pratique de l'aumône les habitudes d'une criminelle et honteuse

30. Mt 24, 13.
31. 1 Co 3, 11-15.
32. Jc 2, 13.

vie, celui-là trouvera miséricorde au jugement, soit qu'il échappe à toute condamnation, soit qu'après une expiation plus ou moins longue, il obtienne sa délivrance. Et, suivant eux, quand le juge même des vivants et des morts donne à ceux de sa droite la vie éternelle et condamne ceux de sa droite à l'éternel supplice, les paroles qu'il prononce ne se rapportent qu'à la pratique ou à l'omission de l'aumône. Suivant eux encore, tout se réduit à l'aumône dans cette prière quotidienne de l'oraison dominicale : « Et remets-nous nos dettes, comme nous les remettons à nos débiteurs[33]. » Quiconque en pardonnant remet à celui qui l'a offensé, pratique indubitablement l'aumône. Et c'est ce pardon que notre Seigneur a si expressément recommandé, jusqu'à dire : « Si vous remettez à ceux qui vous offensent, votre Père vous remettra vos péchés. Si vous refusez de remettre, votre Père céleste ne vous remettra rien à vous-mêmes. » À cet ordre d'aumônes se rapporte aussi cette parole de l'apôtre Jacques : « Le jugement sera sans miséricorde pour celui qui n'a pas fait miséricorde. » Et le Seigneur, à les entendre, ne distingue pas entre les péchés grands ou petits : « Votre Père, dit-il, vous remettra vos péchés, si vous remettez à ceux qui vous offensent. » Ils concluent donc qu'en quelque désordre que vive un pécheur jusqu'au jour suprême où il doit sortir du temps, en vertu de cette prière récitée chaque jour, ses crimes, si énormes qu'ils soient, chaque jour lui sont remis, pourvu qu'il se souvienne, toutes fois que le pardon d'une offense lui est demandé, de pardonner du fond de l'âme à l'offenseur. Je vais reprendre toutes ces opinions, avec l'aide de Dieu, et je mettrai fin à ce Livre.

XXIII. Et d'abord il faut rechercher et savoir pourquoi l'Église n'a pu souffrir l'opinion qui promet au diable sa purification ou sa grâce, même après de longs et rigoureux supplices. Car enfin tant de saints consommés dans la science de l'Ancien et du Nouveau Testament n'ont pu envier aux

33. Mt 6, 12.

anges, quels qu'ils fussent et si grands qu'ils fussent, après tant et de si cruelles peines, et leur réhabilitation et la béatitude des cieux ; mais c'est qu'ils ont reculé devant l'inévitable péril d'anéantir ou d'infirmer l'arrêt que le Seigneur, selon sa prédiction, doit prononcer au dernier jugement : « Retirez-vous de moi, maudits ! Allez au feu éternel préparé pour le diable et ses anges[34]. » Il déclare ainsi que le diable et ses anges brûleront dans des flammes éternelles. Et cette parole de l'Apocalypse : « Et le diable leur séducteur est précipité dans un étang de feu et de soufre avec la bête et le faux prophète, et ils y seront tourmentés jour et nuit dans les siècles des siècles[35]. » « Éternel », plus haut ; ici, « dans les siècles des siècles », termes synonymes par où l'Écriture a coutume d'exprimer la durée sans fin. Il n'est donc point d'autre raison, et l'on ne saurait en trouver de plus juste ni de plus évidente de cette fixe et immobile créance que la vraie piété maintient contre le retour du diable et de ses anges à la justice et à la vie des saints, sinon que l'autorité sincère de l'Écriture affirme que Dieu ne leur a point pardonné, et qu'il les retient, prédestinés à leur damnation, dans les sombres cachots de l'enfer, pour les livrer, quand l'heure sera venue de la justice suprême, aux flammes éternelles, où ils seront torturés dans les siècles des siècles. S'il est ainsi, comment soustraire à l'éternité de la peine, après une expiation quelconque, ou tous les hommes ou quelques hommes, sans énerver la foi qui établit l'éternité de la peine des démons ? Si en effet ceux à qui l'on dira : « Retirez-vous de moi, maudits ; allez au feu éternel préparé pour le diable et pour ses anges ! » doivent, tous ou plusieurs, n'y point demeurer à jamais, quelle raison de croire que le diable et ses anges y demeureront toujours ? Est-ce que par hasard la sentence que Dieu prononce contre les méchants, anges ou hommes, sera vraie pour les anges et fausse pour les hommes ? Ainsi serait-il sans doute, si les conjectures des hommes prévalaient sur la parole de Dieu. Or, cela étant impossible, au lieu de dis-

34. Mt 25, 41.
35. Ap 20, 9.

puter contre Dieu, obéissez plutôt, tandis qu'il en est temps, au commandement divin, vous qui voulez conjurer l'éternel supplice. Et puis quelle est cette interprétation « du supplice éternel » par un feu qui doit longtemps durer, « et de la vie éternelle » par une vie qui ne doit pas finir, quand, au même instant et par la même pensée, le Christ comprend l'un et l'autre : « Ainsi ils iront, les impies au supplice éternel, et les justes à la vie éternelle. » Si l'un et l'autre sont éternels, ou l'un et l'autre dureront longtemps pour finir, ou l'un et l'autre dureront toujours et sans fin. La parité est établie entre l'éternité du supplice et l'éternité de la vie. Mais dire d'un seul mot : La vie éternelle sera sans fin, et le supplice éternel finira, n'est-ce pas le comble de l'absurde ? Or comme la vie éternelle des saints n'aura pas de fin, il est indubitable que le supplice éternel ne saurait finir.

XXIV. Et ce raisonnement conclut aussi contre ceux qui, dans leur propre intérêt, cherchent à contredire la parole de Dieu, en plaidant pour sa miséricorde, et fondent la vérité de ses menaces non pas sur leur accomplissement futur, mais sur la culpabilité des hommes dignes des rigueurs de sa justice. Car, disent-ils, Dieu les donnera à l'intercession de ses saints, qui élèveront alors pour leurs ennemis, avec toute la ferveur d'une sainteté consommée, des prières d'autant plus sûres de leur efficacité et de la faveur de Dieu, qu'elles seront le vœu d'âmes libres de tout péché. Pourquoi donc cette sainteté parfaite refuserait-elle le tout-puissant secours de ses pures et miséricordieuses prières aux anges mêmes que les éternelles flammes attendent, afin que Dieu modère ou révoque sa sentence et qu'il leur épargne ce supplice ? Qui oserait porter si loin la témérité de ses présomptions et prétendre que les saints anges réuniront leur prière à celle des justes désormais leurs égaux, pour détourner des anges et des hommes coupables la damnation et désarmer en leur faveur la justice par la clémence ? C'est là ce qu'une foi pure n'a jamais dit, ce qu'elle ne dira jamais. Autrement il n'est aucune raison à l'Église de ne point prier pour le diable et ses anges, elle à qui Dieu son maître commande de prier pour ses ennemis. Or, la raison qui défend à l'Église de prier aujourd'hui pour les mauvais anges, qu'elle sait être ses ennemis, est la même qui lui défendra de prier, malgré la perfection de sa sainteté, pour les hommes que le dernier jugement condamnera aux tortures du feu éternel. Elle prie maintenant pour les ennemis qu'elle a dans le genre humain, parce que c'est le temps d'une fructueuse pénitence. En effet, que demandent pour eux ses prières, sinon que « Dieu, selon l'expression de l'apôtre, leur donne la grâce du repentir, et de se dégager des filets du diable qui les tient asservis à sa volonté[36]. » Si dès cette vie même l'Église connaissait avec assurance quels sont les hommes prédestinés à aller au feu éternel avec le diable, elle prierait aussi peu pour eux que pour lui. Mais comme elle n'a sur aucun d'eux cette certitude, elle prie pour tous ses ennemis qui vivent dans ce corps mortel, et néanmoins elle n'est pas exaucée pour tous. Elle n'est exaucée que pour ceux de ses adversaires, dont la prédestination, en les rendant enfants de l'Église, lui permet d'être exaucée. Mais pour ceux qui conservent jusqu'à la mort l'impénitence du cœur, pour ceux qui de ses ennemis ne deviennent point ses enfants, l'Église prie-t-elle ? Prie-t-elle pour les âmes de ces misérables morts ? Et pourquoi, si ce n'est qu'elle range déjà dans le parti du diable, celui qui dès cette vie mortelle ne passe point au Christ.

Donc, la même raison qui défendra de prier pour les hommes condamnés au feu éternel, défend à jamais de prier pour les anges maudits, et dès aujourd'hui pour les hommes morts dans l'obstination et l'impiété. Quelques-uns ne sont plus, pour qui les prières de l'Église ou de certaines âmes pieuses trouvent Dieu favorable ; mais il ne s'agit que de ceux qui, régénérés en Christ, n'ont pas si mal usé du temps et de la vie, qu'on les juge indignes de la clémence suprême, ni si bien, qu'elle ne leur soit pas nécessaire. Et de même, à la résurrection des morts, après l'expiation que subissent les âmes des trépassés, plusieurs obtiendront la grâce qui leur sauvera le feu éternel. Car serait-il vrai de dire qu'il en est

36. 2 Tm 2, 25.

auxquels il ne sera remis ni en ce siècle ni en l'autre, s'il en était qui ne recevant point leur pardon en ce siècle doivent le recevoir au siècle futur[37] ? Mais comme le juge des vivants et des morts a dit : « Venez, les bénis de mon Père, venez posséder le royaume qui vous est préparé depuis la création du monde » ; comme il a dit aussi : « Retirez-vous de moi, maudits, allez au feu éternel préparé pour le diable et pour ses anges » ; puis enfin : « Et ils iront, les impies, au supplice éternel ; les justes, à la vie éternelle[38] » : n'est-ce pas une étrange présomption de prétendre qu'ils n'iront pas à l'éternel supplice, ceux-là que Dieu déclare devoir aller à l'éternel supplice ? Et cette présomption ne conduit-elle pas à désespérer ou à douter de la vie éternelle ?

Que l'on se garde donc d'entendre cette parole du psaume : « Dieu oubliera-t-il sa clémence ? Sa colère retiendra-t-elle sa miséricorde[39] ? » comme si la sentence de Dieu fût vraie à l'égard des justes et fausse à l'égard des impies, ou qu'elle fût vraie à l'égard des hommes justes et des mauvais anges, et fausse à l'égard des hommes impies. Car ce verset se rapporte aux vases de miséricorde, aux fils de la promesse et au prophète lui-même, l'un d'entre eux, qui s'écrie : « Dieu oubliera-t-il sa clémence ? Sa colère retiendra-t-elle sa miséricorde ? » puis ajoute : « J'ai dit : je commence. Ce changement est un coup de la droite du Très-Haut. » C'est l'explication de ce qu'il vient de dire : « Sa colère retiendra-t-elle sa miséricorde ? » La colère de Dieu, n'est-ce pas cette vie même où l'homme est devenu semblable à la vanité, où ses jours passent comme l'ombre ? Et toutefois dans ce règne de colère oublie-t-il sa clémence ? Ne fait-il pas lever son soleil sur les bons et sur les méchants, et pleuvoir sur les justes et sur les injustes ? Et sa colère ne retient pas sa miséricorde : et cette parole du prophète en est surtout la preuve : « Je commence. Ce changement est un coup de la droite du Très-Haut. » Car dans cette vie de tribulations, cette vie qui est la

37. Mt 12, 32.
38. Mt 25, 34.
39. Ps 76, 10.

colère de Dieu, il améliore les vases de miséricorde, et bien qu'au fond de nos criminelles misères sa fureur subsiste, elle n'arrête pas néanmoins le cours de sa clémence. Si donc la vérité de ce divin cantique reçoit ici un plein accomplissement, est-il nécessaire de l'étendre aux lieux où un éternel supplice attend ceux qui n'appartiennent pas à la cité de Dieu ? Mais que les interprètes favorables à l'indulgence admettent du moins l'éternité de la colère sur les impies, annoncée par l'éternité des supplices, s'ils veulent d'ailleurs que la miséricorde modère la vengeance, atténuant la rigueur des tortures qui sont dues aux coupables, non que cette miséricorde les en préserve à jamais ou les en délivre un jour : elle se contentera de leur rendre les peines plus douces et plus légères qu'ils ne méritent. Ainsi, la colère de Dieu demeure, et cependant sa colère même ne retient pas le cours de sa clémence. Et toutefois, pour ne pas rejeter ce sentiment, je suis loin de l'établir.

Quant à cette opinion qu'il y a plutôt menace que prédiction réelle dans ces paroles : « Retirez-vous de moi, maudits, allez au feu éternel. » « Et ils iront au feu éternel[40]. » « Et ils seront tourmentés dans les siècles des siècles[41]. » « Et leur ver ne mourra point, et le feu qui les dévore ne s'éteindra jamais[42] » : cette opinion, dis-je, ce n'est pas tant moi que l'Écriture sainte qui en présente la réfutation la plus évidente et la plus complète. Car les Ninivites firent pénitence en cette vie, pénitence fructueuse ; ils semèrent en ce champ où Dieu veut que l'on sème avec larmes, pour moissonner plus tard avec joie. Et cependant, qui nierait que la prédiction du Seigneur se soit accomplie sur Ninive, à moins d'oublier comment Dieu anéantit les pécheurs, dans sa colère, et dans sa miséricorde ? Il les anéantit, ou comme les habitants de Sodome, quand il frappe les hommes mêmes pour leurs péchés, ou comme ceux de Ninive, quand il détruit les péchés des hommes par la pénitence. Ce que Dieu a prédit est donc

40. Mt 25, 41.
41. Ap 20, 10.
42. Is 66, 24.

arrivé. La Ninive tomba, qui était impie, et une Ninive juste s'éleva, qui n'était point. Ses murs et ses maisons restant debout, elle fut ruinée dans ses mauvaises mœurs : et quoique le prophète fût attristé de ce que l'événement ne répondait pas aux menaces de sa prophétie et aux terreurs de Ninive, il arriva néanmoins comme il avait été prédit dans la prescience divine. Celui qui dictait la prophétie, savait bien qu'elle devait s'accomplir en un sens favorable.

Or, afin que ces hommes, d'une indiscrète miséricorde, apprennent comment il faut entendre cette parole de l'Écriture : « Seigneur, quel trésor de douceur tu as caché à ceux qui te craignent[43] ! » Qu'ils lisent aussitôt : « Mais tu l'as comblé pour ceux qui espèrent en toi. » Qu'est-ce à dire : « Tu as caché à ceux qui craignent » ; « Tu as comblé pour ceux qui espèrent », sinon que pour les hommes, jaloux d'établir leur propre justice sur les bases de la loi, la justice de Dieu est sans douceur, parce qu'ils l'ignorent : ils ne la peuvent goûter. Car c'est en eux-mêmes et non pas en lui qu'ils espèrent. Et c'est pourquoi « ce trésor de douceur leur est caché » ; ils craignent Dieu sans doute, mais de cette crainte servile qui est sans amour; car la perfection de l'amour bannit la crainte. Il « comble donc ce trésor de douceur » pour ceux qui espèrent en lui, en leur inspirant son amour, afin que demeurant éternellement dans cette chaste crainte que l'amour ne bannit point, ils ne se glorifient que dans le Seigneur. Car la justice de Dieu, c'est le Christ « qui nous a été donné de Dieu, dit l'apôtre, pour être notre sagesse, notre justice, notre sanctification, notre rédemption, afin que, selon la parole de l'Écriture, celui qui se glorifie ne se glorifie que dans le Seigneur[44]. » Cette justice de Dieu, pur don de la grâce, n'est pas connue de ceux qui, jaloux d'établir leur propre justice, refusent de se soumettre à la justice de Dieu. Et c'est dans cette justice que réside « ce trésor de douceur », qui fait dire au psalmiste : « Goûtez et voyez combien le Seigneur est doux[45]. »

43. Ps 30, 20.
44. 1 Co 1, 30.
45. Ps 33, 9.

Et nous le goûtons pendant ce pèlerinage, mais loin d'en être rassasiés, nous en avons faim, nous en avons soif, jusqu'au jour où nous le verrons tel qu'il est, où cette parole de l'Écriture s'accomplira : « Je serai rassasié quand ta gloire paraîtra[46]. » Ainsi le Christ comble le trésor de sa douceur pour ceux qui espèrent en lui. Mais si cette clémence qui, selon plusieurs, doit révoquer la condamnation des impies, est « ce trésor même que Dieu cache à ceux qui le craignent », afin que l'ignorance du pardon futur et la crainte des vengeances éternelles les oblige de bien vivre, et qu'ainsi il s'en trouve qui prient pour leurs frères vivant mal ; comment Dieu « comble-t-il ce trésor pour ceux qui espèrent en lui », puisque ces rêveurs lui prêtent d'autre part une douceur débonnaire pour ceux qui n'espèrent point en lui ? Cherchez donc cette douceur qu'il comble pour ceux qui espèrent en lui, et non pas une douceur imaginaire pour ceux qui le méprisent et le blasphèment. Car vainement l'on cherche au sortir du temps ce que l'on a négligé d'acquérir dans le temps.

Et ce verset de l'apôtre : « Dieu a inclus tous les hommes dans l'infidélité pour pardonner à tous[47] », ne veut pas dire que Dieu ne condamnera personne ; ce qui précède dévoile le sens. Parlant dans ses Épîtres aux Gentils convertis des juifs qui doivent se convertir un jour : « Comme autrefois, vous ne croyiez point en Dieu, dit l'apôtre, et que vous avez ensuite obtenu miséricorde à cause de l'incrédulité des juifs ; ainsi les juifs n'ont pas cru quand vous avez obtenu miséricorde, pour l'obtenir à leur tour. » Et il ajoute ces paroles, dont nos adversaires bercent leur erreur : « Dieu les a inclus tous dans l'infidélité pour pardonner à tous. » Qui « tous » ? sinon ceux dont il parle, c'est-à-dire : vous et eux. Tous les juifs, tous les Gentils qu'il a prévus et prédestinés pour être conformes à l'image de son Fils, il les a tous inclus dans l'infidélité, afin que ramenés des amertumes de la pénitence, aux douceurs de la miséricorde divine, ils croient et s'écrient : « Seigneur, quel trésor de douceur tu as caché à ceux qui te craignent ! »

46. Ps 16, 15.
47. Rm 11, 32.

Mais tu les combles pour ceux qui espèrent, non en eux-mêmes, mais « en toi ». Ainsi, il pardonne à tous les vases de miséricorde. À tous ? Qu'est-ce à dire ? Oui, à tous ceux des Gentils et des juifs qu'il a prédestinés, appelés, justifiés, glorifiés ; c'est de tous ces hommes et non de tous les hommes, que nul ne sera condamné.

XXV. Maintenant, passons à l'opinion qui ne promet, non plus que la précédente, aux diables et à ses anges, la remise des souffrances éternelles, mais qui n'étend pas même cette grâce à tous les hommes, et l'assure exclusivement à ceux qui, purifiés par le baptême du Christ, auront communié à son corps et à son sang, qu'ils aient bien ou mal vécu, fussent-ils tombés dans l'hérésie ou l'impiété. Mais l'apôtre réfute ce sentiment : « Les œuvres de la chair, dit-il, sont évidentes : adultère, fornication, impureté, impudicité, idolâtrie, empoisonnements, inimitiés, contestes, jalousie, animosité, dissension, hérésie, envie, ivrognerie, débauches et autres infamies ; sur quoi je vous ai dit et vous redis encore que les auteurs de tels crimes ne posséderont point le royaume de Dieu[48]. » Cet oracle de l'apôtre est menteur si, après telle expiation que l'on voudra, ces impies possèdent le royaume de Dieu. Or, cet oracle étant la vérité même, il est certain qu'ils ne posséderont pas ce royaume. Et s'ils ne le possèdent, c'est qu'ils sont livrés à l'éternel supplice. Car il n'est pas de lieu intermédiaire qui préserve des peines de l'enfer celui qui ne jouit pas des félicités du ciel.

Comment donc faut-il entendre cette parole du Seigneur Jésus : « Voici le pain qui est descendu du ciel afin que qui en mange ne meure point. Je suis le pain vivant qui est descendu du ciel. Celui qui mange de ce pain, vivra éternellement[49]. » Ceux à qui nous répondons maintenant, sont réduits à l'impuissance de comprendre ce passage par ceux à qui nous allons répondre, qui n'admettent point à la rémission des peines quiconque aura reçu le baptême et le corps

48. Ga 5, 19-21.
49. Jn 6, 50-52.

du Christ, mais les seuls catholiques, quel qu'ait été le désordre de leur vie, parce que, disent-ils, les catholiques n'auront pas mangé seulement le corps mystique, mais le corps réel de Jésus-Christ, membres de ce corps, dont l'apôtre dit : « Nous ne sommes tous ensemble qu'un seul pain et qu'un seul corps[50]. » Il n'y a donc que celui qui est dans l'unité de son corps, et membre de ce corps dont les fidèles reçoivent le sacrement au pied de l'autel, que l'on puisse dire en vérité, manger le corps du Christ, boire le sang du Christ. Ainsi donc les hérétiques et les schismatiques séparés de l'unité de son corps, peuvent recevoir le même sacrement, mais sans fruit ; que dis-je ? à leur détriment, encourant plutôt un jugement plus rigoureux qu'une délivrance plus tardive. Car ils ne sont pas dans le lien de paix que ce sacrement exprime.

Or, ceux-ci ont raison de refuser à qui n'est pas dans le corps du Christ, la manducation réelle du corps du Christ, mais ils ont tort de promettre à qui tombe de l'unité de ce corps dans l'hérésie ou le paganisme, d'être un jour sauvé des flammes de l'éternel supplice. Et d'abord ne voient-ils pas combien il est insoutenable et hors des voies de la saine doctrine, d'assurer que ces apostats de l'Église catholique, auteurs d'hérésies détestables, devenus hérésiarques, aient une cause meilleure que ceux qui, n'ayant jamais été catholiques, se sont laissés prendre à leurs pièges. Hérésiarques, ce qui leur épargne l'éternité des supplices, c'est le baptême reçu dans l'Église catholique, c'est le sacrement du corps du Christ, participé jadis dans le vrai corps du Christ ! Eh quoi ! un déserteur de la foi, de transfuge devenu persécuteur, n'est-il pas plus odieux que celui qui ne saurait trahir ce qu'il n'a jamais professé ? Et l'apôtre ne vient-il pas à la rencontre de cette opinion quand, après avoir énuméré les œuvres de la chair, il annonce avec la même vérité que « les auteurs de tels crimes ne posséderont pas le royaume de Dieu » ?

Ainsi, que ces hommes de mœurs honteuses et criminelles, qui persévèrent jusqu'à la fin dans cette sorte de

50. 1 Co 10, 17.

communion de l'Église catholique, cessent d'établir leur sécurité sur ces paroles : « Qui persévérera jusqu'à la fin, sera sauvé[51] », quand, par l'iniquité de leur vie, infidèles à la justice elle-même, au Christ, ils prostituent leur corps à l'adultère, aux impuretés que l'apôtre n'ose pas nommer, à toutes les mollesses de la débauche, à tous ces excès dont il est dit : « Les auteurs de tels crimes ne posséderont pas le royaume de Dieu. » Infailliblement voués au supplice éternel, ils sont exclus du royaume de Dieu. Persévérant dans ces désordres jusqu'à la fin de leur vie, peut-on dire qu'ils aient persévéré en Christ, jusqu'à la fin ? Car persévérer en Christ, c'est persévérer en sa foi. Cette « foi » telle que l'apôtre la définit, « opère par l'amour[52] », « or l'amour », dit-il ailleurs, « ne fait jamais de mal[53] ». Et il ne faut donc pas dire qu'ils mangent le corps du Christ, puisqu'ils ne doivent pas même compter entre les membres du Christ : ne fût-ce que cette seule raison qu'ils ne sauraient être à la fois les membres du Christ et les membres d'une courtisane[54]. Enfin, quand le Sauveur lui-même dit : « Celui qui mange ma chair et boit mon sang, demeure en moi et moi en lui[55] », il montre ce que c'est que manger son corps et boire son sang, au-delà du sacrement, c'est-à-dire en réalité. C'est demeurer dans le Christ afin que le Christ demeure en nous. Comme s'il disait en effet : Que celui qui ne demeure point en moi et en qui je ne demeure point, se garde de dire ou de croire qu'il mange mon corps, ou boit mon sang. Car ceux-là ne demeureront point en Christ qui ne sont pas ses membres. Et ils ne sont pas les membres du Christ, ceux qui sont les membres d'une courtisane, à moins qu'ils n'abjurent un si grand mal par la pénitence et ne reviennent par la réconciliation, à un si grand bien.

XXVI. Mais, nous dit-on, les catholiques ont pour fondement le Christ, dont ils n'ont pas abandonné l'unité, quelque

51. Mt 10, 22.
52. Ga 5, 6.
53. Rm 13, 10.
54. 1 Co 6, 15.
55. Jn 6, 57.

vie scandaleuse, « bois, foin ou paille[56] », qu'ils aient bâtie sur ce fondement. En effet, la rectitude de leur foi, qui les fonde sur le Christ, pourra les sauver un jour de l'éternité du feu, mais non de toutes ses atteintes, car il brûlera tout ce qu'ils auront bâti sur le fondement. Que l'apôtre Jacques leur réponde en un mot : « Si un homme dit qu'il a la foi, et qu'il n'ait point les œuvres, la foi le pourra-t-elle sauver[57] ? » Et quel est donc, disent-ils, celui dont parle l'apôtre Paul : « Il sera néanmoins sauvé, mais comme par le feu[58]. » Quel est-il ? Cherchons ensemble. Ce n'est pas le même homme à coup sûr ; autrement la doctrine des deux apôtres se combattrait, l'un accordant le salut par le feu, malgré de mauvaises œuvres, et l'autre s'écriant : « S'il n'a point les œuvres, la foi le pourra-t-elle sauver ? »

Nous trouverons donc qui peut être sauvé par le feu, si nous trouvons d'abord ce que c'est qu'avoir le Christ pour fondement. Et cette image même nous l'apprend. Dans un édifice, rien ne passe avant le fondement ; or, celui qui a le Christ si profondément dans le cœur, qu'il lui donne la préférence sur tous les biens, même licites et permis, de la terre et du temps, a le Christ pour fondement. S'il préfère ces biens au Christ, quoiqu'il semble avoir la foi du Christ, il n'a pas le Christ pour fondement dès qu'il lui préfère de tels biens. Que sera-ce donc lorsqu'au mépris des préceptes salutaires, se livrant à des actes illégitimes, loin de préférer à tout le Christ, il est convaincu de préférer tout au Christ, soit qu'il assouvisse ses désirs contre ce que le Sauveur commande, ou au-delà de ce qu'il permet ? Qu'un chrétien aime une courtisane, et s'unissant à elle devienne avec elle un même corps, ce chrétien n'a plus le Christ pour fondement ; mais qu'il aime sa femme, qu'il l'aime selon le Christ, est-il douteux qu'il ait le Christ pour fondement ? Que dis-je ? S'il l'aime charnellement, suivant le siècle et les infirmités de la concupiscence, comme les nations qui ne connaissent point Dieu, l'apôtre, ou le Christ

56. 1 Co 3, 12.
57. Jc 2, 14.
58. 1 Co 3, 15.

même, le lui permet encore par condescendance. Il peut donc avoir aussi le Christ pour fondement ; car s'il ne lui préfère en rien ces affections et ces plaisirs, quel que soit l'édifice qu'il élève, bois, foin ou paille, le Christ qui demeure le fondement lui assure le salut par le feu. Ces amours et ces voluptés terrestres que le lien conjugal préserve de la condamnation, passeront au feu des tribulations ; ce feu représente les veuvages et les cruelles séparations ; ainsi ces bâtisses humaines seront douloureuses à leur auteur ; car elles disparaîtront et il restera blessé de la perte de ces objets dont la possession faisait sa joie : mais il sera sauvé par le feu en considération du fondement : car si un persécuteur lui proposait d'opter entre ces objets et le Christ, il ne préférerait rien au Christ. Voici l'homme, l'apôtre nous le montre, qui édifie sur ce fondement l'or, l'argent, les pierres précieuses : « Celui qui est sans femme pense aux choses de Dieu, à plaire à Dieu[59]. » Voici l'autre qui édifie du bois, du foin ou de la paille : « Mais celui qui est dans les liens du mariage pense aux choses du monde, à plaire à sa femme. L'œuvre de chacun sera manifestée, le jour la dévoilera » ; c'est-à-dire le jour des tribulations : « Car, ajoute l'apôtre, elle sera dévoilée par le feu. » Et il appelle la tribulation un feu quand il dit : « La fournaise éprouve les vases du potier, et la tribulation les hommes justes. » Et « l'œuvre de chacun sera éprouvée par le feu ; celui dont l'œuvre demeurera (car les pensées données à Dieu et le soin de lui plaire demeurent), recevra la récompense de ce qu'il aura édifié » ; c'est-à-dire qu'il recueillera selon ses pensées. « Celui dont l'œuvre sera brûlée en souffrira dommage, il n'aura plus ce qu'il avait aimé, et il ne laissera pas d'être sauvé » ; car nulle tribulation ne l'a fait chanceler sur l'inébranlable fondement ; « mais toutefois comme par le feu », car ce qu'il possédait dans l'ivresse de l'amour, il ne saurait le perdre sans aiguillon de douleur. N'est-ce pas là, si je ne m'abuse, ce feu qui, ne condamnant aucun de ces deux hommes, est pour l'un richesse, pour l'autre préjudice, pour tous deux épreuve ?

59. 1 Co 7, 32.

Si nous voulons entendre par ce feu celui dont parle le Seigneur quand il dit, à sa gauche : « Retirez-vous de moi, maudits ! allez au feu éternel ! » Si nous y condamnons ceux qui bâtissent sur le fondement l'édifice de bois, de foin ou de paille, en reconnaissant qu'après un temps d'expiation assigné à leurs démérites, le mérite du fondement doit les sauver de ce feu ; quels seront donc, suivant nous, ceux de la droite à qui il est dit : « Venez, les bénis de mon Père, entrez en possession du royaume qui vous est préparé », sinon ceux qui ont édifié sur le fondement de l'or, de l'argent, des pierres précieuses ? Mais quand l'apôtre dit : « comme par le feu », s'il faut entendre le feu suprême, il y faut donc précipiter tout ensemble ceux de la droite et ceux de la gauche ? Car tous doivent passer par l'épreuve de ce feu dont il est dit : « Le jour révélera ; tout sera dévoilé par le feu ; le feu éprouvera l'œuvre de chacun. » Si donc tous doivent subir l'épreuve de ce feu, celui dont l'œuvre demeurera intacte et victorieuse, pour recevoir la récompense de ce qu'il aura édifié ; celui dont l'œuvre brûlera, pour souffrir dommage ; ce feu n'est pas le feu éternel. L'un, châtiment suprême et sans fin des seuls placés à la gauche ; l'autre, épreuve des élus de la droite. Or, cette épreuve est différente ; l'édifice des uns que ce feu trouve bâti sur le fondement du Christ, il ne le brûle pas, il l'épargne ; l'édifice des autres, il le dévore, et ils souffrent, mais leur salut est assuré, car une charité supérieure a maintenu leur stabilité sur le fondement du Christ. S'ils doivent être sauvés, ils seront certainement à la droite comme les autres, et, comme eux, ils entendront cette voix : « Venez, les bénis de mon Père, entrez en possession du royaume qui vous attend » : et non pas à la gauche avec les impies frappés d'anathème : « Retirez-vous de moi, maudits ! allez au feu éternel ! » car nul des damnés ne sera délivré de ce feu ; ils iront tous au supplice éternel, où leur ver ne mourra point, où la flamme inextinguible perpétuera leurs tortures, nuit et jour, dans les siècles des siècles.

Si toutefois dans l'intervalle du temps écoulé depuis la mort corporelle jusqu'au lendemain de la résurrection des corps, jusqu'à ce jour des vengeances et de la rémunération suprêmes, on abandonne les âmes des trépassés aux souffrances de ce feu que ne ressentiront pas ceux dont les mœurs et les affections durant la vie de ce corps, n'offrent point à la flamme l'édifice de bois, de foin ou de paille, mais que ressentiront, au contraire, soit alors seulement, soit aujourd'hui et alors, soit seulement aujourd'hui, ceux qui auront bâti le fragile édifice, laissant dans le feu des tribulations passagères les véniels attachements du siècle ; cette opinion je ne la repousse point, elle peut être vraie. Il se peut que cette tribulation comprenne la mort même du corps, héritage du premier crime, et que le temps qui la suit éprouve chacun selon l'édifice dont il est l'auteur. Et les persécutions, couronne de tant de martyrs et que souffre tout chrétien, sont aussi le feu qui éprouve ces divers édifices, brûle ceux-ci avec leurs auteurs, s'il n'y trouve point le Christ pour fondement ; consume ceux-là sans leurs auteurs, car, au prix de la souffrance, le fondement leur assure le salut, et respecte les autres qu'il trouve bâtis pour l'éternité. La fin du siècle doit encore amener la persécution de l'Antéchrist, de toute la dernière et la plus cruelle. Combien alors d'édifices d'or ou de foin, élevés sur l'inébranlable base, sur le Christ, subiront l'épreuve de ce feu, les uns avec joie, les autres avec souffrance, tous avec la certitude du salut, grâce à la stabilité du fondement ? Or, celui qui préfère au Christ, je ne dis pas sa femme et les voluptés charnelles de l'union conjugale, mais les autres affections, étrangères à ces voluptés, et qui ont d'autres noms dans la langue du cœur, celui-là n'a pas le Christ pour fondement, il ne sera donc pas sauvé par le feu ; que dis-je ? Il ne sera pas sauvé ; car il ne pourra demeurer avec le Sauveur qui dit expressément : « Quiconque aime son père ou sa mère plus que moi, n'est pas digne de moi ; quiconque aime son fils ou sa fille plus que moi, n'est pas digne de moi[60]. » Mais celui qui ne donne pas à ces affections humaines la préférence sur l'amour du Christ Seigneur, et qui, mis à l'épreuve, renoncerait aux objets de sa tendresse plutôt qu'au Christ ; celui-là sera sauvé par le feu, car il est

60. Mt 10, 37.

inévitable que la douleur de telles séparations soit d'autant plus cuisante que les attaches de son amour étaient plus profondes. En un mot, celui qui aimera son père ou sa mère, ses fils ou ses filles selon le Christ, soit qu'il leur tende la main pour arriver au royaume et à l'union éternelle, soit qu'il n'aime en eux que les membres du Christ ; à Dieu ne plaise qu'une telle affection se confonde avec les édifices de bois, de foin ou de paille voués au feu, mais elle s'élève comme le monument d'or, d'argent et de pierres précieuses. Et comment en effet pourrait-on aimer plus que le Christ ceux que l'on n'aime que pour le Christ ?

XXVII. Reste à combattre une dernière opinion qui réserve le feu éternel à quiconque néglige de faire pour ses péchés de dignes aumônes ; et cette opinion invoque le témoignage de l'apôtre Jacques : « Le jugement sera sans miséricorde pour qui n'a pas fait miséricorde[61]. » Donc, celui qui l'aura faite, bien qu'il n'ait point réformé ses mœurs et qu'il ait joint à la pratique de l'aumône les habitudes d'une criminelle et honteuse vie ; celui-là trouvera miséricorde au jugement, soit qu'il échappe à toute condamnation, soit qu'après une expiation plus ou moins longue, il obtienne sa délivrance. Et le Christ ne fonde que sur la pratique ou l'omission de l'aumône la distinction future entre ceux de la droite et ceux de la gauche, destinés, les uns, au royaume, les autres, au supplice éternel. Mais pour établir la rédemption par l'aumône des péchés quels qu'ils soient, péchés dont ils ne cessent de se rendre coupables, les partisans de cette opinion cherchent à se concilier le témoignage et l'autorité de la prière que le Seigneur lui-même nous enseigne. Car, disent-ils, comme il n'est point de jour où les chrétiens ne la récitent, il n'est point de péché quotidien qu'elle ne remette, par ces paroles : « Remets-nous nos dettes[62] », si nous avons soin de pratiquer ce qui suit : « Comme nous remettons à nos débiteurs. » En effet, ajoutent-ils, le Seigneur ne dit pas : Si

61. Jc 2, 13.
62. Mt 6, 12.

vous remettez aux hommes leurs offenses, votre Père vous remettra vos légères fautes de chaque jour » ; il dit : « Votre Père vous remettra vos péchés. » Donc, quels qu'ils soient, si grands qu'ils soient, qu'on les commette chaque jour, qu'on ne songe pas à les abjurer en changeant de vie, la vertu de l'aumône en assure le pardon.

Or, ils ont raison d'exiger des aumônes dignes des péchés ; car s'ils prétendaient qu'une aumône quelconque peut satisfaire pour des péchés quotidiens et graves, pour une habitude de crimes non interrompue, et obtenir de la divine miséricorde une rémission journalière, l'absurdité et le ridicule d'une telle opinion leur paraîtraient manifestes. En effet, elle les conduirait à la nécessité d'accorder à l'homme opulent la faculté de racheter au prix de dix sesterces par jour dépensés en aumônes, des homicides, des adultères et d'autres abominables crimes. Quelle absurdité ! quelle démence ! Mais enfin quelles sont donc ces dignes aumônes dont le précurseur même du Christ parlait ainsi : « Faites de dignes fruits de pénitence[63] » ; certes, ce ne sont pas les aumônes de ceux qui chaque jour, jusqu'à la mort, couvrent leur vie des blessures du crime. Et d'abord, quand sur les rapines dont ils s'enrichissent aux dépens de leurs frères, prélevant, en faveur des pauvres, de modiques offrandes, ils s'imaginent que, par ces aliments accordés à l'indigence du Christ, ils ont acheté ou achètent de lui chaque jour la licence de mal faire, et trouvent la sécurité dans leurs condamnables œuvres. Eh ! lorsque pour un seul vice, ils distribueraient tous leurs biens aux membres souffrants du Christ, si la charité qui ne commet point de mal n'étouffait en eux cette coupable habitude, une telle aumône leur serait inutile. Que celui donc qui fait pour ses péchés de dignes aumônes commence à les faire par soi-même. Car où est la raison de se refuser à soi-même la charité que l'on exerce envers le prochain, quand on entend le Seigneur nous dire : « Tu aimeras ton prochain comme toi-même[64] » ; puis encore : « Aie pitié

63. Lc 3, 8.
64. Mc 12, 31.

de ton âme en plaisant à Dieu[65]. » Celui qui refuse à son âme l'aumône de plaire à Dieu, peut-on dire qu'il fait pour ses péchés de dignes aumônes ? c'est en ce sens qu'il est écrit : « À qui sera bon celui qui est méchant à soi-même[66] ? » L'aumône aide la prière ; méditons donc cette parole : « Mon fils, tu as péché, ne pèche plus, mais prie pour obtenir la grâce de tes fautes passées[67]. » Il faut donc faire des aumônes afin d'obtenir à nos prières le pardon de nos péchés passés, et non pour croire, en y persévérant, que nous achetons par l'aumône la licence de mal faire.

Et quand le Seigneur annonce qu'il imputera à ceux de sa droite les aumônes qu'ils auront faites et à ceux de sa gauche les aumônes qu'ils auront omises, son intention est de montrer toute la puissance de l'aumône pour effacer les péchés passés et non pour les perpétuer à jamais par la promesse de l'impunité. Mais la pratique de l'aumône n'est pas faite, dès que l'on ne retire point sa vie des sentiers du crime. Et en nous disant : « Autant de fois vous avez manqué à rendre ces devoirs au moindre des miens, autant de fois vous y avez manqué envers moi-même[68] », le Seigneur nous montre qu'on ne rend pas ces devoirs quand même on les croit rendre ; car si l'on donnait du pain à un chrétien souffrant de la faim, en tant que chrétien, assurément on ne se refuserait pas à soi-même le pain de justice qui est le Christ, parce que Dieu ne regarde pas l'offrande, mais l'esprit de l'offrande. Celui donc qui, dans un chrétien, aime le Christ, tend la main à son frère dans le même esprit qu'il s'approche du Christ, et non dans celui par lequel il revendique le droit de s'éloigner impunément du Christ. Car on abandonne d'autant plus le Christ qu'on aime davantage ce qu'il condamne : En effet, que sert d'être baptisé, si l'on n'est justifié ? Celui qui a dit : « Si l'on ne renaît de l'eau et du Saint-Esprit, on n'entrera point dans le royaume de Dieu[69] », ne

65. Si 30, 24.
66. Si 14, 5.
67. Si 21, 1.
68. Mt 25, 45.
69. Jn 3, 5.

dit-il pas encore : « Si votre justice ne s'élève au-dessus de la justice des scribes et des Pharisiens, vous n'entrerez point dans le royaume des cieux[70]. » Pourquoi donc la crainte de cette première sentence fait-elle courir tant d'hommes au baptême ? Et pourquoi, sans crainte de la seconde, tant d'hommes restent-ils indifférents à leur justification ? Et comme il n'appelle pas son frère : « fou ! » celui qui, lançant cette injure, s'emporte, non contre la personne, mais contre le péché fraternel ; autrement il serait passible du feu éternel[71] : ainsi, au contraire, celui qui assiste un chrétien, ne l'assiste pas en tant que chrétien, s'il n'aime en lui le Christ ; et il n'aime point le Christ, celui qui refuse d'être justifié en Christ. Et comme l'homme, convaincu de péché contre son frère, en le traitant de « fou », c'est-à-dire en cédant, non à la haine du péché, mais à une injuste violence, ne serait guère avancé par la satisfaction de l'aumône, s'il n'ajoutait ainsi le remède à la réconciliation. « Si donc, quand tu présentes ton offrande à l'autel, il te revient en mémoire que ton frère a quelque chose contre toi, laisse ton offrande devant l'autel, va te réconcilier avec ton frère, et puis tu reviendras présenter ton offrande[72]. » Le secours des aumônes si grandes qu'elles soient, n'est donc qu'une stérile réparation des péchés dès que l'on demeure dans la coutume du péché.

Quant à la prière de chaque jour que le Seigneur lui-même nous enseigne, d'où lui vient le nom d'oraison dominicale, elle efface les péchés quotidiens, si l'on dit quotidiennement : « Remets-nous nos dettes » ; et si en même temps que l'on dit, l'on fait ce qui suit : « Comme nous remettons à nos débiteurs » ; mais cette prière se récite parce que l'on pèche et non pas afin de pécher. Car le Sauveur a voulu par là nous montrer que quelle que soit la justice de nos œuvres dans les ténèbres et les langueurs de cette vie, nous ne saurions être exempts de fautes dont nous devons implorer la rémission, pardonnant à ceux qui nous offensent, afin que nos offenses

70. Mt 5, 20.
71. Mt 5, 22.
72. Mt 5, 23.

nous soient pardonnées à nous-mêmes. Et lorsque le Seigneur nous dit : « Si vous remettez aux hommes leurs torts envers vous, votre Père vous remettra aussi vos péchés », il n'entend pas assurément nous encourager, par une fausse confiance en cette oraison, à commettre chaque jour de nouveaux crimes, soit par autorité, nous élevant au-dessus des lois humaines ; soit par adresse, en abusant les hommes ; mais il veut nous apprendre à ne pas nous croire sans péchés pour être exempts de crimes ; et c'est une leçon que déjà Dieu a donnée aux prêtres de l'ancienne loi, quand il leur commande d'offrir les sacrifices d'abord pour leurs péchés et puis pour ceux du peuple. Portons en effet un regard vigilant sur les paroles mêmes de notre grand et divin maître ; il ne dit pas : Si vous remettez aux hommes leurs torts envers vous, votre Père vous remettra aussi vos péchés quels qu'ils soient ; il dit : « vos péchés » ; car il enseignait une prière de chaque jour et parlait à ses disciples justifiés. « Vos péchés », qu'est-ce à dire ? sinon ces péchés dont vous ne serez pas exempts vous-mêmes, devenus justes et saints ? Et là précisément, où, cherchant dans cette prière une occasion de crimes journaliers, nos adversaires prétendent que le Seigneur veut parler des grands péchés, parce qu'il ne dit pas : Votre Père vous remettra vos fautes légères, mais : « Il vous remettra vos péchés » ; nous, au contraire, considérant à quels hommes il parle, nous ne devons entendre par « vos péchés » que des fautes légères ; disciples du Seigneur, ils n'étaient plus capables de grands péchés. Mais ces péchés mêmes dont une véritable conversion doit nous retirer à jamais, ne sauraient être remis à la prière, si l'on n'accomplit cette parole : « Comme nous remettons à nos débiteurs. » Si les fautes légères, dont la vie même des justes ne peut se défendre, ne trouvent grâce qu'à cette condition, les hommes couverts de crimes nombreux, et de grands crimes, quoiqu'ils cessent de les commettre, obtiendront-ils aucune indulgence, s'ils gardent aux offenses reçues d'inexorables ressentiments ? Le Seigneur ne dit-il pas : « Si vous ne remettez aux hommes, votre Père non plus ne vous remettra rien. » En ce sens l'apôtre Jacques annonce que le jugement sera sans miséricorde pour qui n'a pas fait miséricorde. Et la souvenance doit nous revenir de cet esclave à qui son maître avait remis dix mille talents qu'il lui fait rendre, parce que lui-même s'est montré sans pitié pour l'un de ses compagnons d'esclavage qui lui devait cent deniers[73]. C'est donc en ceux-là qui sont enfants de la promesse et vases de miséricorde que s'accomplissent les paroles suivantes du même apôtre : « La miséricorde s'élèvera au-dessus de la justice[74]. » Car ces justes mêmes, dont la sainteté fut si grande, qu'ils reçoivent dans les tabernacles éternels ceux qui se sont concilié leur amitié par le trésor d'iniquité, ces justes ne sont devenus tels qu'en vertu de la miséricorde de celui qui justifie l'impie, et octroie la récompense selon sa grâce et non selon les mérites. De ce nombre est l'apôtre : « J'ai obtenu miséricorde, dit-il, afin d'être fidèle[75]. »

Et ceux que les justes reçoivent dans les tabernacles éternels n'ont pas eu, il faut l'avouer, une vie assez irréprochable pour se passer du suffrage des saints, et, à leur égard, la miséricorde s'élève beaucoup plus haut encore au-dessus de la justice. Et toutefois il ne faut pas s'imaginer que, sans conversion, sans amendement dans sa vie, le plus criminel des hommes puisse entrer dans les tabernacles éternels pour avoir assisté les saints « du trésor d'iniquité[76] », c'est-à-dire, de son or, de ses richesses, ou mal acquises ou du moins fausses, mais richesses aux yeux de l'iniquité, étrangère à ces véritables richesses, légitime opulence de ceux qui reçoivent les autres dans les tabernacles éternels. Il est donc un certain ordre de vie, ni assez condamnable pour rendre inutiles à la possession du royaume des cieux, les largesses de l'aumône faites à la détresse des justes et qui gagnent leur amitié tutélaire; ni assez pur pour suffire lui-même et obtenir, sans l'intercession des célestes amis, la miséricorde et la béatitude suprêmes. (Ici, je m'étonne toujours de retrouver dans Virgile cette parole du Seigneur : « Faites-vous par le trésor

73. Voir Mt 18, 23.
74. Jc 2, 13.
75. 1 Co 7, 25.
76. Lc 16, 9.

d'iniquité des amis qui vous reçoivent dans les tabernacles éternels[77] » ; ou bien, en d'autres termes : « Qui reçoit un prophète à titre de prophète, recevra la récompense du prophète ; qui reçoit un juste à titre de juste, recevra la récompense du juste[78]. » Décrivant les Champs-Élysées, où les païens placent le séjour des âmes heureuses, le poète y admet non seulement les hommes que leurs propres mérites ont élevés à cette glorieuse demeure, mais encore : « Ceux qui ont fixé la Mémoire, en méritant bien des autres[79] », c'est-à-dire qui, prévenant les autres par de bienfaisants mérites, se sont assuré des droits à leur souvenir. Et n'est-ce pas la prière qui sort à chaque instant des lèvres chrétiennes quand l'humilité du fidèle se recommande à un juste : « Aie souvenir de moi » ; et par des services rendus se concilie le souvenir qu'il réclame.) Mais quel est cet ordre de vie, quels sont ces péchés qui ferment les portes du royaume, sans toutefois qu'elles demeurent inflexibles aux prières des saints amis ? Il est très difficile de le découvrir, et très dangereux de le décider. Quant à moi, malgré mes efforts jusqu'à ce jour, je n'ai pu parvenir à sonder ce mystère. Et peut-être nous demeure-t-il caché de peur que notre zèle à éviter tout péché se ralentisse. Car si l'on savait quelles sont ces criminelles habitudes qui, malgré leur persévérance fortifiée par l'oubli de tout amendement moral, permettent cependant de rechercher et d'espérer l'intercession des saints, la paresse humaine enveloppée avec confiance dans le manteau de ses vices, ne demanderait à aucune vertu de l'en dégager, se reposant du soin de sa délivrance sur les mérites de ces amis obtenus au prix des aumônes du trésor d'iniquité. Mais comme nous ignorons aujourd'hui quelle est la mesure d'iniquité vénielle dans la persévérance, il est certain que le zèle de notre réforme intérieure redouble la vigilante assiduité de nos prières, et ne ralentit point l'ardeur de l'aumône qui nous concilie de saintes amitiés.

77. Lc 16, 9.
78. Mt 10, 41.
79. Virgile, *Énéide*, VI 664.

Or, cette délivrance que l'on obtient soit par la prière individuelle, soit par l'intercession des saints, prévient, il est vrai, la condamnation aux flammes éternelles, mais elle ne va pas jusqu'à retirer, après certain temps d'expiation, le coupable précipité dans ces abîmes. Car ceux mêmes qui, par cette bonne terre de l'Écriture, laquelle rapporte des fruits abondants, l'une trente, l'autre soixante, l'autre enfin cent pour un, entendent les saints qui, selon la diversité de leurs mérites, délivrent les uns trente, les autres soixante, d'autres enfin cent âmes humaines, ceux-là, dis-je, placent cette délivrance au jour et non après le jour du jugement. Quelqu'un, dit-on, frappé de l'étrange impunité que les hommes se promettent par cette opinion qui semble garantir à tous leur rédemption, répondit fort ingénieusement, qu'il s'agissait plutôt de bien vivre, et d'être admis soi-même au rang des intercesseurs, de crainte qu'étant si rares et arrivant tout à coup à leur compte de trente, soixante ou cent âmes, ils n'en laissent un grand nombre que leur intercession ne puisse plus retirer des supplices, et, dans ce nombre, tout homme dont l'aveuglement téméraire aura compté sur l'abondance des fruits étrangers. C'est assez répondre, j'imagine, à ceux qui, sans mépriser l'autorité de la sainte Écriture qu'ils invoquent comme nous, y lisent néanmoins, par une fausse interprétation, non pas ce qu'elle annonce, mais ce que leur cœur désire. Notre réponse est faite ; ainsi, comme nous l'avons promis, finissons ce Livre.

Livre XXII

Bonheur des justes. La résurrection

L'ultime aboutissement de l'œuvre divine est le bonheur des justes dans le royaume éternel de Dieu, accomplissement à la fois des promesses de Dieu et du libre arbitre humain. En cette liberté, en ce libre arbitre, consiste la grandeur de l'homme dès le commencement, jamais il n'en a été privé, bien qu'il comporte la capacité de pécher et de produire toutes sortes de maux, et qu'il appelle finalement l'enfer comme terme négatif ultime de cette liberté. Et le bonheur final ne sera pas sans libre arbitre.

Mais Augustin doit encore répondre aux objections des philosophes sur le bonheur final des justes, qui portent (comme au Livre précédent) sur la résurrection des corps. En ce dernier Livre la joie de la contemplation espérée s'efface derrière la réponse méthodique aux objectants, la jouissance mystique derrière le raisonnement. En réponse aux lettrés, Augustin s'efforce de montrer que la résurrection selon les chrétiens n'a rien à voir avec la divinisation des héros dans la religion romaine. De plus elle est attestée par des miracles, non seulement dans le passé, mais de nos jours, dont Augustin a été lui-même le témoin en Afrique, et dont il fournit un copieux dossier.

Bien qu'il avoue ne pas savoir grand-chose sur la résurrection en laquelle il croit et qui ne peut être décrite, Augustin s'attache au moins à répondre aux objections très concrètes sur le statut des ressuscités, en gardant à l'esprit l'orientation paulinienne : « Jusqu'à ce que nous arrivions à l'âge parfait en Christ. » Il le met en contraste avec la condition humaine de ce temps, faite à la fois de maux immenses et de très grandes beautés. Si déjà le corps humain est beau, que sera le corps des ressuscités ? La condition humaine, avec ses maux et ses beautés, recevra de Dieu l'immortalité comme un don.

Ce n'est pas sur le bonheur céleste, mais sur la résurrection des corps que porte le différend. Porphyre prétend que pour être heureuse l'âme doit fuir le corps, Platon a dit que les âmes ne peuvent être éternellement heureuses sans leur corps, et c'est sur ce point qu'Augustin tente avec Platon et avec Porphyre une dernière discussion, une dernière réconciliation ; l'avant-dernier mot est pour eux. Le dernier mot consiste à évoquer le sabbat du septième jour où nous entrerons ensemble dans le repos de Dieu, repos qui à l'évidence n'est pour Augustin ni de ce temps, ni de ce monde.

Livre vingt-deuxième

I. Comme je viens de le promettre au Livre précédent, celui-ci, le dernier de tout l'ouvrage, contiendra l'exposition de l'éternelle béatitude de la cité de Dieu. Béatitude qui emprunte son nom à l'éternité, non qu'elle doive prolonger pendant des siècles une durée destinée à finir un jour, mais parce qu'elle doit justifier cette parole de l'Évangile : « Son royaume n'aura pas de fin[1]. » Et ce ne sera plus cette révolution continuelle de générations que la mort retire et que la naissance amène qui produira l'illusion de la perpétuité, comme l'on voit sur l'arbre revêtu d'un feuillage vigoureux régner les mêmes teintes verdoyantes, quand la mobile succession des feuilles qui dépérissent et tombent et de celles qui naissent, lui conserve l'honneur de son ombrage : mais alors tous les habitants de la cité sainte seront immortels ; alors les hommes obtiendront ce que les saints anges n'ont jamais perdu. Et Dieu fera cela, Dieu tout-puissant, son fondateur. Car il l'a promis et il ne peut mentir : et il donne pour gages de sa fidélité toutes les promesses qu'il a tenues et toutes les merveilles qu'il a opérées sans promesse.

En effet, c'est lui qui, dans le principe, a formé le monde, rempli de tous les biens visibles et de toutes les substances intelligibles, où il n'a rien créé de plus excellent que les esprits qu'il a doués d'intelligence, qu'il a rendus habiles à le connaître et capables de le contenir, les unissant ensemble

1. Lc 1, 33.

par les liens d'une même société que nous appelons la cité sainte et céleste, où le principe de l'existence et de la béatitude est Dieu lui-même, leur vie à tous et leur commune nourriture. C'est lui qui a donné le libre arbitre à cette nature intelligente de sorte que la volonté, infidèle à Dieu, à sa félicité même, tomberait soudain dans la misère. C'est lui qui prévoyant que, parmi les anges, plusieurs, dans l'exaltation de l'orgueil, jaloux de se suffire pour leur propre félicité, délaisseraient ce bonheur suprême, n'a pas voulu leur retirer ce pouvoir de choisir; car il juge qu'il convient mieux à sa puissance et à sa bonté de tirer même le bien du mal que de ne pas permettre au mal d'exister. Mal qui ne serait point, si cette nature muable, quoique bonne, œuvre du Dieu suprême et du bien immuable, auteur de tout bien, n'eût en elle-même fait le mal par le péché. Et elle est convaincue par le témoignage du péché, d'avoir été créée bonne. Si, en effet, elle-même n'était pas un grand bien, inférieur toutefois au Créateur, assurément cet abandon de Dieu comme de sa lumière ne pourrait être un mal pour elle. La cécité est un vice de l'œil; et ce vice témoigne que l'œil a été créé pour voir la lumière, et ce vice prouve encore la supériorité de l'organe capable de la lumière (autrement serait-ce un vice à lui d'être privé de la lumière ?). Ainsi la nature, qui jouissait de Dieu, nous enseigne l'excellence de son origine, par ce désordre même qui fait sa misère, parce qu'elle ne jouit plus de Dieu ; misère éternelle, juste châtiment de la chute volontaire de ces anges, tandis que l'amour des anges fidèles au souverain bien, a dans la certitude de garder à jamais sa fidélité, la récompense de cette fidélité même. C'est Dieu qui a créé l'homme droit, en possession du même libre arbitre, animal terrestre, il est vrai, mais digne du ciel, s'il demeurait dans l'union de son auteur ; et s'il l'abandonnait, voué pareillement à la misère, dans les conditions de sa nature. Et, prévoyant aussi que rebelle à la loi de Dieu, il pécherait par l'abandon de Dieu, le Créateur ne lui a pas non plus retiré la faculté de son libre arbitre, car il prévoyait encore le bien que sa toute-puissance ferait sortir de ce mal. Et en effet, de cette race mortelle, frappée d'une juste condamnation, sa grâce rassemble un peuple immense pour remplir et réparer le vide laissé par la chute des anges rebelles. Ainsi, loin d'être trompée dans le compte de ses enfants, cette cité sainte et bien-aimée réunira peut-être, avec bonheur, une famille plus nombreuse.

II. Car, il est vrai, beaucoup d'actes commis par les méchants arrivent contre la volonté de Dieu ; mais telle est la grandeur de sa sagesse et de sa puissance que c'est aux fins qu'il a dans sa prescience déterminées justes et bonnes, que tendent ces actes mêmes qui semblent contraires à sa volonté. Ainsi, quand on dit de Dieu qu'il change de volonté, qu'il entre en fureur, par exemple, contre ceux qu'il regardait avec complaisance, ce sont les hommes qui changent et non Dieu, et ce n'est que par leur souffrance qu'ils le trouvent changé. Ainsi le soleil change pour les yeux blessés ; sa lumière, naguère si douce et si délicieuse, importune et offense : et cependant il demeure toujours le même en soi. On appelle encore volonté de Dieu celle qu'il forme dans les cœurs fidèles à ses commandements, volonté dont l'apôtre parle ainsi : « C'est Dieu qui opère en nous le vouloir même[2]. » Comme la justice de Dieu n'est pas seulement la justice par laquelle il est juste lui-même, mais encore celle qu'il produit dans l'homme, justifié par lui, ainsi la loi de Dieu est plutôt la loi des hommes, mais donnée par Dieu. Assurément c'était à des hommes que Jésus disait : « Il est écrit dans votre loi[3] » ; quoique nous lisions ailleurs : « La loi de Dieu est en son cœur[4]. » C'est suivant cette volonté qu'il forme dans les hommes que l'on dit que Dieu veut ce qu'il ne veut pas lui-même, mais fait vouloir aux siens, comme on dit qu'il connaît ce qu'il fait connaître à l'ignorance de l'homme. En effet, quand l'apôtre dit : « Mais aujourd'hui connaissant Dieu ou plutôt connus de Dieu[5] », il n'est pas permis de croire que Dieu les connût seulement alors, eux qu'il

2. Ph 2, 13.
3. Jn 8, 17.
4. Ps 36, 31.
5. Ga 4, 9.

connaissait avant la création du monde ; mais il les connaît maintenant en ce sens qu'il leur donne la connaissance. Locution dont j'ai déjà parlé, il m'en souvient, aux Livres précédents. Donc, selon cette volonté par laquelle il veut, disons-nous, ce qu'il fait vouloir aux autres, à qui le futur est inconnu, Dieu veut beaucoup de choses qu'il ne fait pas.

Car ses saints veulent aussi d'une volonté sainte qu'il leur inspire beaucoup de choses qui n'arrivent pas. Ils lui adressent pour quelqu'un de pieuses et ferventes prières ; prières qu'il n'exauce pas, quoique lui-même par un mouvement de son Saint-Esprit ait formé en eux cette volonté de prier. Ainsi quand, inspirés de Dieu, les saints veulent avec prières que chacun soit sauvé, nous pouvons dire, Dieu veut et ne fait pas ; il veut, en d'autres termes, il les fait vouloir. C'est suivant cette volonté, éternelle comme sa prescience, qu'il a fait au ciel et sur la terre tout ce qu'il a voulu : passé, présent et même futur. Mais avant que le temps amène ce dont sa prescience détermine l'accomplissement avant tous les temps, nous disons : Adviendra, quand Dieu voudra. Que si non seulement l'époque, mais encore la certitude d'un événement nous échappe, nous disons : Adviendra si Dieu veut. Non qu'il survienne alors à Dieu une volonté qu'il n'avait pas ; mais ce qu'il a disposé de toute éternité, dans sa volonté immuable, alors adviendra.

III. Donc, pour passer sous silence tant d'autres circonstances, nous voyons s'accomplir dans le Christ ce que Dieu promit à Abraham : « En ta semence, toutes les nations seront bénies[6] » ; ainsi s'accomplira ce qu'il a promis à cette même semence, quand il dit par son prophète : « Ceux qui étaient dans les sépulcres ressusciteront[7] » ; et ailleurs : « Il y aura un ciel nouveau et une terre nouvelle ; et tout le passé s'effacera de leur mémoire, et aucun souvenir n'en remontera dans leur cœur. Mais ils trouveront la joie et l'allégresse dans Jérusalem. Et voilà que je fais de Jérusalem, une fête,

6. Gn 22, 18.
7. Is 26, 19.

et de mon peuple, la joie même. Et je ferai mes délices de Jérusalem, et son peuple sera ma joie, et l'on n'entendra plus désormais la voix des pleurs[8]. » Et ce qu'il annonce par un autre prophète, quand il dit à ce prophète : « En ce temps, sera sauvé tout ton peuple, tous ceux dont les noms seront trouvés écrits dans le livre. Et plusieurs de ces hommes endormis dans la poussière de la terre [ou suivant d'autres interprètes : *sous un amas de terre*], se relèveront, les uns pour la vie éternelle, les autres pour une éternité d'opprobre et de confusion[9]. » Et ailleurs, par le même prophète : « Les saints du Très-Haut recevront le royaume, et ils le posséderont jusque dans le siècle des siècles[10] » ; et puis : « Son royaume sera un royaume éternel[11]. » Et semblables témoignages que j'ai rapportés au vingtième livre, et tant d'autres que j'ai omis, qui sont écrits dans les saints Livres. Et ces prédictions s'accompliront, comme déjà se sont accomplies celles que les incrédules révoquaient en doute. Toutes, en effet, sont promesses et prédictions du même Dieu, devant lequel tremblent les divinités des païens, de l'aveu même du célèbre philosophe païen, Porphyre.

IV. Mais, s'élevant contre l'autorité puissante qui, selon sa prédiction, a, de toutes parts, converti tant d'hommes à cette foi et à cette espérance, ces savants et ces sages s'imaginent opposer à la résurrection des corps un argument décisif, quand ils allèguent ce passage de Cicéron au troisième livre de la République. Cicéron vient d'affirmer qu'Hercule et Romulus d'hommes sont devenus dieux : « Mais leurs corps, ajoute-t-il, n'ont pas été élevés dans le ciel. Car la nature ne permettrait pas à ce qui est de la terre, un autre séjour que la terre[12]. » Voilà le raisonnement victorieux de ces sages, dont le Seigneur connaît les pensées dans toute leur vanité. Car si nous n'étions qu'âmes, c'est-à-dire, esprits sans corps et

8. Is 65, 17-19.
9. Dn 12, 1.
10. Dn 7, 18.
11. Dn 7, 27.
12. Cicéron, *De republica*, III 28, 40.

habitant le ciel sans savoir qu'il existe des animaux terrestres, si l'on venait nous dire qu'un lien admirable nous unirait un jour à des corps terrestres pour les animer, n'aurions-nous pas une raison de n'en rien croire infiniment plus puissante ? Ne dirions-nous pas que la nature ne saurait permettre cette captivité d'une substance incorporelle dans des chaînes corporelles ? Et cependant, la terre est pleine d'âmes qui vivifient des organes terrestres dans une étroite et incompréhensible union. Pourquoi donc la volonté du même Dieu, auteur de l'être animé, ne pourrait-elle exalter un corps terrestre en corps céleste, si par elle l'esprit, plus excellent que tout corps, et, par conséquent, que tout corps céleste, a pu être lié à un corps terrestre ? Quoi donc ! un vil morceau de terre a pu retenir en soi une substance supérieure au corps céleste, afin d'en recevoir le sentiment et la vie, et le ciel dédaignera d'admettre ou ne pourra garder cette terre sensible et vivante, en qui le sentiment et la vie émanent d'une substance plus excellente que tout corps céleste ? Mais ceci ne s'accomplit pas aujourd'hui parce que le temps n'est pas encore venu ; le temps déterminé par l'auteur de ce miracle actuel, que l'accoutumance de nos yeux a rendu vulgaire, miracle plus extraordinaire que celui qu'ils refusent de croire. Car enfin, cette liaison d'esprits incorporels plus excellents que tout corps céleste à des corps terrestres n'a-t-elle pas plus de droits à notre étonnement, que la translation des corps quoique terrestres en des demeures célestes, il est vrai, mais corporelles ? Si ce n'est que de ces deux miracles, nous voyons l'un chaque jour, celui que nous sommes ; et n'avons jamais vu l'autre, que nous ne sommes pas encore. Car la saine raison consultée trouve assurément l'œuvre divine plus étonnante dans l'union du corporel à l'incorporel, que dans celle des corps aux corps, si différents qu'ils soient, les uns célestes et les autres terrestres, union néanmoins de corps à corps.

V. Mais que jadis cela ait été incroyable, je l'accorde ; et voilà le monde qui croit aujourd'hui que le corps terrestre du Christ a été ravi au ciel : voilà qu'à l'exception d'un petit nombre, savants ou ignorants, qui demeurent dans la stupeur, savants et ignorants croient la résurrection de la chair et son ascension future dans les célestes demeures. S'ils croient un fait croyable, que ceux-là qui ne croient point voient toute leur stupidité. Et si ce fait que l'on croit est incroyable, il n'est pas moins incroyable que l'on croie ainsi ce qui est incroyable. Voilà donc deux faits incroyables : la résurrection de notre corps pour l'éternité, et la foi future du monde en ce fait incroyable – que le même Dieu a prédits tous deux, avant qu'aucun d'eux n'arrivât. De ces deux faits incroyables nous voyons déjà l'un accompli : c'est que le monde croit un fait incroyable ; pourquoi donc désespérer de l'autre, puisque le premier est arrivé, non moins incroyable que le second ; la foi du monde est un fait incroyable : et ces deux faits incroyables, l'un que nous voyons, l'autre que nous croyons, ne sont-ils pas prédits dans ces mêmes livres sur lesquels repose la croyance du monde ? Et la manière même dont le monde a cru se trouve, en y songeant, plus incroyable encore. Des hommes étrangers aux arts libéraux, sans lumière et sans politesse, dépourvus de ressources de la grammaire, des armes de la dialectique, de l'audace que donne la science de la parole, quelques pêcheurs que le Christ a envoyés avec les filets de la foi à la mer du siècle, ont pris tant de poissons de toute espèce, et de l'espèce la plus merveilleuse, la plus rare, des philosophes mêmes. À ces deux faits incroyables, ajoutons, si l'on veut ou plutôt comme il faut le vouloir, ce troisième fait. Voilà donc trois faits incroyables, qui toutefois se sont accomplis. Il est incroyable que le Christ soit ressuscité en sa chair, et qu'en sa chair il soit monté au ciel ; il est incroyable que le monde ait cru un fait tellement incroyable ; il est incroyable que des hommes vils et grossiers, qu'une troupe d'ignorants ait pu persuader avec un tel succès au monde et aux savants du monde ce fait si incroyable. De ces trois faits incroyables, nos adversaires ne veulent pas croire le premier ; ils sont contraints de voir le second ; et ils ne peuvent se l'expliquer qu'à la condition de croire le troisième. Or la résurrection du Christ et son ascension au ciel en la chair où il ressuscite sont annoncées déjà et crues par tout l'univers. Si elles ne sont pas croyables, d'où vient que tout l'univers les croit ? Si d'illustres et nombreux témoins, des puissants, des savants, ont affirmé les avoir vues, s'ils ont eu soin de publier ce qu'ils ont vu, ce n'est pas merveille que le monde les croie, et c'est à ceux-ci une étrange opiniâtreté de ne pas croire ; mais si, comme il est vrai, sur la parole, sur les écrits de quelques témoins obscurs, des derniers et des plus ignorants, le monde a cru, pourquoi ce petit nombre, obstiné dans l'incrédulité, refuse-t-il de croire sur la foi même du monde ? Et le monde a cru ce peu d'hommes obscurs, infimes, ignorants ; car, en des témoins si méprisables, la divinité s'est révélée en traits plus éclatants. Les traits de leur éloquence ont été des miracles et non des paroles. Et ceux qui n'avaient pas vu le Christ ressusciter en sa chair et en sa chair monter au ciel ont cru à des témoignages qu'ils voyaient confirmés par tant de prodiges. En effet, des hommes qui parlaient à peine une ou deux langues, on les entend soudain parler toutes les langues de l'univers. À leur parole, au nom du Christ, un boiteux dès la mamelle, après quarante ans, se redresse guéri ; les vêtements retirés de leurs corps rendent la santé aux infirmes ; une infinité de malades, atteints de maux divers, sont rangés sur la voie par où ils doivent venir, pour que leur ombre les couvre en passant, et cette ombre les guérit ; et combien d'autres prodiges opérés au nom du Christ ! Enfin, des morts sont vus ressusciter à leur voix ! Si l'on nous accorde que tout cela est arrivé comme nous le lisons, combien de faits incroyables ajoutons-nous aux trois premiers ? Et quand, pour faire croire ce seul fait incroyable, la résurrection future et l'ascension de la chair au ciel, nous entassons les témoignages authentiques de tant d'autres faits incroyables, nous ne pouvons encore fléchir l'horrible dureté du cœur des incrédules ! Mais si l'on ne croit pas que, pour établir la croyance à la résurrection et à l'ascension du Christ, les apôtres aient opéré ces miracles, ce seul grand miracle nous suffit que l'univers l'ait crue sans miracles.

VI. Citons ici ce passage où Cicéron s'étonne que la divinité de Romulus ait obtenu créance. Voici ses propres expressions : « Ce qui distingue en particulier l'apothéose de Romulus, c'est que toutes les autres ont eu lieu dans des siècles peu éclairés où la pente vers la fiction était offerte par la disposition naturelle de l'ignorance à la crédulité. Mais moins de six cents ans nous séparent du siècle de Romulus, époque où déjà la culture des lettres et des sciences avait extirpé d'antiques erreurs des friches de la vie humaine[13]. » Et il ajoute un peu plus bas : « Il est donc évident qu'Homère est de longues années antérieur à Romulus, et que les lumières, déjà répandues sur plusieurs hommes et sur le siècle lui-même, laissaient peu de place à des fictions nouvelles. Car l'antiquité a souvent admis des fables d'invention assez grossière. Mais la politesse de l'âge suivant éconduit avec dédain tout ce qui a le caractère de l'impossible. » L'un des plus savants hommes et le plus éloquent de tous, Cicéron s'étonne de la croyance à la divinité de Romulus parce que le siècle était alors assez éclairé pour répudier de vaines fictions. Cependant qui a cru que Romulus fût un Dieu sinon Rome, et encore Rome faible et naissante ? Mais les générations suivantes durent garder la superstition des ancêtres ; avec cette superstition, sucée pour ainsi dire dans le lait maternel, la cité romaine grandit, et parvenue à ce haut degré de puissance d'où, comme d'un faîte élevé, sa domination planait sur les peuples, elle fit pénétrer partout sa croyance, et ses sujets, incrédules à la divinité de Romulus, la proclamaient cependant de peur d'offenser la cité qu'ils servaient, en refusant à son fondateur le titre qu'elle lui donnait non par amour de l'erreur, mais par l'erreur de son amour. Quant au Christ, la céleste et éternelle cité dont il est le fondateur, ne le croit pas Dieu parce qu'il l'a fondée, mais au contraire elle mérite d'être fondée parce qu'elle le croit Dieu. Rome, déjà bâtie et dédiée, élève un temple et des autels à son fondateur. La nouvelle Jérusalem, afin d'être bâtie et dédiée, pose le Christ Dieu son fondateur comme fondement de sa foi. L'une par amour pour Romulus l'a cru Dieu ; l'autre, par sa foi à la divinité de Jésus, l'a aimé. L'une a été prévenue dans son amour, pour croire volontiers un bien même faux de l'objet de son amour ; et l'autre aussi a été pré-

13. Cicéron, *De republica*, II 10, 18.

venue dans sa foi pour aimer sans témérité un bien très véritable dans l'objet de sa foi. Car, outre ces miracles, si nombreux et si éclatants, qui ont établi la divinité du Christ, des prophéties l'annonçaient, prophéties divines et très dignes de créance dont nous n'attendons plus, comme nos pères, mais dont nous démontrons aujourd'hui l'accomplissement. Romulus a fondé Rome, il y a régné ; c'est un fait que la tradition et l'histoire attestent ; mais aucune prophétie antérieure ne l'annonce. Quant à son admission au rang des dieux, c'est une croyance que l'histoire rapporte et non un fait qu'elle établit. Il n'est point de phénomène extraordinaire constaté qui justifie la vérité de cette apothéose. Cette louve, nourrice de Romulus, ce prodige tant vanté, est-ce une preuve si convaincante de la divinité d'un homme ? Et cette louve eût-elle été réellement un animal et non pas une courtisane, ce prodige est commun aux deux frères, et néanmoins un seul est Dieu ? Et puis à qui fut-il jamais défendu de proclamer la divinité de Romulus, d'Hercule et autres mortels, et qui, sur cette défense, a mieux aimé mourir que de se taire ? Ou plutôt, jamais nation eût-elle, entre ses dieux, honoré Romulus sans la crainte du nom Romain ? Or qui pourrait compter combien ont embrassé la mort et des supplices inouïs plutôt que de nier la divinité du Christ ? Ainsi la crainte d'encourir les moindres ressentiments de Rome contraint plusieurs villes soumises à son empire d'adorer Romulus comme un Dieu ; mais rien ne peut détourner l'innombrable multitude des martyrs sur toute la terre, de reconnaître, que dis-je, de confesser le Christ Dieu ; et ce n'est pas une légère indignation qu'il s'agit de braver, mais des supplices immenses, divers, et la mort elle-même, plus redoutée que le reste. Et quoique la cité de Dieu, voyageuse sur cette terre, eût déjà recruté de nombreuses armées de peuples, elle n'a point alors combattu pour son salut temporel, mais plutôt en vue du salut éternel dédaigné toute résistance. Liés, enfermés, battus de verges, torturés, brûlés, déchirés, égorgés, ils se multiplient ; ils ne croient pas combattre pour le salut s'ils ne méprisent leur salut pour l'amour du Sauveur.

Je sais qu'au troisième livre de *la République* de Cicéron, si je ne me trompe, on établit qu'un État bien ordonné n'entreprend jamais la guerre que pour la foi jurée ou pour le salut. Or, que signifie cette expression : *pour le salut*, ou que veut-il entendre *par* le salut ; c'est ce qu'il montre ailleurs avec évidence : « Ces peines, dit-il, dont les hommes mêmes les plus grossiers ont le sentiment, la pauvreté, l'exil, les fers, les verges, l'individu s'y dérobe souvent ; n'a-t-il pas la ressource d'une prompte mort ? Mais pour les États la mort elle-même est une peine, elle qui semble affranchir les individus de toute peine. Car l'État doit avoir dans sa constitution le principe de l'éternité. Aussi la mort ne lui saurait être naturelle, comme à l'homme à qui elle est nécessaire, souvent même désirable. Mais quand un État succombe, disparaît, s'anéantit, l'on se représente (pour comparer le petit au grand) la destruction et la ruine du monde [14]. » Cicéron pense avec les platoniciens que le monde ne doit pas périr. Donc assurément, quand il veut que l'État prenne les armes pour son salut, il entend l'éternelle durée de l'État ici-bas, malgré la mobile succession des individus qui naissent et meurent ; ainsi l'ombrage de l'olivier, du laurier, de tout autre arbre, demeure le même, malgré la chute et le renouvellement particulier de ses feuilles ; car, suivant Cicéron, la mort est une peine pour l'État et non pour l'individu qu'elle affranchit souvent de toute peine. Ici cette question s'élève naturellement : Sagonte a-t-elle bien fait, quand elle a préféré périr que de violer la foi qui la liait à la République romaine ? Son dévouement a obtenu les éloges des citoyens de la cité terrestre. Et cependant suivait-elle ainsi le principe qui ne permet de prendre les armes que pour la foi jurée ou pour le salut ? Car on ne dit pas quel choix il faut faire quand le péril amène cette cruelle nécessité de ne pouvoir sauver l'une sans perdre l'autre. Sagonte, optant pour le salut, trahissait la foi ; gardant la foi, elle renonçait au salut : elle périt en effet. Mais le salut de la cité de Dieu est à d'autres conditions. On le garde ou plutôt on l'obtient avec la foi et par la foi ; la perte de la foi entraîne celle du salut. C'est cette pensée d'un cœur

14. Cicéron, *De republica*, III 23, 34.

généreux et fort contre la souffrance qui a produit tant et de si grands martyrs. Où sont les martyrs, en est-il un seul qui ait confessé la prétendue divinité de Romulus ?

VII. Mais c'est le comble du ridicule de citer la fausse divinité de Romulus, quand nous parlons du Christ. Cependant si dès l'époque de Romulus, antérieure à Cicéron de près de six cents ans, on accorde aux intelligences une culture suffisante pour rejeter l'invraisemblable, combien plutôt encore dans les âges suivants, au temps de Cicéron lui-même et surtout au siècle d'Auguste et de Tibère, époques d'une civilisation plus avancée, la raison humaine, dédaignant comme impossible la résurrection de Jésus-Christ en la chair et son ascension au ciel, eût-elle fermé à cette croyance l'oreille et le cœur de l'homme, si la possibilité et la réalité de ce fait n'avait pour témoin la vérité divine ou la véritable divinité, et le concours des plus éclatants miracles. Aussi, malgré les terreurs et les violences de tant de cruelles persécutions, la résurrection et l'immortalité de la chair qui a précédé en Christ pour s'accomplir en tous les hommes aux temps nouveaux, est devenue l'objet d'une croyance profonde, d'une prédication intrépide, semence que doit féconder et multiplier par toute la terre le sang des martyrs. Car, aux antiques prédictions des prophètes, les miracles ont joint leurs témoignages, et la vérité s'est elle-même prouvée plutôt contraire à la coutume qu'à la raison, jusqu'à ce que l'univers eût embrassé par la foi ce qu'il persécutait avec fureur.

VIII. Pourquoi, disent-ils, ces miracles que vous vantez ne se font-ils plus maintenant ? C'est, pourrais-je répondre, qu'ils étaient nécessaires avant que le monde crût, pour le porter à croire. Et quiconque aujourd'hui demande des prodiges pour croire est lui-même un grand prodige de ne pas croire quand le monde croit. Mais ils ne parlent ainsi que pour détruire la croyance à la vérité de ces miracles. D'où vient donc que, de toutes parts une foi si ardente publie le Christ élevé corporellement dans le ciel ? D'où vient qu'en des siècles éclairés où l'on rejette l'impossible, le monde ait, sans miracles, cru miraculeusement des faits incroyables ? Vont-ils dire que ces faits étaient croyables, et partant qu'on les a crus ? Pourquoi donc eux-mêmes ne les croient-ils pas ? En un mot voici notre raisonnement : ou un fait incroyable et invisible s'est établi sur d'autres faits incroyables mais toutefois réels et visibles ; ou ce fait, tellement croyable qu'il n'avait besoin d'aucun miracle pour l'attester, accuse l'excès de leur incrédulité. Cette réponse suffit à confondre les plus vaines obstinations. En effet, que de nombreux miracles se soient accomplis pour attester ce grand et salutaire miracle de la résurrection et de l'ascension corporelle du Christ, c'est ce qu'on ne peut nier. Tous sont consignés dans les livres véridiques qui déposent et de la réalité de ces miracles et de la croyance qu'ils devaient fonder. La renommée de ces miracles s'est répandue afin d'établir la foi ; la foi qu'ils établissent ajoute à l'éclat de leur renommée. On les lit aux peuples afin que les peuples croient ; mais s'ils n'avaient été crus déjà, on ne les lirait point. Car encore aujourd'hui il se fait des miracles soit au nom du Christ et par ses sacrements, soit par les prières et les reliques de ses saints. Mais la lumière moins vive qui les éclaire où ils se produisent resserre les limites de leur propagation. Quant aux premiers, le canon des saintes Lettres, qui dut être défini, les fait réciter partout, les grave dans la mémoire de tous les peuples ; les autres ne sont connus, et souvent à peine, que de la cité ou du lieu où ils se passent ; car souvent connus d'un petit nombre, le reste les ignore, surtout dans une grande cité ; souvent aussi les témoins qui les racontent n'offrent pas une autorité assez imposante pour exclure l'objection et le doute, quoique, fidèles, ils s'adressent à des fidèles.

Le miracle arrivé à Milan pendant notre séjour, quand un aveugle recouvra la lumière, put avoir un grand retentissement, parce que Milan est une cité considérable, que l'Empereur s'y trouvait alors, et que ce fait eut pour témoin un peuple immense accourant en foule au-devant du corps des martyrs Protais et Gervais. L'asile où ils reposaient à l'insu de tous fut révélé en songe à l'évêque Ambroise, et c'est alors que, libres de leurs anciennes ténèbres, les yeux de cet aveugle s'ouvrirent.

Mais qui, à l'exception d'un petit nombre, entendit parler à Carthage de la soudaine guérison d'Innocentius, autrefois avocat de la préfecture ; guérison obtenue en notre présence, que nous avons vue de nos yeux, au retour de notre voyage d'outre-mer, mon frère Alypius et moi : nous n'étions pas encore clercs, mais engagés déjà au service de Dieu. Cet homme d'une fervente piété, comme toute sa maison, nous avait reçus et nous demeurions avec lui. Les médecins le traitaient de fistules hémorroïdales, nombreuses et profondes. Ils y avaient déjà appliqué le fer, et employaient pour achever de guérir le reste toutes les ressources de leur art. Cette première opération lui avait causé de longues et cruelles douleurs. Mais, entre tant d'autres, une de ces plaies s'était dérobée aux regards et à l'instrument des médecins. Les autres, dont l'ouverture avait favorisé le traitement, étaient déjà guéries, que celle-là demeurait se jouant de tous leurs efforts. Le malade commence à se défier de ces retards, il appréhende avec terreur une seconde incision que lui avait prédite un médecin de ses domestiques, à qui les autres médecins n'avaient pas voulu permettre d'assister à la première opération. Son maître dans sa colère l'avait chassé de sa maison et reçu plus tard à grand-peine. Cependant ces lenteurs irritent le malade, il éclate enfin : « Quoi, s'écrie-t-il, allez-vous m'inciser encore ? Faut-il en venir à la prédiction de celui que vous avez chassé ? » Ceux-ci de tourner en ridicule l'ignorance de leur confrère, et d'apaiser les craintes du malade par de belles et tranquillisantes paroles. Cependant plusieurs jours se passent et tout ce que l'on fait est inutile. Les médecins toutefois persistent dans leur promesse de fermer la plaie, sans recourir à l'instrument ; ils appellent encore un autre médecin d'un grand âge et assez célèbre pour de semblables cures ; c'était Ammonius (car il vivait alors). Celui-ci visite la plaie, et, sur la diligente habileté de ses confrères, conclut aux mêmes promesses. Cette dernière autorité rassure Innocentius, et déjà, comme s'il était guéri, il raille d'un ironique enjouement son médecin domestique qui l'avait menacé d'une nouvelle opération. Que dire enfin ? Tant de jours s'écoulent en de vaines espérances, que fatigués et confus tous s'accordent à ne reconnaître de guérison possible que par le fer. Le malade pâlit, il tremble d'épouvante ; et dès qu'il peut se recueillir et parler, il leur commande de sortir et de ne plus revenir auprès de lui. Fatigué de larmes, et réduit aux dernières extrémités, il n'eut d'autre ressource que d'appeler un certain Alexandrin, chirurgien fort célèbre, afin de lui confier une opération que, dans son dépit, il ne voulait pas laisser faire aux autres. Celui-ci vient ; d'un œil exercé, à l'inspection des cicatrices, il juge de l'habileté des autres médecins, et comme un homme d'honneur, il conseille au malade de ne pas leur enlever le fruit d'un travail dont il reconnaît lui-même avec admiration tout le mérite. Il ajoute qu'en effet sans une incision nouvelle la guérison est impossible ; mais qu'il répugne à son caractère de succéder à des hommes dont le soin, le zèle et l'adresse ne lui ont laissé presque rien à faire, pour leur ravir la gloire de tant d'efforts. Le malade se réconcilia donc avec eux, et il fut résolu qu'en présence de l'Alexandrin on pratiquerait l'incision qui, de leur commun aveu, pouvait seule décider la guérison. L'opération fut remise au lendemain ; mais quand les médecins furent sortis, la consternation du maître fut si profonde que le deuil remplit sa maison, et déjà nous retenions avec peine ces pleurs que l'on répand sur un cercueil. Lui recevait chaque jour de saintes visites, celle de Saturninus, évêque d'Uzales, de bienheureuse mémoire ; du prêtre Gelosus et des diacres de l'Église de Carthage ; avec eux, et le seul d'entre eux qui assiste encore aux choses d'ici-bas, un homme dont le nom doit être environné de respect, l'évêque Aurelius ; souvent repassant tous deux les œuvres merveilleuses de Dieu, nous nous sommes entretenus du fait que je raconte, et j'ai toujours à cet égard trouvé sa mémoire très fidèle. La veille, étant venus, selon leur habitude, visiter le malade sur le soir, celui-ci les supplie avec des pleurs lamentables d'assister le lendemain matin plutôt à ses funérailles qu'à ses souffrances ; car il avait conservé de son premier supplice une telle impression d'épouvante qu'il croyait infailliblement mourir entre les mains des médecins. On le console, on l'exhorte à se confier en Dieu, à subir sa volonté avec une résignation virile. Ensuite nous entrons en prière, nous nous agenouillons, nous nous prosternons à terre, selon notre coutume ; lui, tombe à genoux comme si une force étrangère l'y précipitait, et il se met à prier, mais comment, avec quelle ferveur, avec quel transport, avec quels torrents de larmes et quels gémissements et quels sanglots, qui pourrait l'exprimer ? Tous ses membres tremblaient, il demeurait presque suffoqué, les autres priaient-ils, ou leur attention se détournait-elle au bruit de ces instances suppliantes ; je l'ignore. Quant à moi, il m'était impossible de prier, je dis seulement du fond du cœur ce peu de mots : « Seigneur, quelles prières de tes serviteurs exauceras-tu, si tu n'exauces celles-ci ! » car il me semblait qu'il ne s'y pouvait rien ajouter, sinon d'expirer en priant. Nous nous levons, et après avoir reçu la bénédiction de l'évêque nous nous retirons. Il conjure de nouveau les assistants de se trouver chez lui le lendemain matin ; eux l'exhortent à prendre courage. Le jour fatal venu, les serviteurs de Dieu viennent, fidèles à leur promesse ; les médecins entrent ; les objets nécessaires sont préparés ; on tire les redoutables ferrements ; chacun demeure dans la stupeur de l'épouvante. Ceux qui ont le plus d'autorité cherchent à relever par des consolations l'esprit abattu du malade ; on place son corps dans une attitude favorable aux mouvements de l'opérateur ; on délie les bandages ; la région du mal est mise à découvert, le médecin considère, et armé du terrible instrument, il cherche avec attention la fistule qu'il doit ouvrir. Il pénètre du regard, il touche du doigt ; enfin, après des tentatives réitérées, il trouve une cicatrice très ferme. L'allégresse et les louanges et les actions de grâces au Dieu de miséricorde, au Dieu tout-puissant, que les assistants répandirent alors en paroles et en larmes de joie, ne sauraient être confiées à ce récit : je laisse à penser tout ce que je ne puis dire.

Dans la même ville de Carthage, une femme très pieuse et du rang le plus élevé, Innocentia, avait un cancer au sein ; mal incurable, de l'aveu des médecins. D'ordinaire on pratique l'opération, on retranche l'organe où le mal a pris naissance, ou bien si l'on veut prolonger un peu la vie et reculer de quelques instants une mort inévitable, il faut, au sentiment d'Hippocrate, dit-on, renoncer à tout traitement. C'est ce que cette femme avait appris d'un habile médecin de ses intimes amis ; aussi s'était-elle tournée vers Dieu seul par la prière. À l'approche de Pâques, elle est avertie en songe de s'adresser, dans l'Église, vers le baptistère du côté des femmes à la première qu'elle rencontrerait sortant du baptême, et de la prier de faire sur son mal le signe de la croix : elle obéit, et sur l'heure la guérison s'ensuit. Le médecin qui lui avait dit de ne recourir à aucun traitement, si elle voulait vivre quelque temps encore, ne manque pas de la visiter, et la trouvant parfaitement guérie de ce mal qu'il avait constaté par une première inspection, il lui demande, vivement ému, quel moyen elle a employé ; on comprend son impatience de connaître ce secret qui triomphe du principe d'Hippocrate. Il apprend d'elle ce qu'elle a fait ; et comme le dédain que semblaient trahir son air et sa voix faisait craindre à cette femme qu'il ne proférât quelque outrageuse parole contre le Christ, voici la réponse qu'on lui prête : « Je m'imaginais que j'allais apprendre quelque chose de merveilleux. » Déjà cette femme frémissait d'horreur : « Quelle merveille, ajoute-t-il, est-ce donc au Christ de guérir un cancer, lui qui a ressuscité un mort de quatre jours ! » Quand j'appris ce fait, j'entrai dans une violente colère. Quoi ? c'était à Carthage, c'était en faveur d'une personne d'une si haute distinction, qu'un si grand miracle venait de s'accomplir, qui demeurait dans un tel secret ! Je crus devoir en avertir cette femme et presque l'en réprimander. Elle me répondit qu'elle avait été loin de s'en taire, et je demandai à plusieurs dames de ses intimes amies qui se trouvaient alors avec elle si elles le savaient ; elles répondirent qu'elles n'en savaient absolument rien : « Voilà, dis-je, comment vous ne vous en taisez point, quand vous laissez dans l'ignorance ces personnes mêmes liées avec vous d'une si étroite amitié ! » Et comme je ne l'avais questionnée qu'en peu de mots, je lui fis reprendre le récit fidèle de ce qui s'était passé, et ses amies en l'écoutant furent saisies de stupeur et rendirent gloire à Dieu.

Dans la même ville, un médecin souffrant de la goutte avait donné son nom pour être baptisé ; la veille de son baptême, pendant son sommeil, des enfants noirs et crépus qu'il prit pour des démons lui défendirent de se faire baptiser cette année même. Et comme au mépris de leur commandement et de leur fureur, qui alla jusqu'à lui fouler les pieds où il souffrit la plus cruelle angoisse qu'il eût jamais ressentie, cet homme fidèle à son vœu et vainqueur de leur colère vint s'offrir, sans différer, au bain de la régénération, il sortit du baptême guéri non seulement de cette douleur extraordinaire, mais encore de sa goutte dont il n'éprouva plus dès lors aucune atteinte, quoique depuis il ait vécu longtemps. Ce miracle, qui l'a su ? Cependant il nous est connu ; il est connu du très petit nombre de nos frères à qui il a pu parvenir.

Un ancien histrion, habitant de Curube, atteint de paralysie et d'une hideuse descente, fut guéri dans l'eau salutaire de cette double affection, et, comme s'il en eût été toujours exempt, il remonta les degrés des fonts. Qui l'a su, hormis ceux de Curube et quelques autres qui ont eu la fortune rare d'en entendre parler ? Nous, dès que nous l'apprîmes, sur l'ordre du saint évêque Aurelius, nous fîmes venir cet homme à Carthage, bien que ce fait nous fût attesté par des témoignages qui ne nous permettaient aucun doute.

Hesperius, qui a passé par le tribunat, est auprès de nous ; il a sur le territoire de Fussales une métairie appelée Zubedi. S'étant assuré que l'influence des malins esprits répandait la désolation parmi ses esclaves, ses troupeaux, dans toute sa maison, il vint en mon absence prier nos prêtres que l'un d'entre eux se rendît chez lui afin de conjurer par ses oraisons la puissance ennemie. Un prêtre y alla, et offrit le sacrifice du corps du Seigneur avec les plus ardentes prières pour faire cesser ces malignes attaques. Et aussitôt la miséricorde de Dieu les fit cesser. Or, Hesperius avait reçu d'un ami un peu de terre sainte apportée de Jérusalem, où le Christ enseveli ressuscita le troisième jour. Il l'avait suspendue dans sa chambre pour se préserver lui-même de toute obsession. Mais lorsque sa maison fut délivrée, il se demanda ce qu'il ferait de cette terre qu'il ne voulait plus par respect conserver dans sa chambre. Par hasard nous étions alors dans le voisinage, mon collègue, l'évêque de Synite, Maximinus, et moi. Il nous pria d'aller chez lui ; nous y allâmes. Après le récit des faits précédents, il nous demanda d'enfouir cette terre quelque part et d'y établir un lieu de prières, où les chrétiens se pussent rassembler pour célébrer les divins mystères. Nous y consentîmes ; et son désir s'accomplit. Près de là, était un jeune paysan paralytique qui, à cette nouvelle, prie ses parents de le porter sans délai en ce lieu saint. À peine amené là, après une oraison, il s'en retourne à pied, parfaitement guéri.

Dans une villa Victoriana, à la distance de moins de trente milles d'Hippone, est une Mémoire[a] en l'honneur des martyrs de Milan, Protais et Gervais. Là fut porté un jeune homme qui, vers le milieu du jour dans la saison de l'été, abreuvant son cheval au bord d'une rivière enfoncée, subit l'invasion du démon. Il gisait mourant ou semblable à un mort, quand, selon sa coutume, la maîtresse du lieu vint avec ses femmes et quelques religieuses réciter les hymnes et les prières du soir. Elles se mirent à chanter les hymnes. Ces voix semblent frapper le démon et le réveillent. Il saisit l'autel avec un frémissement terrible, et soit qu'il n'ose, soit qu'il ne puisse l'ébranler, il y demeure comme lié ou cloué ; et implorant son pardon d'un accent lamentable, il confesse, où, quand et comment il s'est emparé de ce jeune homme. Enfin, il déclare qu'il va sortir de son corps, et nomme chacun des membres avec menace de les couper en sortant ; sur cette parole il sort. Mais l'œil du jeune homme tombait sur sa joue ; une petite veine le tenait suspendu comme par une racine intérieure, et toute la prunelle, de noire était devenue blanche. À cette vue les assistants qui tous s'étaient jetés en prière pour lui, et d'autres accourus à ses cris, malgré la joie de le voir rendu à la raison, déploraient la perte de son œil et disaient qu'il fallait chercher un médecin. Alors le beau-frère de celui qui l'avait transporté s'écrie : « Dieu qui, à la prière

a. *Memoria sanctorum* : mémorial des saints, chapelle en l'honneur des martyrs.

des saints, a chassé le démon, n'a-t-il pas la puissance de rendre un œil ? » Aussitôt il rétablit comme il peut cet œil tombé et pendant, et le bande avec son mouchoir : il ne crut pas devoir le détacher avant sept jours ; ce temps écoulé, l'œil fut trouvé parfaitement guéri. D'autres guérisons s'accomplirent en ce lieu ; mais il serait trop long de les rappeler ici.

À ma connaissance, une jeune fille d'Hippone, ayant répandu sur elle une huile où le prêtre qui priait pour elle avait mêlé ses larmes, fut délivrée du démon. Il est encore à ma connaissance que le démon quitta soudain un jeune possédé : un évêque avait prié pour ce jeune homme sans le voir.

Florentius, pauvre vieillard de notre troupeau d'Hippone, homme religieux, qui vivait d'un travail d'aiguille, avait perdu son vêtement, et n'ayant pas de quoi s'en acheter un autre, il vint à la Mémoire des vingt Martyrs, fort célèbre parmi nous, et à haute voix, les pria de le vêtir. Quelques jeunes gens se trouvaient là, moqueurs, qui, à sa sortie, le suivirent avec des railleries, comme s'il eût demandé aux martyrs cinquante oboles pour acheter un vêtement. Mais lui, marchant en silence, aperçut un grand poisson échoué, et palpitant sur le rivage. La bonne volonté des jeunes gens vient à son aide, il s'en empare et le vend trois cents oboles à un cuisinier nommé Catosus, chrétien zélé, lui racontant ce qui s'est passé. Avec le prix de ce poisson, il se disposait à acheter de la laine dont sa femme lui ferait le vêtement qu'elle pourrait : mais le cuisinier, ouvrant le poisson, lui trouve dans l'estomac un anneau d'or. Pénétré tout à la fois de compassion et de religieuse terreur, il rend l'anneau à cet homme en lui disant : « Voilà quel vêtement les vingt Martyrs te donnent. »

L'évêque Præjectus ayant apporté à Tibilis les restes du très glorieux martyr saint Étienne, une affluence et un concours extraordinaires de fidèles se pressaient à sa Mémoire. Une femme du pays, aveugle, se fait conduire à l'évêque chargé des précieux restes. Elle donne les fleurs qu'elle avait apportées, on les lui rend, elle les approche de ses yeux, et sur l'heure elle voit. Au profond étonnement de tous les assistants, elle les précède dans son allégresse, elle marche, et désormais elle n'invoque plus l'assistance d'un guide pour diriger ses pas.

Les reliques du même martyr, déposées à Synite, dans le voisinage de la colonie d'Hippone, étaient portées par l'évêque du lieu, Lucillus, précédé et suivi de tout son peuple. Une fistule, dont il souffrait depuis longtemps et qui attendait la main de l'opérateur, fut tout à coup guérie par ce pieux fardeau, car l'évêque ne retrouva plus en lui aucun vestige du mal.

Eucharius, prêtre d'Espagne, habite Calama ; il souffrait depuis de longues années les déchirements de la pierre. Les restes du saint, apportés à Calama par l'évêque Possidius, opérèrent sa guérison. Depuis, une autre maladie ayant amené ce même prêtre aux portes de la mort, grâce à l'assistance du saint martyr, il revint, quand, après le contact des saintes reliques, sa robe fut étendue sur son corps.

Il y avait parmi les plus considérables de cette ville, un homme nommé Martial, d'un grand âge et qui avait horreur de la religion ; mais sa fille était chrétienne, et cette même année son gendre venait de recevoir le baptême. Malade, tous deux le conjurent avec des torrents de larmes de se faire chrétien ; il s'y refuse, et dans la violence de son emportement, les chasse de sa présence. Son gendre songe à se rendre à la Mémoire de saint Étienne pour y prier Dieu de toute son âme afin qu'il inspirât au vieillard l'heureuse résolution d'embrasser sans délai la foi au Christ. Il pria donc avec larmes et sanglots, dans l'ardeur sincère d'une fervente piété, puis en se retirant, il prit au hasard quelques fleurs de l'autel, et, comme il était déjà nuit, vint les placer auprès de la tête du malade. Le vieillard s'endormit, mais tout à coup, avant l'aube, il crie que l'on coure chercher l'évêque qui alors était par hasard avec moi à Hippone. À la nouvelle de son absence, il fait venir les prêtres ; les voyant, il leur déclare qu'il croit ; enfin, à la surprise, au contentement de tous, il reçoit le baptême. Tant qu'il vécut, il eut toujours ces paroles à la bouche : « Christ, reçois mon esprit. » Paroles qu'il ne savait pas être les dernières de saint Étienne, lapidé par les juifs, et qui furent aussi pour lui les dernières, car peu de temps après il expira.

Le saint martyr, en ce même lieu, procura la guérison de

deux goutteux, l'un citoyen, l'autre étranger ; mais la guérison de l'un fut complète ; l'autre apprit par révélation ce qu'il devrait faire quand viendraient les souffrances : il le fait, et soudain la douleur s'apaise.

Audurus est le nom d'une terre où s'élève une église, et dans cette église une Mémoire du martyr Étienne. Un petit enfant jouait dans la cour, quand des bœufs qui traînaient un chariot sortant de la voie, l'écrasèrent sous les roues, et il rendit aussitôt le dernier soupir. La mère l'emporte, l'approche de la sainte relique, et non seulement il ressuscite, mais encore il ne présente aucune trace de blessure.

À Caspalium, terre voisine, une religieuse était malade, et d'une maladie désespérée. Sa robe fut apportée auprès de la relique, et dans l'intervalle, la religieuse mourut ; ses parents toutefois en couvrirent son cadavre, et soudain elle revint à la vie et à la santé.

À Hippone, un certain Bassus de Syrie priait à la Mémoire du saint martyr pour sa fille malade et en danger : il avait apporté avec lui la robe de son enfant ; quand surviennent quelques-uns de ses serviteurs accourus pour lui annoncer qu'elle est morte. Mais, pendant qu'il prie, plusieurs de ses amis arrêtent ces serviteurs et les empêchent de lui dire la fatale nouvelle, de peur que devant tous il n'éclatât en sanglots. De retour à sa maison, qu'il trouve retentissante de pleurs et de gémissements, il jette la robe de sa fille sur son corps : tout à coup elle est rendue à la vie.

Le fils d'un collecteur, nommé Irenæus, meurt de maladie. Le corps était là gisant, inanimé, et les funérailles se préparaient au milieu des pleurs et des lamentations, quand l'un des amis du père, laissant aux autres les paroles de consolation, lui suggère la pensée de répandre sur le corps l'huile du martyr. Aussitôt l'enfant ressuscite.

L'ancien tribun Eleusinus place sur la relique du saint martyr, déposée dans un faubourg d'Hippone, son fils, petit enfant qu'une maladie vient de lui ravir ; et là, après avoir répandu sa prière et ses larmes, il le relève vivant.

Que faire ? Le terme promis de cet ouvrage me presse et ne me permet pas de rappeler tous les miracles venus à ma connaissance, et combien de fidèles, lisant ceci, verront avec douleur que j'ai passé tant de faits qu'ils savent comme moi ! Qu'ils me pardonnent et considèrent combien il faudrait de peine et de temps pour aborder ces développements dont les limites nécessaires de cette œuvre m'obligent de m'abstenir. Que si je me bornais à constater les guérisons miraculeuses, accomplies par l'intercession du très glorieux martyr Étienne, dans les seules colonies de Calama et d'Hippone, il faudrait remplir plusieurs volumes ; et encore ne pourrait-on recueillir que celles dont on a fait des relations pour les lire aux peuples. Et nous-mêmes les avons ordonnées voyant se renouveler de nos jours des miracles semblables à ceux des temps anciens, et dont nous ne devions pas laisser périr la mémoire. Deux ans ne se sont pas écoulés depuis que cette précieuse relique est à Hippone, et bien que l'on n'ait pas relevé, j'en suis très certain, tous les miracles opérés depuis, toutefois, les relations que l'on a, portent le nombre de ces miracles à plus de soixante-dix au moment où j'écris. À Calama, où ces restes vénérables sont depuis longtemps, ces faits se renouvellent plus fréquemment, et le nombre en est incomparablement supérieur.

Nous savons encore beaucoup de miracles opérés par le même martyr à Uzales, colonie d'Utique, qui possédait, grâce à l'évêque Evodius, des reliques du saint, longtemps avant Hippone. Mais là ce n'est pas, ou plutôt ce n'était pas l'usage de dresser des relations, car peut-être s'est-il établi depuis. Naguère, nous trouvant en ce lieu, nous avons, du consentement de l'évêque, engagé Petronia, femme de la plus haute condition, à rédiger, pour qu'on en fît lecture publique, le récit de sa miraculeuse guérison d'une longue et cruelle affection qui avait épuisé toutes les ressources de la médecine. Elle obéit avec empressement, et dans sa relation, elle inséra un fait que je ne puis passer sous silence, bien que je me hâte d'atteindre le terme de cet ouvrage. Elle dit qu'un juif la persuada de se ceindre à nu sous ses vêtements d'une tresse de cheveux où serait engagé un anneau monté d'une pierre trouvée dans les reins d'un bœuf. Ceinte, pour ainsi dire, de ce salutaire secret, elle venait à l'église du saint martyr. Mais, un jour, partie de Carthage, elle s'était arrêtée sur l'une de ses terres, au bord du fleuve Bagrada, quand, se levant pour continuer son chemin, elle aperçut l'anneau à ses pieds, et, tout étonnée, porta la main à la ceinture de cheveux où il était fixé. S'étant assurée de la solidité des nœuds qui retenaient cette ceinture, elle soupçonna que l'anneau s'était rompu et avait glissé ; mais l'ayant aussi trouvé dans une parfaite intégrité, et acceptant ce prodige comme le gage de sa santé recouvrée, elle détache cette ceinture et la jette avec l'anneau dans le fleuve. Vous ne croyez pas ce fait, vous qui ne croyez pas que notre Seigneur Jésus soit sorti du sein de sa mère sans altérer sa virginité, et qu'il soit entré les portes fermées dans la retraite de ses disciples. Cependant, informez-vous de ceci, et si la preuve est acquise, croyez aussi le reste. C'est une femme illustre, d'une naissance illustre, épouse d'un homme illustre ; elle habite à Carthage ; la ville est célèbre, la personne, de haut rang ; la recherche de ce fait ne saurait être stérile. Mais du moins celui dont les prières ont obtenu à cette femme sa guérison, ce saint martyr a cru au fils de la femme demeurée vierge ; il a cru en lui qui entre, les portes fermées, dans la retraite de ses disciples ; et, pour tout dire, en lui qui monte au ciel avec le corps qu'il a retiré du tombeau. Et c'est pourquoi tant de merveilles s'opèrent par le martyr qui a donné sa vie pour sa foi. Il se fait donc encore aujourd'hui de nombreux miracles ; et le même Dieu les opère par qui et comme il lui plaît, ce Dieu qui a opéré ceux que nous lisons. Mais ces derniers miracles sont moins connus ; une fréquente lecture ne les imprime point sur le terrain glissant de la mémoire ; car aux lieux mêmes, où l'on a soin, comme chez nous tout récemment, de réciter au peuple les relations de ces faveurs miraculeusement obtenues, ceux qui assistent à la lecture ne l'entendent qu'une fois ; un grand nombre sont absents ; au bout de quelques jours le souvenir s'efface, et de tous les auditeurs à peine s'en trouve-t-il un seul qui rapporte à un autre, dont il a su l'absence, le récit qu'il a entendu.

Voici un miracle arrivé à Hippone, non pas plus grand que ceux dont je viens de parler, mais si évident, si notoire, qu'assurément il n'est personne en cette ville qui ne l'ait vu ou qui ne l'ait su, personne qui puisse jamais l'oublier. Dix frères (sept fils et trois filles), d'une famille distinguée de Césarée en Cappadoce, s'étant attiré la malédiction récente de leur mère qui, par la mort de son mari, destituée de toute protection, avait reçu d'eux le plus cruel outrage, la vengeance divine s'appesantit sur eux en les frappant tous d'un horrible tremblement des membres. Honteux d'offrir aux regards de leurs concitoyens un si hideux spectacle, ils se dispersent chacun à l'aventure, et s'en vont errant par tout le monde romain. Deux d'entre eux vinrent à Hippone, un frère et une sœur, Paul et Palladia, déjà connus en beaucoup d'autres lieux par l'éclat de leur disgrâce. Ils arrivèrent environ quinze jours avant Pâques ; ils visitaient assidûment l'église et surtout les glorieux restes d'Étienne, priant Dieu de leur pardonner et de les rétablir dans leur santé première. Là, et partout où ils allaient, ils appelaient sur eux les regards de la ville. Quelques-uns, les ayant vus ailleurs et sachant la cause de ce tremblement, racontaient, comme ils pouvaient, le fait à chacun. Le jour de Pâques venu, dès le matin, une grande affluence de peuple se trouvait déjà dans l'église, le jeune homme tenait en priant la balustre du saint lieu où reposait la relique du martyr, quand soudain il tombe renversé et demeure comme endormi, sans toutefois éprouver ce tremblement qui ne l'abandonnait pas même dans le sommeil. Tous les assistants sont saisis de stupeur ; les uns d'épouvante, les autres de compassion ; quelques-uns veulent le relever, d'autres les empêchent, disant qu'il vaut mieux attendre l'issue. Tout à coup il se lève, ne tremble plus, car il est guéri ; il se tient debout, regardant la foule qui le regarde. Quel cœur put alors retenir son élan vers Dieu ? De toutes parts l'église retentit de cris d'allégresse. On court vers moi, à la place où j'étais assis, déjà près de me lever. Tous se précipitent l'un sur l'autre, celui-ci m'annonçant comme une nouvelle ce que celui-là vient de me dire. Dans ma joie, je rendais grâces à Dieu, quand le jeune homme lui-même survient, entouré de plusieurs ; il tombe à mes genoux, et se relève pour recevoir mon baiser. Nous nous avançons vers le peuple, l'église était pleine et retentissante de ces joyeux accents : « Grâces à Dieu ! gloire à Dieu ! » sortis de toutes les bouches, retentissant de toutes parts. Je salue le peuple ; les acclamations redoublent ; le silence s'établit enfin, et l'on récite les leçons de l'Écriture. Enfin le moment venu où je devais prendre la parole, je dis quelques mots selon la solennité et le bonheur de ce jour, laissant les fidèles admirer l'éloquence de Dieu dans cette œuvre divine plutôt que dans ma parole. Le jeune homme prit son repas avec nous, et nous raconta en détail l'histoire de son malheur, du malheur de sa mère et de ses frères. Le lendemain, après le sermon, je promis de faire, le jour suivant, lecture publique de ce récit. Et ce jour, le troisième après le dimanche de Pâques, pendant que l'on faisait cette lecture, je fis placer le frère et la sœur sur les degrés de la chaire où je montai pour parler. Le peuple les contemplait l'un et l'autre, le frère debout, guéri de cette hideuse infirmité, la sœur tremblante encore de tous ses membres. Et ceux qui n'avaient pas vu le frère voyaient dans sa sœur ce que la miséricorde divine avait opéré en lui, de quoi il fallait se réjouir pour lui, ce qu'il fallait implorer pour elle. Lecture faite de leur récit, je les fis retirer et je commençais quelques réflexions sur l'ensemble de ces faits, quand tout à coup de nouveaux cris d'allégresse, venus du tombeau du saint martyr, m'interrompent. Or, aussitôt qu'elle eut descendu les degrés de la chaire, cette jeune fille était allée se mettre en prière auprès du martyr. Et à peine avait-elle touché la balustre, qu'elle tombe à son tour comme endormie, et se relève guérie. Nous demandons ce qui arrive, d'où vient ce cri d'allégresse, quand nous la voyons ramenée guérie de ce tombeau miraculeux dans la basilique où nous sommes. Alors ce fut dans toute l'assemblée un tel cri d'admiration, que l'enthousiasme et les larmes semblaient ne pouvoir finir. On l'amène au même lieu, où elle venait de paraître encore tremblante. La compassion qu'elle inspirait se change en allégresse quand on voit qu'elle n'a plus à envier le bonheur de son frère : et les prières prévenues par la divine miséricorde, exaucées soudain dans la volonté même qui les devance ! C'était vers Dieu un transport d'amour, enthousiasme sans parole, mais qui éclatait avec tant de force que nos oreilles pouvaient à peine y résister ! Qu'y avait-il donc au fond de ces cœurs triomphants ? La foi du Christ pour laquelle le sang d'Étienne a coulé.

IX. À qui ces miracles rendent-ils témoignage, sinon à la foi qui prêche le Christ ressuscité dans la chair et monté au ciel avec la chair ? Car les martyrs eux-mêmes ont été les martyrs, c'est-à-dire les témoins de cette foi ; et ce témoignage leur a valu la haine et les persécutions du monde qu'ils ont vaincu, non par leur résistance, mais par leur mort. C'est pour cette foi qu'ils sont morts, eux qui peuvent obtenir ces grâces du Seigneur pour le nom de qui ils se sont fait égorger. C'est pour cette foi qu'ils ont souffert, et leur admirable patience est suivie de ces miracles de puissance. Car si la résurrection de la chair à la vie éternelle n'a pas précédé en Christ, ou ne doit pas arriver, comme elle est annoncée par le Christ ou prédite par les prophètes qui ont annoncé le Christ, pourquoi des morts ont-ils tant de pouvoir ? Des hommes égorgés pour cette foi qui prêche la résurrection ? Soit que Dieu lui-même, suivant le mode incompréhensible dont son éternité agit dans le temps, accomplisse ces miracles par lui-même ou par ses ministres ; soit qu'il en opère quelques-uns par les esprits des martyrs, comme s'ils vivaient encore ici-bas de la vie corporelle, soit qu'il les opère tous par le ministère des anges sur lesquels il exerce un empire invisible, immuable, incorporel ; en sorte que les miracles attribués aux martyrs sont dus à leurs seules prières sans le secours d'une intervention active ; enfin, de quelque autre manière, incompréhensible aux hommes, que ces miracles se produisent, ils rendent toujours témoignage à cette foi qui enseigne la résurrection des corps dans l'éternité.

X. Ici peut-être, vont-ils dire que leurs dieux ont opéré quelques prodiges semblables. À la bonne heure, s'ils en viennent déjà à comparer leurs dieux à des hommes d'entre nous qui ne sont plus. Diront-ils qu'eux aussi ont tiré des dieux de ces hommes morts : Hercule, Romulus et beaucoup d'autres qu'ils croient élevés au rang des dieux ? Mais pour nous, les martyrs ne sont pas des dieux ; car nous savons que c'est un seul et même Dieu qui est le nôtre et celui des martyrs. Et toutefois irait-on comparer aux miracles obtenus par les Mémoires de nos martyrs, ces prodiges qu'ils prétendent s'être accomplis par les temples de leurs dieux ? Que s'il y a là quelque similitude, nos martyrs triomphent de leurs dieux comme Moïse a vaincu les mages de Pharaon. Les prodiges des démons sont inspirés par cet orgueil impur qui les pousse à vouloir être les dieux de ces hommes. Les miracles des martyrs, ou plutôt les miracles que Dieu accomplit à leur prière ou avec leur concours, n'ont d'autre but que la propagation de cette foi qui nous fait croire qu'ils ne sont pas nos dieux, mais qu'ils n'ont avec nous qu'un même Dieu. Enfin, à leurs dieux – et quels dieux ! – ceux-ci élèvent des temples, dressent des autels, consacrent des prêtres, offrent des sacrifices ; nous, nous ne bâtissons point de temples à nos martyrs comme à des dieux, mais des monuments comme à des hommes morts dont les âmes vivent auprès de Dieu ; et nous n'y dressons pas des autels pour sacrifier aux martyrs, mais à Dieu seul, leur Dieu et le nôtre ; et dans ce sacrifice en tant qu'hommes de Dieu, vainqueurs du monde en confessant son nom, ils sont nommés en leur lieu et à leur ordre, mais le prêtre qui sacrifie ne les invoque pas. Quant au sacrifice même, c'est le corps du Christ qui ne leur est pas offert, parce qu'eux-mêmes sont aussi ce corps. À quels miracles croirons-nous donc de préférence ? Aux miracles de ceux qui prétendent passer pour dieux, ou aux miracles de ceux qui ne veulent rien établir que la foi en Dieu, la foi en Jésus-Christ ? Croirons-nous à ceux qui veulent consacrer leurs forfaits, ou à ceux qui repoussent la consécration même de leurs louanges, rapportant toute louange légitime à la gloire de celui en qui ils sont loués ? Car c'est dans le Seigneur que nous glorifions leurs âmes. Croyons donc en eux, à la vérité de leurs paroles, à l'éclat de leurs miracles. C'est en annonçant la vérité et en souffrant pour elle que la patience les a conduits à la puissance. Et l'une des principales vérités qu'ils annoncent, c'est que le Christ est ressuscité des morts, c'est que le premier il a montré dans sa chair l'immortalité de la résurrection qu'il nous a promise à nous-mêmes au commencement du siècle nouveau ou à la fin de ce siècle.

XI. Contre cette grâce infinie de Dieu, ces raisonneurs, dont Dieu connaît les pensées dans toute leur vanité, argumentent par la pesanteur des éléments. N'ont-ils pas appris de Platon leur maître que les deux plus grands corps du monde, situés à des distances extrêmes, sont joints et unis par deux intermédiaires, l'air et l'eau ? Et par conséquent, disent-ils, puisqu'en remontant, la terre est le premier corps ; l'eau le second, étant au-dessus de la terre ; l'air le troisième, qui est au-dessus de l'eau ; et le ciel le quatrième, qui est au-dessus de l'air, il est impossible à un corps terrestre d'être au ciel. Car, pour demeurer dans son ordre, chaque élément se balance suivant ses propres oscillations. Voilà par quels arguments la faiblesse de l'homme livré à la vanité contredit la toute-puissance de Dieu. Et que font donc tant de corps terrestres, suspendus dans l'air, qui cependant est le troisième au-dessus de la terre ? Est-ce donc que celui qui a donné aux corps terrestres des oiseaux de s'élever dans l'air d'un vol léger, ne pourra donner aux corps humains devenus immortels de résider même au plus haut des cieux ? Et les animaux terrestres, incapables de voler, les hommes entre autres, devraient vivre sous la terre, comme les poissons, animaux aquatiques, vivent sous l'eau. Pourquoi donc l'animal terrestre ne tire-t-il pas du moins sa vie du second élément, c'est-à-dire de l'eau, plutôt que du troisième ? Pourquoi, appartenant à la terre, ne peut-il vivre dans le second élément qui est au-dessus de la terre, sans être à l'instant suffoqué ? Et pour qu'il vive, faut-il qu'il vive dans le troisième ? Y a-t-il donc ici erreur dans l'ordre des éléments ? Ou plutôt n'est-ce pas leur raisonnement, et non la nature, qui est en défaut ? Et sans répéter ce que j'ai dit au troisième Livre, combien de corps terrestres pesants, comme le plomb, peuvent recevoir de la main de l'artisan telle forme qui les élève à la surface de l'eau ; mais que le corps humain puisse recevoir une qualité qui le transporte au ciel et l'y maintienne, on en portera le défi au suprême Artisan !

Et puis, contre ce que j'ai ci-dessus établi, ils ne peuvent avancer aucune considération tirée de cet ordre des éléments sur lequel ils se reposent. Car cet ordre hiérarchique qui monte de la terre à l'eau, de l'eau à l'air, de l'air au ciel, ne peut qu'au-dessus de tout ne plane la nature de l'âme. Aristote en fait un cinquième corps, Platon nie qu'elle soit un corps. Cinquième corps, elle serait évidemment supérieure à tous les autres ; mais n'étant point corps, elle a sur tout corps une supériorité bien plus infinie. Que fait-elle donc en un corps terrestre ? Sous cette masse, que fait cette nature, de toutes la plus subtile ? Sous ce poids, de toutes la plus légère ? Sous cette lenteur, de toutes la plus vive ? L'excellence d'une telle nature ne pourrait obtenir que son corps s'élève dans le ciel ! Quoi ! maintenant cette masse d'argile retient l'âme en bas, et l'âme ne pourrait un jour élever cette masse d'argile en haut ?

Passons à ces prodiges de leurs dieux qu'ils opposent aux miracles de nos martyrs. Ne les trouvons-nous pas tout à notre avantage ? Car s'il est un grand prodige qu'ils aient opéré, c'est celui que raconte Varron, lorsqu'une vierge Vestale, compromise par une fausse accusation d'impudicité, emplit un crible d'eau du Tibre qu'elle porte à ses juges sans qu'une seule goutte se répande. Qui donc soutenait sur le crible le poids de l'eau ? Qui donc empêchait l'eau de fuir par tant d'ouvertures ? Un dieu, un démon, vont-ils dire. Si c'est un Dieu, est-il donc plus grand que celui qui a créé le monde ? Si c'est un démon, est-il donc plus puissant que l'ange soumis au Dieu créateur du monde ? Si donc un Dieu inférieur, ange ou démon, a pu tenir suspendu le poids d'un élément liquide, en sorte que l'eau paraît changée de nature ; un Dieu tout-puissant, créateur même de tous les éléments, ne pourra-t-il dégager un corps terrestre de son poids, pour qu'il habite, vivifié, où il plaira à l'esprit vivifiant ?

Maintenant, quand ils placent l'air intermédiaire entre le feu et l'eau, au-dessous de l'un, au-dessus de l'autre, ne voient-ils pas qu'il se trouve souvent entre l'eau et l'eau, entre l'eau et la terre ? Car enfin, suivant eux, les nuées sont-elles autre chose que de l'eau ? Et cependant l'air ne se répand-il pas entre elles et la mer ? Par quel poids, je le demande, par quel ordre des éléments arrive-t-il que des torrents orageux, avant de courir au-dessous de l'air sur la terre, demeurent au-dessus de l'air, suspendus en nuées ? Pourquoi aussi, dans toute l'étendue de l'univers, l'air est-il intermédiaire entre les sommités du ciel et la nudité de la terre, s'il a sa place déterminée entre le ciel et l'eau, comme l'eau a la sienne entre la terre et lui ?

Enfin, si l'ordre des éléments est tel, au sentiment de Platon, que les deux corps intermédiaires, l'air et l'eau, unissent les deux extrêmes, le feu et la terre, que l'un occupe les hautes régions du ciel, et l'autre soit au plus bas, comme le dernier fondement du monde, et que partant la terre ne puisse être dans le ciel, pourquoi le feu est-il lui-même sur la terre ? Car, suivant cette raison, ces deux éléments, la terre et le feu, doivent tellement demeurer chacun en son lieu propre, le plus haut et le plus bas, que s'il est interdit à l'élément inférieur de monter, il ne devrait pas être permis à l'élément supérieur de descendre. Et si l'opinion de ces philosophes bannit du ciel aujourd'hui et à jamais la moindre parcelle terrestre, il ne devrait paraître sur la terre aucune étincelle de feu céleste. Cependant le feu est si réellement sur la terre, que dis-je ? sous la terre, que les cimes des montagnes le vomissent ; et d'ailleurs, ne le voyons-nous pas servir aux besoins de l'homme sur la terre ? Ne le voyons-nous pas naître de la terre, quand il jaillit du bois et de la pierre, qui assurément sont des corps terrestres ? Mais, disent-ils, le feu supérieur est un feu tranquille, pur, innocent, éternel ; tandis que celui-ci est violent, chargé de vapeur, corruptible et corrupteur. Et cependant, il ne corrompt pas les montagnes et les cavernes où il brûle éternellement. J'admets toutefois cette différence pour le combiner avec la terre notre demeure : pourquoi donc maintenant ne veulent-ils pas nous laisser croire que la nature des corps terrestres, devenant un jour incorruptible, se combinera avec le ciel, comme aujourd'hui le feu corruptible se combine avec la terre ? Le poids et l'ordre des éléments ne sauraient donc leur fournir aucune preuve pour dénier à un Dieu tout-puissant le pouvoir de modifier nos corps de telle sorte qu'ils puissent même habiter dans le ciel.

XII. Mais pressant de questions et de railleries notre foi à la résurrection de la chair, les païens nous demandent si les fruits abortifs doivent ressusciter ? Et comme le Seigneur a dit : « En vérité, je vous le déclare, il ne périra aucun cheveu de votre tête[15] », ils demandent si la taille et la force seront égales en tous, ou si les corps seront de différentes grandeurs ? Car s'il y a égalité entre les corps, d'où ces fruits abortifs, en ressuscitant, auront-ils ce qu'ils n'ont pas eu ici-bas ? Ou s'il ne doit pas y avoir là résurrection parce qu'il n'y a pas eu naissance, ils agitent la même question à l'égard des petits enfants ; morts en naissant, d'où leur viendra ce développement corporel qui leur manque aujourd'hui ? Car nous n'irons pas nier la résurrection de ceux qui non seulement ont la faculté de naître, mais encore celle de renaître. On demande ensuite quel sera le mode de cette égalité universelle. Les plus grandes, les plus hautes tailles d'ici-bas seront-elles désormais la mesure commune ? Alors ce n'est pas les enfants seuls, c'est le plus grand nombre des hommes que regarde cette question : si chacun doit recouvrer ce qu'il eut ici-bas, d'où viendra donc à la plupart des hommes ce qui dès ici-bas leur aura manqué ? Si d'ailleurs, selon la parole de l'apôtre, nous devons tous atteindre « à la mesure de l'âge parfait du Christ[16] », si Dieu « nous a prédestinés conformes à l'image de son Fils[17] », en ce sens que la taille et la mesure du corps du Christ deviendront la taille et la mesure corporelle de tous ceux qu'il réunira dans son royaume ; alors, disent-ils, il faudra retrancher de la stature et des proportions d'un grand nombre ; et que devient désormais cette parole : « Il ne périra pas un cheveu de votre tête », si la grandeur des corps doit souffrir de telles pertes ? Bien que l'on puisse

15. Lc 21, 11.
16. Ep 4, 13.
17. Rm 8, 29.

demander, au sujet des cheveux mêmes, s'il doit revenir tout ce que les ciseaux du barbier auront retranché. S'il est ainsi, qui ne frémirait d'une telle difformité ? Car il suit qu'aussitôt les ongles recouvrent tout ce qu'ils ont perdu aux soins que notre corps réclame. Et où sera la bienséance qui assurément doit être tout autre dans l'immortalité future que dans la corruption présente ? Mais si tout cela ne revient pas, tout cela périra donc ? Et comment alors est-il vrai que pas un cheveu de la tête ne doit périr ? Semblable objection sur la maigreur et sur l'obésité. S'il y a égalité, il n'y a ni obésité, ni maigreur. Il y aura donc accroissement pour les uns, diminution pour les autres. Et partant, l'on ne restitue pas, là, mais l'on ajoute ce qui n'était pas ; ici, l'on retire ce qui était.

Quant à la corruption et à la dissolution des cadavres dont une partie retourne en poussière et l'autre s'évapore ; les uns devenant la proie des bêtes ou des flammes, les autres engloutis par les naufrages et leurs chairs s'écoulant en corruption liquide, c'est encore pour les païens une difficulté grave ; que cette corruption, que cette poussière se reforme et redevienne chair, ils ne le croient pas. Ils s'attachent encore à tout défaut corporel, soit d'accident, soit de naissance ; et citant avec horreur et dérision les enfantements monstrueux, ils demandent quel doit être pour ces monstres le mode de résurrection. Car s'il nous arrive de répondre que le corps de l'homme se relèvera libre de toute ignominie, ils s'imaginent nous réfuter par les plaies du Seigneur Christ, que nous déclarons ressuscitées avec lui. Mais voici, entre toutes, la plus difficile question que l'on propose : À qui doit revenir la chair de l'homme dont les entrailles de l'homme, que la faim dévore, ont fait leur pâture ? Cette chair, elle s'est faite la propre substance de celui qui l'a dévorée ; ces vides que montrait la maigreur, elle les a comblés. Reviendra-t-elle à l'homme dont elle fut d'abord la chair, ou à celui dont elle est devenue l'aliment ? Telle est l'objection qu'ils élèvent pour livrer au ridicule la foi de la résurrection, et promettre à l'âme humaine, soit avec Platon, une éternelle vicissitude de véritable misère et de félicité trompeuse, soit avec Porphyre, après un grand nombre de migrations en divers corps, un terme définitif à ces misères, non par l'immortalité corporelle, mais par la fuite de tout corps.

XIII. À ces objections que je viens de me proposer de la part de nos adversaires, la miséricorde de Dieu secourable à mes efforts, me permettra de répondre. Ces fruits abortifs qui meurent dans le sein maternel où ils ont vécu, doivent-ils ressusciter ? Je n'ose ni l'affirmer ni le nier. Bien que je ne voie pas pourquoi ils ne seraient point intéressés à la résurrection des morts, s'ils ne sont pas exclus du nombre des morts. Car, ou les morts ne doivent pas tous ressusciter, et quelques âmes humaines demeureront éternellement sans corps, qui ont eu des corps humains dans les entrailles maternelles, là seulement, il est vrai ; ou les âmes humaines recouvreront leurs corps appelés à la résurrection, où qu'elles les aient eus pendant leur vie, où qu'elles les aient laissés à la mort, et je ne trouve rien à dire contre la résurrection de quelques trépassés que ce soit, de ceux mêmes qui sont morts dès le sein maternel. Mais quelque sentiment qu'on ait à cet égard, encore faut-il leur appliquer s'ils ressuscitent, ce que nous allons dire des enfants déjà nés.

XIV. Que dirons-nous donc des enfants, sinon qu'ils ne doivent pas ressusciter dans cette petitesse de corps où la mort les a surpris ? Mais l'accroissement plus tardif que le temps leur eût donné, ils le recevront soudain par un miracle de la puissance divine. Car cette parole du Seigneur : « Il ne périra pas un cheveu de votre tête », affirme qu'il ne nous manquera rien de ce que nous avons eu, mais elle ne nie pas qu'il nous soit rien ajouté de ce qui nous manquait. Ce qui manque à l'enfant quand il meurt, c'est le parfait développement de son corps : à l'enfant parfait, manque la perfection de la taille qu'il doit atteindre ; terme où la croissance s'arrête. Or cette mesure de leur développement, tous l'ont dans la conception même et dans la naissance ; mais ils l'ont en puissance et non pas en matière : c'est ainsi que les membres eux-mêmes sont contenus dans la semence, quoique plusieurs manquent aux enfants déjà nés, comme les dents et autres organes semblables. C'est dans cette vertu inhérente à l'essence matérielle, que réside pour ainsi dire à l'état rudimentaire, ce qui n'est pas encore, ou ce qui est latent, et que le progrès de l'âge doit amener ou manifester. C'est en elle que l'enfant est déjà petit ou grand, qui doit être un jour petit ou grand. C'est suivant elle qu'aucun préjudice corporel n'est à craindre pour nous dans la résurrection corporelle. En effet, dût l'égalité appeler tous les hommes à une taille gigantesque, ceux qui ont été géants ici-bas ne perdraient rien de leur taille première ; car ce serait un démenti à la parole du Christ qui a déclaré que pas un cheveu de la tête ne périra ; et puis le Créateur qui a tout créé de rien, pourrait-il être au dépourvu, et saurait-il en vain, admirable Artisan, ce qui lui reste à faire ?

XV. Mais le Christ est ressuscité dans les proportions corporelles où il est mort, et il n'est pas permis de dire qu'au jour de la résurrection universelle, son corps, pour égaler les plus hautes statures, doive atteindre à une grandeur qu'il n'avait pas quand il apparut à ses disciples sous la forme qui leur était connue. Dirons-nous que les corps les plus grands seront réduits à la mesure du corps du Seigneur ? Alors il sera beaucoup retranché du corps de plusieurs, bien que le Seigneur lui-même nous ait promis qu'il ne périra pas un cheveu de notre tête. Reste donc que chacun reprenne la taille qu'il eut dans sa jeunesse, quoique mort au déclin de l'âge, ou qu'il aurait eu, si la mort ne l'eût prévenu. Quant à cette mesure de l'âge parfait du Christ dont parle l'apôtre, ou il faut l'entendre autrement, c'est-à-dire que ce chef mystique des peuples chrétiens trouvera dans la perfection future de tous ses membres, la mesure accomplie de son âge ; ou bien si cette parole désigne la résurrection des corps, il faut l'interpréter en ce sens que les corps ne ressusciteront ni au-dessus ni au-dessous de la jeunesse, mais dans l'âge et la force où nous savons que le Christ est arrivé ici-bas. Car, suivant les définitions des plus savants hommes du siècle, la jeunesse est environ à trente ans ; au-delà de cette période, l'homme commence à descendre la vie. Aussi n'est-il pas dit à la mesure du corps ou de la taille, mais « à la mesure de l'âge parfait du Christ ».

XVI. Et quand l'apôtre parle des justes, « prédestinés conformes à l'image du Fils de Dieu[18] », cela peut encore s'entendre selon l'homme intérieur. C'est pourquoi il nous dit ailleurs : « Ne vous conformez pas au siècle, mais réformez-vous en renouvellement d'esprit[19]. » Ainsi donc, où nous nous réformons pour ne pas nous conformer au siècle, là, nous devenons conformes au Fils de Dieu. On peut encore l'expliquer en ce sens : comme il s'est rendu conforme à nous par la mortalité, nous deviendrons conformes à lui par l'immortalité ; ce qui se rapporte aussi à la résurrection du corps. Si ces paroles nous apprennent sous quelle forme les corps doivent ressusciter, la « conformité », comme la « mesure », regarde l'âge et non la taille. Chacun ressuscitera donc aussi grand qu'il était ou qu'il eût été dans sa jeunesse ; bien qu'il importe peu, quant à la forme du corps, qu'elle soit celle de l'enfance ou de la vieillesse, puisque toute infirmité de l'âme et même du corps, disparaîtra. Aussi, quelqu'un dût-il prétendre que chaque homme ressuscitera dans la disposition corporelle où il est mort, il n'y aurait pas lieu à soulever une laborieuse discussion.

XVII. De cette parole de l'apôtre : « Jusqu'à ce que nous arrivions tous à la mesure de l'âge parfait du Christ », et de celle-ci : « Prédestinés conformes à l'image du Fils de Dieu », quelques-uns concluent que les femmes ne ressusciteront pas dans le sexe ; mais que tous ressusciteront dans le sexe de l'homme, parce que Dieu a formé l'homme seul du limon de la terre, et qu'il a tiré la femme de l'homme. Mais ce sentiment me paraît plus raisonnable, qui professe la résurrection de l'un et de l'autre sexe. Car là il n'y aura plus convoitise, ni cause de confusion. Avant le péché l'homme et la femme étaient nus et n'en rougissaient pas. Le vice sera

18. Rm 8, 29.
19. Rm 12, 2.

donc alors retranché des corps, mais leur nature restera. Or le sexe féminin n'est pas vice, mais nature ; nature désormais exempte de l'hymen et de l'enfantement ; et le corps de la femme éloigné de son ancienne destination, revêtira une beauté nouvelle qui ne doit plus allumer, par le regard, la concupiscence à jamais évanouie mais glorifier la sagesse et la clémence de Dieu qui a fait ce qui n'était pas, et délivré de la corruption ce qu'il a fait. Il fallait, à l'origine du genre humain, que, d'une côte tirée du flanc de l'homme endormi, la femme fût formée ; car ce fait devait déjà prophétiser le Christ et l'Église. Ce sommeil de l'homme était la mort du Christ, suspendu à la croix, dont le flanc est percé d'une lance ; blessure d'où jaillit le sang et l'eau, ou les sacrements sur lesquels l'Église est « édifiée ». Car l'Écriture se sert de cette expression, quand elle dit, non que Dieu forme, mais qu'il « édifie » la côte de l'homme « en femme[20] ». Aussi l'apôtre appelle l'Église « l'édifice du corps du Christ ». La femme est donc, ainsi que l'homme, la créature de Dieu : mais, formée de l'homme, elle marque l'unité ; formée de l'homme, elle figure Jésus-Christ et l'Église. Or celui qui a institué l'un et l'autre sexe restituera l'un et l'autre. Enfin Jésus lui-même, interrogé par les sadducéens qui niaient la résurrection, à qui des sept frères appartiendrait la femme qui les avait eus l'un après l'autre pour maris, chacun, selon le précepte de la loi, voulant perpétuer la race de son frère : « Vous êtes dans l'erreur, dit-il, faute de connaître les Écritures et la puissance de Dieu[21]. » Et loin de dire, comme c'était le lieu : celle dont vous me parlez n'est plus une femme, mais un homme, voilà ce qu'il dit : « À la résurrection, on ne se mariera, on n'épousera plus ; tous seront comme les anges de Dieu dans le ciel. » Égaux aux anges par l'immortalité, par la félicité ; mais non quant à la chair, mais non quant à la résurrection dont les anges n'ont pas besoin, puisqu'ils ne peuvent mourir. Le Seigneur déclare donc que les noces et non les femmes cesseront d'être à la résurrection ;

20. Gn 2, 22 ; Ep 4, 12.
21. Mt 22, 29.

et il le déclare, quand, à la question proposée, se présentait une réponse plus facile et plus décisive, la négation du sexe féminin, s'il eût prévu qu'à l'avenir il en dût être ainsi. Que dis-je ? Il affirme au contraire que le sexe doit demeurer, quand il dit : « On ne se mariera plus », ce qui regarde la femme ; « on n'épousera plus », ce qui regarde l'homme[22]. Ceux qui se marient, celles qui épousent ici-bas, seront donc à la résurrection ; mais là il n'y aura plus d'alliance.

XVIII. Quant à ce passage de l'apôtre où il dit que nous arriverons tous à l'homme parfait, nous devons considérer l'ensemble du texte ; le voici : « Celui, dit-il, qui est descendu est le même qui est monté au-dessus de tous les cieux, afin d'accomplir toutes choses. Et lui-même en a établi plusieurs apôtres ; d'autres, prophètes ; ceux-ci, évangélistes ; ceux-là, pasteurs et docteurs ; pour la perfection des saints, l'œuvre du ministère, l'édification du corps du Christ, jusqu'à ce que nous arrivions tous à l'unité de la foi, à la connaissance du fils de Dieu, à l'homme parfait, à la mesure de l'âge plein du Christ, afin de ne plus être désormais comme des enfants, flottant çà et là à tout vent de doctrine, livrés à toute séduction, à toute imposture qui nous attire dans l'erreur ; mais professant à la vérité dans l'amour développant toute notre croissance dans le Christ, notre tête, de qui tout le corps, harmonieux organisme intimement lié par l'action unanime des véhicules de la vie, reçoit, selon la mesure et la force de chaque partie, la faculté de croître et de s'édifier dans la charité[23]. » Voilà l'homme parfait, tête et corps, composé de tous les membres qui, au temps marqué, recevront chacun la dernière perfection. Cependant chaque jour de nouveaux éléments se réunissent à ce corps, tandis que l'Église s'édifie, l'Église à qui cette parole s'adresse : « Vous êtes le corps de Jésus-Christ, et ses membres[24]. » Et ailleurs : « Pour son corps, qui est l'Église » ; et puis : « Nous

22. Mt 22, 30.
23. Ep 4, 10-16.
24. 1 Co 12, 27.

ne sommes tous qu'un seul pain et un seul corps[25]. » Et c'est de l'édifice qu'il est dit ici : « Pour la perfection des saints, pour l'œuvre du ministère, pour l'édification du corps du Christ. » Et l'apôtre ajoute cette parole dont il est question : « Jusqu'à ce que nous arrivions à l'unité de la foi, à la connaissance du Fils de Dieu, à l'homme parfait, à la mesure de l'âge plein du Christ », et le reste montrant enfin en quel corps il faut entendre cette mesure, quand il dit : « Développant toute notre croissance dans le Christ, notre tête, de qui tout le corps, harmonieux organisme intimement lié par l'action unanime des véhicules de la vie, reçoit selon la mesure et la force de chaque partie. » Ainsi, comme il est une mesure pour chaque partie, il en est une aussi pour tout le corps qui se compose de toutes ses parties, et c'est la mesure de plénitude dont il dit : « À la mesure de l'âge plein du Christ », plénitude que l'apôtre exprime ailleurs, lorsqu'il dit du Christ : « Il l'a établi comme la tête sur toute l'Église qui est son corps, et comme la plénitude universelle, lui qui accomplit tout en tous[26]. » Mais, dût ce passage s'entendre du mode de la résurrection, qui nous empêcherait d'interpréter aussi de la femme ce qui est de l'homme, en prenant « l'homme » pour l'un et l'autre, comme dans ce verset du psaume : « Heureux l'homme qui craint le Seigneur[27] ! » et cette parole assurément comprend les femmes qui craignent le Seigneur.

XIX. Qu'aurais-je maintenant à répondre au sujet des ongles et des cheveux ? Car s'il est une fois bien entendu qu'il ne doit rien périr du corps, pour que le corps n'ait aucune difformité, l'on entend bien aussi que ce qui serait une difformité se répandra sur toute la masse, sauf les parties où la beauté des membres en souffrirait. Comme si un vase d'argile, après avoir été tout entier rendu à l'argile, était tout entier reformé ; il ne serait pas nécessaire que cette partie de

25. Col 1, 24 ; 1 Co 10, 17.
26. Ep 1, 22.
27. Ps 111, 1.

l'argile qui avait fait l'anse ou le fond revînt à l'anse ou au fond ; car il suffirait, pour reproduire le même vase, que toute la matière, sans rien perdre d'elle-même, se recomposât en vase. Si donc les cheveux et les ongles tant de fois coupés ne peuvent revenir à leur place sans difformité, ils n'y reviendront pas ; et toutefois ils ne périront point en l'homme ressuscité. Grâce en effet à la mutabilité de la matière, ils retourneront à la même chair pour y tenir une place quelconque à la convenance générale des parties. Bien que cette parole du Seigneur : « Il ne périra pas un cheveu de votre tête[28] » puisse mieux s'entendre du nombre que de la longueur des cheveux ; aussi dit-il ailleurs : « Tous les cheveux de votre tête sont comptés[29]. » Non que je croie qu'il doive rien périr de ce qui est naturel au corps, mais que tout accident difforme, attaché à la nature comme témoignage de notre misère et de notre châtiment ici-bas, retourne dans l'intégrité de la substance ; la difformité seule périt. Que si un artiste, un homme, a ce pouvoir sur la statue qu'il créa d'abord à dessein, dans un état d'imperfection, de l'élever à la forme et à la beauté, en sorte que la matière ne perde rien et que la difformité seule périsse ; s'il peut, non pas distraire, non pas retrancher de la matière totale ce qui dans la première figure blessait la convenance et l'égalité des parties, mais distribuer, mais refondre dans l'ensemble sans nouvel accident de difformité et sans diminution de quantité, quelle idée ne faut-il pas concevoir du suprême Artisan ? Tous les défauts des corps humains, et non seulement les défauts ordinaires, mais encore les plus rares et les plus étranges, défauts qui rentrent dans l'ordre de cette misérable vie, et qui répugnent à la félicité des saints dans la vie future, ne peut-il, quels qu'ils soient, de quelque opprobre qu'ils flétrissent naturellement la substance corporelle, les retrancher et les anéantir sans porter atteinte à l'intégrité de cette substance ?

Par conséquent, les individus affligés de maigreur ou d'obésité n'ont pas à craindre d'être alors tels qu'ils ne vou-

28. Lc 21, 18.
29. Lc 12, 7.

draient pas être même ici-bas. Car toute la beauté du corps réside dans la convenance des parties que relève un certain charme de couleur, et quand cette convenance n'est pas, ce qui choque la vue, c'est un excès en plus ou en moins. Ainsi cette difformité qui résulte de la disproportion des parties disparaîtra, alors que tout défaut sera corrigé, quand le moins sera suppléé, secret du Créateur ! – quand le trop, sans préjudice de l'intégrité de la matière, sera retiré. Quant à la couleur, quel doux et vif éclat ! « Les justes ne brillent-ils pas comme le soleil dans le royaume de leur Père[30] ? » Et lorsque le Christ est ressuscité, cet éclat, il faut le croire, s'est plutôt dérobé aux yeux de ses disciples qu'il n'a manqué à son corps glorieux. Leur œil infirme et mortel n'eût pu soutenir cette vue, quand il leur fallait cependant considérer le Seigneur pour le reconnaître. Et c'est pourquoi il offre à leur toucher ses cicatrices et ses blessures et partage leur nourriture et leur breuvage, non par besoin, mais par puissance. Or quand un objet, quoique présent, n'est pas vu, tandis que d'autres sont vus, également présents, ainsi la gloire du Seigneur échappe à ses disciples, qui reconnaissent d'ailleurs les traits de sa personne ; c'est ce que les Grecs appellent ἀορασία, ce que les interprètes latins, faute d'un synonyme exact, traduisent dans la Genèse par *aveuglement*. Telle était l'infirmité des habitants de Sodome quand ils cherchaient en vain la porte du juste. Car, s'il y eût eu la cécité, privation réelle de la vue, ils n'eussent pas cherché la porte pour s'introduire, mais des guides pour les ramener.

Or je ne sais comment notre tendre affection pour les bienheureux martyrs nous fait désirer de voir sur leurs corps, dans le royaume céleste, les cicatrices des blessures qu'ils ont reçues en confessant le nom du Christ : et peut-être les verrons-nous. Car ce ne sera pas une difformité, mais une dignité, et, bien que par leur corps, le rayonnement, non de leur corps, mais de leur vertu. Non que les martyrs mutilés reparaissent ainsi à la résurrection des morts, puisqu'il leur dit : « Il ne périra pas un cheveu de votre tête » ; mais, s'il est

30. Mt 13, 43.

dans l'ordre du siècle nouveau que la chair immortelle laisse voir les traces de ses glorieuses blessures, et la place où les membres ont été frappés, mutilés, retranchés, les cicatrices resteront manifestes sur ces membres restitués et non perdus. Et, bien qu'alors tous les défauts survenus au corps ne seront plus, gardons-nous toutefois d'appeler défauts ces témoignages de vertu.

XX. Loin de nous la crainte que la toute-puissance du Créateur, pour ressusciter les corps et les rendre à la vie, ne puisse rappeler tout ce qui a été dévoré par les bêtes ou par le feu, tout ce qui s'en est dissipé en cendre ou en poussière, écoulé en eau, exhalé en vapeur. Loin de nous la pensée que rien ne puisse trouver dans le sein de la nature une retraite si profonde qu'il trompe la connaissance du Créateur ou se dérobe à sa puissance. Définissant Dieu, autant qu'il en est capable, Cicéron, leur grand auteur, ne dit-il pas : « C'est un Esprit indépendant et libre, dégagé de toute composition périssable, connaissant et remuant tout, et lui-même doué d'un mouvement éternel[31]. » Il est ici l'écho des grands philosophes. Ainsi donc, pour parler d'après eux, qu'est-ce qui peut rester caché à qui connaît tout, qu'est-ce qui peut fuir à jamais celui qui remue tout ?

Et ceci me fournit la réponse à la question qui semble plus difficile que les autres : À qui la chair d'un homme mort, devenue la chair d'un homme vivant, doit-elle revenir en la résurrection ? Qu'un homme, en effet, cédant aux cruels assauts de la faim, se nourrisse de cadavres humains, affreux malheurs dont les anciens récits nous retracent plus d'un exemple, renouvelé par la triste expérience de nos déplorables temps, peut-on soutenir avec vérité que toute cette substance se soit dérobée par les issues secrètes, et qu'il n'y ait eu aucune assimilation à la substance de l'homme qui s'est nourri de l'homme, quand la maigreur, qui était et qui n'est plus, témoigne assez quelles ruines cet aliment a relevées ? Quelques-unes des considérations précédentes serviront

31. Cicéron, *Tusculanes*, I 27, 66.

d'ailleurs à résoudre cette difficulté. En effet, toutes les chairs que la faim a consommées se sont dissipées dans l'air, d'où la toute-puissance de Dieu, nous l'avons dit, peut rappeler tout ce qui s'évanouit. Cette chair sera donc rendue à l'homme en qui d'abord elle a commencé d'être chair humaine. L'autre ne la possède qu'à titre d'emprunt ; c'est comme un prêt d'argent dont il est débiteur. Et sa propre chair consumée par la faim, il la recevra de celui qui peut rappeler même ce qui se dissipe. Que dis-je ? Quand elle serait entièrement anéantie, quand de ses moindres éléments il ne resterait rien dans les plus secrets replis de la nature, le Tout-Puissant saurait bien la réparer à son gré. Mais en présence de cet oracle de la vérité : « Il ne périra pas un cheveu de votre tête », n'est-il pas absurde de penser qu'un cheveu puisse se perdre, et que tant de chairs dévorées ou consumées par la faim puissent périr ?

De toutes ces considérations, développées selon notre faiblesse, il suit en résumé que, dans la résurrection de la chair, les corps auront pour l'éternité la taille que comportait en chacun le développement naturel de la jeunesse, développement parfait ou interrompu ; et qu'une heureuse harmonie conservera la juste proportion de tous les membres. Pour maintenir cette mesure, si quelque retranchement partiel s'opère sur un point exagéré et distribue l'excédent sur toute l'étendue du corps, en sorte que, sans aucune perte, une exacte convenance règne dans l'ensemble des parties, est-il absurde de croire qu'il puisse s'ajouter quelque chose à la stature du corps, quand l'ordre nécessaire à la beauté répartit sur l'ensemble ce qui, ramassé sur un seul point, serait une difformité ? Ou bien veut-on soutenir que chacun ressuscitera dans les proportions corporelles où il est mort ? Je n'oppose pas à cette opinion une résistance obstinée ; que l'on proscrive seulement toute difformité, toute infirmité, toute lenteur, toute corruption, tout vice en un mot, qui doit être étranger à ce royaume où les enfants de la résurrection et de la promesse seront les égaux des anges de Dieu [32], sinon quant au corps et à l'âge, du moins par la béatitude.

32. Lc 20, 36.

XXI. Donc tout ce qui a péri des corps vivants, ou des cadavres, après la mort, sera restitué, et en même temps ce qui est demeuré dans les tombeaux, passant de ce débris de corps animal à la nouveauté de corps spirituel, ressuscitera, vêtu d'incorruption et d'immortalité. Mais fût-il, soit par quelque catastrophe soit par la rage des ennemis, tout réduit en poussière, et tellement dissipé en air ou en eau qu'il n'en saurait nulle part subsister le moindre atome, il ne pourrait néanmoins se dérober à la toute-puissance du Créateur : « Pas un cheveu ne périra. » La chair spirituelle sera donc soumise à l'esprit, chair toutefois et non pas esprit, comme était soumis à la chair l'esprit charnel ; esprit toutefois et non pas chair. Et c'est ce dont nous avons l'expérience dans notre misérable dégradation. Car ceux-là ne sont pas charnels selon la chair, mais selon l'esprit, à qui l'apôtre dit : « Je n'ai pu vous parler comme à des hommes spirituels, mais comme à des charnels[33]. » Et celui que l'on dit, en cette vie, spirituel, ne laisse pas d'être charnel en son corps et de voir une autre loi dans ses membres qui résiste à la loi de son esprit ; mais il sera également spirituel de corps, quand la même chair ressuscitera en des conditions telles que cette parole de l'Écriture s'accomplisse : « Le corps est semé animal, et il se relèvera corps spirituel[34]. » Or quelles seront les perfections du corps spirituel et la mesure de ces perfections ? Comme jusqu'ici toute expérience nous manque, je craindrais qu'il ne fût téméraire d'avancer à cet égard aucune parole. Cependant, comme la gloire de Dieu ne nous permet pas de taire la joie de notre espérance, et qu'il part des plus secrètes fibres du cœur embrasé d'un saint amour, ce cri : « Seigneur, j'aime la beauté de ta maison[35] » ; cherchons, avec l'assistance même du Seigneur, à conjecturer par les grâces que, dans cette lamentable vie, il prodigue aux bons et aux méchants, combien sera parfaite celle dont nous ne saurions dignement

33. 1 Co 3, 1.
34. 1 Co 15, 44.
35. Ps 25, 8.

parler, faute d'expérience. Car je laisse ces jours où Dieu fit l'homme droit, et la vie heureuse des deux époux dans les délices du paradis, bonheur si court que sa douceur ne vint pas même jusqu'à leurs enfants ; mais je parle de cette vie que nous connaissons, dans laquelle nous sommes, où nous ne cessons de souffrir des tentations, ou plutôt qui n'est, tant que nous y sommes, et en dépit de tous nos progrès, qu'une tentation continuée. Eh bien ! qui pourrait dire encore quels témoignages de bonté Dieu sait y répandre encore sur tout le genre humain ?

XXII. En effet, que dans la première origine toute la race des mortels ait été condamnée, cette vie même, s'il faut l'appeler une vie, cette vie l'atteste par tant d'horribles maux dont elle est pleine. Eh ! que témoigne ce profond abîme d'ignorance d'où sort toute erreur qui reçoit dans son sein ténébreux tout fils d'Adam, et dont l'homme ne peut être affranchi sans passer par le travail, la douleur et la crainte ? Que témoigne cet amour même de tant de choses vaines et nuisibles, d'où naissent les cuisants soucis, les troubles, les chagrins, les ingratitudes, les joies insensées, la discorde, les procès, les guerres, les trahisons, les emportements, les inimitiés, la duplicité, la flatterie, la fraude, le vol, les rapines, la perfidie, l'orgueil, l'ambition, l'envie, les homicides, les parricides, la cruauté, l'inhumanité, la perversité, la luxure, l'insolence, l'impudence, l'impudicité, la débauche, l'adultère, l'inceste, tant d'abominables unions contre nature, impuretés que l'on rougit même de nommer ; sacrilèges, hérésies, blasphèmes, parjures, oppression de l'innocence, calomnies, trames secrètes, prévarications, faux témoignages, jugements iniques, violences, brigandages et semblables crimes qui tous ne se présentent pas à la pensée et qui n'en sont pas moins les hôtes fidèles de la vie humaine ? Crimes des méchants, à la vérité, mais provenant toutefois de cette racine d'erreur et d'amour déréglé que tout fils d'Adam apporte en naissant. Qui ignore, en effet, dans quelle ignorance de la vérité, ignorance évidente dès l'enfance, dans quelle surabondance de vains désirs qui se développent au sortir même de l'enfance, l'homme vient à la vie, en sorte que, s'il avait la liberté de vivre à sa volonté et de faire sa volonté, entre tous les crimes, entre tous les désordres que j'ai signalés, entre tous ceux que j'ai omis, il n'en est peut-être pas un seul où il ne se précipitât ?

Mais comme la divine Providence ne délaisse pas tout à fait ceux qu'elle a condamnés, et que Dieu dans sa colère n'a pas suspendu le cours de ses miséricordes, au sein même de l'humanité, la loi et l'instruction veillent contre ces ténèbres qui naissent avec nous ; elles opposent une barrière aux débordements de nos désirs, remplies toutefois elles-mêmes de peines et de douleurs. Car enfin, que prétendent ces moyens d'intimidation si variés pour réprimer les vicieuses inclinations de l'enfance ? Pourquoi ces précepteurs, ces maîtres, ces férules, ces fouets, ces verges, cette austère discipline en un mot, qui, selon le conseil de l'Écriture[36], n'épargne point ses rigueurs au fils chéri, de peur qu'il ne grandisse indompté, et que bientôt, endurci par l'âge, il ne devienne presque indomptable ? Pourquoi tous ces châtiments, sinon pour triompher de l'ignorance, pour mettre un frein aux funestes penchants, double mal qui accompagne notre entrée dans la vie ? D'où vient donc que nous avons peine à nous souvenir, et que nous oublions sans peine ; qu'il nous faut de la peine pour apprendre, et aucune peine pour ignorer ; tant de peine pour être diligent, si peu de peine pour être lâche ? Et par là n'est-il pas évident où la nature corrompue penche et incline de son propre poids, et quels efforts elle demande pour être relevée ? La mollesse, l'indolence, la paresse, la négligence sont des vices qui fuient le travail, tandis que le travail lui-même, si utile, est un châtiment.

Mais, outre les peines de l'enfance qui n'apprend qu'à cette condition ce que veulent les parents qui veulent à peine quelque chose d'utile, quelle infinité d'autres peines affligent le genre humain ; peines qui n'appartiennent plus seulement à la malice, à la perversité de l'homme, mais à la misère de sa condition ? Quelle parole pourrait les exprimer ? Quelle

36. Si 30, 12.

pensée les concevoir ? Veuvages et deuils, ruines, condamnations, perfidies, mensonges, faux soupçons, crimes et violences à souffrir de la part des hommes, quels sujets d'épouvante et de désolation ! Que dirai-je encore ? Les spoliations, la captivité, les fers, la prison, l'exil, les tortures, le retranchement des membres, la privation des sens, la brutalité effrénée qui assouvit sur sa victime ses obscènes désirs, et combien d'autres horreurs si fréquentes ? Que dirai-je de ces fléaux sans nombre, maux extérieurs à l'homme et qui menacent son corps ; la chaleur et le froid, les tempêtes, les pluies, les inondations, les éclairs et le tonnerre, la grêle et la foudre, la terre qui tremble et ouvre des abîmes, la mort sous les décombres, la terreur ou les atteintes mêmes qui nous viennent de la méchanceté des bêtes, les venins si variés des plantes, des eaux, de l'air et des animaux ; les morsures cruelles ou mortelles des bêtes fauves ; ce chien caressant, ami de son maître, saisi tout à coup de la rage qui le rend plus farouche et plus redoutable que les lions et les dragons ; et quand une contagieuse morsure le livre à ces épouvantables transports, l'homme lui-même, devenant pour ses parents, pour sa femme, pour ses enfants, plus terrible que toute bête ? Quels maux ne souffrent point le matelot et le voyageur ? Quel est l'homme que n'attende, où qu'il marche, quelque accident imprévu ? Tel qui de pied ferme rentrait du forum dans sa maison se brise la jambe, et des suites de cette blessure meurt. Qui semble plus en sûreté qu'un homme assis ? Le grand-prêtre Heli tombe de son siège et se tue. Voyez les laboureurs, ou plutôt tous les hommes. Que ne redoutent-ils point et du ciel, et de la terre, et des animaux nuisibles, pour les biens de la campagne ? La sécurité leur vient toutefois quand les blés sont recueillis et renfermés. Mais plusieurs, à notre connaissance, ont vu toute leur récolte engloutie dans un de ces déluges soudains qui répandent sur leur passage la terreur et la fuite. Contre les mille insultes des démons qui peut s'assurer en son innocence ? Oui, qui pourrait avoir tant de confiance, quand des petits enfants baptisés – quoi de plus innocent au monde ? – sont abandonnés à leurs fureurs, Dieu le permettant ainsi, afin de nous apprendre combien est déplorable la misère de cette vie, combien désirable la félicité de l'autre. Et les maux qui viennent du corps, maux si nombreux que les livres de médecine ne sauraient les comprendre tous ! Et pour la plupart de ces maux, sinon pour tous, les remèdes eux-mêmes sont des tourments ; en sorte que l'homme ne conjure le supplice du mal que par le supplice du remède. L'ardeur de la soif n'en a-t-elle pas réduit quelques-uns à boire l'urine humaine ? Et la faim, à ne plus se détourner de la chair de l'homme, et non pas de l'homme trouvé mort, mais de l'homme égorgé pour cet horrible festin ? Que dis-je ? cruauté inouïe ou plutôt rage de la faim ! des mères n'ont-elles pas dévoré leurs fils ? Enfin le sommeil même, que l'on désigne du nom propre de repos, qui pourrait raconter de quelles inquiétudes l'agitent les visions des songes ; de quelles profondes terreurs les sens et l'âme malheureuse se troublent, à la vue de ces vaines images que l'illusion évoque et reproduit, pour ainsi dire, avec une telle vivacité que l'on ne saurait les distinguer des objets réels ? En certains cas de maladie et d'empoisonnement, ces fausses visions agitent plus misérablement encore l'homme même éveillé, que dis-je ? souvent, en pleine santé, il sert de jouet aux esprits de malice, et, s'ils ne peuvent l'entraîner ainsi à leur parti, ils troublent ses sens, dans leur passion de persuader à tout prix le mensonge.

Rien ne nous délivre de l'enfer de cette vie si misérable que la grâce du Sauveur Jésus-Christ, notre Dieu et notre Seigneur. Telle est, en effet, la signification du nom de Jésus : c'est-à-dire Sauveur. Et il faut surtout l'implorer, de peur qu'au sortir de cette vie une autre encore plus misérable, une éternelle vie de misères, nous attende, ou plutôt une éternelle mort. Car ici-bas, quoique la sainteté et les saints nous procurent de grandes consolations, cependant les grâces demandées ne sont pas toujours obtenues ; parce qu'un autre intérêt doit nous amener à la religion, celui de la vie future, où le mal ne sera plus. Et dans les maux présents, si la grâce prête son assistance aux justes, c'est afin qu'ils souffrent les maux d'un cœur d'autant plus fort qu'il est plus fidèle. Ici la philosophie elle-même, s'il faut en croire les sages du siècle, n'est pas inutile ; cette philosophie que les dieux, dit Cicéron, n'ont donnée qu'à un petit nombre dans sa vérité pure[37]. Ils n'ont jamais fait, dit-il, ils n'ont jamais pu faire aux hommes un don plus précieux. Tant il est vrai que nos adversaires eux-mêmes sont comme forcés de confesser la grâce divine dans cet octroi de la vraie philosophie. Si la Providence n'a prêté qu'à un petit nombre le secours de la vraie philosophie contre les misères de cette vie, n'est-ce pas une preuve assez évidente que ces misères sont le châtiment et la condamnation du genre humain ? Mais si, de leur aveu, le ciel n'a pu nous faire de don plus précieux, un seul Dieu, il faut le croire, en est l'auteur ; et c'est celui que les adorateurs de tant de dieux reconnaissent pour le plus grand de tous.

XXIII. Outre les maux communs en cette vie aux bons et aux méchants, les justes ont ici-bas leur épreuve particulière dans cette guerre assidue qu'ils soutiennent contre les passions, dans ces terribles combats où la tentation se joint au péril. Car tantôt plus vive, tantôt plus calme, la lutte néanmoins ne cesse jamais entre la chair et l'esprit, en sorte que nous ne pouvons pas, à notre volonté, détruire en nous cette funeste concupiscence ; mais autant qu'il nous est possible, avec l'assistance divine, la réduire en lui refusant tout consentement ; sentinelles vigilantes, et toujours debout, de peur qu'une vraisemblance ne nous trompe, qu'une parole rusée ne nous surprenne, qu'une erreur ne répande en nous ses ténèbres, que nous ne prenions un bien pour un mal, ou un mal pour un bien, que la crainte ne nous détourne de faire ce qu'il faut ; que la passion ne nous précipite à faire ce qu'il ne faut pas ; que le soleil ne se couche sur notre colère ; que les ressentiments ne nous entraînent à rendre le mal pour le mal ; qu'une tristesse sans mesure et sans dignité ne nous accable ; que l'ingratitude ne laisse sommeiller notre âme, quand il s'agit de reconnaître un bienfait ; que les bruits de la médisance ne viennent troubler le repos de notre conscience ; que

37. Cicéron, *Academica*, I, 2, 7 ; *Hortensius*, fr 111.

de téméraires soupçons sur le compte d'autrui ne nous abusent, que les soupçons d'autrui sur notre compte ne nous abattent ; que le péché, régnant en notre corps mortel, n'emporte notre obéissance à ses désirs ; que nos membres ne se prêtent au péché comme des armes d'iniquité ; que notre œil ne suive l'impure convoitise ; que la passion de la vengeance ne nous entraîne ; que le regard ou la pensée ne s'arrête sur un objet illégitime ; que l'oreille ne s'ouvre avec joie à aucune parole maligne ou indécente ; que nous nous refusions tout acte illicite, quel que soit l'attrait qui nous y porte ; que dans cette guerre si remplie de travaux et de dangers, loin de nous promettre la victoire de nos propres forces, loin de nous l'attribuer à nous-mêmes, tout l'honneur en soit rendu à la grâce de celui dont l'apôtre dit : « Grâces à Dieu qui nous donne la victoire par notre Seigneur Jésus-Christ[38] ! » Et ailleurs : « Au milieu de ces épreuves, la victoire nous reste par la gloire de celui qui nous a aimés. » Mais, sachons-le bien, quelle que soit la vigueur de notre résistance contre le vice, quels que soient sur lui nos progrès et nos conquêtes, tant que nous sommes en ce corps, jamais l'occasion ne nous manque de dire à notre Dieu : « Remets-nous nos dettes[39]. » Or, dans ce royaume où nous habiterons éternellement revêtus de corps immortels, plus de combats, plus de dettes ; dettes et combats dont nous eussions été à jamais exempts, si notre nature fût demeurée dans la rectitude primitive. Aussi cette guerre continuelle où nous sommes en péril, où nous aspirons à la victoire dernière qui nous délivre, est un des fléaux de cette vie que nous venons de convaincre, par le témoignage de tant de maux, d'être un châtiment.

XXIV. Mais si la misère du genre humain glorifie la justice de celui qui punit, tous les biens dont il console cette misère ne rendent-ils pas témoignage à la bonté d'un Dieu, sage administrateur de toutes ses œuvres ? Et d'abord cette bénédiction donnée avant le péché quand il dit : « Croissez et

38. 1 Co 15, 57 ; Rm 8, 37.
39. Mt 6, 12.

multipliez ; et peuplez la terre[40] », il n'a pas voulu même après le péché la retenir, et dans une race que sa justice condamne, le don de la fécondité demeure ; et cette admirable vertu des semences, cette vertu plus admirable encore qui les produit, inhérente et comme identifiée à la substance du corps humain, le désordre du péché n'a pu la détourner, quoiqu'il nous brise sous la nécessité de la mort ; mais le fleuve rapide des générations humaines porte tout ensemble le mal qui est le legs de notre premier père et le bien qui est le don du Créateur. Dans le mal originel, il y a deux choses, le péché et le supplice ; et deux choses dans le bien originel, la propagation et la conformation. Nous avons déjà suffisamment parlé de ces maux, l'un qui vient de notre audace, le péché ; l'autre du jugement de Dieu, le supplice. Maintenant je veux parler des biens que Dieu a prodigués, ou qu'il prodigue encore à la nature même corrompue et condamnée. Car en la condamnant, il ne l'a pas destituée de tout ce qu'il lui avait donné, autrement elle eût perdu tout être ; et en l'abandonnant pour la punir à la domination du diable, il n'a pas abjuré tout pouvoir sur elle, puisque le diable lui-même n'est pas émancipé de sa puissance ; car le diable en tant que nature ne saurait subsister sans celui qui est l'Être souverain, et le principe de tout être, et de toute existence.

Or de ces deux biens que la source de sa bonté répand encore sur la nature corrompue et condamnée, il lui a donné dès le principe, en la bénissant, la propagation ; alors qu'il créait ses premiers ouvrages dont il s'est reposé le septième jour. Quant à la conformation, elle appartient à son action continuellement créatrice. Car s'il retirait à lui sa puissance efficace, les créatures ne sauraient aller au-delà, ni accomplir la durée que leur assigne la mesure de leurs mouvements, ni demeurer un seul instant dans l'être qu'elles ont reçu. Ainsi en créant l'homme, Dieu l'a doué d'une certaine fécondité qui lui permet de se reproduire en d'autres hommes auxquels il transmet cette faculté avec la vie ; faculté, et non nécessité ; Dieu la refuse à quelques hommes et ils sont stériles ; il

40. Gn 1, 28.

n'a pas retiré cependant au genre humain cette bénédiction féconde qu'il a prononcée sur le premier couple. Mais bien que le péché n'ait pas détruit dans l'homme cette faculté, elle n'est pas telle qu'elle eût été sans le péché. Car depuis que l'homme, déchu de sa gloire par le péché, est devenu semblable aux bêtes, il engendre comme elles, et néanmoins, créé à l'image de Dieu dans sa raison, il lui en reste toujours quelque étincelle. Or si la conformation ne prêtait son secours à la propagation, celle-ci ne saurait accomplir elle-même les évolutions de la forme et du plan dans l'espèce. Dieu avait-il en effet besoin de l'union de l'homme et de la femme pour exécuter sa volonté de peupler la terre ? Comme il créa l'homme seul, sans le concours des sexes, il pouvait créer ainsi tous les hommes. Mais l'union des sexes, sans l'action du Créateur, demeurerait stérile. Et comme l'apôtre dit de l'institution spirituelle qui forme l'homme à la piété et à la justice : « Ce n'est ni celui qui plante, ni celui qui arrose, qui est quelque chose, mais Dieu qui donne l'accroissement[41] » ; on peut dire aussi : Ce n'est ni celui qui engendre, ni celui qui sème, qui est quelque chose, mais Dieu qui donne la forme. Et ce n'est pas la mère qui porte son fruit dans son sein, et qui nourrit son enfant, qui est quelque chose, mais Dieu qui donne l'accroissement. C'est lui qui, par cette action dont il agit encore maintenant, fait que les semences développent leurs harmonies, et du fond de ces invisibles replis qui les couvrent produisent les formes visibles dont le beau se pare à nos yeux. C'est lui qui, unissant ensemble par d'admirables nœuds la nature incorporelle et la nature corporelle, produit l'être animé. Grand et admirable chef-d'œuvre ! Et ce n'est pas l'homme seulement, animal raisonnable et de tous les animaux terrestres le plus excellent et le plus noble, c'est la dernière et la plus imperceptible mouche dont l'observation sérieuse confond l'intelligence et la pénètre d'admiration pour le Créateur.

C'est donc lui qui a donné à l'âme humaine l'entendement, où la raison et l'intelligence demeure comme assoupie

41. 1 Co 3, 7.

dans l'enfant, pour sortir de ce néant et se réveiller, à l'appel des années, capable de connaissance et d'éducation, ouverte à la perception de la vérité et à l'amour du bien, puisant à la source de la sagesse ces vertus de prudence, de force, de tempérance et de justice dont elle lutte contre les erreurs et les vices transmis avec le sang, jalouse de la victoire par le seul désir de ce bien souverain et immuable. Et quoique stérile parfois, cette capacité qu'au sortir des mains divines la nature raisonnable a pour de tels biens, quel bien n'est-elle pas elle-même, quel admirable chef-d'œuvre du Tout-Puissant ? Qui pourrait élever assez haut sa parole ou sa pensée ? En effet, outre l'art de bien vivre et d'arriver à la félicité immortelle, cet art que l'on appelle vertu et que la seule grâce de Dieu en Christ donne aux enfants de la promesse et du royaume, tant d'autres arts brillants, dont l'esprit humain doit à la nécessité ou à sa fantaisie l'invention et la culture, arts où éclate, dans les choses superflues, que dis-je ? dangereuses ou nuisibles, une merveilleuse puissance d'entendement et de raison, quel bien n'a pas en soi une telle nature, pour former ce trésor d'inventions, de sciences et d'arts ? À quels prodiges dans les tissus des vêtements, dans la construction des édifices, l'industrie humaine n'est-elle pas arrivée ? Quel progrès dans l'agriculture, dans la navigation ? Quelle imagination, quelle perfection dans ces vases de toute forme, dans cette multitude de statues et de tableaux ! Quelles merveilles s'opèrent sur la scène, sous les yeux des spectateurs, et dont le récit paraît une fable ! Quelle adresse et quelles ruses pour prendre, tuer, dompter les animaux farouches ! Et puis, autant d'espèces de poisons, d'armes et de machines inventées par l'homme contre l'homme, autant de remèdes et de secours appelés à défendre et à réparer la vie humaine ! De quels assaisonnements, par quels mets la sensualité ne sait-elle pas irriter la faim ? Quelle prodigieuse variété de signes – et au premier rang, les paroles et les lettres inventées pour communiquer et persuader nos pensées ! Quelle parure revêt le discours pour plaire à l'esprit ! Quelles séductions la poésie, la musique, la voix ont-elles oubliées pour charmer l'oreille ? Avec quelle sagacité la science des nombres et de l'étendue n'a-t-elle pas trouvé la situation et la courbe des corps célestes ? Enfin, de quelle infinité de connaissances naturelles l'intelligence humaine ne s'est-elle pas remplie ? Qui pourrait le dire, surtout, si au lieu de les réunir en groupe, nous voulions nous arrêter en particulier sur chacune ? Et pour défendre même des erreurs et des faussetés, qui saurait apprécier tout ce qui s'est élevé de puissantes intelligences parmi les philosophes et les hérétiques ? Car je ne parle ici que de la nature de l'entendement humain qui sert d'ornement à cette vie mortelle ; je laisse la foi et les sentiers de la vérité qui conduisent à l'immortelle. Or, une si noble nature étant l'œuvre manifeste du vrai Dieu, du Dieu tout-puissant, qui gouverne toute sa création, et réunit en soi à la souveraine puissance la souveraine justice ; jamais une si noble nature ne fût tombée dans les misères de cette vie pour passer plus tard, les seuls justes exceptés, aux misères éternelles, si dans le premier homme, auteur de tous les hommes, un immense péché n'eût précédé la peine.

Et le corps lui-même, quoique par sa condition mortelle il nous assimile aux bêtes, et qu'il cède en vigueur à l'organisation de plusieurs d'entre elles, quel témoignage ne rend-il pas de la bonté de Dieu, de la providence de ce Créateur ? Le siège des sens, la disposition des organes, les proportions, la forme et la stature du corps entier, tout en lui n'annonce-t-il pas qu'il est fait pour le service d'une âme raisonnable ? Nous voyons les bêtes courbées contre terre, mais l'homme n'a pas été créé ainsi ; sa taille droite, élancée vers le ciel, l'avertit d'élever ses désirs en haut. Et cette mobilité merveilleuse accordée à la langue et à la main pour parler et écrire, pour accomplir ce que l'industrie ou le devoir demande à notre activité ? Quelle est donc cette âme à qui il n'a fallu rien moins qu'un tel corps pour serviteur ? Bien qu'à vrai dire, et en dehors de toute nécessité d'action, il y ait entre toutes les parties une harmonie et une correspondance si belle et si juste, qu'il est douteux si l'on a tenu plus de compte en le formant de l'utilité, que la beauté ; car assurément nous n'y voyons rien de créé pour l'utilité, qui n'ait aussi son degré de beauté. Et cela nous serait encore plus évident, si la justesse des proportions que toutes les parties ont entre elles nous était connue. Peut-être à force de soins, l'adresse humaine pourrait-elle découvrir ces rapports dans les organes extérieurs ; mais les plus cachés, ceux qui se dérobent à nos regards, ce prodigieux réseau de veines, de nerfs et de fibres, le secret des forces vitales ; nul ne peut pénétrer jusque-là. Et, bien que la science cruelle des médecins qu'on appelle anatomistes ait porté le fer sur les cadavres, que dis-je ? sur des malheureux, morts entre les mains qui frayent une voie sanglante au coup d'œil de l'opérateur ; que le scalpel inhumain ait fouillé dans les plus obscures régions des chairs de l'homme pour révéler le siège et le secret du mal ; cependant cette merveilleuse corrélation dont je parle, et que les Grecs appellent ἁρμονία, cette harmonie qui, à l'extérieur et à l'intérieur, compose l'admirable instrument de notre corps, qu'en dirai-je ? nul n'a pu trouver, nul n'a osé chercher. Si nous pouvions la connaître dans les viscères mêmes qui n'offrent aucune apparence de beauté, une beauté de raison se dévoilerait à nous, dont l'attrait, plus fort que l'apparence qui plaît aux yeux, entraînerait l'intelligence qui se sert des yeux. Et puis le corps présente certains accessoires qui ne sont que pour l'ornement, non pour l'usage. Ainsi la poitrine de l'homme a des mamelles ; et son visage une barbe, simple ornement viril ; témoin le visage nu de la femme dont la faiblesse l'eût réclamé plutôt si cette parure était aussi une défense. Si donc de tous les organes apparents, il n'en est évidemment aucun en qui la destination de l'utilité exclue la beauté, si plusieurs d'autre part ne sont qu'une beauté sans utilité ; il est, je crois, facile d'en conclure que dans la structure du corps la beauté a obtenu la préférence sur la nécessité ; car la nécessité doit passer, et un temps viendra où nous jouirons de la beauté seule, de notre beauté mutuelle, sans désir impur. Et voilà ce dont il faut surtout glorifier le Créateur à qui il est dit dans le psaume : « Tu t'es revêtu de splendeur et de gloire[42]. »

Et tant d'autres beautés, tant d'autres biens répandus dans la création, trésors, que, même en ce séjour de misères, en ce

42. Ps 103, 1.

pénible exil, la divine magnificence a prodigués à l'homme pour le plaisir de ses yeux et la satisfaction de ses besoins ; quelles paroles pourraient en achever l'énumération ? Quel tableau sublime et varié nous présentent le ciel, la terre et la mer ! Et cet admirable océan de lumière, ce soleil, cette lune, ces étoiles, ces sombres profondeurs des forêts ; l'éclat et le parfum des fleurs ; ces innombrables essaims d'oiseaux harmonieux et peints de vives couleurs ; quelle variété infinie dans les animaux, dont les moindres en volume sont à nos yeux les plus admirables (une abeille, une fourmi nous paraissent en effet un chef-d'œuvre plus étonnant que le corps gigantesque d'une baleine) ; et ce grand spectacle de la mer qui se revêt de changeantes couleurs comme de vêtements divers ; tantôt une robe verdoyante, tantôt la pourpre ou l'azur. Quel charme à la contempler en courroux ; charme d'autant plus vif que la contemplation de la scène est exemple des périls et des terreurs du naufrage ! Quelle abondance d'aliments contre la faim ! Et quelle diversité d'assaisonnements offerts contre le dégoût par la main opulente de la nature, sans le secours de l'habileté culinaire ! Quelle infinité de remèdes pour la conservation ou le rétablissement de la santé ! Quelle agréable vicissitude dans l'alternative régulière du jour et de la nuit ! Quelle douce température des brises ! Quelles riches étoffes nous viennent du fruit des arbres et de la laine des troupeaux ! Qui pourrait tout dire ? Et tous ces traits que je lie, pour ainsi dire, en faisceau, si je les voulais détacher et les considérer chacun en détail, à quels retards ne faudrait-il pas s'attendre, puisqu'il n'est pas une merveille qui ne soit grosse de merveilles ? Et pourtant ce ne sont là que consolations de misérables condamnés, et non récompenses de bienheureux. Que seront-elles donc ces récompenses, s'il y a aujourd'hui tant de magnificence dans les consolations ? Qu'est-ce que Dieu donnera donc à ceux qu'il prédestine à la vie, s'il donne tant ici-bas à ceux qui il a prédestinés à la mort ? De quels biens ne doit-il pas combler dans la vie bienheureuse ceux pour qui il a, dans cette vie de misère, envoyé son Fils unique souffrir tant de maux et la mort même ? Aussi l'apôtre, parlant des prédestinés au royaume : « Lui, dit-il, qui n'a pas épargné son Fils unique, mais qui pour nous tous l'a livré, que ne nous donnera-t-il pas après nous l'avoir donné[43] ! » Quand cette promesse sera accomplie, que serons-nous donc ? ou plutôt que ne serons-nous pas ? Quels biens ne devrons-nous pas recevoir, nous qui avons déjà reçu en gage le Christ mort pour nous ? Et quel sera l'esprit de l'homme quand n'ayant plus de passion qui l'asservisse, qui triomphe de sa résistance ou qu'il combatte même avec gloire, il possédera l'inaltérable paix dans la perfection ? Alors quelle science admirable et certaine de toutes choses, sans erreur, sans travail, quand, souverainement heureux et libre, il puisera la sagesse de Dieu à la source même ? Quel sera son corps, quand tout entier soumis à l'esprit et vivifié par lui, il n'aura plus besoin d'aliments ? Car, il ne sera plus animal, mais spirituel, ayant la substance de la chair, moins la corruption charnelle.

XXV. Quant aux biens dont l'âme heureuse doit jouir après cette vie, les philosophes célèbres ne s'éloignent pas de notre sentiment ; c'est sur la résurrection de la chair qu'ils contestent, c'est elle qu'ils nient de toutes leurs forces. Mais la foule qui croit, laisse dans la solitude le petit nombre qui nie ; et le Christ, montrant dans sa résurrection ce qui paraît absurde aux sages, convertit à sa foi le cœur des savants et des ignorants, des sages du monde et des simples ; car le monde a cru ce que Dieu a prédit ; et cette foi du monde, Dieu l'a prédite aussi. Or, ce n'est point aux maléfices de Pierre que Dieu cède, quand, si longtemps auparavant, il annonce cette croyance à la gloire des croyants. Car (je l'ai déjà dit et ne me lasse pas de le redire), ce Dieu est celui qui, de l'aveu de Porphyre et sur le témoignage qu'il demande aux oracles de ses dieux, fait trembler ces dieux mêmes ; c'est ce Dieu qu'il glorifie jusqu'à lui donner les noms de Père et de Roi. Mais gardons-nous d'entendre ce qu'il a prédit comme le veulent ceux qui ne partagent pas avec le monde cette foi du monde qu'il a prédite. Et pourquoi ne pas plutôt l'entendre selon la

43. Rm 8, 32.

croyance du monde annoncée par d'antiques prédictions, et non suivant les vaines paroles d'un petit nombre qui refusent de croire avec le monde ce qu'il était prédit que le monde croirait ? En effet, s'ils ne concluent à un autre sens que pour ne point outrager ce Dieu à qui ils rendent un si glorieux témoignage, en accusant sa prédiction d'être vaine, n'est-ce donc pas une injure à lui faire, et une plus grave, de dire qu'il faut l'entendre autrement que le monde ne le croit, dont Dieu lui-même a loué, lui-même annoncé, lui-même accompli la foi ? Est-ce donc qu'il ne peut faire que la chair ressuscite et vive éternellement ? Ou bien faut-il croire qu'il ne le fera pas, parce que cela est mal et chose indigne de lui ? Quant à sa toute-puissance, qui crée tant d'incroyables merveilles, j'en ai déjà beaucoup parlé. Veulent-ils savoir ce que peut le Tout-Puissant ? Eh bien ! le voici : il ne peut mentir. Croyons donc ce qu'il peut, en ne croyant pas ce qu'il ne peut. Croyant donc qu'il ne peut mentir, croyez donc qu'il fera ce qu'il a promis de faire ; croyez selon la foi du monde, selon cette foi qu'il a prédite, selon cette foi qu'il a louée, selon cette foi qu'il a promise, selon cette foi qu'il accomplit sous nos yeux. Mais cela est-il un mal ? et la preuve ? La corruption doit disparaître, qui est le mal du corps. J'ai déjà discuté l'ordre des éléments et les autres objections que l'homme hasarde. Quelle sera d'ailleurs l'agilité du corps immortel, on en peut juger dans l'ordre actuel par l'harmonie des forces en l'état de santé ; santé qui n'est en rien comparable à l'immortalité future. Toutes considérations que je crois avoir suffisamment développées au treizième Livre ; lisez donc plus haut, si vous n'avez pas lu ou si vous avez oublié.

XXVI. Mais, disent-ils, Porphyre prétend que, pour être heureuse, l'âme doit fuir tout corps. C'est donc en vain que nous établissons l'incorruptibilité corporelle, si l'âme ne peut être heureuse qu'à la condition de fuir tout corps. Cette objection, je l'ai déjà discutée suffisamment au Livre précité dont je ne veux rappeler ici qu'un seul mot. Oui, que Platon, votre maître à tous, corrige ses écrits, qu'il enseigne qu'afin d'être heureux vos dieux devront fuir leurs corps, c'est-à-dire qu'ils devront mourir ces dieux, enfermés, suivant lui, dans des corps célestes, quand néanmoins le Dieu qui les a créés leur promettait l'immortalité, en d'autres termes, un éternel séjour dans les mêmes corps ; don surnaturel que sa volonté leur assure. Et ici il détruit cet argument qui écarte la résurrection de la chair comme incroyable parce qu'elle est impossible : car il est bien évident, selon ce même philosophe, que le Dieu incréé, promettant l'immortalité aux dieux ses créatures, leur annonce qu'il va faire une chose impossible. Voici les paroles que Platon lui prête : « Ayant commencé d'être, dit-il, vous ne pouvez être immortels et indissolubles. Cependant vous ne serez point dissous ; aucune fatalité mortelle ne saurait prévaloir contre ma volonté. Cette volonté est un lien plus fort pour assurer votre perpétuité que ceux qui viennent d'unir les éléments de votre nature[44]. » Pour peu qu'à l'absurdité l'on ne joigne point la surdité, il suffit d'entendre ces mots, pour ne plus douter que, suivant Platon, ce Dieu créateur des dieux, ne leur promette ce qui est impossible. « Vous ne pouvez être immortels, mais par ma volonté vous serez immortels » ; qu'est-ce à dire, sinon, ce que vous ne pouvez être, je vais faire que vous le serez ? Il ressuscitera donc la chair incorruptible, immortelle, spirituelle, lui qui, suivant Platon, promet de faire ce qui est impossible. Eh ! quoi, ce que Dieu promet, ce que le monde croit sur la promesse de Dieu, cette créance elle-même promise, voilà ce qu'ils proclament impossible, quand ce Dieu n'est autre que celui à qui Platon reconnaît le pouvoir de faire l'impossible ! Ainsi donc il n'importe pas à la béatitude des âmes de fuir tout corps, mais d'en recevoir un incorruptible. Et en quel corps incorruptible doivent-elles plus convenablement se réjouir que dans le corruptible où elles ont gémi ? Elles n'auront donc pas cette « fatale manie » que Virgile leur attribue d'après Platon, quand il parle de « leur désir nouveau de rentrer dans leurs corps[45] ». Non, elles n'auront pas cette fatale manie, puisqu'elles seront revêtues de ces

44. Voir Platon, *Timée*, 41 ab.
45. Virgile, *Énéide*, VI 721 ; 751.

corps où elles aspirent, et revêtues pour ne les dépouiller jamais, la mort dût-elle passer sur eux comme l'ombre.

XXVII. Platon et Porphyre ont professé deux opinions qui, combinées ensemble, les eussent peut-être amenés l'un et l'autre au christianisme. Platon a dit que les âmes ne peuvent être éternellement sans corps. Et il a dit aussi que les âmes mêmes des sages, après un intervalle si long qu'on l'imagine, retourneront enfin à leurs corps. Porphyre prétend que l'âme purifiée et de retour au sein du Père, ne doit plus jamais revenir aux misères de cette vie. Par conséquent, si cette vérité qu'il a vue, Platon l'eût donnée à Porphyre : à savoir, que les âmes purifiées des justes et des sages retourneront en des corps humains ; si Porphyre eût communiqué à Platon cette autre vérité qu'il a connue : c'est-à-dire que jamais les saintes âmes ne retourneront aux misères d'un corps corruptible, si tous deux réunissaient leurs opinions au lieu de professer à part chacun la sienne, ils verraient bien, je pense, qu'il suit de là que les âmes retourneront en des corps, mais en des corps où elles puissent vivre dans la béatitude et l'immortalité. Comme, suivant Platon, les saintes âmes elles-mêmes retourneront en des corps humains ; comme, suivant Porphyre, les saintes âmes ne retourneront jamais aux misères de cette vie, que Porphyre dise donc avec Platon : Elles retourneront en des corps ; que Platon dise avec Porphyre : Elles ne retourneront point à leurs misères ; et ils tomberont d'accord du retour des âmes en des corps où elles n'auront plus rien à souffrir. Et cela, n'est-ce pas la promesse même de Dieu qui doit assurer l'éternelle béatitude des âmes dans une chair éternelle ? Conséquence qu'ils accorderaient sans peine, j'imagine ; accordant le retour des âmes saintes en des corps immortels, pourquoi ne leur permettraient-ils pas de retourner en ces mêmes corps où elles ont souffert les maux de ce siècle, où, pour être délivrées de ces maux, elles ont offert à Dieu l'hommage de leur foi et de leur amour ?

XXVIII. Plusieurs parmi nous, amis de Platon à cause de son admirable éloquence et de quelques vérités qu'il enseigne, prétendent que son sentiment sur la résurrection des morts n'est pas fort éloigné du nôtre. Mais Cicéron qui, dans ses livres de *la République*, y fait allusion, semble y voir plutôt un jeu qu'une conviction sérieuse. Il introduit un homme revenu à la vie, et lui prête un récit conforme aux opinions platoniciennes. Labéon rapporte aussi que deux hommes, morts le même jour, se rencontrèrent en un carrefour, et qu'ensuite, ayant reçu l'ordre de retourner à leurs corps, ils se promirent une amitié qui, en effet, subsista jusqu'à leur seconde mort. Or, la résurrection que ces auteurs racontent est semblable à celle de plusieurs que nous savons ressuscités et rendus à la vie, mais non pas dans des conditions qui désormais les exemptent de mourir. Un fait plus merveilleux encore, est celui que rapporte Varron dans son ouvrage *Du peuple* ; voici ses propres paroles que j'ai cru devoir citer : « Quelques astrologues, dit-il, ont écrit que les hommes accomplissent cette loi de la renaissance que les Grecs appellent παλιγγενεσία, cette loi, suivant ces astrologues, après une période de quatre cent quarante ans, rapprochant un même corps et une même âme, autrefois réunis dans un homme, resserre de nouveaux les liens de cette union[46]. » Ce que Varron dit ici, ou bien ces astrologues inconnus qu'il cite et ne nomme pas, quoique faux (car, une fois retournées à leurs corps, les âmes ne doivent plus les quitter à l'avenir), ce passage, en un mot, ne laisse pas de renverser et de détruire ces vains arguments que l'on nous oppose, tirés de l'impossibilité. Car enfin ceux qui ont professé ou qui professent ce sentiment n'ont pas cru impossible que des corps dissipés en air, en poussière, en cendre, en eau, assimilés à la substance de bêtes ou d'hommes mêmes dont ils sont devenus la pâture, reviennent une seconde fois à ce qu'ils ont été. Si Platon et Porphyre, ou plutôt leurs partisans qui vivent encore, demeurent d'accord avec nous, que même les âmes saintes retourneront à leurs corps, ce que dit Platon ; que néanmoins elles ne retourneront jamais à leurs misères, ce que dit Porphyre : d'où, comme conséquence, il suit, ce que

46. Varron, *De gente populi romani*, fr 4.

la foi chrétienne enseigne, qu'elles rentreront en des corps où elles vivront, exemptes de tout mal, dans une éternelle félicité : que ces platoniciens, dis-je, prennent aussi de Varron qu'elles retourneront aux mêmes corps où elles étaient autrefois ; et désormais pour eux toute la question de la résurrection de la chair est résolue.

XXIX. Voyons maintenant, autant que Dieu daignera nous prêter son assistance, ce que feront les saints dans leurs corps immortels et spirituels, dans cette chair qui désormais ne vit plus selon la chair, mais selon l'esprit. Or, quelle sera cette action, ou plutôt cette quiétude et ce repos, à vrai dire, je l'ignore. Car jamais les sens du corps ne m'en ont rien appris. Et si je prétends m'en rapporter à la vue de l'entendement ou de l'intelligence, qu'est-ce que notre intelligence en présence d'une telle perfection ? C'est là, en effet, que réside « la paix de Dieu, qui surpasse tout entendement[47] ». Et quel entendement, sinon le nôtre, peut-être même celui des anges ? Sans doute, il ne surpasse pas celui de Dieu. Si donc les saints doivent vivre dans la paix de Dieu, c'est assurément dans cette paix supérieure à tout entendement qu'ils doivent vivre. Supérieure au nôtre, qui en doute ? Mais si elle surpasse même celui des anges, car cette parole : « Tout entendement » ne semble réserver aucune exception en leur faveur, il faut l'entendre de cette paix intérieure à Dieu même, telle qu'il la connaît, telle que nous ne la pouvons connaître, ni aucun des anges. Elle « surpasse » donc « tout entendement », hors le sien, sans aucun doute. Mais comme nous participerons aussi, selon notre mesure, à cette paix, nous l'obtiendrons cette paix souveraine, en nous, entre nous et avec lui, en tant qu'il est notre bien souverain. Et c'est ainsi que les saints anges la connaissent, selon le degré de leur connaissance, et les hommes aussi, mais d'une connaissance bien inférieure aujourd'hui, quel que soit d'ailleurs leur avancement dans les voies spirituelles. Quel homme en effet que celui qui a dit : « Nous connaissons en partie, et

47. Ph 4, 7.

nous prophétisons en partie, jusqu'à l'avènement du parfait[48]. » Et : « Nous voyons maintenant dans un miroir et en énigme ; mais alors nous verrons face à face. » C'est ainsi que déjà voient les saints anges, qui sont appelés aussi nos anges, parce que, arrachés à la puissance des ténèbres, et transférés au royaume du Christ en vertu du gage de l'Esprit qui nous est donné, déjà nous appartenons à ces anges avec qui nous posséderons en commun cette sainte et douce patrie, la cité de Dieu. Ces anges de Dieu sont donc aussi nos anges, comme le Christ de Dieu est notre Christ. Ils sont anges de Dieu, parce qu'ils n'ont pas abandonné Dieu. Ils sont nos anges, parce que nous sommes déjà leurs concitoyens. Aussi le Seigneur Jésus a-t-il dit : « Gardez-vous de mépriser un seul de ces petits. Car, en vérité, je vous déclare que leurs anges dans les cieux voient toujours la face de mon Père qui est dans les cieux[49]. » Comme ils voient, nous verrons nous-mêmes, mais nous ne voyons pas encore ainsi. Et de là cette parole de l'apôtre, que je viens de citer : « Nous voyons maintenant dans un miroir et en énigme ; mais alors nous verrons face à face. » Cette vision nous est donc réservée comme la récompense de notre foi ; vision dont l'apôtre Jean a dit : « Lorsqu'il apparaîtra, nous serons semblables à lui, parce que nous le verrons comme il est[50]. » La « face » de Dieu, c'est la manifestation de Dieu, et non cet organe de notre corps, que nous appelons de ce nom.

Aussi, quand on me demande ce que feront les saints dans ce corps spirituel, je ne dis pas ce que je vois ; je dis ce que je crois : « Je crois, et c'est pourquoi je parle[51]. » Je dis donc, en ce corps même ils verront Dieu ; mais sera-ce par le corps ? comme, par le corps, nous voyons maintenant le soleil, la lune, les étoiles, la mer, la terre et ce qu'elle renferme : la question n'est pas petite. Car, il est dur de dire que les saints n'auront pas en de tels corps la faculté de fermer ou d'ouvrir les yeux à leur gré ; mais il est plus dur de prétendre que, là,

48. 1 Co 13, 9 et sv.
49. Mt 18, 10.
50. 1 Jn 3, 2.
51. Ps 115, 10.

les yeux fermés, l'on ne saurait voir Dieu. Si, en effet, le prophète Élisée, bien que corporellement absent, vit son serviteur Giezi recevoir des présents de Naaman le Syrien que le prophète avait guéri de la lèpre, ce lâche serviteur se croyant à l'abri de la connaissance comme des regards de son maître ; combien plus ce corps spirituel permettra-t-il aux saints de tout voir, non seulement les yeux fermés, mais aussi corporellement absents ? Car alors régnera cette perfection dont parle l'apôtre, quand il dit : « Nous connaissons en partie, et nous prophétisons en partie, mais à l'avènement du parfait, le partiel sera aboli. » Et pour montrer par quelque similitude la distance infinie de la vie future à cette vie, quel que soit le degré de sainteté où l'on arrive : « Quand j'étais enfant j'avais les goûts d'un enfant, je parlais, je pensais en enfant ; mais, devenu homme, j'ai dépouillé tout ce qui était de l'enfant. Nous voyons maintenant dans un miroir et en énigme ; alors nous verrons face à face. Aujourd'hui je connais en partie, alors je connaîtrai comme je suis connu[52]. » Si donc en cette vie, où la science des plus sublimes prophètes n'est que la connaissance de l'enfant à peine comparable à celle de l'homme, Élisée, vit toutefois son serviteur Giezi recevoir des présents en un lieu où lui-même n'était pas, faut-il croire qu'à l'avènement de toute perfection, quand cette argile corruptible aura cessé de peser sur l'âme, et devenue incorruptible, ne lui sera plus un fardeau, les saints ne puissent se passer pour voir de ces yeux corporels dont le prophète Élisée n'eut pas besoin lorsque, absent, il vit son serviteur Giezi ? Car, selon les Septante, voici les paroles du prophète à Giezi : « Mon cœur n'allait-il pas avec toi, quand cet homme s'est détourné de son char pour venir à ta rencontre, et que tu as reçu cet argent ? » Ou selon la version du prêtre Jérôme sur l'hébreu : « Mon cœur n'était-il pas présent quand cet homme est descendu de son char au-devant de toi[53] ? » Ainsi le prophète dit qu'il a vu du cœur, éclairé d'une lumière surnaturelle, et, indubitablement, divine. Mais

52. 1 Co 13, 9-12.
53. 2 R 5, 26.

combien plus abondante sera cette grâce dans les saints, alors que Dieu sera tout en tous. Et toutefois les yeux du corps auront leur fonction et seront à leur place, et l'esprit s'en servira par le ministère du corps spirituel. Bien qu'en effet ce grand prophète n'en ait pas besoin pour voir un homme absent, ce n'est pas à dire qu'il ne s'en servît point pour voir les objets présents : objets qu'il pouvait néanmoins voir de l'esprit, et les yeux fermés, comme absent, il vit ce qui se passait en son absence. Gardons-nous donc de prétendre qu'en l'autre vie les saints ne pourront voir Dieu, les yeux fermés, Dieu, qu'ils verront toujours de l'Esprit.

Mais le verront-ils aussi des yeux du corps, lorsqu'ils les auront ouverts, c'est la question. Car, si leurs yeux tels qu'ils seront, spirituels en un corps spirituel, n'ont pas une autre vertu que ces yeux tels que nous les avons aujourd'hui, assurément ils seraient impuissants à voir Dieu ; leur puissance sera donc infiniment différente, si par eux l'on voit cette nature incorporelle qui n'est point contenue en un lieu, tout entière partout. Quoique nous disions en effet que Dieu est au ciel et sur la terre (« Je remplis le ciel et la terre », dit-il lui-même par la bouche du prophète) ; dirons-nous qu'une partie de lui-même est au ciel, et une autre sur la terre ? Il est tout entier dans le ciel, tout entier sur la terre, non pas alternativement, mais tout à la fois, chose impossible à toute nature corporelle. Cette vue sera donc infiniment plus puissante ; et ce n'est pas à dire qu'elle l'emporte en pénétration sur celle que l'on attribue à certaines espèces d'aigles ou de reptiles (car quelle que soit la clairvoyance des animaux, ils ne peuvent voir que des corps), mais ce sera l'excellence de ces yeux, de voir même l'incorporel. Et peut-être est-ce cette vue pénétrante qui en ce corps mortel aura pour un moment été donnée aux yeux du saint homme Job, quand il dit à Dieu : « Mon oreille d'abord avait entendu ; et maintenant mon œil te voit ; et c'est pourquoi je me suis méprisé moi-même et la honte m'a consumé, et je me suis vu n'être que terre et que cendre[54]. » Bien que ceci puisse sans difficulté

54. Jb 42, 5.

s'entendre de l'œil de l'esprit, ces yeux dont l'apôtre dit : « Qu'il éclaire les yeux de votre cœur[55]. » Or, que Dieu ne se voie de ces yeux-là, c'est ce dont ne doute aucun chrétien qui reçoit d'un cœur fidèle cette parole de notre divin maître : « Bienheureux les cœurs purs, car ils verront Dieu[56]. » Mais Dieu se verra-t-il aussi des yeux du corps, c'est la question que nous agitons.

En effet, ce qui est écrit : « Et toute chair verra le salut de Dieu[57] », peut, avec la plus grande facilité, s'entendre comme s'il était dit : Et tout homme verra le Christ de Dieu qui a été vu en corps, et en corps sera vu, quand il jugera les vivants et les morts. Or, qu'il soit le salut de Dieu, c'est ce que beaucoup d'autres témoignages de l'Écriture déclarent, mais plus évidemment encore ces paroles du vénérable vieillard Siméon, qui prenant le Christ enfant entre ses bras, s'écrie : « C'est maintenant, Seigneur, que tu congédies ton serviteur en paix, puisque mes yeux ont vu ton salut[58]. » Et ce passage de Job, tel qu'il se trouve dans le texte hébreu : « Dans ma chair je verrai Dieu[59] », annonce indubitablement la résurrection de la chair ; et toutefois il n'a pas dit : Je verrai par ma chair. Que s'il l'eût dit, on pourrait l'entendre du Christ Dieu, qui par la chair sera vu dans la chair. Mais : « Dans ma chair je verrai Dieu », peut s'entendre ainsi : Je serai dans ma chair, quand je verrai Dieu. Et cette expression de l'apôtre « face à face » ne nous oblige pas à croire que nous verrons Dieu par cette face corporelle où résident les yeux corporels, lui que nous verrons incessamment de l'esprit. Car si l'homme intérieur n'avait aussi sa face, l'apôtre ne dirait pas : « Mais nous, contemplant à face dévoilée la gloire du Seigneur, nous sommes transformés en la même image, de clartés en clartés, comme par l'esprit du Seigneur[60]. » Et nous n'entendons pas autrement ces paroles du psaume :

55. Ep 1, 18.
56. Mt 5, 8.
57. Lc 3, 6.
58. Lc 2, 29.
59. Jb 19, 26.
60. 2 Co 3, 18.

« Approchez de lui, et vous serez radieux et vos faces ne rougiront pas[61] » ; car c'est par la foi que l'on approche de Dieu, et assurément cette foi est du cœur et non du corps. Mais comme nous ignorons à quel degré de perfection peut atteindre le corps spirituel (car ici l'expérience nous manque), l'autorité de l'Écriture ne venant pas à notre rencontre et à notre secours avec un texte qui ne soit susceptible d'un autre sens ; il faut nécessairement que nous trouvions en nous l'application de cet oracle de la sagesse : « Les pensées des mortels sont timides, et nos prévoyances incertaines[62]. »

S'il était certain d'après le raisonnement des philosophes, qu'il y eût entre les objets de l'entendement et ceux des sens un tel partage qu'il fût impossible d'atteindre l'intelligible par le corps et que l'âme ne pût par elle-même voir les réalités corporelles, il y aurait également certitude que Dieu ne saurait être vu par les yeux du corps même spirituel. Mais et la saine raison et l'autorité des prophètes se jouent de ce vain raisonnement. Quel est en effet l'homme assez détourné de la vérité pour oser dire que Dieu ne connaît pas les objets corporels ? Et cependant a-t-il donc un corps pour connaître ces objets par les yeux de ce corps ? Et ce que je viens de dire du prophète Élisée, n'est-ce pas une preuve assez évidente que l'esprit, même sans le ministère du corps, peut voir les objets corporels ? Lorsque son serviteur reçoit ces présents, le fait se passe corporellement, et toutefois le prophète le voit non des yeux du corps mais par l'esprit. Or, comme il est constant que les corps se voient par l'esprit, pourquoi refuser à la puissance inconnue du corps spirituel, de voir même l'esprit par le corps ? Car Dieu est esprit. Et puis chacun de nous connaît-il sa propre vie, la vie dont il jouit en ce corps ; principe végétatif et vivifiant des organes terrestres, autrement que par sentiment intérieur ; tandis que la vie dans les autres, toute invisible qu'elle soit, il la voit de l'œil corporel. Comment, en effet, discernons-nous les corps vivants de ceux qui ne vivent point, sinon parce que nous voyons à la

61. Ps 33, 6.
62. Sg 9, 14.

fois et le corps et la vie que nous ne pouvons voir que par le corps ? Mais la vie sans le corps échappe à l'œil corporel.

Il est donc possible, et il est fort croyable que dans l'ordre futur notre vue des corps renouvelés, du ciel nouveau et de la terre nouvelle, ne sera pas sans la vue de Dieu présent partout et gouvernant toutes choses corporelles ; nous le verrons par nos corps transformés en tous les corps où nos yeux se porteront, nous le verrons dans une transparente clarté ; non pas comme à cette heure où les perfections invisibles de Dieu ne se laissent voir que par ses œuvres, à l'intelligence ; dans le miroir et en énigme, déterminés plutôt encore par la foi qui nous fait croire, que par l'aspect de ces objets corporels que les yeux corporels nous font voir. Mais comme nous voyons les hommes avec qui nous vivons, vivre et produire tous les mouvements de la vie, nous ne croyons pas seulement, nous voyons qu'ils vivent ; vie qui, sans leurs corps, se déroberait à nos yeux, quoique par le corps nous l'apercevions en eux, sans la moindre incertitude ; ainsi partout où nous promènerons les yeux spirituels de nos corps spirituels, nous verrons Dieu incorporel gouverner toutes choses, et nous le contemplerons même par les corps. Ainsi donc, ou Dieu se verra par ces yeux, élevés à une puissance voisine de l'esprit qui leur permettra d'atteindre la nature incorporelle, ce qu'il est difficile ou impossible de prouver par aucun exemple ou témoignage des divines Écritures, ou bien, hypothèse plus compréhensible, Dieu nous sera si clair et si connu, qu'il sera vu d'esprit par chacun de nous en chacun de nous, vu par l'un dans l'autre, vu en lui-même, vu dans le ciel nouveau et la terre nouvelle ; dans toute créature qui alors sera ; vu même par le corps dans tout corps, partout où les yeux spirituels du corps spirituel dirigeront leur subtil rayon. Et nos pensées aussi seront transparentes. Car alors s'accomplira la parole de l'apôtre : « Ne jugez pas avant le temps… jusqu'à ce que le Seigneur vienne et qu'il éclaire les secrètes ténèbres. Et il dévoilera les pensées du cœur, et alors chacun recevra de Dieu la louange qui lui est due[63]. »

63. 1 Co 4, 5.

XXX. Alors quelle félicité, quand, tout mal cessant, tout bien sortant de l'obscurité, on ne se livrera plus qu'aux louanges de Dieu qui sera tout en tous ! Et que ferait-on autre chose, là où l'on doit être à l'abri et des langueurs de l'oisiveté et des angoisses de l'indigence ? J'en ai d'ailleurs l'assurance par ces accents du saint cantique qui frappent mes yeux ou mon oreille : « Heureux ceux qui habitent ta maison, Seigneur ; ils te loueront dans les siècles des siècles[64] ! » Ces membres, ces organes du corps incorruptible, asservis aujourd'hui dans la diversité de leurs fonctions à l'empire de la nécessité, alors que la nécessité ne sera plus mais la parfaite et certaine et inaltérable et éternelle félicité, concourront tous à la gloire de Dieu. Car ces mesures de l'harmonie corporelle, intérieurement et extérieurement distribuées en toutes les parties du corps, sortiront alors du secret qui nous les dérobe, et de concert avec tant d'autres merveilles, révélées à cette heure, elles entraîneront par le charme de leur intelligible beauté les âmes intelligentes à la louange de l'Artisan sublime. Or quels seront les mouvements de ces corps transformés, je n'oserais hasarder aucune décision, là où tout passe mon intelligence. Mais mouvement, attitude, expression, tout sera dans la convenance, là où rien ne sera qui puisse blesser la convenance. Toutefois il est certain que le corps sera soudain où l'esprit voudra ; et l'esprit ne voudra rien qui ne convienne à l'esprit et au corps. C'est là que résidera la vraie gloire, qui ne sera donnée ni par l'erreur, ni par la flatterie. Là, le véritable honneur qui ne sera refusé à qui le mérite, ni déféré à l'indigne ; et il ne saurait y avoir de candidat indigne, là où nul ne saurait être s'il n'est digne. Là, enfin, la véritable paix où l'on ne souffrira rien de contraire ni de soi-même, ni des autres. L'auteur même de la vertu en sera la récompense, et cette récompense qu'il lui a promise, la plus grande et la meilleure de toutes, c'est lui-même. Et quel autre sens, en effet, peut avoir cette parole du prophète : « Je serai leur Dieu et ils seront mon peuple[65] », sinon, Je serai

64. Ps 83, 5.
65. Lv 26, 19.

ce dont ils pourront se rassasier ; Je serai tout ce que les hommes peuvent légitimement désirer : vie, santé, nourriture, abondance et gloire, honneur et paix, tous biens en un mot ? Et tel est le sens véritable de ce mot de l'apôtre : « Afin que Dieu soit tout en tous[66]. » Il sera la fin de nos désirs, lui que l'on verra sans fin, que l'on aimera sans dégoût, qu'on glorifiera sans lassitude. Cette grâce, cette affection, cette occupation seront, ainsi que la vie éternelle, communes à tous.

Quels seront d'ailleurs, à proportion des mérites, les divers degrés d'honneur et de gloire ; qui pourrait le dire, car qui pourrait l'imaginer ? Mais nul doute que ces degrés ne doivent être. Et c'est encore un des grands biens de la cité céleste que l'inférieur ne porte aucune envie au supérieur, comme les anges aujourd'hui n'envient point la gloire des archanges. Et chacun sera aussi peu jaloux d'être ce qu'il n'aura pas reçu d'être, bien que lié à qui recevra davantage de la plus intime union, que le doigt n'est jaloux d'être l'œil, quoique l'un et l'autre organes concourent à l'harmonieuse composition du même corps. Ainsi, au don plus ou moins grand attribué à chacun, un autre se joindra, le don de ne pas désirer au-delà de son partage.

Et ce n'est pas à dire que le libre arbitre ne sera plus, quand l'attrait du péché aura cessé. Il sera d'autant plus libre qu'il échangera par sa délivrance l'attrait de pécher contre l'indéclinable attrait de ne plus pécher. Car ce premier libre arbitre donné à l'homme, quand l'homme fut créé dans la rectitude primitive, était le pouvoir de ne pas pécher, mais aussi le pouvoir de pécher. Ce second libre arbitre sera d'autant plus puissant qu'il sera l'impossibilité même de pécher ; par le don de Dieu toutefois, et non par aucune force propre à la nature. C'est en effet autre chose d'être Dieu ou de participer de Dieu. Dieu, par nature, ne peut pécher ; l'être qui participe de Dieu reçoit de lui de ne pouvoir pécher. Or, cet ordre devait être suivi dans le don divin, que l'homme reçut par un premier libre arbitre de pouvoir ne pas pécher ; et par un second, de ne pouvoir pécher ; l'un comme épreuve,

66. 1 Co 15, 28.

l'autre comme récompense. Mais comme cette fragile nature a péché quand elle avait pouvoir de pécher, une grâce plus abondante la délivre pour l'amener à cette liberté de ne pouvoir pécher. Et comme la première immortalité qu'Adam perdit en péchant, était le pouvoir de ne pas mourir, la seconde sera l'impossibilité de mourir ; comme le premier libre arbitre était le pouvoir de ne pas pécher, et le second, l'impossibilité de pécher.

Ainsi la volonté de la justice et de l'équité sera inamissible dans l'homme au même degré que le désir de la félicité. Car, en péchant, c'est la piété, c'est le bonheur que nous avons délaissés ; mais en perdant le bonheur, nous n'en avons pas perdu le désir. Eh ! quoi, si Dieu ne peut pécher, niera-t-on son libre arbitre ? La volonté de cette cité sainte sera donc une en tous et indivisible en chacun, volonté libre, délivrée de tout mal, remplie de tout bien, jouissant des intarissables délices de l'éternelle joie dans l'oubli de ses fautes et de ses misères, mais non dans l'oubli de la délivrance et de la reconnaissance qu'elle doit à son libérateur.

Quant à la connaissance, l'âme aura le souvenir des maux passés ; quant aux sens, profond oubli. Ainsi, un habile médecin connaît presque toutes les maladies du corps, suivant les révélations de la science ; mais selon l'expérience de la douleur, la plupart lui demeurent inconnues. Et comme il y a deux manières de connaître les maux, soit par la puissance de l'esprit qui les atteint du regard, soit par l'impression des sens qui les éprouvent (car les vices se connaissent autrement par l'étude de la sagesse que par la honteuse expérience d'une vie déréglée), il y a aussi deux manières de les oublier. Autrement les oublie celui qui les a connus par la science, autrement celui qui les a soufferts ; celui-là les oublie en abdiquant sa science, celui-ci en dépouillant sa misère. C'est suivant ce second oubli que les saints n'auront plus le souvenir des maux passés. Ils seront exempts de tous ces maux sans qu'il leur en reste le plus léger sentiment. Et toutefois cette puissance de connaître, qui sera grande en eux, ne saurait ignorer non seulement leur misère passée, mais encore l'éternelle misère des damnés. Que s'ils doivent ignorer leurs anciennes misères, comment, selon la parole du prophète, chanteront-ils dans l'éternité les miséricordes du Seigneur[67] ? Et quoi de plus doux à la cité sainte que ce cantique à la gloire du Sauveur et de sa grâce et de son sang qui a payé notre rançon ? Là s'accomplira cette parole : « Reposez-vous, et voyez que je suis le Seigneur[68]. » C'est là le grand et véritable sabbat qui n'a pas de soir, sabbat que le Seigneur annonce dans la création primitive : « Et Dieu se reposa de toutes ses œuvres le septième jour ; et il bénit ce jour, et il le sanctifia, parce qu'il se reposa en ce jour de toutes les œuvres qu'il avait entrepris de créer[69]. » Car nous serons nous-mêmes « le septième jour », alors que nous serons remplis et comblés de sa bénédiction, de sa sanctification. Là, dans le repos, nous verrons que c'est lui qui est Dieu ; nature souveraine que nous avons prétendu nous-mêmes usurper, quand nous sommes tombés des hauteurs de son alliance à la voix du séducteur : « Vous serez comme des dieux[70] ! » Infidèles à ce Dieu qui nous eût faits dieux si l'ingratitude ne nous eût détachés de sa communion. Et qu'avons-nous fait hors de lui que de défaillir dans sa colère ? Refaits par lui, et parfaits d'une grâce plus abondante, nous verrons, en cet éternel repos, que c'est lui qui est Dieu, dont nous serons pleins lorsqu'il sera tout en tous. Car nos bonnes œuvres, quand nous savons les attribuer plutôt à lui qu'à nous-mêmes, nous sont imputées pour obtenir ce sabbat. Que si nous nous les attribuons, ce sont œuvres serviles : et il est dit du sabbat : « Vous n'y ferez aucune œuvre servile[71]. » Et de là cette parole du prophète Ézéchiel : « Je leur ai donné mes sabbats comme signe d'alliance entre eux et moi, afin qu'ils sachent que je suis le Seigneur qui les sanctifie[72]. » Alors nous le saurons parfaitement, quand nous serons parfaitement en repos, quand nous verrons parfaitement que c'est lui-même qui est Dieu.

67. Ps 88, 2.
68. Ps 45, 11.
69. Gn 2, 2.
70. Gn 3, 5.
71. Dt 5, 14.
72. Ez 20, 12.

Si l'on compte les âges comme autant de jours, selon les divisions exprimées dans les Écritures, ce sabbat se dévoile encore plus clairement, puisqu'il se trouve le septième. En effet le premier âge, que nous comparons au premier jour, se prend depuis Adam jusqu'au déluge, et le second depuis le déluge jusqu'à Abraham, tous deux égaux, non par le nombre des jours, mais par celui des générations : car il y en a dix dans chaque période. Depuis Abraham, selon la supputation de l'évangéliste Matthieu[73], trois âges suivent jusqu'à la venue du Christ, qui comprennent chacun quatorze générations, l'un depuis Abraham jusqu'à David, l'autre depuis David jusqu'à la captivité de Babylone, et le troisième depuis cette captivité jusqu'à la naissance temporelle du Christ : en tout cinq âges. Le sixième s'écoule présentement, et ne doit être mesuré par aucun nombre certain de générations. « Ce n'est pas à vous, dit le Seigneur, de connaître les temps dont mon Père se réserve la disposition[74]. » Après le sixième âge, Dieu se reposera comme en un septième jour, lorsqu'il fera reposer ce septième jour, que nous serons nous-mêmes, dans sa divinité. Traiter ainsi en particulier de chacun de ces âges serait trop long. Cependant, cette septième époque sera notre sabbat qui n'aura point de soir, mais que doit terminer un dimanche éternel, consacré par la résurrection du Christ et figurant l'éternel repos, non seulement de l'esprit, mais du corps. Là nous serons en paix, et nous verrons ; nous verrons et nous aimerons ; nous aimerons et nous louerons. Voilà ce qui sera à la fin sans fin. Et quelle autre fin pour nous que d'arriver au royaume qui n'a point de fin ?

Je me suis acquitté, ce me semble, avec l'aide du Seigneur, de la dette de cette œuvre immense. Si l'on trouve que j'en ai dit trop ou trop peu, que l'on me pardonne. Si l'on pense que j'en ai dit assez, que l'on en rende grâces, non pas à moi, mais avec moi, à Dieu. Ainsi soit-il.

73. Mt 1, 17.
74. Ac 1, 7.

Table

RÉALISATION : Atelier graphique des Éditions de Septembre, Paris.
IMPRESSION : Normandie Roto Impression s.a.s. à Lonrai (04-07)
DÉPÔT LÉGAL : Mai 1994. N° 22066/4 (071227) - Imprimé en France